红色阅读 元帅交往实录

于俊道■主编

# 彭德怀交往纪实



中国社会科学出版社

**图书在版编目(CIP)数据**

彭德怀交往纪实/于俊道主编.—北京:中国社会科学出版社,2015.8
ISBN 978-7-5161-5967-5

Ⅰ.①彭… Ⅱ.①于… Ⅲ.①彭德怀(1898~1974)-生平事迹
Ⅳ.①K825.2

中国版本图书馆CIP数据核字(2015)第081309号

出 版 人 赵剑英
责任编辑 武 云
特约编辑 段 珩
责任校对 郭 爽
责任印制 李寡寡

出 版 中国社会科学出版社
社 址 北京鼓楼西大街甲158号
邮 编 100720
网 址 http://www.csspw.cn
发 行 部 010-84083685
门 市 部 010-84029450
经 销 新华书店及其他书店

印刷装订 北京市昌平新兴胶印厂
版 次 2015年8月第1版
印 次 2015年9月第1次印刷

开 本 710×1000 1/16
印 张 21.5
字 数 351千字
定 价 65.00元

# 目录

CONTENTS


"也许真理在你那边，让历史去做结论吧"——彭德怀和毛泽东 …… 宋一秀 1

"总理啊，我有一肚子话要对你说"——彭德怀和周恩来 …… 马 输 佩 璞 马泰泉 9

"同他在一起，比看电影好"——彭德怀和朱德 …… 钱漢岸 17

"他对我的帮助很大"——彭德怀和段德昌 …… 钱漢岸 19

战友情深——彭德怀和滕代远 …… 潞 西 23

"你为党的事业忠心耿耿，大家都应该向你学习"——彭德怀和黄公略 …… 张平凯 25

"你呀，主意就是多"——彭德怀和陶铸 …… 孟平增 31

"感谢三军团迎接我们哪"——彭德怀和徐向前 …… 张平凯 32

久共患难 息息相通——彭德怀和黄克诚 …… 易 水 35

"大的问题集体研究好，不致失误"——彭德怀和程子华 …… 王春才 38

"我考虑了两天两夜，下不了这个决心啊"——彭德怀和王震 …… 王 珏 40

彭德怀为萧劲光说了公道话——彭德怀和萧劲光 …… 王明明 42

将帅之间——彭德怀和陈赓 …… 尹家民 44

"咱们站在马路边等着他"——彭德怀和杨得志 …………………… 景希珍　安一整理 49
"说话有点准头儿,还是信得着的" ………………………………… 洪学智 51
几度聚散　痛诀别 ………………………………… 李聚奎 64
"我怕牵连人家呀"——彭德怀和邓华 ………………………………… 王春才 68
"这个建设是硬仗,你会打胜的"——彭德怀和朱光 ………………………………… 王春才 70
"一走了之,不是解决问题的办法" ………………………………… 孙　毅 75
"你这个江西老表,我们又走到一块了" ………………………………… 杜　平 78
"时间是非常宝贵的,尤其是在打仗的时候" ………………………………… 王政柱 86
我和彭德怀交往十二年 ………………………………… 91
同舟共济　患难与共 ………………………………… 张平凯 101
"我也是红军战士" ………………………………… 袁任远 113
"你陈海涵我是了解的"——彭德怀和陈海涵 ………………………………… 丁　晖 115
"人就应该有这种大无畏的创业精神"——彭德怀和慕生忠 ………………………… 张春亭　王　安 125
"还是送给德高望重的人吧"——彭德怀和何香凝 ………………… 孟云增　李太友整理 128
"深为彭德怀不以功臣自居,不以领导自居的自谦精神所感动"——彭德怀和巴金 ………………………………… 韩　昕 129

"没有根据地，革命能成功吗"——彭德怀和吴致民
……………………… 张浩平　李金葆 131

"共产党人要后天下之乐而乐"
……………………………… 张俊贤 136

"学习要下苦功，千万不要害怕困难啊"
……………… 王德华　孔庆沛整理 139

"给我把人放了，立刻放了"——彭德怀和许玉全
……………………… 张浩平　李金葆 143

"写文章，题目要醒目，立论要正确，论述要深刻"——彭德怀和夏纳
……………………………… 于　光 149

一席肺腑之言——彭德怀和沈学礼
……………………………… 王春才 152

"铺张浪费不是共产党员的品德"
……………………………… 杨　洛 153

"赤胆忠心死未朽，颂歌响九州"
……………………………… 林　呐 157

拜年贺新春　严冬遭绑架——彭德怀和杨沛
……………………………… 王春才 162

特别命令——彭德怀和孟久振
……………………………… 王春才 170

"你是我们的先生"——彭德怀和艾买提·瓦吉提
……………………………… 于　予 172

"中国革命的胜利，有你们一份功劳"——彭德怀和龙桂香
……………… 孟云增　李太友整理 174

人间自有真情在——彭德怀和李志强
……………………………… 王松涛 176

"我是来看望恩人的"——彭德怀和贾士宏
……………………………… 戴　岩 186

"是我代表红军战士向你表示的一点心意"——彭德怀和帅仕高
……………………………… 王春才 188

给彭总送战报 …………………………………… 姚鹤亭 190
“一定要注意群众的意见和要求”——彭德怀和董安弟 ………………… 孟云增 李太友整理 193
“革命工作靠大家来做” …………………………………… 孙叔扬 194
“作为一个革命军人，要有组织纪律性”——彭德怀和刘祥 ………………… 景希珍 安一整理 195
“小同志，你们辛苦了！” …………………………………… 王春玲 199
“你今天为我这么精心打扮，我还是大姑娘上轿头一回呢”——彭德怀和贾月泉 …………………………………… 王春才 200
“你可不要一人上街啊”——彭德怀和李佩宜 …………………………………… 王春才 204
“走遍天涯也要给芳芳的病治好”——彭德怀和綦远芳 …………………………………… 王春才 206
“我不会忘记你们的”——彭德怀和李文林 ………………… 景希珍 安一整理 209
“麻烦告诉你们首长，把我的工资缴成党费” …………………………………… 郭云梦 211
“把他调给我”——彭德怀和张养吾 …………………………………… 汪波清 232
将军和士兵 信任建真情 ………………… 孟云增 李太友整理 236
十七年风雨同舟 ………………… 景希珍 安一整理 242
“你放心，我不会自杀，也不会当反革命” …………………………………… 张 愈 262
“翻译好比理发匠这个比喻很形象” …………………………………… 孙立忠 266

“我就不喜欢软骨头”——彭德怀和董细年
…………………… 张浩平　李金葆 268

“我吃得太好，不忍心啊”——彭德怀和刘云
………………………………… 王春才 272

老总大谈“走麦城”　战士端坐首长席——彭德怀和王近仁
………………………………… 王　昕 275

“我们不在一起的时候，我才真正认识他，理解他”——彭德怀和浦安修
………………………………… 丁隆炎 278

“对革命对人民尽了我的责任”——彭德怀和彭梅魁
…………………… 王春才　丁隆炎 281

“有志气，就应该这样子”
………………………………… 彭　钢 294

“把你在家讨米、放牛的情景想一想，你就感到不应该了”
………………………………… 彭起超 305

“不要因为我，给他们留下什么牵连”——彭德怀和外孙女外孙们
………………………………… 彭梅魁 308

“怎么人才都跑到共产党那里去了”——彭德怀和蒋介石
………………………………… 何　佳 309

“看来彭总是个严肃认真、一丝不苟的人”——彭德怀和张治中
………………………………… 余湛邦 311

“今后我们就在一起共事了”——彭德怀和陶峙岳
………………………………… 梁　民 315

“你就回西安去，做这件工作”——彭德怀和高福原
………………………………… 史　择 317

“只要听党的话，前途是光明的”——彭德怀和曹国忠
………………………………… 彭幼文 318

一次鲜为人知的军事合作——彭德怀和何柱国
………………………………… 俞　民 320

“彭副总指挥教我懂得了怎样做一个真正的军人”——彭德怀和武士敏
………………………………… 暴贵银 322

"保卫世界和平是我们共同的任务"——彭德怀和金日成 …… 孙立忠 325

了却了一桩心事——彭德怀和彼得罗谢夫斯基上将 …… 孙立忠 327

"总顾问的身体好些没有"——彭德怀和杜鲁法诺夫上将 …… 孙立忠 329

"崽卖爷田心不痛"——彭德怀和李德 …… 李　屏 330

编后记 …… 335

# “也许真理在你那边，让历史去做结论吧”
## ——彭德怀和毛泽东

彭德怀骁勇善战，毛泽东曾多次给予赞扬。1935年10月，毛泽东曾赋诗赞曰：“山高路远坑深，大军纵横驰奔。谁敢横刀立马？唯我彭大将军！”这是出自毛泽东内心的由衷的高度赞扬。

彭德怀在党内素来直爽、刚正敢言，毛泽东曾称他是张飞，他也常以张飞自称。他曾说，他与毛泽东有31年“生死与共”的历史。

彭德怀个性倔强，参加革命之初，思想尚不成熟，对毛泽东的正确思想有的认识不够深刻，有的认识较迟，但在革命的曲折发展中，他对毛泽东的敬佩之情越来越深厚而不可动摇。在苏区，在遵义会议上，在反对张国焘的分裂活动中，他都坚决拥护毛泽东的正确领导。他能够向毛泽东坦然表示自己对问题的看法，常常向毛泽东提出对工作的建议，也和毛泽东发生过一些争论。他在党中央的核心领导人物中确是爽直敢言，能够和毛泽东展开争论的一个具有鲜明个性的人物。他的这个特点，在长期的共同革命斗争中，虽不免有使毛泽东不快之处，但毛泽东对他仍然总是委以重任。从1945年“七大”以后，彭德怀常说，他对毛泽东的认识经历了一个三部曲，开始把毛泽东视为革命队伍中的一位大哥，以后认为他是自己的老师，到抗日战争中逐渐坚定地认识到毛泽东是中国人民和中国共产党的英明领袖。彭德怀在庐山会议后回顾自己和毛泽东的关系时说，这是“真诚的，发自内心的”。

抗日战争时期，在延安一次会上，有些同志对彭德怀搞“百团大战”提出了一些不公正的批评，彭德怀十分恼火，要求和毛泽东交换一下意见，并请周恩来做中间人。三个人坐到一起，毛泽东平静地说：“咱们定下个君子协定：第一，把话讲透；第二，可以骂娘；第三，各自检讨，不准记仇，不得影响工作。”“我先给你作检讨。造成这样子的后果，责任全在我，事先没得向你通气,事后又没得向你作解释。‘百团大战’,是无可非议的。从组织手续上讲,你战前对军委有报告,当时军委和我个人也是同意了的。如果讲到缺点的话,那就是军委回电未到,你就提前动作了,但这也是可以理解的嘛。若说有错,首先错误在我,我不但同意了,给你发了电报,还向你提出这样的大战役是否可以多搞几次。”

彭德怀听后,积在心内的不解及埋怨顿时消失了:“同志间的了解、信任胜过最高奖赏,有主席今晚这席话,就是现在叫我去死,也是死而无憾了。你还是了解我的,倒是我对你有误会,甚至有埋怨情绪,还要请你原谅,我是个粗人呀!”

“不!你是一个有勇有谋、智勇双全的将领,在革命处在危难关头,你都是站在正确路线一边,这不仅仅是对我个人的支持,是帮助了革命。好吧,请你多给我提点意见吧。”

这时,周恩来笑着说:“君子协定的第一条是把话说透,你不要错过机会哟。”彭德怀接着对毛泽东说:“那好,对你,我只有一条意见,会前应该给我老彭打个招呼,叫我也有点思想准备。”

彭德怀最后说了一段意味深长的话:“你毛泽东,我彭德怀,他周恩来,我们在党内都要自觉地接受党的监督和约束,办任何事都要从党和人民利益出发,我们谁也不能头脑发热、独断专行、随心所欲。否则的话,势必给党和人民造成无可挽回的损失。如果发生了这种反常的事,那么对我们来说,就是欠了党和人民的债,是有罪的啊。”

毛泽东被深深打动了,握住彭德怀的手,说:“你讲得太好了,我建议将你这个观点,写到我们的党章里去,恩来同志,你不反对吧?”

“我举双手赞成!”

建国后,这种关系有了变化。彭德怀和毛泽东等中央领导人都住在中南海,但去见毛泽东需要先打电话约定时间,日常的接触割断了,称呼也起了变化,过去是老彭、老毛,现在“称呼主席,觉得不习惯”。毛泽东1959年4月在上海会议上号召在座的中央委员提意见时,要他们学习海瑞给皇帝提意见的榜样。事情在发生变化,毛泽东在党内处于至高无上的地位,而和过去的战友拉开了一个大的距离。彭德怀对这样一种趋向,内心不赞成、不习惯。他认为,毛泽东是英明的领袖,但也是人。“毛泽东同志有百分之九十九点九是正确的，难道就没有百分之零点一的错误吗？”这是彭德怀在延安整风时说过的一句话。

1959年夏，庐山。7月3日小组讨论。彭德怀操着沙哑、厚重的湖南口音说：“1957年整风‘反右’以来，政治上、经济上一连串的胜利，党的威信高了，得意忘形，冲昏头脑喽！”“把那些个经验好生总结一下，不要丢掉了！也不要埋怨。毛主席家乡的那个公社，去年搞的增产数，实际没有那么多嘛。我去了解实际只增产了13%。我又问了周小舟，他说那公社增产只有14%，国家还给了不少贷款和帮助。主席去过这个公社，我曾经问过他，你了解怎么样？他说没有谈这个事。我看他谈过的！”彭德怀第一次发言就涉及毛泽东，认为他不说实情，掩饰……

7月4日上午，彭德怀在西北组继续放炮：“要找经验教训，不要埋怨，不要追究责任。人人有责任，人人有一份，包括毛泽东在内。”第二次发言依然涉及毛泽东，而且直呼其名了。

然而长期以来，在党内形成一个成例：无论任何人，不管地位多高，绝对不敢指责毛泽东犯过什么错误。此是党内第一大忌。

毛泽东住在美庐，然而美庐沉默着。

吼虎岭下那个嘶哑、浑厚、熟悉的乡音依然不留情面地频频传来：“农村四个月不供油，办得到吗？完全是主观主义！我一回国看到这个电报，就打电话提意见。你们提了意见没有？抵制了没有？”

“毛主席与党中央在中国人民中威信之高，是全世界找不到的，但滥用这种威信也是不行的。去年乱传毛主席的意见，问题不少，国家那样穷，好多省都给毛主席修别墅，搞什么名堂？这总不是毛主席让搞的。”

在庐山会议上，他看到要真正扭转当时的局面，关键在毛泽东，他决心写一封信把意见提给毛泽东。于是，7月14日晚，彭德怀写下了那封著名的致毛泽东的信。

7月16日上午，毛泽东把刘少奇、周恩来、朱德三位常委召到美庐。他说，昨天收到彭德怀14日给他的一封信。他已经给这封信加上了《彭德怀同志的意见书》标题，并批示“印发各同志参考”。毛泽东对彭德怀的信的处理方式完全出乎彭德怀意料之外。但在讨论中多数人基本同意彭德怀的看法，完全同意和基本反对的都只有几个人。

“要评论这封信的性质。”毛泽东漫不经心地说,“彭真、陈毅、黄克诚、安子文同志也上山来,参加会议。如果林彪同志身体还可以,也请他来。”

7月23日上午9时。中央政治局扩大会议第二次全体会议在庐山交际处直属招待所西餐厅举行。毛泽东坐在台前,一贯高亢的嗓音里有些嘶哑。他说:“不分什么话,无非是讲得一塌糊涂。我和有些同志讲过,要顶住,硬着头皮顶住。为什么要让人家讲呢?其原因:神州不会陆沉,天不会塌下来。因为我们做了些好事,腰杆子硬。我们多数同志腰杆子要硬起来,为什么不硬?无非是一个时期蔬菜太少,头发卡子太少,没有肥皂,比例失调,市场紧张,以致搞得人心紧张。我看没有什么紧张。我也紧张,说不紧张是假的,上半夜你紧张你的,下半夜安眠药一吃就不紧张。”

毛泽东接着说:“假如办十件事,九件是坏的,都登在报上,一定灭亡。应当灭亡。那我就走,到农村去,率领农民推翻政府。你解放军不跟我走,我就找红军去。我看解放军也会跟我走!我劝一部分同志讲话的方向问题要注意,讲话的内容基本正确,部分不妥,要别人坚定,首先自己坚定;要别人不动摇,首先自己不动摇。这又是一次教训。这些同志我看不是右派,是中间派,不是左派。我所谓方向,是因为一些人碰到了一些钉子,头破血流,忧心如焚,站不住脚,动摇了,站到中间去了。究竟中间偏左偏右,还要分析。重复1956年下半年1957年上半年犯错误同志道路。他们不是右派,可是自己把自己抛到右派边缘去了,距右派仅有三十公里,因为右派很欢迎这个论调。现在这种同志的论调右派不欢迎才怪。这种同志采取边缘政策,相当危险,不相信,将来看。这些话是在大庭广众当中讲的,有些伤人。现在不讲,对这些同志不利。”

“但是,同志们,1958年、1959年,主要责任在我身上。应该说我。过去责任在别人,现在应该说我,实在有一堆事没管。始作俑者,其无后乎!我无后乎,一个儿子打死了,一个儿子发了疯……”

毛泽东谈到这里哽咽了。全场一片肃静。

“我有两条罪状,一条叫做1070万吨钢,大炼钢铁,你们赞成,也可给我分一点,但始作俑者是我,推不掉,主要责任在我。人民公社全世界反对,苏联也反对。还有总路线,是虚的。实的,你们分一点。见之于行动是工业、农业。至于其他一些大炮,别人也要分担一点。谭老板,你那大炮也相当多,放得不准,心血来潮,不谨慎,共产共得快。说要快,马克思也犯过不少错误。天天想着欧洲革命来了,又没来,反反复复,一直到死了,还没有来。到列宁时才来了,那不是性急?小资产阶级狂热性?马克思开始反对巴黎公社,季诺维也夫也反对十月革命,后来被杀了。马克思是否也杀呀?巴黎公社起来了,他又赞成,估计会失败,看到这是第一个无产阶级专政,三个月也好,要讲经济核算,这划不来。我们也有广州公社。大革命失败了。我们现在的工作是否也会像1927年那样失败?像二万五千里长征,大部分根据地丧失,苏区缩小到十分之一?不能这样讲。现在失败没有?到会同志都说有所得,没有完全失败,是否大部分失败?不是,是一部分失败,多付了代价,刮了一阵共产风,全国人民受了教育。如讲责任,第一个责任是我。柯老,你的发明权有没有责任?(柯:有。)是否比我轻?你那是意识形态问题。我是1070万吨钢,几千万人上阵,这个乱子就闹大了,自己负责。同志们,自己的责任都要分析一下,有屎拉出来,有屁放出来,肚子就舒服了。"

毛泽东的发言,除批判彭德怀的意见外,把问题提高到"你独裁,不如我独裁","人民解放军跟你走,我就上山打游击"的势不两立的程度。他还提出,反"左"必出右,现在不是反"左"而是反右。他还说:"现在党内外夹攻我们。"党外之攻指1957年的"右派"言论,党内之攻指彭德怀的《意见书》和那些同意彭德怀看法的同志的发言。

毛泽东戛然而止。

第二个谁讲?全场失去了知觉般的盼望。一个巨大的心理磁场,仿佛把人们都钉在原地。然而,毛泽东宣布散会!

27日。毛泽东的秘书,把彭德怀引上了楼。

他走到会客室的门口,立即愣住了。靠窗的大沙发,坐着毛泽东。左右的单人沙发,是刘少奇、周恩来、朱德、林彪。在山上的中央政治局常委都来了。主席对面的墙根旁的沙发,是空的。显然,是留给他的。不是主席个人和他谈心,而是在山上的所有常委。比预感还要严重。

彭德怀从口袋里掏出中华牌香烟。

"老彭,你怎么也抽烟了。"毛泽东的眼神显出真实的惊异,"抽我的,老彭。"

这是决定我命运的时刻。先听!先听!彭德怀的右手大拇指甲,使劲地掐了一下左手的“虎口”。这个穴位能制怒。从北伐战争起,他就晓得这么点中医知识。

“……我和彭德怀同志共事三十多年,你是三分合作七分不合作……你呀,北戴河会议不讲,郑州会议不讲,上海会议不讲,庐山会议快结束了,怕没有机会了,就下战书了……”毛泽东任随他的意识流在历史与现实之间奔逐。

坐在沙发后面的两位秘书,不做记录,只有一双耳朵听。彭德怀惊异地注意到这个细节。没有录音机。迅速地环顾四周。他相信自己看得真切、细致。噢,今晚这次中央常委会批判我,没有记录,没有录音。主席为什么要这样?

常委们按照他们的法定次序一个个地批判彭德怀。

“彭德怀同志前不久访问了东欧各国。上山你急于发难,是不是有背景?赫鲁晓夫对你评价那么高,你答应了他什么?”林彪把批判推到了崭新阶段。

“我一句外国话也不会,跟赫秃子说些什么话,你们找翻译调查嘛!”他忍不住了,嗓门渐大。

“老彭,你从延安整风以来就不服气。”毛泽东正色道,“憋了那么久的气,你这次发到庐山上来了。好家伙,简直要把昆仑山脉推下去……”

“主席,为什么不允许我对问题有个认识的过程?去年,北戴河会议,我也赞成共产风。上海会议,我才提了浮夸风的问题。这次给你写信,丝毫没有什么恶意嘛。”

“你骂了20天,指名道姓,喋喋不休,你要怎么样?”

“我——”彭德怀猛地站了起来,扯开嗓门吼道,“在延安你操了我40天娘,我操你20天娘不行?”他完全失去了控制,脸色铁青。

毛泽东停住了手中的烟。面色不改。

常委们都没有料到彭德怀会说这等粗话,惊愕了片刻,随之纷纷严厉批判他的态度。

彭德怀的这句粗话,作为他“记仇”的一个证据,永远刻在毛泽东的记忆中。反过来,毛泽东则比他“记”得更结实。

1962年9月24日,1964年3月,毛泽东在讲话中两次提到这句话:“你操了我40天娘，我操你20天的娘不行？这一操，就被扰乱了，工作受到影响。”

自1962年又过了三年，毛泽东重新冷静地思索了他与彭德怀的那场争吵，内心充满了愧疚。他决定让彭德怀复出，担任“大三线”建设副总指挥。

1965年9月23日，毛泽东请彭德怀到中南海住地，长谈了五个多小时，并共进午餐。

毛泽东一见彭德怀，便说：“早在等着。还没有睡，昨天下午接到你的信，高兴得睡不着。你这个人有个犟脾气，几年也不写信，要写就写8万字。今天还有少奇、小平、彭真同志，等一会就来参加。周恩来因为去接西哈努克亲王，不能来，我们一起谈谈吧！”

在谈到彭德怀去“三线”时，毛泽东说：“现在要建设大小三线，准备战争。按比例西南投资最多，战略后方也特别重要。你去西南是适当的。将来还可带一些兵去打仗，以便恢复名誉。”

彭德怀的名誉，因为在庐山会议上受到批判，定为右倾机会主义而受到损害。当时，在庐山通过有关彭德怀的决议时，毛泽东曾询问彭德怀的想法，彭德怀向主席讲了三条保证：(1)在任何情况下不会做反革命；(2)在任何情况下，不会自杀；(3)今后工作是不好做了，劳动生产，自食其力。

如今，六年过去了，彭德怀做到了三条保证。在挂甲屯吴家花园，他博大的胸襟，始终关心着人民的冷暖。谁家有困难，彭德怀就出现在面前。他坚持劳动，种了一分地的试验田，拔草除虫，挖泥积肥，整治菜地；还经常自己用搓衣板洗衣服……

毛泽东还对彭德怀说：“你说的三条保证，后面两条我还记得。也许真理在你那边。让历史去做结论吧！”

像是预见到什么，毛泽东向周围的中央领导同志说：“彭德怀同志去西南，这是党的政策，我过去反对彭德怀是积极的，现在要支持他也是诚心诚意的。让少奇、小平同志召集西南地区有关同志开一次会，把问题讲清楚，如果有人不同意，要他来找我谈。”

但是，时隔不久“文革”的“横扫”之风平地而起。

林彪挖空心思，甚至在姓名上做文章，说：“你们知道彭德怀的原名是什么？叫彭得华。他从小就有野心，想得中华。”

1966年下半年的一天，在江青指使下，戚本禹提出把彭德怀从四川“揪回”北京。康生马上附议，王力、关锋一哄而起。

有后台撑腰，戚本禹亲自给当时北京名噪一时的“五大学生领袖”之一的韩爱晶打电话，说：现在文化大革命深入，你们可以到四川把“海瑞”揪回北京。

红卫兵把彭德怀从成都押到北京火车站，立即向戚本禹报到。当时，戚本禹作为“中央文革”成员正在人民大会堂开“碰头会”，他眉飞色舞地向会议通报：“海瑞”由红卫兵押送，已经到达北京站。

彭德怀被监护后，于1967年元旦给毛泽东写了一封亲笔信。这是他一生中最后一次上书毛泽东。信中写道：

> 主席：您命我去三线建委，除任第三副主任外，未担任其他任何工作，辜负了您的期望。12月22日晚在成都被北京航空学院红卫兵抓到该部驻成都分部。23日转北京地院东方红红卫兵，于27日押解到京，现被关在中央警卫部队与该红卫兵共同看押。向您最后一次敬礼！祝您万寿无疆！
>
> 彭德怀
>
> 1967年1月1日

从1966年底到1967年上半年，彭德怀暂时被监护起来，还没有受到后来的那种非人道的折磨与摧残。

但是，随着“文革”的全面铺开，彭德怀的处境越来越糟，他一再受到审讯，在拳打脚踢的情况下，他的肺被踢破，肋骨被踢断。他多次被拉出去游街示众。这一切开始时他已68岁，到临死前76岁时还没有结束。他是一条硬汉子，受审多达130次。最后终于卧床不起。为了折磨他，不许他坐起来，不许他喝水，不许他上厕所，不许他翻身。他的身体全垮了。在长期非人的折磨下，宁折不弯的彭德怀仍然刚正不阿。当红卫兵责问他：“你为什么反对毛主席?!”彭德怀沉着答道：“我从来不反对毛主席，我只是对毛主席无话不谈。”在他生命的最后留下的声音是：“我犯有很多错误，但我不搞阴谋。这一点上我是清白的。”1974年11月29日，这位功勋卓著的元帅溘然去世。

一颗巨星在中国的政治舞台上陨落了。但彭德怀这颗中国革命的巨星并未真正陨落，随着“文化大革命”造成的民族灾难日益被人们所认识，大胆的反思冲决樊篱，越来越伸向庐山会议这段历史。在政治舞台上陨落的那颗巨星从人们的心幕上重新升起。1978 年 12 月，党的十一届三中全会终于为彭德怀昭雪平反，人民群众对彭德怀表达了一种特殊的敬仰和怀念之情。

1981 年 6 月 27 日，中共十一届六中全会，通过了《关于建国以来党的若干历史问题的决议》。这一重要文献明确指出：“庐山会议后期，毛泽东同志错误地发动了对彭德怀同志的批判，进而在全党错误地开展了‘反右倾’斗争。八届八中全会关于所谓‘彭德怀、黄克诚、张闻天、周小舟反党集团’的决议是完全错误的。”

历史终于作出了公正的评说。

（宋一秀）

# “总理啊，我有一肚子话要对你说”

## ——彭德怀和周恩来

1965 年 9 月，自从毛泽东点将要彭德怀去西南三线工作后，彭德怀便沉浸在多年不曾有过的无比愉快和惬意之中。

“毛主席还是了解我的。”——这句话成了他的口头禅。每当他说这句话的时候，总有一种自豪而又自得的神情，总是像喝了醇香甘甜的酒一样美滋滋的。

美中不足的是他一直没能见到周恩来。他几次要通总理办公室的电话，可周恩来总是不在家。他感到遗憾，又不免有点伤感：“个个都忙，总理更忙。可我彭德怀却闲呆了六年，惭愧呀！”

这天刚吃过午饭，周恩来亲自打来电话，请他马上去中南海总理家。碰巧，赵凤池不在家。他急得火烧火燎地团团转，只好给总理回电话说，“总理,我的车驮不动了,改日再拜访你吧!"

周恩来说:"你的车驮不动,就用我的车去驮你,这叫舍车保帅嘛!"

在总理家,周恩来和邓颖超热情地款待他,询问了他六年来的生活情况。彭德怀把同毛泽东会见的情景叙述了一番。周恩来听后,很是高兴,感慨地说:"是啊,庐山的事过去六年了,教训会使我们清醒过来。我们要认真地总结总结呀!主席说得对,不能分手分到底,要团结,'风物长宜放眼量'嘛,我们前面有很多很多的大事业等待我们去完成。"

彭德怀说:"这六年来,我日日夜夜都盼着能早点出来工作,我实在是闲不住啊!"

周恩来介绍了"三线"的建设情况和要注意的问题,勉励彭德怀振作精神,为人民做出新的贡献。

彭德怀走了,满怀战斗豪情地奔赴他的新战场——西南三线建设的战场。满以为可以将有生之年投入到建设事业中去。不料,巨大的政治风波再一次把他推到风口浪尖上。1966 年 12 月 24 日,他被北京来的红卫兵劫持走了。

情况复杂,西南建委的杨焙沉思了一会说:"我看,打电话请示一下总理办公室吧!"他转身抓起电话要长途台。

清晨 6 点钟,西南建委与总理办公室的电话接通了。

秘书周家鼎听取了杨焙的汇报后,马上将此事报告给周恩来。

周恩来问:"彭德怀同志现在在什么地方?"

"已被红卫兵绑架,去向不明。"

周恩来一惊:"哪儿的红卫兵?"

"北航'红旗'。"

"他们串得好快呀!"周恩来沉思片刻,凝重的眉峰微微颤了颤,当机立断,"立即告诉西南建委和成都军区,马上寻找彭德怀同志,找到后将他保护起来,尔后迅速报告中央!"

周家鼎认真记录着总理指示:

"请以中央和我的名义给西南建委、北航'红旗'的同学们、成都军区、北京卫戍区去电:

中央同意彭德怀同志回京。

但要严格执行以下三条：

一，由成都军区派出部队和红卫兵一道护送彭德怀同志到京。沿途不许任何人截留，不得对他有任何侮辱性的言行，绝对保证他的安全；

二，不许坐飞机，由成都军区联系火车来京；

三，由北京卫戍区派出部队在北京车站等候，并负责安排彭德怀同志的生活和学习。

以上三条，同时通知成都军区、北京卫戍区的负责同志，也必须通知北航'红旗'的同学。各单位必须严格执行，绝对保证彭德怀同志的安全，对他的生命安全各单位要向中央负责。"

周家鼎特意叫北航"红旗"的人接电话，要他们必须很好地协助西南建委落实总理指示。尔后，他又急忙回到办公室问周恩来："总理，成都军区给哪位负责同志通话？"

周恩来说："给黄新廷司令员打电话。"

"他已经失去自由了。"

"那……就找甘渭汉政委吧！"

"他也失去自由了。"

"噢？那……是韦杰同志在负责吧？"

"是韦杰副司令员在暂时负责。"

"那就赶快通知韦杰同志！"

周家鼎给韦杰打通电话，传达了总理指示后，又立刻要通了北京卫戍区司令员傅崇碧的电话，通知他立即赶到总理办公室接受任务。傅崇碧因正在主持一个会议，实在离不开身，经请示周恩来，便由卫戍区政治部主任周述清代傅崇碧前去接受任务。

周恩来向周述清说："你们卫戍区立即组织力量，近日准备将彭德怀同志接过来，负责他的生活和学习，要专人负责。到火车站去接人，绝对不能让红卫兵将人抢走，加害于他。有问题要及时报告。"

周述清走后，周恩来叮嘱周家鼎："要时刻注意西南的消息。"

1966年12月27日晚8时许，彭德怀所乘的列车抵达北京。

北京卫戍区政治部主任周述清从周恩来处接受任务后，立即向司令员傅崇碧做了汇报。傅崇碧决定要参谋长刘光甫负责安排彭德怀的生活和学习。刘光甫挑选卫戍区司令部警卫处参谋王金岭作为彭德怀生活和学习的直接负责人。王金岭、周述清去车站接彭德怀，与红卫兵发生争执，相持一小时，红卫兵盛气凌人就是不放人。周述清只好同意红卫兵头头打电话请示中央文革。

此时，中央文革和政治局正在召开“碰头会”。电话要通后，戚本禹接了电话，眉飞色舞地向会议通报：“彭德怀已由红卫兵押送到北京站，请示如何处理？”

周恩来马上站起来说：“此事我已布置卫戍区了，让他们去接，将他的生活和学习管起来。”

“卫戍区没有来电话，是地院‘东方红’的同志打来的。”戚本禹冷冷地说。

“噢？”周恩来问，“卫戍区没去人接吗？”

“……”戚本禹故意把脸转向一边。

周恩来预感事情不妙，马上离开会场，嘱咐秘书周家鼎快打电话询问傅崇碧。周恩来跟傅崇碧要通电话，才得知是戚本禹从中作梗，假冒中央名义，要卫戍区把彭德怀交给了“红卫兵”。他指示傅崇碧立即派人去把人要回来。

周恩来把戚本禹叫到办公室，极为愤慨地指责他：“戚本禹同志，你知道你这样做会造成怎样的恶果吗？如果你以为你的权力还不够，那就把总理的位置夺走吧！把中央的大权统统夺走吧！”

……

28日清晨，傅崇碧接到中央文革打来的电话：彭德怀由北京卫戍区和红卫兵共同管理。望卫戍区即派人与红卫兵协商管理办法。当晚11点，彭德怀上了卫戍区的大轿车。

29日上午，周恩来亲自给傅崇碧打电话，询问了彭德怀的“监护”情况之后，再次作出指示：彭德怀同志的住处要保密，要绝对安全。不许武斗，不许游街，不许逼供信。

1967年2月，在中国，“文革”动乱在深入，一大批老干部纷纷倒地。卫戍区的“监护”任务也重起来。周恩来直接指示傅崇碧，所有卫戍区的监护点要严格执行五条规定：一，万人以上的斗争大会不开；二，不搞喷气式，不打，不挂牌子，不游斗，不抓走，不跑掉；三，可以看病、理发、洗澡；四，每天可以放 20 到 30 分钟的风；五，哨兵放在门外。

彭德怀在这一段时间里，按专案组布置的任务，一方面读书学习，一方面写自传和所谓的“交代材料”，一天到晚关在几平方米的小屋里。这天，王金岭特地将彭梅魁送的水果、滋补品和一台收音机悄悄交给他，他坚决不要。他向王金岭哀求道：“王参谋，你给我向毛主席打报告，向周总理打报告，权当历史上不曾有我彭德怀，权当不认识我，让我回老家当农民吧！如果我的罪大于功，就干脆把我处决算了！这里我实在待不下去了！”

王金岭劝道：“老人家，这可叫我为难了。一个人的历史并不是他自己也不是其他任何人想承认就承认，想否定就能否定的。再说，现在是‘文化大革命’的非常时期，上下都乱。说不定等局面稳定了，毛主席会想到你，会让你出来工作的。”

彭德怀仿佛得到了一丝安慰：“那好，我等着。主席只要让我工作，我一定要求再去西南‘三线’。我做梦还又去了‘三线’哩！”

1967 年 4 月 18 日的《人民日报》引起了彭德怀的注意。这天报纸登载了一条消息，讲到国际市场上销售镁的情况。于是，他提起笔，给周恩来写了一封信：

总理：

前日阅《人民日报》……因而记起去年 4 月到石棉矿厂（安顺场下游 20 公里）考察时，该厂矿渣很好，堆积大渡河两岸，未曾利用，已流失不少。此种矿渣中含大量钙镁，其次是磷，还有其他矿物质。加工后即成钙镁磷肥，用于农作物的底肥是很好的。石棉矿渣（矿余）占 95%，年可产四五十万吨，设备简单，成本当然是很低的……此事可能被搁置。小事情本不应打扰您，但我不知应告何人，希原谅，顺祝您永远健康。

石　穿

1967 年 4 月 20 日晚

信写好后，他委托王金岭转呈。王金岭看了信的内容后，不禁感慨万端：这位年近70的老人，处于危难之中，一片忧国忧民之心却仍然没有放下。石穿，作为彭德怀的号，是他青年时从“水滴石穿”这一成语得到启示而自取的。这种精神，恐怕连上帝都会感动的啊！但是，在这“斗斗斗”的年月，“生产”二字像病毒一样被人畏忌……

殊不知，就在年初的一个日子里，周恩来曾在紫光阁召集李富春、谭震林、李先念三位副总理专门研究生产安排和经济计划问题，同时还约了主管工业的余秋里也来参加这个会议。三位副总理都到了，单等国家计划委员会副主任余秋里。

“现在管生产的只剩下这一条胳膊了……”周恩来思虑着，像是孤守在阵地上，等待着战友的到来。

就在这沉重而焦急的等待中，秘书轻轻地走过来，低声告知：“余秋里同志被揪走批斗去了。”

周恩来抬起头，凝视着一张张空椅子：刘少奇不能来了，邓小平不能来了，彭真不能来了，陶铸不能来了，连余秋里也不能来了，他们的位置都空了！半个世纪来，大家同舟共济，靠着集体的智慧和力量，驾驶着中国这艘沉重的大船，经受了一场场血雨腥风，闯过了一道道暗礁险滩，向着光明的彼岸挺进！可如今，这艘大船却在途中搁浅了，停在那儿任机器超强度地空转！……

周恩来望了一眼三位副总理，他受不住那热切、期待和心思相通的目光，忙转过脸，再也抑制不住的泪水浸湿了眼帘。三位副总理也各自转过脸去。

1971年国庆节前夕，卫戍区根据周恩来的指示，通知各“监护”点：在现有条件下尽量过好节日，改善日常生活条件，绝对保证人身安全，一切法西斯式的审查方式，应一律废除。

春节前夕，国务院事务管理局奉周恩来之命，给每一位被“监护”人送去一份礼品：糕点、罐头。彭德怀从哨兵手里接过礼品时，不禁奇怪地问：“小鬼，这罐头糕点，是你买的？”

“不，是国务院管理局送来的，每人一份。”

“国务院?”

“对！是周总理让送的。”

“总理？啊？……总理没有忘记我们哪!”

彭德怀双手捧着礼品,止不住老泪纵横。他久久地站立着,嘴里不停地念叨:“总理啊,我有一肚子话要对你说,要对主席说呀！为什么还不让我出去呀!”

1972年12月底的一个寒夜,彭德怀被迁移到第四个监护点——北京西城区木樨地政法干校。

顺着封冻的枯竭的护城河环视,是一截截断断续续的坍塌了的古城墙。在这位满怀忧患、饱经沧桑的老人的眼里,这悲壮的蒙受屈辱而又雕刻着坚贞不屈的历史,就这样以残缺者的形象废弃在荒野之上,任凭风霜雪雨抽打着。

精神的折磨,肉体的摧残,长时期得不到申诉的冤屈,终于使彭德怀病倒了。他大量便血,于1973年春末住进了“301”解放军总医院。医院诊断为直肠癌。

周恩来闻讯后,打电话批评了卫戍区监护办公室和专案组:“彭德怀同志病到这个程度,你们怎么才知道？怎么才报告？太不像话了。”并立即批示:“请301医院的同志马上研究手术方案,尽全力治疗。”

4月18日,医院正式通知专案组:“145号”必须尽快动手术,否则有生命危险。专案组只好打报告请示周恩来。周恩来批示:“彭德怀同志的问题还没有搞清,手术不要受到影响,一定要做好。”

医院落实周恩来的指示,立即投入彭德怀手术前的准备工作。但出人意料的是,彭德怀坚决反对手术。此时,王金岭早因受“杨余傅事件”的牵连离开了彭德怀专案组,换成了另外一个人负责。为了手术问题,彭德怀与这位专案人员发生了口角。

“彭德怀,你为什么不同意手术?”

“我岁数大了,用不着再做手术!”

“那不行,手术必须做,否则……”

“否则什么！你们把我的问题搞清楚后,我就做。”

“你的问题不是马上就能搞清楚的。”

“有什么搞不清楚？不就那么点事情吗？”

“我说你彭德怀怎么这样固执呢？你的案是毛主席老人家定的，他老人家不点头，谁敢……”

“那好，你们让我去见毛主席。回来，我就做！”

“彭德怀，你的这个要求，我们办不到！你不要给我们出难题！”

“为什么办不到？你们什么事情办不到？我看你们是不想办，不愿办！你向上级汇报去吧，就说我彭德怀坚决不做手术！”

“……”这位专案人员气得脸色煞白，最后只好搬出周恩来的批示来，“彭德怀，我告诉你，给你做手术是周总理亲自批准的。”

“是总理批准的？”彭德怀追问。

“对！”

“那好，请允许我给总理打个电话吧，我有话要跟总理讲。”

“彭德怀，你，你简直是无理取闹！”

“你说什么？我无理取闹？年轻人，你知道什么叫真理吗？——正确地反映客观事实，实事求是。我在庐山讲的是真话，我没有错！我到死也不认这个账！不给我把问题搞清楚我死不瞑目！”

这位专案人员见这般情形，只好退了出去，向专案组做了汇报，并建议，让彭梅魁来做彭德怀的工作。

4月23日，当彭梅魁突然接到去医院看伯伯的通知后，竟一下子呆愣在那儿，怀疑自己的思维神经是否错乱了。直到专案人员一再催促她赶快动身，她才“哇”的一声哭起来，顾不得换件干净衣裳、梳理一下凌乱的头发，即刻跟着这位专案人员上了车。

自从1967年彭梅魁在北航批斗会上惨不忍睹地看到伯伯被红卫兵强制做“喷气式”后，一晃六年没有得到伯伯的音信，也不知伯伯是死是活。万般无奈，彭梅魁直接给周恩来写了一封信，打听伯伯的下落。不久，周恩来派人找到彭梅魁，转达了总理的问候，并告诉她说：“周总理对此事非常关心，你伯伯的身体很好，东西还可以照常送。”当彭梅魁把这短短几句话告诉了彭钢、彭康白后，兄弟姐妹抱头痛哭。他们为此感到多大的安慰和温暖啊！

彭梅魁终于见到了伯伯，并从专案组那儿得到了伯伯患直肠癌必须手术的情况,专案人员告诉她:“手术方案是经周总理批准的,希望你能说服你伯伯。”

彭梅魁不知道自己应该说什么。思忖了半天,低声问:“伯伯,您害怕手术吗?”

彭德怀一听,愤愤地说:“怕死?不,我从来没有怕过死!我只怕上了手术台可能下不来,耽误了大事!”他对在场的那个专案人员说:“我要求你们快审查,查清楚了,我再做手术!……”

“伯伯,你冷静点,这么着急能解决什么问题啊?”彭梅魁苦心劝说,“伯伯,您还是先做手术吧!等养好病,以后有机会见到毛主席的。再说,您的手术是周总理批准的,您不做手术,总理晓得也会不高兴的。”

彭德怀平静了下来。他沉思片刻之后,慢慢抬起头,深情地看着侄女和周围的医生,以充满信赖的口气说:“那好吧,我同意做手术,一切都拜托给你们了。”

按照预定的方案,彭德怀很快上了手术台。

（马　铬　佩　璞　马泰泉）

## “同他在一起,比看电影好”

### ——彭德怀和朱德

中国人民解放军的两位“老总”——彭德怀与朱德,从井冈山到延安,从延安到太行山,从太行山到陕北,在艰难困苦的人民解放战争岁月里,几十年合作共事,并肩战斗,亲密得像老哥俩。建国后,他们同住中南海,两个人不是你来,就是我往,闲暇时下棋散步,说古论今,总有谈不完的话题。

平时,每当他俩在一起商讨完军政大事,总会有一人提出:“来一盘吧!”警卫员忙把棋具拿出来。往往是朱老总亲自动手摆好棋子,朝彭德怀说:“来,杀一盘!”

他俩下棋,都聚精会神,步步斟酌。两个人,有时互相对脸望望,笑笑,那意思是说:这步棋的妙处你看得出来吗?有时又为了一步棋,竟争吵起来:“君子举手无悔!君子举手无悔!”

“好,不悔不悔,先输给你一局,让你三分嘛!”

“哪个要你让,有多少老力气全使出来!”

两个人争辩着,同时哈哈大笑起来。

一次,警卫员叫彭德怀去看电影,彭德怀却说:“不去!我等朱老总来,同他在一起,比看电影好。”一会儿,朱老总来了,他要划船玩。彭德怀连连摆手说:“不行,不行,你掉下去了我保不了险!”朱老总说:“我保你的险,你掉下去,我来捞。”说着,朱老总就往小船上走。彭德怀赶忙喊警卫员:“快去叫几个人来,要会水的!真让朱总司令喝了水,可了不得啦!”

这是一幅多么美好的和平建设时期中国人民功勋老帅消闲图啊!遗憾的是1959年庐山政治风云,一下子破坏了这一切。但是,多年形成的战友间的信任与情谊仍存在于两位老总间。

1959年7月26日下午,彭德怀抱着“信里有些问题写得是不够妥当,主席又讲得那样厉害,我要是不作检讨,这个弯子不好转。可是信里有些意见并没有错,不能全部否定,我还要坚持”的态度,在小组会上作了第一次检讨。

对彭德怀的这个检讨,有些好心人是同情和赞许的,特别是温厚和善的朱德,认为倔强的彭德怀能够这样检查自己,已属不易,写信的问题应该到此结束了。他满怀战友之情地说:“彭总发言的态度好,我相信他是畅快的。彭总的发言中有这样一句话,‘江山易改,本性难移’,这是农民意识。在座的天天在前进,哪有不改的!他的主观性、片面性就是这样来的。大家对彭总的批评是对的,彭总今天对大家的批评也比较听得进去了。过去就谈不进去,谈起来就吵。我相信经过这次会议,统一了思想,统一了认识,就不会把错误当作包袱背起来了。彭总的一个缺点,是有股傲气,今后应注意改掉。生活方面,注意节约,艰苦卓绝,谁也比不上他。只要能纠正错误认识,是可以把工作做得更好的。”

朱德这番话显然是把会议形势估计得过于乐观了,事实证明,这只不过是他个人的良好愿望。接下来对彭德怀的批评调子越升越高,直至最后通过了《中国共产党八届八中全会关于以彭德怀同志为首的反党集团的错误的决议》。从此,彭德怀离开了领导岗位,离开了奋斗了大半生的人民军队而“挂甲”了。尽管彭德怀搬到京西吴家花园后朱德还来看过他,但两位老总却再也没有心绪对弈,再也无法心情舒畅地谈天说地、道古论今了。

(钱漢岸)

# “他对我的帮助很大”

## ——彭德怀和段德昌

段德昌是湖南南县人,黄埔军校第四期毕业。1925年加入中国共产党。曾在国民革命军第四集团军任师政治部主任,大革命失败后返回家乡,参加领导南县、华容、石首等地农民起义。后任鄂西游击总队参谋长、独立第一师师长,中国工农红军第六军参谋长兼第一纵队司令、军长,政治委员,红三军第九师师长、中共湘鄂西省委委员和军分会主席团委员等职。大革命中,彭德怀与他有过很深的交往,几十年后囹圄中的彭德怀还时时忆起那些受益匪浅的交谈——请段德昌介绍他加入中国共产党。

1925年冬,六团回防到南县,华容、安乡三县,彭德怀率部驻安乡县城,后驻嘛嚎口。

1925年秋冬以来,湖南军阀内部矛盾异常尖锐,害怕广东北伐,又怕唐生智与粤联结。赵恒惕、贺耀祖等军阀,有的主张先发制人,解决唐生智部。

1926年4月,六团突然奉命开赴湘乡、永丰一线待命。彭德怀他们还未到达指定地点,听说赵已下台,叶开鑫主湘。六团忽又奉命开宝庆、衡阳之间,接近唐生智部第四师防区;第一、二两师也向湘东南推进,企图解决唐生智部。不久,传闻北伐军前锋已抵安仁县境,叶开鑫在醴陵、衡山、永丰线紧急布防,湘军内部恐慌万状,大有一触即溃之势。本营各连经过冬季整训,各连都有了救贫会员,从旧历正月至3月的时事讨论,全营官兵对北伐有了比较正确的认识，不但不恐慌，而且高兴。部队到达永丰，彭德怀又向大家说明叶军必败，北伐军必胜的道理。并将这些也同周磐谈过，提出宜早派人去同唐生智联络。周说，唐处早有人去了。一天对方开始进攻，彭德怀用电话告周，周问如何处理，彭德怀说，可经湘乡、宁乡、沅江向南、华、安撤退，如湘乡县城被对方先占，即从城西迂过。我们安全到达目的地，实力无损，且有扩大。

国民革命军唐生智所辖第八军进入长沙，将原湖南第二师改编为第八军之第一师。原三旅六团改为第一团，团长由第二营营长戴吉阶升任，彭德怀仍任第一营营长，第二营营长由五连连长谢德卿升任；将刘铏、唐希汴等宝庆系军阀之家兵，也是二师残余部分，合编为第三团，团长刘济仁；唐生智收后勤部队之一部分，编为第二团，团长张超。3 个团合编为国民革命军第八军第一师，师长周磐，成立师政治部，团设政治指导员。

整训短期，即行北伐。一团参加围攻武昌城南门，右与围攻朝阳门之叶挺部、左与三十六军联络。第一师之二、三两团在整编，还未赶到。约过数天后，师政治部秘书长段德昌同志，由团指导员米青引到彭德怀处，送了不少宣传品。彭德怀说，以后请常来。段德昌答应了，且未失约。当时出版的进步刊物，段德昌总是尽早派专人送到。

武昌守敌投降后，第一师归三十五军军长何键指挥。彭德怀团驻汉阳数日，即经孝感向当阳前进。第一师到达当阳城时，据报吴佩孚残部由宜昌经玉泉山向南阳逃窜，周磐派彭德怀率部前去进占玉泉山截击逃敌，段德昌要求同往，周同意。

到达玉泉山时，敌已先一天通过该地。山上有座关帝庙规模很大，地势险要，古柏苍松，别有风味，即《三国演义》上所写的关云长显圣处。部队就在该地布置宿营。彭德怀和段德昌在关云长塑像前，铺了稻草就宿，相谈甚深，使彭德怀得益不少。段问彭德怀对关云长有何感想，彭德怀说："关是封建统治者的工具，现在还被统治阶级利用作工具，没有意思。"段问彭德怀："要怎样才有意思呢？"彭德怀说："为工人农民服务才有意思。"段问："国民革命的最终目的是什么？"彭德怀答："现在不是每天都在喊着打倒帝国主义、军阀、贪官污吏、土豪劣绅，实行二五减租吗？我认为应当实行耕者有其田，而不应当停留在二五减租。"段说："一个真正的革命者，也不应当停留在耕者有其田，而应当变生产资料私有制为公有制，由按劳分配发展为按需分配的共产主义制。共产党是按照这样的理想而斗争的。俄国布尔什维克领导十月社会主义革命胜利后，已实行按劳分配，消灭阶级剥削。共产党的任务，就是要实现社会主义和共产主义，共产党员就是要为这样的理想社会奋斗终生。”段问彭德怀：“加入了国民党吗？”彭德怀说：“没有加入，不打算加入国民党。”段问：“为什么？”彭德怀说：“你看现在这些人，如唐生智、何键等等，都是军阀大地主，还以信佛骗人；何键、刘铏等还卖鸦片烟，同帝国主义勾结。这些人连二五减租都是要反对的，哪里会革命呢？”段未答。彭德怀问：“国民党中央党部情形如何？”段告：蒋介石、胡汉民、孙科、宋子文、戴季陶等等都是些假革命、反革命。

彼此高兴畅谈了约两小时，使彭德怀受益不少，当时表示了对他的感谢，及内心的敬佩。

段同彭德怀谈话有好几次，但以这次最长，最有意义。段每次谈话，彭德怀都在救贫会中传达了。在北伐时，党在第一团的政治影响、思想影响，是经过段德昌之口散布的。

第一师在当阳未停留，一团在玉泉山亦未停留，翌日继续前进。经应城、皂市渡汉水，沿途无战斗。12 月下旬到达宜昌。在宜昌送别轰轰烈烈的 1926 年。

1927 年双十节后第二天黄昏时，有南、华、安特委的代表到彭德怀处接头。他自称名叫张匡，年约二十五六岁的样子，说：“知道你的名字很久了。”他称赞了双十节的工作布置，说：双十节反对成立清乡委员会的行动很好，打击了土豪劣绅的反动气焰。可是太冒险了，可能暴露军队内党组织的秘密。彭德怀知道他是共产党派来的。彭德怀说：“我不是共产党。在军队里，大家都说我是国民党左派，我没有否认，也没有承认。其实我并没有申请过加入国民党。1927 年 1 月某日，在纪念周会上，周磐讲话说，在军官花名册上的正式官佐都是国民党员，既没有开过会、缴过党费，也没有填过什么入党的志愿表册。”张匡听后有些紧张，彭德怀说：“你用不着紧张，我是共产党的忠实同情者。从北伐战争围攻武昌城到今年 5 月‘马日事变’前，我同段德昌同志比较熟悉。他是当时我师政治部秘书长，他对我的帮助很大，我同段谈过多次，请求他介绍我加入共产党。段当时说：‘党中央决定不在第八军中发展共产党员，所以你的请求得不到批准。'‘马日事变’后，就没有见到段德昌了，现在我还想见到他。我要求加入共产党现在还是迫切的。国民党是彻头彻尾的反革命了。”张匡谈到一些政治形势和地方情形，不承认第一次大革命失败，反说革命形势是不断高涨的。彭德怀觉得这种说法是不合实际情况的，因为是第一次见面，彭德怀也没有反驳他。

过了几天，黄昏时，张匡又到彭德怀家，说，段德昌同志介绍你加入共产党，也是特委同志集体介绍的。现在特委已经讨论通过你为中国共产党党员，报告省委批准后，再行通知你。当时彭德怀内心很高兴，说谢谢特委对我的信任。彭德怀问段在什么地方，张匡说，在沙市一带搞暴动，负轻烧伤，现在回到南县。彭德怀对段德昌同志的负伤感到不安。当时张荣生在座。彭德怀说是否让段德昌改姓章到李灿家住，就便让该团的军医替他治疗。张荣生说，这要同他们商量后再看。

又过了几天，可能是10月下旬，张荣生告诉彭德怀说，段德昌到了李灿家。彭德怀说：“晚上带我去看看他。”黄昏后，张带彭德怀见到段，张在门外瞭望。彭德怀问段的病情。他说，轻烧伤，已好了。他简单地谈了时局并勉励彭德怀说：这次轰轰烈烈的大革命是失败了。国民党不能解决任何问题，叛变了革命。陈独秀右倾机会主义破产了，秋收起义犯了盲动主义，现在革命形势是低潮。但中国共产党和革命人民是杀不尽的，取得了这次经验，会干得更好。你能坚持革命立场，你很久的愿望已经达到——特委通过你加入中国共产党。报告省委了，省委是会批准的。段德昌还谈到要注意保守秘密，在军队中建立一个党的基点是不容易的。要以一营为基础，逐步发展到全团，以至到全师。在条件成熟时，将来是要起重大作用的。段德昌还说到，共产党永远是要革命的，但有些人把每个共产党员都理想化，那也是不合实际的，看到了个别坏现象，也不要失望。段德昌又送给彭德怀两本书，一本是通俗资本论，一本是无产阶级哲学。段德昌没有提到彭德怀入党是他介绍的。听了段德昌的谈话，彭德怀觉得身上增加了不少力量，改变了“马日事变”后的孤立感；觉得同共产党取得联系，就是同人民群众取得了联系，也就有了依靠似的。

（钱漢岸）

# 战友情深

## ——彭德怀和滕代远

彭德怀与滕代远两人在革命斗争中结下的深厚情谊,一直可追溯到大革命失败后的1928年。

当彭德怀率部在江西平江举行著名的平江起义时,滕代远就以中国共产党代表的身份,在那里协助彭德怀进行革命工作。不久彭滕两人即率这支起义队伍上了井冈山,加入了毛泽东领导的中国工农红军。

1929年2月,彭德怀率领五个大队突出井冈山的重围。一路上敌人前堵后追,红军连连受挫。在极端困难的情况下,为了补充给养和弹药,红军以远距离奔袭,出其不意地攻下了于都县城,消灭了敌人一个营。

这一胜仗后,部队决定下午3时以前渡过于都河,转移到小密宿营。

部队即将出发,可是党代表滕代远还没有回来。此时,敌增援部队临近,已听到10里外传来的枪声。时间紧迫,再不能拖延了。彭德怀心急如焚,来回踱着步子。他命令部队,无论如何也要把滕代远代表找回来!伴随着敌人隐隐约约的枪炮声,派出的小部队到处搜索,结果在县邮局收发室里找到了不省人事的滕代远。

原来,战斗结束后,滕代远来到邮局搜查,收集敌人的文件和报刊,不慎驳壳枪走火,受伤。

同志们将滕代远放在担架上,跟随部队转移。彭德怀虽然为滕代远的意外负伤难过,但终于寻找到了他,又一起随军前进了,为此他感到庆幸。在长途行军中,彭德怀一直跟在担架旁边,看护着滕代远,给他递水、喂药。

部队到了小密宿营。彭德怀辗转反侧,难以成眠:敌人到处寻找红军,处境极其艰难,部队既要秘密转移,又要反击敌人的追击、"围剿";滕代远负伤、邓萍参谋长病重,还有一批伤员……

为了党代表滕代远等伤病员的安全，彭德怀决定自己带着部队打出去，把他们交给地方党隐蔽在小密地区。

起初，滕代远无论如何也要跟随部队转移，他深知邓萍病重需留下，自己再留下，军团的领导干部就只剩彭德怀一个人，这怎么行呢？他坚决要求彭德怀把他带走。经过彭德怀再三劝说，他才决定留下。他深情地望着彭德怀，紧紧地握着他的手，说："部队全靠你了，担子重啊！"

彭德怀安慰他说："放心吧，安心养病，等伤好了，我们再来接你。"

彭德怀率部向安远、信丰三角地带的牛山转移了。

大约两个月后，彭德怀带领部队打回于都。部队刚住下，他就立即派小部队前往小密，寻找滕代远、邓萍和留下的其他伤病员，终于又把他们接了回来。

一晃，十多年过去了。两位老战友戎马倥偬，从第二次国内革命战争的战场转入到民族解放战争的前线。

1940 年夏，一天，彭德怀接到一封来自河北省赞皇的急电，电文说：滕代远患了急性肠胃炎，因缺医少药病情十分严重。只见彭德怀两道浓眉紧锁，面上现出平时少见的焦急不安的神情。

他立即吩咐警卫员迅速把滕代远的病情告诉卫生部，并派最好的大夫，带上药品立即动身。同时，他还决定亲自去探视，行前又叫警卫员把自己仅有的治肠胃病的药品全部带上。

当时，彭德怀驻太行山的砖壁村。从这里到河北赞皇要走几百里。彭德怀一行急如星火，穿峡谷、过峻岭，只用了一天多时间，就见到了滕代远同志。

此刻，滕代远已经好几顿汤水没有下肚了，昏昏沉沉地躺在床上。当人们告诉他彭德怀和钱信忠大夫从太行山专程来看他为他治病时，他一把拉住彭德怀的手说："老彭，你也来看我了……"说着，不禁淌下两行热泪。

经过钱信忠大夫的精心治疗，滕代远转危为安了。

看到他的病情有好转，彭德怀脸上露出了笑容。因为工作忙，彭德怀在赞皇只住了一天，就回去了。

躺在病床上的滕代远见彭德怀要走，想挣扎着下床送行。彭德怀把他扶在床上重新躺下，不让他下地。这时，滕代远想起了什么，赶忙从床头拿起一个小纸包,递向彭总说:“这是你给我带来的药,你肠胃不好,是老毛病,还是你留着用吧!”

彭德怀笑着说:“这种药很缺,还是给你用吧。我身体比你强,就是犯了病,我也有办法对付它。”说着,把药又放在了滕代远的床头。然后,两人紧紧地握了一阵手,依依作别了。

不巧,归途中彭德怀的肠胃病又发作了,疼得他在马背上弯着腰,左手紧紧地按着腹部。有时疼得实在耐不住,就下马坐一坐,疼痛减轻又骑马赶路,直到深夜才赶回总部驻地砖壁村。

(潞　西)

# “你为党的事业忠心耿耿,大家都应该向你学习”

——彭德怀和黄公略

1929年11月,“蒋桂战争”爆发。蒋介石暂时放弃对红军的“围剿”,把主要力量放到军阀之间的争斗上。这时,驻扎在湖南、江西的何键和鲁涤平的部队,从“围剿”红军、包围井冈山的地方撤到铁路交通要道的城市里去了。湖南郴州以南到广东的韶关和广西全州及湖南宜章、道县地区是白崇禧、李宗仁的势力范围。而广东的陈济棠则把部队驻在韶关和南雄两个重镇,坐山观虎斗。

毛泽东和朱德领导红军部队在赣南,闽西地区开展游击活动,一面打击地主和反动军阀武装,一面扩大红军,建立苏维埃革命根据地。彭德怀和黄公略、滕代远率领的红五军,当时已经南至湘东南,包括湘赣地区,北沿着罗霄山山脉直到湖北的九宫山、通山、阳新、大冶,一直把队伍伸到武汉、九江城附近的广大地区了。

根据当时的有利形势,赣南特委和湘赣边特委要求组织第六军。不久,由红军前委代表带来中央任命黄公略同志为六军军长的命令。彭德怀为了支持六军的组建，满足湘赣边特委的要求，除派黄公略外，还派了一些高级干部，如李聚奎、王如痴、陈振亚等，以及干部训练大队的全部学员。

黄公略就要离开红五军了。几天来，彭德怀寡言少语，非常沉闷，脸上没有笑容，夜间不能入睡，时常出来散步。是的，他和黄公略是患难之交、休戚与共的老朋友、老战友了。公略即将离开他，离开红五军的全体官兵，怎不留恋呢！

在艰难的岁月里，他俩历尽沧桑，亲如手足。1921 年，彭德怀离开湘军回家种田。黄公略在长沙读书。他和公略，还有张荣生、郭德云、李灿在乡下组织了救贫会。1922 年 6 月，黄公略和李灿先后给他写信，相约去投考湖南军官讲武堂。他犹豫起来，不想投考，原因是文化低，怕考不中，不如在家种地，所以没有回信。一个星期之后，张荣生受几位同志的委托，特意请假来找彭德怀，再次传达黄公略和李灿的意见。在张荣生的催促下，彭德怀抱着试试看的想法答应了他们。不管怎样，终被说服了，张荣生辞别了他，高兴地回到了军队。

是年 8 月，彭德怀以优异的成绩考入了湖南讲武堂。黄公略也被录取了。

他俩进入湖南讲武堂学习，并不在一个班里。彭德怀被编入第一教授班（连级班），黄公略被编入第四教授班。在此学到四大教程，即战术、地形、筑城、兵器；还有小教程，即操典、野外条令、射击教范、内务条令，外加军制学和马术；还有山炮战术和实习。他们孜孜不倦，用心攻读，学业长进很快。两个教授班相距很近，每天都能见面，常常在傍晚漫步于寂静的校园，商谈救国救民的道理。

是年 10 月毕业，他俩回到八军一师。彭德怀在六团一连任连长；黄公略在三团任连长。由于他俩的努力，在军队里成立了救贫会组织。

1925 年春，彭德怀突然接到家信，得知父亲病逝。他在回家料理丧事的时候，路过长沙，迫不及待地去看望已得重病的黄公略。黄公略重病入院，无钱医治，生命已在垂危中。彭德怀来到医院里，嘱咐公略安心养病，把带在身上的 600 元钱丧礼费，慷慨地送给公略 200 元。在彭德怀的资助下，经过医治，公略的病渐渐地好了。他非常感激，念念不忘彭德怀的慷慨救命之恩。

平江起义后，敌人妄图扑灭这团烈火，分兵进攻起义军。彭德怀部署四、七两团在平江县城西南夹击长沙之敌，争取消灭敌之一部。可是黄公略未经请示，擅自率四团向浏阳方向追赶逃走的三团三营去了，企图喊回叛变的三营官兵，结果，遭敌伏击，七百余人损失大半。第三天夜里带着四团余部赶到龙门。这是黄公略一生中遭受的最沉痛的打击，他非常难过，痛恨自己不该擅自行动，两天没吃东西。

彭德怀没有批评他，安慰说。“黄石，你能活着回来就好。三营跑了，四团伤亡过半，要从中接受教训，树立信心，队伍很快就会发展起来的。”

一席话，使黄公略感动得泪水汪汪，扑上前去，紧紧握住彭德怀的手：“石穿，我的大哥！你打兄弟吧！我对不起你，对不起阵亡的弟兄啊！”他哽咽了，泪水扑簌簌往下流。

彭德怀感动得两眼噙着泪花，心情沉重地说：“黄石，过去的事不要提了，接受教训就好。人无完人，哪有不犯错误的呀！平江起义后，我对敌人的进攻也是估计不足的。早一点撤出平江，也不会同敌人遭遇了。”

屋里寂静。两个人都在低头沉思。黄公略在彭军长面前，没有豪言壮语，却暗暗下定了改正错误、挺起腰杆、带好部队的决心。

彭德怀更加信任他了，立即把他派到团里去带领部分部队分散活动。在敌人三省“会剿”时，远离军部的黄公略指挥果断，作战勇敢，在消灭渣滓宪兵营和团防的战斗中起到了重要作用。

粉碎三省“会剿”，彭德怀带领部分部队在井冈山向红四军取经，留下的二、三纵队交给黄公略负责，分散在平江、修水、铜鼓、万载、浏阳、醴陵、长沙以东地区等敌人集中的地方活动。他依靠地方党的组织，依靠群众，团结官兵，完成了彭德怀交给他的巩固发展湘鄂赣苏区、开展游击战争的重要任务。

一对风雨同舟、并肩战斗、结下深厚情谊的老战友，就要分别了，彭德怀怎不思绪万千、倍加留恋呢！

1929年11月下旬的一天，彭德怀把住在军部附近的几个纵队的领导干部请来，为黄公略饯行。

欢送会上喜气洋洋，有人说笑话：“‘蒋桂战争’替我们打出一个红六军。”大家都很高兴，红军队伍扩大了，对以后的革命胜利更加充满了信心。

红五军的指战员对黄公略都很留恋。为了欢送他,不知哪个大队送来了从土豪劣绅家里没收来的一只公鸡、两只母鸡。

彭德怀对炊事班长说:“母鸡不要杀,送给房东,养着下蛋。”

士兵委员会的同志掏干了一节水沟,弄来两桶鲇鱼、鲫鱼、虾等,其中还有两条三斤重的草鱼。

县委的同志带来了两坛子白酒。吃饭时,大家都喜欢吃带肉的大盘子里的几样菜。喝酒的人却很少,有的喝一口还吐了,因为当时红军没有喝酒的习惯。

彭德怀历来反对喝酒,他常对我们说:“喝碗茶,出身汗;喝碗酒,晕迷转。”经常教育士兵不要喝酒,怕贻误战机。

在艰苦的年代里,有时连红薯都吃不上,能吃到有肉的菜,而且又是大碗大盘子上桌的菜,已经很不容易了,大家感到吃得非常满意。彭德怀历来生活俭朴,始终保持艰苦朴素的优良作风。这次欢送黄副军长是大家集体办的,他只好默许,也表示对老战友的欢送。

欢送会上,大家谈得非常亲切。

彭德怀站起来,打断了大家的谈论。他对黄公略说:“你这个姓黄的一走,我们就没有黄埔教官了,没有文武双全的秀才了。”

陈正人和李实行同时插了一句:“石穿,不能那么说,邓萍参谋长、吴溉之纵队司令员都是黄埔军校训练出来的文武双全的秀才呀!”因为陈正人是湘赣特委的代表,成立第六军有他们的意见,当然要这么说了。

彭德怀高兴地笑了:“我红五军文武双全的将才多着呢!”接着,又对黄公略说:“我现在还算是大哥,是五军;你是老弟,是六军。可能将来你六军比我们现在的五军强得多哪!”他吃了一口菜,继续说:“还记得我们分开后在南县相会,我曾考验过你,那次真危险哪。险些丧了你的命,还记我的仇吗?”

黄公略微笑地摇头,表示没有记他的仇。

说起在南县相会的故事来,真带有点戏剧性,叫人有点后怕呢!

黄公略于1927年1月进入黄埔军校学习,是年12月毕业,参加广州起义。1928年2月初由广州回到南县团部。

1928年1月,彭德怀写信给他,让他速回湘军五师,任随营学校副校长。

黄公略接到信后,昼夜兼程,由粤回南县团部。老战友久别重逢百感交集,交谈了一年来的各自情况。晚饭后,彭德怀、张荣生、邓萍、李力等人,又向黄公略介绍了团里的情况及随营学校的筹备工作。告诉他周磐兼校长,不常来学校,这对开展革命工作有好处,当讲到学校的宗旨时,其中有一句打倒新军阀,黄公略突然严肃起来,问道:"新军阀指谁呀?"

"当然是蒋介石喽!"彭军长解释说。

黄公略厉声道:"我们的校长,总理的继承人,为什么要打倒?"

屋里的空气立刻紧张起来,大家面面相觑。几双锋利的目光射向黄公略发怒的脸膛。

彭德怀重重地说:"公略呀,我们多年友好,情同兄弟。过去你说,对革命事业如何如何,可是现在呢?你背离我们,一反过去,不可耻吗?好吧,你走你蒋介石的阳关道,我们走艰难险阻的独木桥……"

没等彭德怀说完,张荣生、李力二人嗖地蹿上前去,扭过黄公略的膀臂,将他死死地擒住。

"绞死他!今晚抛到河里灭迹!"张荣生愤愤地说。

李力拿来毛巾把黄公略的嘴堵住,再用绳子勒他的脖颈。顿时,黄公略脸色煞白,无力挣扎,最后使出全身的余力,用手指着皮鞋后跟。

邓萍是个聪明人,立刻察觉到有问题,急忙说:"慢一点,放松一点,跑不了。"随即拿来工具,把公略的皮鞋后跟撬开,折叠的纸条露出来了。他拿出纸条,看了一会儿,惊讶地说:"中共广东省委介绍信!"

彭军长和张荣生、李力围过来,看罢,不禁愕然。

黄公略呼了一声长气,坐下了。

彭军长急忙搀起黄公略,责备地说:"黄石,你干啥开这样大的玩笑呀?"

黄公略边喘着粗气,边说:"石穿呀,你当团长了,谁知道你是真革命还是反革命呀!我是考验考验你们,谁知你们……"他直了直腰,深吸了一口气,拿起桌上的茶杯,喝了一口水,接着说:"我和黄纯一同志一道来的。他在外面的伙铺里,请派人接他进来;还有一个贺国中同志,是候补党员,不知他今天到了没有?也要到伙铺查一下。"

张荣生、李力、邓萍向黄公略道了歉。

黄公路没有责备他们,说:"我又进一步认识你们了,好样的,是自己人哪！俗话说，‘不打不成交嘛’！也怨我过于慎重，才闹出一场误会。”

误会解除了，免除了一场意外的不幸。

事情已经过去一年多了。

黄公略点头说：“那次你们做得对，算我认识了这个姓彭的为人。你为党的事业忠心耿耿，大家都应该向你学习！”

邓萍一副书生派头，文质彬彬地说；“公略同志，我们在南县把你绑起来那回事嘛，实在是误会，我有责任。那时我们年龄还小，不懂事。人与人之间不会没矛盾，误会是难免的，分别也是常有的，可能我们今后还会发生不愉快的事。但有一条，干共产主义，干工农革命，为穷哥们解放，就不能只顾自己，不管别人。贪享受，占便宜，图富贵、享福、吃好的……这不是我们共产党人的品格。我们虽然是兄弟两个军，但仍然要亲密团结，在战场上要密切配合，千万不要……”

彭德怀说：“邓萍说得有道理。”

黄公略敬重地说：“石穿，你做事认真，对人要求严格，而且对同志诚心诚意，这几年我在你身上学到了不少东西。你指挥打仗果断，判断仔细，远谋大度，遇事三思，敢于力争主动；遇着困难，总是自己吃苦，把好事好吃的留给别人。我们都要向你学习，但你也有缺点，有时过于严肃，‘骂娘’多了不好。尤其在火线上，打仗老往前跑。你要注意的，你是红五军的统帅，最高指挥员，率领全军作战的呀！这是关系党的事业的大事呀！大哥，你相信我任何时候不会忘记我们平江起义，不会忘记你对我们的帮助。我们要共同努力，完成中国共产党、中华民族交给我们的历史使命！”

黄公略所领导的红六军在第二次反“围剿”时，改编为红三军。第三次反“围剿”刚一开始，他就牺牲在战场上了，使红军失去了一位少有的青年将才。

（张平凯）

# “你呀，主意就是多”
## ——彭德怀和陶铸

有一次彭德怀到中南局视察，当时陶铸任广东省委书记，他怕彭德怀吃不惯广东的饭菜，想请他到家里吃顿便饭。陶铸深知彭德怀的脾气，因此事先不说吃饭的事，说了唯恐他不来。

这天，彭德怀来到陶铸家。一进门，陶铸和夫人曾志就高高兴兴地把彭总迎进客厅，忙着沏茶倒水，不知怎么招待才好。趁着彭德怀和陶铸谈笑的时候，曾志便悄悄地到厨房忙着准备饭菜去了。时间在谈话中溜走，不知不觉到了午饭时间，曾志进来请求说：“彭总，今天我下厨做了几个家常菜，就请吃了饭再走吧！”这一来，彭德怀不便推辞，只得答应了。

这天的饭菜是极普通的，在不多的几样菜肴中，有一盘甜姜。彭德怀吃了第一口，感到味道好；又吃了第二口，说这菜不错；接着，又吃了一日。他对这盘甜姜很感兴趣，赞不绝口，说做得好，有味道，吃上一点，可以开胃口，增食欲，助消化。这顿便饭彭德怀吃得非常满意。

其实，甜姜在广州几乎家家都有，户户会做，是极普通的小菜。彭德怀吃的就是曾志自己泡制的，他们家里泡了好几坛呢！他们看到彭德怀爱吃，曾志提议给彭总送去一坛，陶铸不同意，说：“要送你去送，反正我不送。彭总的脾气你也知道，他从来不接受别人送的东西，当心姜送不成，倒把你‘将’在那里，彭总不要，你兜着回来吧！”曾志不服气地说：“送一坛自己做的甜姜，块把钱几斤，这算什么呀，你不送我送！”

在彭德怀离开广州前夕，陶铸和曾志带上一坛姜，到住地去看望他。临走时，曾志提过那坛姜，对彭德怀说：“彭总，给你带来了一点好吃的东西。”

彭德怀问：“是什么呀？”

“一坛甜姜！”

彭德怀听后，马上认真起来说：“我不要，留着你们自己吃吧，谢谢你们！”

陶铸看了曾志一眼，意思说“你看怎么样”，见曾志下不了台，只好上前解围：“彭总，姜是老曾自己泡的，家里还有好多呢，这不是什么稀罕东西。”

彭德怀见推辞不掉，便说：“那就给钱吧！”

陶铸和曾志互相望望，说不能收这个钱。

彭德怀不依，说：“姜是你们花钱买来的，你们花钱买，我也应该花钱买。”

陶铸听了，故意把面孔一板：“你也不是买姜的，我也不是卖姜的，你买我不卖！”

说罢，三人哈哈大笑起来，彭德怀用手指指陶铸说：“你呀！主意就是多……”

（孟云增）

## “感谢三军团迎接我们哪”

### ——彭德怀和徐向前

长征中，彭德怀率领的红三军团进至川康地区雪山脚下的黑水寺时，中央军委电令彭德怀亲率十一团，沿黑水河右岸东进，至石雕楼迎接红四方面军主力渡黑水河。三军团主力与军团部留守芦花，担负维护交通任务。

为完成这一艰巨的任务，彭德怀率十一团从黑水、芦花出发，向维古、莫属与亦念地区前进。部队沿着河流左右岸边行走。水流之急，犹如瀑布；冲击之声，宛若万马奔腾；湍流之处，波浪高达数尺，卷起千堆雪，其壮观不亚海洋之波涛。而沿途则多是石崖峭壁，部队时而翻山越岭，时而在狭窄的羊肠小道上攀登。尤其困难的是，通过彝民地区还要经过种种周折，真是历尽艰辛。经过四个昼夜的行军，我军终于接近了维古、莫属地面。

维古在雪山脚下，是180户的村庄。庄子虽然破烂不堪，但在高耸入云、白雪皑皑、空气稀薄的4000公尺以上的川康高原彝民地区，算是很有名气的村庄了。它坐落在维古河的右岸，背靠着崎岖险峻的高山。不明真相的彝民在村子高处向红军放箭，扔着石头，挥舞着大刀、长矛、棍棒，向红军冲来。一场血战即在眼前。彭德怀指示部队不许动武，往空中放排枪。彝民队伍见红军“真的开枪了”，吓得退回到山顶上。

战士们不去追赶，而是含笑地向彝民们挥手致意，部队大大方方地向前开进。

山头上的彝民们鸦雀无声，惊异地眺望山下的队伍，不解其意。但从他们的眼神上看出，觉得这是一支不寻常的部队。

从维古到石雕楼，中间横隔着维古河，水势险恶，崖岸陡峭，难以涉过。

彭德怀带领队伍来到维古河岸。这儿的河桥早被彝民毁坏了。望着河水，无不惊愕：呀，这里河水真是惊涛骇浪，河岸确是险峻异常啊！正在踌躇之际，突然有人惊喊一声：“看，是队伍来啦！”

大家举目望去，远远望见，约十数人的一队骑兵，风驰电掣般地向我方急驰，由远渐近，慢慢的，八角帽上的红星依稀可辨，继而面部的轮廓也渐次清楚了。

湍流击岸，隆隆作响。站在对岸的数十人，打着手势，嘴张得很大，似向我们喊话。虽然河宽只有三四十米，但双方只见嘴动，不闻其声。浪涛声淹没了话语，语言失去了效力。

天然的障碍横在红军战士面前，但却没有难倒他们。他们终于很快想出了办法——他们写好简短的书信绑在石头上，掷过河去；河对岸的人也照样掷过来。通过“飞石走信”，双方取得联系。原来他们是四方面军的先头团，而后继部队也渐渐向这里前进。

红军在维古，暂时难以架桥通过。彭德怀派人进村几经周折，请来了一位思想开通的彝民兄弟。然后彭德怀以礼热情相待——他早就研究学会了彝人待人接物的礼节。这位彝族老乡终被感动。他指点我军：维古河上游有个叫亦念的地方，那儿有一座绳索吊桥……

维古距亦念约百八十里路程，中途经过莫属，还要与彝民抗争。甚是艰辛。彭德怀除留下部队架设悬桥外，亲率一部沿河而上，那位彝民做了向导。

第二天,绕过高耸入云的高山,到达亦念。

亦念在维古河的右岸。这里的河面比维古那段宽些。原彝民架设的绳桥,早已被破坏了。

当天下午,四方面军之一部到达河的对岸。因河宽无桥,双方难以联系,但都知道是红军,究竟是哪部分的,无法知道。

后来,同样采取"飞石走信"的方法联络。双方掷投数十次,均落于激流之中。

大家正在焦急之际,突然一块石头从对岸抛过来了。大家急忙围拢一起,高兴得围着石块手舞足蹈。原来是给四方面军带路的、膀大腰粗、臂力过人的彝民兄弟抛过来的。在关键的时刻,这位彝民兄弟立了大功!

彭德怀打开纸条:"我是徐向前,率领四方面军之一部到达了。"

"我们是三军团之一部,在此迎接你们。"彭德怀署名后,把纸条绑在石头上,挑选一位臂力过人的红军战士,掷了过去。

双方虽然取得了联系,但仍然无法渡河。数十分钟之后,四方面军的同志在河岸的树林里,找到一只用绳桥渡人的筐子。筐是用细小而富有弹性的树条编织的。

四方面军的同志有办法了。他们把筐拴在单独一根的桥绳上,但只能坐一个人。就这样,人坐筐子顺着桥绳,一个一个地滑过了河。

当渡过十几个人以后,又滑过来一个人,看上去约三十岁左右的年纪,中上等个头儿,身材魁梧,微笑着向彭德怀走来。

彭德怀虽然不认识这个人,但是看他的穿戴和容貌,认定是徐向前同志,急忙跑过去,握住他的手。

"感谢三军团迎接我们哪!"徐向前同志操着一口山西乡音,亲切地说。

两位总指挥彼此久闻其名,然而却是初次见面,特别亲切,两双手长时间不松开,互相问寒问暖,谈笑风生,俨然如亲兄弟一般。

四方面军之一部用半天时间,全部渡过来了。

太阳偏西了,又起了浓雾,两支兄弟部队并排走在蜿蜒的河谷里,唱起了《两大主力会合歌》:

两大主力邛崃山脉胜利会合了，
欢迎红四方面军百战百胜英勇弟兄，
团结中国革命运动中心的力量唉！
团结中国革命运动中心的力量，坚决争取大胜利！
万余里长征历八省险阻与山河，
铁的意志血的牺牲换得伟大的会合，
为着奠定中国革命巩固的基础唉！
为着奠定中国革命巩固的基础，高举红旗向前进！

这首歌，表达了会合后的革命乐观主义精神和一、四方面军兄弟般的团结。

两天之后，维古的悬桥架设成功。四方面军一队队渡过来了，在维古又一次地取得了和四方面军的大会师。

（张平凯）

# 久共患难　息息相通
## ——彭德怀和黄克诚

弥留之际，彭德怀说话已经十分艰难了，但他还在怀念黄克诚，断断续续地叮嘱获准前来看望他的侄女彭梅魁代他去看望黄克诚，并嘱咐侄女将他遗下的书籍“送给我的好朋友黄克诚”。

彭德怀与黄克诚，这对相知弥深的战友，积四十多年的战斗情谊，无论在枪林弹雨的战争年代，还是在同系冤案的日日夜夜，他们刚正火热的心始终息息相通。

他们相识在土地革命战争时期。1930 年 4 月下旬，红五军五个纵队在平江东乡长寿街会合时，黄克诚与彭德怀第一次见面，他刚刚调到彭德怀任军长的红五军工作。从此，开始了他俩在几十年漫长岁月中结下的志同道合、探求真理的情谊。

他们有着那么相似的性格，这使他俩的情谊不仅表现在意见一致的互相支持上，更表现在意见相左互相批评和帮助上。

1930年7月，在平江会议上，有的同志提出了要攻打武昌的意见，彭德怀根据敌我力量对比，拿定主意不去冒险。黄克诚在会议上公开表明了反对攻打武昌的意见。共同的思想认识，共同的爽直态度，加深了他们之间的相互了解。

作为黄克诚的上级和兄长，彭德怀对黄克诚的批评毫不留情。但是，作为下级的黄克诚给彭德怀提意见也毫无顾忌。20世纪80年代，黄克诚还风趣地说："算起来，我是给彭总提意见最多、吵架最多的人，也是他批评最多、最厉害的人。因为工作上意见不同，我又不肯让步，他甚至撤过我的职。然而，我们还是好战友，因为我们谁都明白：我们为维护革命的动机是完全一致的。"

1930年夏，在研究攻打长沙问题时，黄克诚在会上批评过"暴动夺取长沙"的口号。1932年打赣州时，他又一再向彭德怀提出不同意见。甚至有时两个人不在一个战区，他对彭德怀作战部署有不同意见，还要发去电报提出自己的看法。也正是这种共同的革命情操使他们相知弥深。

历史，沉重地掀开庐山会议的一页，就在会议末尾，彭德怀已被拉下马之际，他正在中央常委面前称赞黄克诚的刚正耿直。会议刚结束，黄克诚去看望彭德怀，当谈及"意见书"时，彭德怀情绪无比激动，面对相知的老战友，不无委屈地说："我从青年时代就有富国强兵思想，我就是想搞富国强兵！"

然而他们谁也不曾料到，1959年庐山会议过后，他们就再也没能有正式见面的机会。但是，境遇愈艰，他们关怀愈深，分别愈久，互相思念愈切。

1965年冬，彭德怀被分配到西南"三线"地区工作。同时黄克诚也被分配去山西任副省长。他们已经几年音断书绝，信息杳然了。黄克诚时常在梦中看到老上级，老战友刚直的身影、爽朗的笑貌。多么想和彭德怀作一次竟夕长谈啊。然而，这只能是梦幻。两人一个在西南"三线"奔波，一个在黄土坡跋涉。1966年春，山西无雨。黄克诚率领省级机关干部到高平县抗旱。在这里，1939年底，黄克诚曾经迎接过从延安到前线指挥作战的彭德怀。正是在这里的黄克诚的司令部里，彭德怀指挥部队打败了反共顽固派朱怀冰的摩擦军，一举稳固了太行山抗日根据地。旧地重游，触景生情，黄克诚随即写下了一首《江城子·怀念彭总》：

久共患难真难忘，
不思量，
又思量。
山水阻隔，
无从话短长。
两地关怀当一样，
太行顶，
峨眉岗。
经常相逢在梦乡，
宛当年，
上战场。
奔走呼号，
声震山河壮。
富国强兵愿已偿，
且共勉，
莫忧伤。

遗憾的是，彭德怀却没有看到这首在深切怀念中洋溢着慷慨情愫的动人辞章。

不久，“文革”使他们身陷“囹圄”。一段时间，他们被“监护”在同一个院落里，虽是近在咫尺，却不能见面。然而，樊笼难断知音。有一次，彭德怀居然从一阵阵咳嗽声中，判断出关在隔壁的是他熟悉的老战友黄克诚。同时，黄克诚也从隔壁斥责逼供人员的雷霆震怒中，听出了彭德怀的声音。后来，在“散步”时，彭德怀和黄克诚有过一次偶然的相遇。黄克诚抓住这稍纵即逝的瞬间，甘冒风险，凑过身去，问候彭德怀：“身体怎样？”而彭德怀为保护自己的战友不致吃苦，连连制止他：“别说话！别说话！”在那种情况下，这两个战友竟以这样的方式，交流着人间最真挚、最可贵的感情！

（易　水）

## “大的问题集体研究好，不致失误”
### ——彭德怀和程子华

西南三线建设委员会组建后，由中共中央西南局第一书记李井泉兼任主任，程子华、阎秀峰、彭德怀、钱敏任副主任。还成立了“三线”建设铁道、煤炭、电力、建工指挥部。

李井泉把大部分精力放在西南局日常工作上，西南局书记阎秀峰主要分管西南局计委工作，西南“三线”建委的日常工作实际上由程子华主持，彭德怀、钱敏协助程子华工作。这是指挥三线建设强有力的领导班子，他们团结战斗，互相支持。建委机关干部来自全国各地，共五十多人，他们对这样的领导班子十分尊重。

彭德怀满怀信心来到成都，从事新的事业，对他来说，抓建设毕竟不如指挥千军万马那样得心应手，但他能虚心学习，甘当助手。程子华也经常到他的老上级彭德怀的住地共商三线建设大业。平时在办公室，两人研究工作常常废寝忘食。

建委内部大小会议（无论是研究建设计划，或是审定一个工程项目，还是解决建设中的难题），程子华与彭德怀习惯地坐在会议室中间一排沙发上。程子华主持会议，总是客气地说：“请彭总先讲。”彭德怀却摆摆手朝大家说：“不，不，不，请程主任讲。”推让一番后，程子华说：“好，那我先说，彭总补充纠正。”在程子华的要求下，有时彭德怀最后也说上几句，嘱咐大家按程主任的安排办。每当会议即将结束时，程子华总是客气地先向彭德怀打招呼，然后宣布：“请彭总作总结。”彭德怀却又谦虚地说：“那怎么行，位置不能摆错了。程主任搞工业建设又有经验，当然由程主任总结，最后由钱副主任

(钱敏)补充,你们说是吗?”干部们爽朗地笑了。

彭德怀是分管煤电的副主任,一些大问题他不轻易决定,总是同程子华磋商后再安排。彭德怀下工地考察归来,都是亲自写报告,分送李井泉、程子华、阎秀峰、钱敏各位领导。程子华常对彭德怀讲:“彭总,煤电方面业务上的事,你下去看得多,情况熟悉,你定了就行了。”彭德怀坚持说:“我还不熟悉,大的问题集体研究好,不致失误。”程子华笑眯眯地点点头。

在战争年代,程子华握着望远镜观察敌情时,双手被敌人子弹打伤致残,写字很不力便,但他工作非常认真,重要报告都要自己动手写。彭德怀经常向干部讲述程子华的工作作风,让大家向他学习。彭德怀也很勤奋,读书、写字从不偷闲。出差、开会,笔记本随身带,开会、议事,秘书綦魁英已做记录了,他本可不做笔记了,但他仍然口问笔录。特别是在出差途中,劳累一天后,晚上到了目的地还找人了解情况,谈工作。身边工作人员劝他:“彭总,你听汇报,就不要记了,我们已记了。”彭德怀摆摆手说:“我手是完好的,记录没有问题。子华同志打仗手残废了,我看他扎裤带都困难,但他坚持做记录。你们看,我十指双全,不让它写字,光拿筷子啊!活动活动手指关节,更灵活了嘛!”一番话,逗得众人哈哈大笑。

彭德怀这个名字,谁不熟悉?未见过他的人,只认为这位驰骋疆场、南征北战几十年,立下赫赫战功的大将军、元帅,是十分威严的。建委机关干部与他接触后,觉得他还是个和蔼可亲的老人。不少干部初次跟彭德怀见面总感到拘束,他却把一包烟拿到你面前说:“会抽的随便抽。”有时他还提着热水瓶给大家茶杯里倒水。再瞧瞧他那朴实透红的脸,身着布衣、布鞋,不由得使人想起陕北农村老实厚道的庄稼汉,大家还有什么可紧张的呢?

1966年9月。“文化大革命”的浪潮一浪高过一浪,社会秩序完全乱了。程子华对彭德怀的安全十分关心,恰逢在锦江宾馆召开“三线”工作会议,他向有关同志打招呼,要保护彭德怀的安全。会务组将彭德怀安排在西楼七层居住。干部分工负责,设立了三道保卫防线。

不久,程子华被游街揪斗,彭德怀被绑架,当程子华被关在成都昭觉寺时,他一直惦念着彭德怀的安危,但他已自身难保,无能为力。两位老前辈为三线建委机关工作的瘫痪而忧心忡忡。

1966年12月，程子华在攀枝花钢铁基地检查工作时，彭德怀被揪往北京，两位老战友以后再也没有见过面。12年后的那个冬天，程子华怀着沉痛的心情，在人民大会堂参加了彭德怀昭雪追悼大会。邓小平所致的悼词，说出了埋在他心中长久要说的话。

（王春才）

# “我考虑了两天两夜，下不了这个决心啊”

——彭德怀和王震

在彭德怀最后的岁月里，他曾说道：“王震，他对我很好，可惜我总是对他不客气。他要我吃点好的我骂他；他拉我进掩体我也骂他。他好就好在不计较我的态度。他也不怕我，有时我骂他也骂，骂完就完。人家说，两头湖南骡子拴到一起就又踢又咬的，可不知这两头骡子拉车的时候，可合心合脚哩！”

## 壶梯山前沿

1948年8月，中国人民解放军西北野战军为了打开局面，决定发起澄（城）郃（阳）战役。此役，王震指挥二纵队，负责攻打壶梯山。

壶梯山地形险要，敌人修筑的明碉暗堡十分坚固，防守十分严密。这就使我军攻打任务格外艰巨。

就在王震指挥二纵队打得正起劲时，彭总来到了前线指挥所。

这里距敌人的前沿部队相当近，而且没有来得及修筑坚固的防御工事，只构筑了一些防御弹掩蔽部之类的简单工事。战斗打得异常激烈，指挥所外面子弹横飞，硝烟弥漫，尘土飞扬。

这时，王震正用望远镜观察敌人阵地。听到有人走进指挥所，回头一看，不禁大惊：彭总怎么跑到前沿来了。他没待彭德怀说话，也顾不得向彭总汇报战斗情况，就急匆匆地对彭总说："你来这里干什么？这里太危险，你们快到后面去。在这里出了问题，我可负责不起。"

彭德怀没理会，镇静地走向观察孔，举起望远镜，一边看，一边风趣地说："怎么，你在这里可以，我在这里就不行？你死得，我就死不得？"弄得王震左右为难。

当时，阵地上打得炮火连天，地动山摇。为了夺取敌人的主要阵地，王震正命令我军调集炮火，加强对突击部队的火力支援。敌人乘我军调整部署的瞬间，拼命向我军打炮。敌人的炮弹不时在指挥所附近爆炸，气浪冲得指挥所直摇晃。为了彭德怀的安全，王震不容分说，硬把彭德怀拉进掩蔽部里，急切地对彭德怀说："我简单给你讲讲战斗情况，讲完后，你就赶快回到后面去吧。"

但等王震汇报完毕，彭德怀不仅不肯离去，而且还要到掩蔽部外面去继续观察。王震心急如焚，无可奈何地悄声让彭德怀的副参谋长去劝彭德怀。

不料，副参谋长向王震笑了笑，轻声地说："彭总的脾气你比我更清楚嘛！你劝他都不走，我能有什么绝招呢？"

王震万般无奈，只好激将，回身对彭总说："你是不是不相信我的指挥？"

然而彭德怀根本不以为然，笑答："谁不相信你指挥？你指挥你的，我看我的。我到你的指挥所，保证不干预你的指挥。"说着，走出掩蔽部，又举起了望远镜。

## 决心难下

建国后，有一次，王震来北京治病，住在协和医院。确诊后，医院提出需要进行手术。当时，高级干部做较大的手术，都要经过领导批准。王震的手术方案报告送来后，彭德怀认真地看了很久，并没有马上签字。

整整两天，彭德怀很少同人说话，休息时间常一个人在房间里静坐，或独自在院子里散步，有时还自言自语地说："动？不动？"身边的同志深知彭德怀独自思考问题时是不愿别人打扰的，大家便谁也没多问一声。

这天，快开饭时，彭德怀在去食堂的路上，边走边思考着什么，以致朱德的秘书走到跟前，他也没有发觉。秘书不由得问道：“彭总，考虑什么问题呀？”彭德怀先是一愣，抬头一看，发现是朱老总的秘书和自己说话，便告诉他说：“是啊！王胡子得了病，住医院，要做手术，说不做不行，现在的医疗条件，这样做有把握吗？不这样又怎么办？我考虑了两天两夜，下不了这个决心啊！”

这位面对敌人千军万马坚如钢铁般的人，为自己战友的一次手术，竟苦苦思索了这么长时间！直到“文革”中他被监禁重病弥留之际，侄子女们探视他时，他还说：“有时间的话，有可能的话，你们给我去看看王震……”

（王　珏）

# 彭德怀为萧劲光说了公道话

——彭德怀和萧劲光

1933年10月28日，军委决定成立七军团。萧劲光负组建之责，因战事吃紧，组建后未来得及集中即奔赴战场。

11月，敌一个师出资溪沿金溪公路向浒湾移动，军委命令萧劲光归主力三军团彭德怀、滕代远指挥，打击这股敌人。萧劲光的任务是钳制浒湾之敌并截断金溪至浒湾的公路，阻敌向浒湾移动，待三军团赶到后，再一举消灭敌人。

11日，敌师先期到达，萧部即与之展开激战，将敌阻于一片森林地带。次日晚，三军团主力赶到，从东南方向包围了敌人。由于未得到指挥部通知，直到第二天拂晓，萧劲光从听到的激烈的枪声中，估计到三军团主力赶到，才立即主动配合，向敌发起攻击。由于敌人已在森林里构筑了工事，三军团主攻没有奏效，伤亡较大。到了晚间，被围的敌人也集中力量向萧部防御阵地突围，浒湾战斗失利。

这本是由在敌强我弱形势下冒险主义的进攻与单纯防御战略战术所造成的。然而，“左”倾冒险主义的领导人不是从这些失败中吸取教训，总结经验，反而对提出不同意见的同志进行残酷斗争、无情打击。

浒湾战斗后，方面军总部和军委以战斗失利为名，本想加罪彭德怀，但慑于彭德怀在军队中的威望，又因彭德怀当时正患病未直接指挥这次战斗，所以就移罪于萧劲光，当即下令撤了他的职，调往建宁总部审查。

后来，中央军委派彭德怀去追查失利的责任。彭德怀坚持原则，实事求是，敢讲真话。经过调查，他认为，责任不在萧劲光。并及时向总部作了说明。但尽管如此，彭德怀的公道话也无法扭转局面，萧劲光在建宁审查之后，又被送往瑞金公审，被开除党籍、军籍，乃至被判刑。一个月后，又被调到“红大”当教员，直到参加长征。

长征中二进遵义时，三军团的参谋长邓萍不幸中弹牺牲。在从打鼓到毛尔盖的途中，萧劲光接到通知。军委已正式决定，调其去三军团任参谋长。想到就要和彭德怀共事，萧劲光很欣慰，这不光是又回到了战斗部队的喜悦，更为五次反“围剿”时，浒湾配合作战失利后彭德怀为萧劲光说了公道话，使他亲身体会到彭德怀的高风亮节。

萧劲光深知彭德怀素以严格治军著称，作战中他身先士卒，部队管理中他严于律己。带兵打仗他是一员智勇双全的“虎将”，管理教育他是一位铁面无私的“严师”。三军团在他和滕代远领导下，是当时红军中很有战斗力的一支主力部队。

但是萧劲光却不知道彭德怀批评人时，是不喜欢别人干预的。

刚到三军团不久，因某事彭德怀批评杨勇，大发脾气，样子简直惊人。萧劲光正在现场，觉得太过意不去了，便挺身做了些调解工作，把杨勇支走了。彭德怀当时却也没说什么。许多年之后，萧劲光回忆说：“事后我才知道，他批评人时，是不喜欢别人干预的。可能是由于我刚到三军团，破例给我留了点面子。”

1935 年 10 月 19 日，历尽千辛万苦的中央红军到达陕北吴起镇。自从离开了中央苏区根据地以后，每日行军打仗，翻雪山、过草地，不停地走，走，终于到“家”了。

此时，陕北已是深秋，高原气候，早晚已离不开棉衣。而红军大多数人还都身着单衣，脚穿草鞋。有的还是从中央苏区出来时的那身灰衣服，早已褴褛不堪。有的还穿着短裤；有的为了御寒，穿着缴获来的国民党的黄军服；还有的穿着沿途买来的，以及打土豪得来的各色花衣服……加上长途跋涉的劳顿，挨饿受冻的艰难生活，个个面黄肌瘦，体力衰弱，不少同志拄着棍子。就这样，红军后面还拖着一条“尾巴”——宁夏的“二马”（马鸿逵、马步芳）的两个骑兵师还紧紧地尾追着红军。毛泽东提出，不能把敌人带进我们的根据地，要坚决“切”掉这个尾巴。到吴起镇的第二天，毛泽东便召集一、二纵队的领导开会，部署了“切尾巴战斗”。

战后回到吴起镇，老百姓热烈欢迎红军，镇上到处是送粮送衣的人，很令人感动。休整中的红军战士就像回到了自己的家里似的，感到十分温暖。为了尽快解决部队的御寒冬衣，除了群众积极帮助外，也发动部队自己动手。当时没收了土豪的一批羊毛毡布，发给了萧劲光一块棕色的。他自己动手，把它裁成三个筒子，一个做身子，两个做袖子，居然缝制了一件毡衣。长征到陕北时，萧劲光还穿着一身夹衣。虽说依仗年轻，也苦惯了，不觉得怎么冷，可毕竟是高原的深秋了。因此，第一次穿上这件相当粗呢面料的衣服，尽管做得不那么高明，但感到很暖和，很解决问题。加上脚上又穿上了一双打土豪分的毡鞋，觉得很是不错了。不料，彭德怀看着他却暗自偷笑。萧劲光发觉了，追问他笑什么，彭德怀忍不住说：“你这个样子，汉人不像汉人，蛮子不像蛮子！”话音未落，我俩便开怀大笑起来。80年代萧劲光说起这一段，仍旧忍不住自笑：“现在想起来，我那一身打扮也着实可笑得很呀！”

（王明明）

# 将帅之间

## ——彭德怀和陈赓

彭德怀与陈赓，一个是战功赫赫、严肃有余的元帅，一个是幽默风趣、才华横溢的大将，互补的特性，使俩人配合默契、相得益彰。

## 陈赓自荐,解彭德怀燃眉之急

在长征中,恶劣的环境使干部变得都爱发火,彭德怀脾气更躁。此刻,他在三军团指挥部里踱来踱去,皱起了眉头。有时候,他对着墙壁站上很久,然后叹一口气,摇摇头,骂自己:“他娘的,我就找不出一个合适的人!”

三军团政委杨尚昆也不住地用指头敲击桌面。

他们在为周恩来的病情担忧。自过雪山以来,周恩来身体一直不好,经常咳嗽。尽管他自己不说,警卫员都知道他相当虚弱。他们想方设法让他多休息,而他总是按习惯工作到凌晨两点。他常不上床睡觉,而是趴在桌子上打个盹儿,醒来又继续工作。他终于倒下了,有时高烧40度,一连几天不退烧,神志不清,说胡话。医生诊断是肝脓肿。毛儿盖会议后,党中央决定红军分左右两路军北上,周恩来、洛甫和毛泽东都分在右路。这时周恩来除了继续担任军委副主席外,还担任了红一方面军的司令员兼政治委员。恰恰在这时,他的病情更加严重了,生命已危在旦夕。在这个节骨眼上,原来抬担架的同志又一个个地病倒了。彭德怀和杨尚昆当机立断,扔掉两门迫击炮(当时红军总共才有八门这样的炮),腾出了40名战士,专门负责抬周恩来和其他几位重病号。犯愁的是选不到一个合适的担架队长:这个人必须有高度的政治责任心,能吃苦;同时要有点医学护理知识。这在半是文盲的红军里头,实在难找。

正当彭德怀、杨尚昆焦急万分的时候,陈赓跨进房门,老远就喊:“我来当担架队长!”

彭德怀瞪起眼睛:“都什么时候了,你还瞎开玩笑!”

“怎么是开玩笑呢?”陈赓站定,“我就是来当担架队长的!”

彭德怀很不客气地上下打量起陈赓,好像从来不曾碰见过他一般。陈赓是结实的,肌肉好像用钢铁铸成,他那由于久经战斗和风吹日晒变得黑黝黝的脸,好像藏族人的脸一般。他不动声色地忍受着彭德怀难堪的注视。当彭德怀目光停留在他腿上时,他的嘴唇微微抖动了一下。

彭德怀意外地大笑起来:“你是个瘸子!还是先保住你自己吧!”

他恳求的目光转向杨尚昆。杨尚昆摇摇头:“干部团的担子就够重的啦,再当担架队长……”

“你们放心,”陈赓拍拍胸脯说,“我陈赓没有多大本领,可对革命还是心地赤诚。只要我的心脏还在跳动,就一定把周副主席安全抬到目的地。”

两位领导仍不肯松口。彭德怀擦着了一根火柴。火柴的光,照出了他固执的眼睛,也照出他那剪短了的、硬板刷一般的头发。

“我还有个最大的优点你们还没发现!”陈赓说。

“什么?”

“我当过医生!”

“在哪?”

“在上海,我挂过牌子开过医院,除了拔牙、接生,别的我都会……”

尽管有些夸张,他的话显然起了作用。

彭德怀还有些怀疑:“你那是冒牌医生!”

“不管冒牌不冒牌,”陈赓继续说,“我还住过两次医院,久病成医嘛……”

杨尚昆点点头:“矮子里拔将军,就叫他吧!”

## 彭德怀的“堡垒”被陈赓攻破

生性活泼的陈赓曾经为好几个老战友当“红娘”,但是最难攻的“堡垒”大约要数彭德怀了。他不苟言笑,个性极强,原先的妻子离他而去,在他心上留下伤痕,直到40岁上,仍孑然一身。许多热心人尝试了失败,都眼睁睁地望着毛遂自荐的陈赓。

他安排好个“圈套”,就去请担任八路军副总司令的彭德怀:“今天下午咱们机关举行有史以来的第一场女子排球比赛,你是首长,是不是去看看?”

“我没时间。”

“关心群众生活嘛,不去,人家会说你架子大。”

“我有什么架子,看就看吧。”彭德怀终于推开眼前的文件,揉了揉眼睛。

晚饭之后,球场上人头攒动。听说彭德怀亲自来看,因而能来的几乎都来了。

球赛中,陈赓并不看比分,而是眼睛总盯着彭德怀。他想发现彭德怀对哪一个球员最感兴趣。无奈,比赛快结束了,彭德怀的眼神并无一个固定目标:像是都看,又像是一个也没看。这可难住了陈赓。不行,绝不能放彭德怀走!他拉着他去接见球员。握手之间,他发现了一丝微妙的端倪,他喜出望外,追出门口,问彭德怀:"怎么样啊?"

"什么怎么样?"

"你看哪个女同志好?"

"那个戴眼镜的细高个不错。"

"噢,她叫浦安修,"陈赓趁热打铁,"北师大学生,读书期间就入了党,前年投奔延安,现在在陕北公学教书,学问、人品样样都好……"

彭德怀急了,眼睛一瞪:"谁要你介绍这些?"

"我是介绍人嘛!"陈赓急忙说,"你总不能当一辈子和尚呀!"

彭德怀想了想,很快又皱起眉头:"人家是洋学生,我可是放牛娃……"

"你现在是大司令!来点土洋结合吧!"

彭德怀被说动了,与浦安修谈起了恋爱,并结成了"有盐同咸、无盐同淡"的恩爱夫妻。

## 彭德怀急电国内:"火速派陈赓来!"

朝鲜战场第五次战役的炮火尚未消停,志愿军第三兵团所属的一个师,在转移中遭到敌机和机械化部队包围,一下损兵3000。这是抗美援朝作战以来第一次重大损失。志愿军司令员兼政委彭德怀坐卧不安,急电国内:"火速派陈赓来!"

"换一个人行不行?陈赓还在越南……"总参谋部回电询问。

"不行!"彭德怀的口气短促坚定,没有商量的余地。

陈赓接到急电,急忙告别他的胡志明,脱下越南人民军军服,钻出热带丛林,启程回国。不几日,便肩负着志愿军副司令员、三兵团司令员兼政委的重任,拖着肿痛的受过伤的踝关节,再度入朝。

战场上,彭德怀和陈赓时而坐在吉普车里,时而在指挥所里走来走去,有时看地图,有时打电话,一昼夜匆匆忙忙吃两顿饭,夜里尽可能倒换着合合眼,再在颠簸的吉普车里打十分钟瞌睡……

战争以外，陈赓爱摆龙门阵，彭德怀却爱下棋。有时候陈赓也来凑热闹。他棋术不高，不愿上阵，爱在一旁当参谋。

这天开了很长时间的会，他估计彭德怀也一定很累，就拉上甘泗淇副政委，到彭总屋里下棋。陈赓跟随彭德怀多年，早摸透了他的脾气。彭德怀输了不服气，总要人家再来；赢了也不肯罢休。所以，陈赓在别人同彭德怀下棋前总要暗授机宜："要两负一胜！"

这天彭德怀下得顺手，旗开得胜，眼看第二局又要赢了，陈赓就悄悄偷了彭德怀一个"卒"。彭德怀局势顿时发生逆转，浓眉毛揪成一团，厚而稍突的嘴唇撅着。突然发现少了一个卒，大叫："陈赓，是你这个狗爪子！"说着，从陈赓手里抠出那个卒。

陈赓哈哈一笑："彭总，你在战场上指挥千军万马，连个小小卒子也不肯让，小气！"

"这跟那不一样！快下，老甘！"彭德怀紧盯着那个炮口下的马，激动得膝盖直抖，手里的棋子敲得啪啪响。

陈赓大叫一声："马！"

甘泗淇眼疾手快，把马移开。

彭德怀急了："陈赓你这个狗头军师！不许说话！"

陈赓故意激他："好，你输不起！"

彭德怀一把拽过陈赓，往甘泗淇的座位上一按："我跟你杀！"

陈赓棋路不通，仓促上阵，不一会儿就被吃得剩了个空城老将，连连求饶，彭德怀却高兴得哈哈大笑。

啪——闪光灯一闪，彭德怀立刻敛起笑容，指着摄影记者说："你干什么？"

摄影记者："我给首长照张相。"

彭德怀扭头就走，生气地说："狗头有什么好照的！"

"这是上级叫我……"

"我有什么好照的，去给战士们照相嘛！"

陈赓随记者一同出来，悄悄跟记者说：

"你们太笨了！怎么能同他讲呢！"

"嘿，没办法，我已经跟着他转了三天，他就是躲着，不让我照。"

“你们跟着我走,我保证叫你们照上。”

“那太好了,首长,最好叫他笑……”

“你放心,晚饭后,你们在外面等着,选好外景。”

吃过晚饭,天色还早。落满积雪的银色山岭又镀上一层夕阳红。防空洞前的小溪穿过冰层淙淙作响。彭德怀和几个副司令、副政委信步走来,国内来的慰问团负责人也在中间。看到摄影记者准备好了,陈赓就拉甘泗淇等围住彭德怀说:“我们一块照张合影,作个纪念吧。”

彭德怀看看周围几个老战友,只好答应。

可是他望着远处山峦的积雪,抿着嘴,怎么也不肯笑。摄影记者眼看太阳就要落山,急得团团转。

陈赓不慌不忙地说:“有一年我去店里照相,照完,我问老板:‘怎么?我怎么成了这个样子?’老板脸一板,说:‘人长得什么样,照出来就是什么样!’我讽刺了他一句:哦,原来我长得模糊!”

彭德怀一听,咧嘴笑了。记者不失时机按下快门,得了一张宝贝似的照片。

(尹家民)

## “咱们站在马路边等着他”

——彭德怀和杨得志

我跟彭总住在吴家花园时,妹妹曾经从家乡来北京看过我。

一天下午,我跟妹妹去颐和园玩。我们转到昆明湖北岸时,看见了许多外国人。我正在看外宾时,忽然听见有人喊:“小景。”我一扭脸,是杨得志同志,他正向我走来。

我跟杨得志同志早就认识,可从庐山会议以后,就没有见过面了。这时见到了他,我心里很高兴。

杨得志走到我跟前,亲切地握着我的手,问我:“你怎么到这里来了?你是不是还在彭老总那里工作?”

我说:“还在那里。”

“彭老总住在什么地方?”

“就在颐和园附近,在吴家花园住,离这里差不多有一两里路。”

“他住在那里,谁去看过他?”

“除了朱老总、彭真、杨尚昆和杨献珍等同志以外,没有别人去过。”

杨得志叹了一口气说:“分开多年了,很想念他。我也想去看看彭老总。”

我说:“你还是不要去。他的情况你是知道的。”

杨得志同志说:“你们是党派去照顾彭老总的,应当和过去一样,把他照顾好。这是党给的任务。”

我说:“首长,你放心,我们一定照顾好他。”

在谈话中,我才知道杨得志是陪着外国代表团游览颐和园的。当我们分手时,杨得志还对我说:“你回去代我向彭老总问好。”

回到吴家花园,我赶忙跑到了彭总的屋里。我对彭总说:“我在颐和园碰见了杨得志同志。”

彭德怀惊喜地问我:“杨得志,他好吗?”

我说:“他很好,他陪外宾在颐和园玩呢。杨得志同志问你好。他说很想念你,还想来看看你。”

彭德怀先是摇了摇头,然后对我说:“是呀,想是想呀,可最好不要叫他来这里。”

我说:“我跟杨得志同志说了,叫他不要来这里。”

彭德怀拿起了烟袋,坐在凳子上边抽烟边对我说起了杨得志。他说:“杨得志过去是我的部下,我们也是老战友了。他为人耿直,工作能力很强,打仗也很勇敢。我现在落到了这么个地步,过去的老战友都见不到了,这该怎么说呢。”讲到这里,彭德怀再也说不下去了,他眼里含上了泪花。

待了好大一会,他又说:“我相信我们这个党是会实事求是的,不会把我一棍子打死……”彭德怀站起来,说:“走,小景,咱们出去散散步。”说完,他就穿好了衣服和鞋子,向门外走去。

我问他:“到哪里去散步?”

他说:“到马路上去走走。”

我说:“那里人多车多,不安全。”

他说:“怕什么。你不是说杨得志在颐和园嘛,咱们站在马路边上等看他,能看他一眼也好嘛。”

我理解彭总的心情,于是,我就陪他往马路走去。平时,彭德怀走路走得很慢,这次却走得很快,走路时,脸上还挂着笑容。走了不大一会,我们就来到了马路旁,彭德怀站在那里,眼睛一直盯着西边过来的车辆。呆了一会,彭德怀高兴地说:“看,好几辆小汽车,说不定是杨得志来了。”当小汽车从西边开过来的时候,我和彭总目不转睛地看小汽车里坐着的人。车子开过去了,彭总问我:“小景,怎么没看见杨得志呀,你看见了吗?”我说:“我也没看见,小车里没有外国人,这不是杨得志和外宾乘的车子。”

没有看见杨得志同志,彭德怀还站在路边等着。等了很久很久,也没看见杨得志和外宾的车过来。后来,我说:“算啦,不要等啦。说不定杨得志同志早就回去了。”

彭德怀摇了摇头,叹了一口气说:“想看一眼也看不见,我心里难受呀。”

在我的催促下,彭总才离开马路,往吴家花园的方向走去。一路上,他低着头慢慢地走着,一句话也没有讲,我知道他很难过。

(景希珍　安一整理)

# “说话有点准头儿,还是信得着的”

1950 年 10 月 8 日,我们收到了中央任命彭德怀为志愿军司令兼政委的电报,下午便收到 9 日在沈阳召开军以上干部会议的电报。

当夜,我们从安东乘火车赶到沈阳。第二天早上,我和邓华先去彭总下榻的大和旅馆见了彭总。一见面邓华就说:“欢迎老总,有你出任司令员,我们的仗就更好打了,我们大家的信心就更足了。”

彭总微笑着说:“那好,那我们就一起抗美援朝吧。”

然后,他又开玩笑地说:“不过,我可不算志愿军啊!”

我问:“那你是怎么来的?”

彭总说:“我是毛主席点将来的,本来是该林彪来的,可是他说他有病,毛主席命令我来了!”

我见彭总这样风趣,这样和蔼地同我们开玩笑,也开起玩笑来了,我说:“彭总,那我也不算志愿军!”

彭总听了一怔,笑着问:“哦,你怎么也不算志愿军?”

我说:“我是邓华把我鼓捣来的! 连换洗衣服也没来得及带。”

彭总听了大笑,说:“听你这么说,他还挺有办法嘛!”

邓华说:“你们两个呀,说的都不是心里话。其实,你们都是最志愿的志愿军了,让你们来,你们谁含糊了? 谁讲价钱了? 不都是高高兴兴地来了吗?”

彭总听了,又是大笑。我们也都笑了起来。

从此,开始了我在彭德怀领导下抗美援朝浴血奋战的岁月。在朝鲜,挨彭总批评,我最多! 他对我的表扬也多……彭总说:洪学智这个人能任劳任怨。

我说,老总呀,我不任劳任怨怎么办? 老总批评我批评错了,我还能和你吵架? 我也不能背着背包走哇!

彭总笑了。

## “志愿军司令部就设在大榆洞”

大榆洞原是朝鲜一座有名的金矿。位于平安北道的北镇西北三公里处,是一条四面环山的山沟。山沟两边的山坡上有一些金矿洞。矿洞下面有一些破旧的工棚。由于矿洞里潮湿阴暗,我们到了大榆洞后,就把司令部设在了山坡下的一座本板搭的工棚里。

10 月 24 日夜,彭德怀召集 13 兵团领导开会。他说:“现在是战争时期,我这个志愿军的司令员兼政委,虽然是已经下命令了,可是手下连个指挥机构也没有，怎么指挥作战呀？现在临时抽人组织志愿军的领导机构，一是没地方去抽，二就是有地方抽，时间也来不及了。所以，我已向毛主席请示，毛主席也有这个意思，就是把你们13兵团的领导机构，改为志愿军的领导机构。你们几位呢，也同时改为志愿军的领导，这样我们就真正的融为一体了，指挥起来也就方便了。你们看怎么样？”

彭总这样说以前，我们已多次接到毛主席的电报，要我们与彭总在一起，不要分开，“在彭领导下决定战役计划，并指挥作战”。我们几个对毛主席和彭总的这一决定是有思想准备的。于是大家都说：“我们服从毛主席和彭总的决定。”

“好了，形势很严峻，大家不用多说了。”彭总高兴地说道，“下面我来宣布一下，志愿军领导的分工。战争时期，军情紧急，我没和你们商量就定了。分工是这样的：我呢，司令员兼政委，抓总，分管作战工作。邓华同志任第一副司令员兼副政委，主要分管干部工作和政治工作。洪学智同志任第二副司令员，主要分管司令部工作，特种兵和后勤工作。”

……

在大榆洞矿山的一个小山沟里，有一栋看守电压器的木板房，如今便成了彭总的作战办公室。

11月15日，美机轰炸了大榆洞。

在第一次战役中，我军把敌人打得南逃以后，志愿军司令部也参加了打扫战场，缴获了六十多辆汽车。

当时，美军飞机很厉害，凡是美军撤退时来不及开走而丢弃的汽车或武器装备，往往在一两个小时之后，派他们自己的飞机用汽油弹炸毁、烧毁。我们就趁敌机没来之前去抢、去开。

看到缴获了这么多汽车，彭总很高兴，邓华我们几个也挺高兴。因美机常来大榆洞侦察袭击，为防止这些汽车被炸毁，车管部门把它们都疏散开，藏在了驻地附近的一条山沟里。车上面用稻草捆子作伪装，我还专门派人督促检查过。

这天下午1点多钟，敌机果然来了，好几架，呜呜呜地几乎贴着地皮，飞得很低很低，在山沟里飞来飞去地转悠。当飞机飞到隐藏着汽车的那条山沟里时,由于飞得极低,飞机飞行时带起的气流冲力很大,一下子把伪装汽车的稻草捆子掀掉了,汽车暴露了出来。

敌机一见有汽车,不管是草捆子也好,房子也好,汽车也好,全都噼里啪啦地一阵子狂轰滥炸。

当时我们没有防空武器。有的战士急了,就用步枪朝飞机打。敌机发现了,又拼命地报复,一下子飞来了几十架,更拼命轰炸、扫射。

敌机飞走后,我们到藏车的沟里一看,一下子被炸掉了三十多辆。那时我们刚进朝鲜,汽车很少,在第一次战役中又损失了一些,正愁没地方补充呢!好不容易缴获了一部分,一下子就被炸掉了这么多,真是让人心疼呀!

彭总知道了这事,非常生气,批评司令部没把这些车保存好。

我进到彭总房子里的时候,他正在发脾气,说是要拿司令部是问。见了我和解沛然,指着我们两个说:“你们是怎么回事?这些车为什么不疏散不伪装?”

我笑着说:“老总,消消气吧。这些汽车确实伪装了,也疏散了,还是被美国鬼子的飞机给炸了,有什么办法呢?”

他瞪着眼睛“哼”了一声。

我又笑着说:“打了就打了,打了以后再缴嘛!”

彭总气得瞪着我直嚷嚷:“你这个人哪!啊?你这个人哪!啊?”

我说:“那我怎么办?我只能找美军算账。”

彭总听了这话,才不吭声儿了,慢慢地消气了。

## “洪大个儿,我看你这个人还是个好人哪!”

志愿军司令部进驻大榆洞后,曾多次遭到美军飞机的轰炸,前述缴获的汽车被炸不久,又被炸过两次。因此中央几次来电,要我们注意防空、注意安全。

我分管司令部工作。“志司”总部的防空也归我管。当时,考虑到彭总的安全事关重大,我和邓华商议,在他住的那条沟外面,离他住的房子10几米的地方,挖一个防空洞,有紧急情况就让他进去隐蔽。

我调来一个工兵连挖洞。挖洞必须打炮，放炮声音大。那天晚上彭总正在睡觉，被震醒了，不高兴，把部队撵走了。

我当时不在，这个情况不知道。奇怪。部队为什么不挖了？派人把连长叫来问。

连长说："彭总说挖防空洞没有用，把我们撵走不让挖了。"

我说："他撵他的，你们挖你们的嘛。"

连长问："彭总问怎么又来了，怎么办？"

我说："你们就说是洪副司令员又让来的。你们可以先一口气多打几个眼，集中起来放一炮。放炮前，先同老总警卫员说说，让警卫员提前告诉老总一下，让他有个准备。但洞子一定得挖。"

这样，连长又带工兵连挖了起来。彭总见他们又来挖了，生气地问："谁叫你们来的？"

连长答："是洪副司令员叫我们来的。"

彭总说："马上给我停了！"

连长答："洪副司令员不让停。"

彭总见工兵连长不听他的话，让警卫员把我喊来了。他一见我，就大声说："你在山上瞎鼓捣什么，没事干了？"

我说："不是瞎鼓捣，也不是没事干，挖防空洞，为了防空，保证你的安全！"

彭总："那玩意儿没用！"

我说："怎么没用，防空可管用了，现在不挖，等敌机来了，再挖就来不及了。"

彭总生气地说："我的防空，不用你管！"

我笑着说："老总，你这么说就不对了，是中央让管的，中央有命令啊！"

彭总听了这话，就不吭气了。工兵连抓紧时间，白天黑夜不停地挖，把洞子挖好了。在这个洞上面，几十米远的地方，又挖了一个更大一点的洞，我们研究作战用。

11 月 24 日下午，敌人来了四架飞机，在大榆洞上空转了几圈，轰炸袭击了两次，打坏了坡上的变电所。黄昏时，又飞来了侦察机，美国人叫"野马式"，转了几圈，又飞走了。

敌机不停地转,引起了我的怀疑。因为敌机经常来,有经验了,凡是敌人的飞机第一天在哪儿转,第二天一定炸哪儿。有情报说,敌人一直在寻找“志司”的指挥机关轰炸。于是,我找到邓华,对他说:“伙计,我看不对劲儿,明天敌机很可能要来轰炸我们。是不是研究一下怎么预防呢?”

邓华说:“是得研究一下怎么防。”他笑了一下说:“但是,得设法让彭总也参加。你去动员吧!彭总来了咱们就研究。”

我知道邓华这样说是什么意思。彭总这个人,工作起来,从不考虑个人安危。我到彭总那儿,同他一说,果不其然。他说:“我不怕美国飞机,也不躲,也不去开会。”

于是,邓华、我、解沛然、杜平几个研究明天的防空问题。决定:第一,要求“志司”机关的干部、战士第二天天亮以前都要吃完饭;第二,天亮以后都不准冒烟;第三,都要疏散。

彭总和我们几个领导,准备第二天上午根据情况的变化,研究下一步作战方案。彭总要在他住的那小房子里研究。我们觉得不安全,决定当晚把防空洞一切准备好,第二天早上5点钟就吃饭,然后到防空洞去研究作战方案。

开完会后,为保险起见,我又把工兵连找来,把那两个防空洞又重新弄了弄。彭总知道了,又把我叫去了,严肃地问:“你怎么又捣鼓起来了?”

我说:“老总,这些事你就别管了!”

彭总有个习惯,就是有事没事老看作战地图,一天到晚背着手站在挂图那儿。屋里没有地图,他就觉得难受。我考虑,为了让他第二天出屋进防空洞,等他睡了以后,把他屋里的作战指挥地图取下了,拿到上面的洞子里。

第二天,我们进洞了。只有彭总没进。我们派警卫员、参谋去催了他几次,他就是不去。后来,我们商量,让我们“志司”领导中间去一个人去劝彭总进洞。

邓华、解沛然、杜平他们几个,怕彭总发火,说:“老洪爱和彭总开玩笑,还是老洪去劝劝彭总吧!”当时司令部工作我管,主要也是为了彭总的安全,我说:“我去就我去。”

我走进彭总的房子时,他正坐在那儿生闷气呢,一见我就问:“洪大个儿,你把我的作战地图弄到哪儿去了?”

我说:“老总啊,拿到上面防空洞里去了,已经在那挂好了,火也烧好了,现在就要研究下一步作战方案了。别人都去了,等着你呢!”

他说:“谁叫你弄去的,在这儿不行吗?”

“老总,这儿不安全,挪到上头去是为了防空安全,是大家商定的。”

彭总的脾气倔得很,就是不走。我劝道:“老总,快走吧,这儿有危险。”

“你怕危险,你走。我不怕。我看这好得很,我就在这里。”

我说:“你不去,怎么能行呢?出了事就晚了。”我知道他心疼他那50000分之一的作战地图,他在那图上勾勾画画,对地图上的重要地形都很熟悉了。所以我又说:“地图拿过去了,火也烧得好,都弄好了。大家都等着你去讨论呢!”

他又说:“哪个要你多管闲事?”

我说:“这不是闲事,我应该管的。”

彭总听了再没吭气。于是,我推着他出了房门。

出了门,我又喊后边的警卫员:“把老总的铺盖卷起来,拿到洞里去!”

彭总大声说,“那不要弄,没事!”

我说:“没事以后再给你拿回来嘛!”

这样他才勉勉强强地出来,一路拉着他上了山,进了上面那个大洞。

我们上山进洞没多久,敌人的飞机来了,好几架,连转圈都没转,就直奔彭总那房子猛扔炸弹。汽油弹正好炸在了彭总住的房子上,房子很快就烧着了。我们在洞口看到一片火海一下子起来了。那是凝固汽油弹,燃起来温度很高,铁板也能烧出窟窿的。也就是一两分钟的时间,就把房子给烧掉了。

成普参谋从房子里跑了出来,只是脸烧伤了一点,没啥大事;

几个警卫员在那个房子底下,在烧炕的地窝子底下待着,他们也没事;

毛岸英、高瑞欣没能跑出来,结果都牺牲了。

那天,彭总整整一天没说话,一个人坐在防空洞里沉默不语。

傍晚,彭总仍旧一个人站在防空洞口发呆。我走到他身边说:“彭总,该吃饭了。”

彭总激动地抓住我的手,说:“洪大个儿,我看你这个人还是个好人哪!”

我说:“我本来就是好人,不是坏人!”

彭总说:“今日不是你,老夫休矣。”

我说:“早上我叫警卫员把你的被子搬出来,你偏不搬,说没关系;你不搬出来,今天晚上不是没有被子盖吗?”

“老夫今天算是拣了一条命。”

“以后再挖防空洞,你不要再骂了。”

## “军中无戏言”

1951年2月中旬的一天下午,我正在自己住的矿洞里看前方和军委的来电,忽然秘书气喘吁吁跑来对我说:“洪副司令员,你快去看看吧,彭总又大发雷霆了!”

我问:“怎么回事?”

秘书说:“钟羽一(后勤第四分部部长),没有把给九兵团的粮食送到。”

我急匆匆赶到彭总那里。还未等我讲话,他就说:“战役即将开始,第九兵团(二十六军)急着要出发,让钟羽一给送粮食物资,他没有送,误了军机,我要严肃处理他。”

我说:“老总,不要这样急,查清问题后再处理也不迟。”

彭总不吭气。我又说:“这事肯定出了什么岔子,老总让我处理吧,我一定会处理清楚的。”

说完,我马上回到司令部,对东北军区后勤部前指负责人杜者蘅说:“你马上去四分部把这件事了解清楚。”

原来,送粮车队是按时到达了指定地点,但部队尚未到达。因找不到部队,又怕把粮食放在那儿丢失,司机们又把粮食拉回去了。

了解到上述情况,马上向彭总作了汇报。彭总听罢,火气消了一点,瞪着眼问:“问题怎么解决?”

此时,已到了这天晚上,我说:“作战计划照常执行,九兵团照常前进,第二天晚上保证给他们补充上,补充不上,你拿我是问。”

彭总高声说:“军中无戏言。”

我说:“自然。”

我回到自己的住所,马上给二分部部长王希克、政委李钢打电话,给他们下了死命令。我说:“你们今天晚上组织60—70台汽车给九兵团运送粮食和物资,其他的车一律停运,一定要在明天晚上以前送到九兵团指定的地点。”

接着我又给钟羽一下了命令,我说:“你昨天送的东西,明天一定给我送到,你亲自带着车去。这次再送不到,可就真要拿你是问了。”

王希克和李钢他们用了很大的力量,连夜组织七十多台车。第二天,还下着大雪呀,路上的雪好深呀!他们还是给送去了,除了在路上给敌机打掉六台车,剩下的晚上全送到了。

钟羽一他们那些车呢?第二天晚上也送到了部队集结地方。可是部队又转移了。这次他们没敢回来,在雪地里等了一夜,第三天上午总算找到了队伍,粮食和物资全部补充了。

很快,宋时轮给“志司”发来了电报说:“所有我们需要的东西,全部补齐。”

彭总这时微笑着对身边的同志说:“洪学智这个人,说话还是有点准头儿,还是信得着的。”

## “前天错怪了你,对不起呀!”

第五次战役部队快要出动时,六十军忽然给志愿军总部发来电报说:他们已进入战役发起前的待机地域,可是有的部队已没有粮食吃了,有的部队已经拿大衣和老百姓换粮食吃了,请赶快补给,等等。

彭总看了电报,很生气,问我说:“你这个洪学智,怎么搞的?”

我说:“怎么回事呢?”

他说:“六十军那边明明缺粮食,都拿衣服换粮食吃了,你怎么说他们不缺粮呢?部队马上要出发作战了,这仗还打不打?你误了我的军机呀!”

我说:“彭总,他们的电报不准确。粮食都送到了,最少可以保证五天,多的可以保证一个礼拜,他们的粮食是有保证的,没有问题。”

接着,我又把哪天哪天给六十军发了多少辆车,发了多少粮食,发到了什么地方都向彭总说了。

彭总仍然不相信地瞅着我。

我说:“老总,可以派人去调查嘛,如果真的有问题,我负责任。”

彭总说:“当然要派人调查!”

彭总说完,我随即派参谋刘洪洲去六十军调查。

彭总不放心,他怕我派去的参谋回来报假情况,又把他的随从秘书杨凤安也派去六十军调查。彭总没有告诉我,我也不知道杨去了。

第二天,杨凤安从六十军给彭总发回电说:他已亲自问了六十军的军长韦杰和政委袁子钦。他们告诉他:洪副司令讲的完全是实情,粮食早已送到了,请彭总放心。不是部队缺粮食,而是有的单位违反纪律,拿大衣和毛巾换老百姓的酸菜和鸡吃。起草电报的参谋连情况都没有搞清楚,道听途说了一些风言风语,就急急忙忙地发了电报,反映的那个情况不对。

我看了这个电报,本想追究他们谎报情况的责任,后来一想,算了。战争时期情况搞不准,也情有可原。

彭总看了杨凤安的电报,知道我说的情况是准的,部队不缺粮,很高兴。第二天吃早饭时,他找到我,拉着我的手笑着说:“你看看,前天错怪了你,对不起呀!”

我笑着说:“老总呀,你怎么讲这个话呢,这我可担当不起呀!”

刚巧,桌子上放着一个梨,老总拿起梨,递给我说:“赐你一个梨!吃梨,吃梨。给你赔个梨(礼)!”

我说:“彭总作为统帅是从全局出发看问题,你是怕部队饿肚子,影响打仗,是高度的革命责任感。如果我们没弄好,就应该受批评,现在问题弄清楚了就很好嘛,没什么要道歉的。”

彭总笑着说:“算了,算了,不说了,下盘棋吧!”以往彭总批评我批评错了,为了打圆场,就说下盘棋。

我说:“下棋好呀,咱们得先讲好拴不拴绳子。”

彭总说:“我哪回拴过绳子呀!”

所谓拴绳子,就是吃了子不算,又捞回去,悔棋。彭总严肃,有些同志不大敢接近他。那时他工作很紧张,也没什么可以消遣的,旁的没什么爱好,一天到晚就是想着作战问题,唯一的爱好就是下下棋。他的军事指挥艺术高明,棋艺却不大高明,下不赢,就悔棋。所以,每次下棋之前,我总爱开玩笑地说:“老总,下棋可以,不准拴绳子。”他说:“你这个人哪,什么拴绳子不拴绳子的,不拴!”这次又说了,说完我们就又下了起来。

不过我想,他旁的事情也不搞,不拴绳子,老赢他,也不好,达不到消遣目的,有时也让他赢两盘。

这一天,我们下了两盘,一比一,平局。

## “你不干,谁干?”

5月14日晚,夜色昏黑。晚上8点多,在空寺洞满是矿洞的山坡下的一座木板房里,彭总组织志愿军党委的同志邓华、我、韩先楚、甘泗淇、谢方、杜平开会,研究志愿军后勤司令部的机构设置、干部配备等问题。

会议一开始,彭总就说:“有一个事情,咱们得先定一下。中央决定成立后方勤务司令部时,说‘志后’在‘志司’首长的意图和指挥下进行工作。现在中央又给我发来电报,要求‘志后’司令要由志愿军一个副司令兼任。现在我们就先定一下,谁来兼这个后勤司令。”

我一听彭总这话,就预感到八成得由我来兼了。因为一进到朝鲜,后勤就由我兼管的。我们的副司令一共四个,朴一禹是朝鲜人不能兼,邓华和韩先楚原来也都没分管过后勤,我不兼,谁兼?可是,从我内心讲,并不愿意兼这个后勤司令。一是因为我长期以来一直是做政治工作和军事工作的,特别是军事工作更熟悉。二是朝鲜战争的后勤工作太难搞,我担心搞不好,搞砸了,没办法交代!我不想兼,又不好提别人兼,就闷在那儿,不吭气。

我不吭气,别人的发言倒是满热烈的。你一言,他一语的,都说老洪兼好。

我憋了一会儿,憋不住了,开腔道:“我不能兼这个后勤司令。”

彭总不解地问:“为什么?”

我说:“前一段让我管,我就没管好。现在再让我兼这个后勤司令,还不是弄不好呀!我旁的什么事情都可以干,就是这个事不能干,还是让别人干吧!”

彭总听了,显得有些不高兴,问:“你不干,谁干?”

我说:“邓华同志兼嘛,他水平高呀!”

邓华马上说:“我又要协助彭总管作战,还兼着副政委,还要兼管政治工作,再兼后勤司令,怎么兼得过来呀?”

我又说:“那让韩先楚同志兼吧!”

韩先楚听了也马上反驳说:“我老往前面跑,到一线去督促检查,兼个后勤司令,怎么干?我也不能兼!”

我说:“那让后面派人来嘛!”

彭总显得更不高兴了,皱着眉头说:“后面派谁呢?”

我说:“李聚奎(当时任东后政委)同志、周纯全(当时任东后部长)同志都可以嘛!”

彭总听了摇摇头说:“后面任务也很重,他们主要管那头。”

我紧接着又说:“那还可以让杨立三派人来嘛,我可以当副手。”

彭总见我这么固执,拍着桌子大声问:“你不干?行啊!你不用干了!”

我说:“那谁干呢?”

彭总继续吼道:“我干!你去指挥部队吧!”

我见彭总发了这么大的脾气,口气也有些软了,说:“老总,你讲这个话,可是将军的话了。”

“是我将你的军,还是你将我的军,啊?!”彭总气冲冲地质问。

这时,邓华发言了:“老洪,还是你干吧……”

我一看这事实在推不掉了,再推下去非搞僵不可。于是就开始讲条件了。我说:“这个后勤司令我可以兼,但是得有个条件,允许我这个条件,就行。”

彭总见我同意了,语气马上缓和了,问:“什么条件呀?”

我说:“第一个是干不好就早点撤我的职,早点换比我能干的同志;第二个,我是个军事干部,愿意做军事工作,抗美援朝完了,回国以后,不要再让我搞后勤了,还让我搞军事!”

彭总听了以后,笑着说:“我当是什么呢,就这条件呀?行!赞成!我同意你的意见!”

接着他又问邓华他们:“你们几个看行不行?”

他们几个也都表示同意我的条件。

我说:“既然老总和党委的同志们都同意我的条件,那我就同意兼后勤司令。”

转眼到了1952年的春夏之交。这是个非常繁忙的季节，要组织我军后方的反“绞杀战”战役，要组织反“细菌战”，又要保障前沿部队构筑工事的物资器材，还要保证弹药粮食的正常前运，工作忙得很。

4月6日，我正在成川香枫山“志后”司令部组织有关的人员研究反细菌战部署和措施，忽然接到陈赓从桧仓打来的电话。他说：“彭总要回国休养，明天就走，走以前想见见你，有些事情要交代一下。”当时，陈赓是志愿军第二副司令，第一副司令邓华和参谋长解沛然正在开城参加停战谈判，陈赓在志愿军总部主持工作。我接到电话后马上就赶到了“志司”。

我到桧仓彭总的住所，他正在和陈赓谈话，他一见到我，站起身来，拉着我的手说：“学智同志，你辛苦了！”

我说：“在彭总领导下做点具体工作，说不上什么辛苦。”

彭总说：“我知道你那一摊子事情又多又杂，忙得很，本不想找你来了。不过，我这次回国，说是治病，实际上是军委让回去的，说回去以后就不一定再来了，所以还是见见你。”

陈赓接着说：“彭总这次回国，要当军委常务副主席，主持军委日常工作。周总理太忙了，还兼着军委常务副主席，忙不过来，所以非要彭总回去不可。”

彭总说：“回去具体干什么不知道，还没和我讲。”说罢，彭总向我交代了工作，又开党委会。

最后，彭总问我：“学智同志，你还有什么事情没有？”

我望着彭总，感慨万千。随彭总抗美援朝到朝鲜，已经一年半了。在这一年半里，我志愿军面对强敌，无所畏惧，不怕牺牲，历尽艰辛，赢得了决定性的胜利，稳定了朝鲜局势，对世界和平事业作出了贡献。不然彭总也不能走。彭总要走了，同他说些什么呢？我想，还是应该把自己的心里话向他说说。于是我说：“彭总，你要是不问我，我也就不说了。你既然问我，我就说一句，你要走了，我别的事情没有，就是希望你对我许下的诺言，别忘了。”

“什么诺言呀？”彭总似乎有些摸不着头脑，眯着眼睛琢磨着。

我说：“去年你在党委会上亲口答应过，我在志愿军搞后勤，等抗美援朝结束了，回国后就不搞了。就是这话，当时党委讨论过的。”

彭总说：“你不提这事倒罢了，你既然提了，我还要批评你呢！一个共产党员，为党做工作是无条件的。党叫干啥就干啥嘛！”

听彭总这么一说，我又说：“你当时同意了呀！”

彭总说：“同意了的事情也是可以改变的嘛！”说到这儿，彭总又眯着眼睛想了片刻，说：“我告诉你，回国后，我要是做了参谋总长的话，你跑不了做后勤工作！”

彭总说到这儿，大家都笑了，彭总也笑了。只有我没有笑，我也就不再吭气了。

（洪学智）

# 几度聚散　痛诀别

自从1928年7月我跟随彭德怀参加了平江起义后，半个多世纪的风风雨雨中，我与彭德怀曾一起鏖战于国内革命战争的战场上，也曾在抗美援朝血与火的炼狱中再度重逢，为了中华民族的解放事业，我们几度聚散。然而，却万万没有料到我与他怎么会有那么惨痛的诀别！

## 初次别离

1928年7月，彭德怀、滕代远、黄公略领导原国民革命军湖南独立五师举行了平江起义，部队改编为红军第五军团第十三师，彭德怀任军长兼师长。12月，经过数月艰苦转战，在宁冈与毛泽东、朱德率领的红四军会师。不久，红四军转入外线作战，彭德怀率疲劳之师挑起了留守井冈山的重担。这时，我正在红五军九大队三中队担任中队长。在彭总指挥下，红五军浴血奋战十几倍于己的敌人，待冲出重围时，只剩下300人及不足300支枪。不为挫折屈服的彭德怀率军主动寻找战机，18小时急行军140里，奔袭鄠都，攻占安远县，并乘胜攻克瑞金再与红四军会师。此后，又率红五军返回井冈山，开辟湘鄂赣根据地，一年多时间，红五军发展到六七千人，成为红军中又一支强大力量。

1930年初，随着革命形势的变化，成立红六军。一天，彭德怀对我说："红六军成立了，由黄公略同志任军长。这支队伍缺乏干部，他提出要五军干部去。我和滕代远商量，准备派你去任支队长，有什么意见吗？"我嘴上说没什么意见，可是内心里却恋恋不舍：红五军有我生死与共的战友，有我可敬的首长……彭德怀一眼便看出了我的心情，便说："为了革命的需要，我们许多互不相识的同志走到一起来了；为了革命的需要，我们许多相互熟悉的同志又得分开。将来，革命再发展，我们的队伍再扩大，需要到新的部队去工作的人会更多，总想留在老部队、老地区工作，这是一种保守观念啊！"听了彭德怀这一席语重心长的开导，我心情开朗起来，说道："我没有意见，请下命令吧！"从此，我离开了红五军，离开了彭德怀的领导。

## 重逢长征路

再次见到彭总是在长征路上。1935年，红军四渡赤水后，在贵阳与龙里之间，我遇到了彭德怀。那时，彭德怀是红三军团的军团长，我在红一军团一师任师长。当红军主力突然出现在贵阳郊区时，正在贵阳的蒋介石甚为震惊，一面指挥部队迎击红军，一面急令滇军来贵阳"保驾"。当滇军已抵贵阳和龙里两地时，红一军团靠龙里西侧前进，红三军团靠贵阳东侧前进，我率一师居中偏西。在行进中，一师与三军团走在同一条路上，出现了抢路和插队现象，见状，我立即带部队上了山坡，沿山梁前进。

第二天一早，我率一师下山通过公路时，在公路边的一个小林子里，见到了彭德怀。四五年未见，我觉得他老了许多，人也瘦了，只有那熟悉的浓眉依旧，有神的双目更加深邃了。彭德怀正在吃饭，一见到我，他那越是熟人越容易发作的火暴脾气一下子上来了："昨天，你们一师把三军团的队伍插乱了，现在中央军委和大部队还没有过来，敌人在贵阳有四个师，龙里有三个师，两地相隔只有百里，而且有公路相连，今天可能从东西两面向我夹击，如果出了问题，你要负责！"真可谓劈头盖脸，对我的解释根本没有理会，果断地说："你们一师暂归我指挥！你们占领西南山，监视龙里方面的敌人；三军团占领观音山，监视贵阳方面的敌人。哪一边的敌人出动，就要打死，以掩护中央军委和后面的部队。他们都过去了，你们听了命令再撤，到时我派人通知你！”接着，不由分说叫警卫员：“拿碗筷来，请一师长吃饭！”我不禁为老首长的当机立断、敢于负责的大将风度肃然起敬。

## 再聚朝鲜战场

戎马倥偬，15年后，我们在抗美援朝的战场上再度重逢。

1950年，美国发动了侵朝战争。中国决定派志愿军，抗美援朝，保家卫国。年逾半百的彭德怀临危受命，担任中国人民志愿军司令员兼政委。我被任命为东北军区后勤部长，负责东北军区和志愿军出国作战的物资保障。从10月11日起，我们冒着敌机的轰炸，向朝鲜北部突击运输各种物资器材。就在这期间，我又见到了彭德怀。一见面，彭德怀就要我汇报情况。听罢，彭说，这次出国作战，不比在国内打仗，在国内作战物资可以取之于民，取之于敌，而这次全部物资都要靠国内运输过去。接着他又问我准备情况如何，我说：“我们已经有所准备。”彭总盯问：“志愿军过江作战，要是没有弹药，没有饭吃，我可找你算账，怎么样？能不能保证？”说着，他严肃的目光紧盯着我，我立即回答：“一定保证！但从目前情况看，不知道能保证到什么程度。”彭德怀一听就火了，用手指着我，提高了嗓门：“仗还没打，你怎么就保证不了啦！”因为是老首长，我深深理解：彭德怀面前是强大的敌人，背后是他率领的千军万马，听不到准确的保证，他怎能不着急呢！可是，我自己又何尝不着急，我的声音也不由得大了起来：“不是我不保证，我在拼命往前送！可是我的400辆汽车才用了三天就损失了一半！”听我说完，彭德怀平静下来：“困难是不少的，但要用一切办法去解决！实在解决不了的，向上反映，我也想办法。可是有一点，作战物资一定要保证的！”

……

在彭总的指挥下，中国人民志愿军自入朝后，在短短的三个月内接连发动了三次大战役，连战连胜。

1951年3月，第四次战役期间，我去朝鲜，为了避开敌机轰炸的袭扰，一直是夜间闭灯开车。就在即将到达志愿军司令部的头天晚上，我在车上被猛烈一颠，只觉得腰部一阵剧烈疼痛，接着便昏厥过去，醒来时，已到达志愿军司令部。彭德怀一见到我就高兴地紧紧地握着我的手，开玩笑地说："没有把你颠死，算你命大！"说罢，哈哈大笑起来，边笑边用手轻轻地抚摸我的腰部，这才认真地对我说："我告诉你，夜间行车要开灯，这样走得快，开灯走被打中是个死，不开灯翻车也是个死，反正都一样，我就是开着灯走。"说完又笑起来，我也不由得跟着笑了。后来，我向彭德怀建议："为了保障运输，应该对后方兵团加强防护，最好能配置高炮部队，我们不能只是藏，还要打。"彭德怀听了，眉毛一扬，连声说："要打，要打！"并很快地对此事作了部署。

## 最后的诀别

熬过寒冬，应该是百花争艳的春天。可是，在1973年3月，我却丝毫未感到初春的气息。当时我正因病被送到北京301医院监护治疗，住在14病室东头的一间背阴的房子，屋内的窗子全用木板钉着，看不到窗外的一片绿叶，仅从一条狭窄的板缝看到一小段灰色的马路。

4月中旬的一天，我在走廊上散步。迎面来了三个军人，手持驳壳枪，押着一个人走过来，他身穿黑色衣裤，一双旧布鞋，手里提着个白色小包袱，可能是几件换洗的衣服。虽然监护他的人怕别人认出来，让他戴了一个大口罩，但我太熟悉这形象了：从那宽厚的肩膀和那双浓眉大眼，认得出来，他是彭总！我的心激动地跳着，压抑不住患难相逢的喜悦，想快步走到他跟前，向他说几句话，但看到那持枪的军人，我只能靠近他，小声地问："身体好吗？"彭德怀点点头嗯了一声，便被带到最西头那间背阴的房中去了。从此，每天都想乘散步的机会，去他门前看看，可昼夜有哨兵看守。

一个月后的一天，彭德怀的房间打开了。只见他侧着脸躺在推车上，被护理人员推出来。我忙走上前去，只见他对我轻摇了一下头，示意我不要说话，我也只好微微地向他鞠了一躬望着那推远的车子，我的心像被冻结似的冷，转身回房，止不住地流了泪。但就是这样，我也没有想到这走廊上的匆匆一面竟然是我们的最后诀别……

历史终于掀过去了那最沉重的一页，可至今我仍感到深深遗憾：我没有穿着整齐的军装，向他行一个庄严的军礼。

（李聚奎）

# “我怕牵连人家呀”

## ——彭德怀和邓华

1965年彭德怀到成都后，第一次去总府街招待所理发室理完发回到住地，高兴地叫来景希珍。景希珍见彭德怀乐哈哈的样子，料定他又遇到什么喜事了，还未来得及发问，彭德怀就说：“小景，今天给我理发的贾月泉是从朝鲜志愿军转业回来的，对我很客气。我从他那里打听到老战友邓华的住处，住在童子街29号。你替我买一张成都市地图来，看看童子街在什么位置？”

景希珍也认识邓华。抗美援朝期间，彭德怀任志愿军司令员，邓华任副司令员，他们朝夕相处，情谊深厚。1959年庐山会议时，彭德怀与邓华受到错误批判，从此两人都被贬谪下来。彭德怀对邓华感情很深，一心想去看望他。彭德怀略带伤感地对景希珍说：“你也知道，我与邓华是老战友了，共同打过美国鬼子，可是我名声不好，邓华的名声也不好，我想去看看他，哪天晚上天黑了再走。”

景希珍立即给西南局保卫科郭元昌打了电话，要他找一张成都市地图，郭元昌很快将地图送来了。

景希珍将地图在桌子上摊开，彭德怀戴上老花镜，在地图上首先找到了他的住处永兴巷，随即找到了童子街，并用红铅笔画了一个圈，兴奋地说：“小景，找到了，就在这个位置，离我们住处不远，太好了，太好了！”

景希珍接过地图，又在彭德怀画红圈的地方仔细看了看，把方向搞清楚。他对成都街道不熟悉，为了不使首长走错路，他事先“侦察”了一下，按门牌号找到了童子街29号。这个大院是西南局司局级以上干部的宿舍。大院西侧围墙边有一幢两层楼的小院，那就是邓华住处。景希珍向彭德怀报告了“侦察”到的情况，彭德怀满意地说：“小景，好样的，你这个老侦察兵，今天总算有用武之地了。你看,行吗?今晚你陪我走一趟。"

"好,不过得化装一下。"景希珍说。

"不,不不,化什么装呀?大明大白地去。"

"彭总,不是这个意思,我们到成都不久,对社会情况不了解,我要对你的安全负责。"

"那好,简单地化装一下。"彭德怀爽快地答应下来。

晚饭后,夜幕降临了,老天不帮忙,下起了蒙蒙细雨,又湿又冷。景希珍给彭德怀戴了一个大口罩,又给他戴了顶旧檐子,把帽檐拉到眉心,这样一打扮,即使与彭德怀对面相遇的熟人也不会立刻认出来。景希珍让赵凤池开车送他去,彭德怀拒绝了,说路不远,散散步就到了,一来可以锻炼身体,二来可以节约汽油。景希珍觉得有道理,只好陪他串街走巷了。在昏暗的路灯下,彭德怀走在前面,景希珍尾随其后。此刻景希珍心情非常矛盾不安,这次会面会给彭总、给邓华同志带来什么样的影响和后果呢?可是他又不忍心劝阻彭德怀,怎么能阻挡生死与共的老战友会面呢?特别是在两人心境不好的时候,更需要这种同志的友情。这样边想边走,童子街很快就到了。

景希珍指着围墙里面那栋小楼房,告诉彭德怀那就是邓华住处。彭德怀停下步来,仰望着二层楼窗户射出来的灯光、人影,非常激动,眼睛湿润了。一会儿,他转过身来,低着头往回走。景希珍上前几步,轻声问他:"为什么不进去啊?"彭德怀说:"看看地方就行了,行了,行了啊!"

彭德怀默默地走了一段路,对景希珍说:"我与邓华并肩战斗了几十年,打过鬼子,闯过了多少难关,如今同住一个城市,相隔几条街,却不能见面。过去在一起的老战友,现在不敢见面,想见不能见,我怕牵连人家呀!"

从此之后,彭德怀再也没有去过那个方向。其实,邓华与彭德怀心连心,当他得知彭德怀重新工作时非常高兴。六年不见了,很想见见老战友。一天早上,邓华来到总府街招待所彭德怀办公的地方,等待彭德怀上班,他站在门厅向院坝望去,见彭德怀在景希珍陪同下徒步向大楼走来。邓华见老战友身体健康,从心眼里高兴,情不自禁地点头。但当彭德怀快要走近时,他闪念之间决定不见彭德怀,立即退到了走廊。他跟彭德怀的想法一样,不愿给老战友带来政治上的麻烦,想见而不敢见。彭德怀不知道邓华来看望他，要是知道了，他是多么希望重逢啊。

往后，景希珍下过几回决心，也没敢向邓华传递彭德怀想见他的信息。打倒“四人帮”后，景希珍去过邓华住地，不巧未遇，邓华已调北京工作。1978 年 12 月 24 日，邓华出席了党中央在人民大会堂举行的“彭德怀同志平反昭雪追悼大会”。他没有想到，在总府街招待所那次没有见面的见面，竟成了与老战友最后的诀别。望着骨灰盒，他深深三鞠躬，心情无比悲痛。

（王春才）

# “这个建设是硬仗，你会打胜的”

——彭德怀和朱光

## 元帅视察

1965 年的冬天，华蓥山区的气候异常寒冷。12 月 14 日清晨，细雨夹着雪花纷纷扬扬地下个不停，给寂静的山区更增添了肃穆的气氛。在黎明的寂寥中，有一个人正在焦急地等待什么。他就是五机部副部长、人民解放军少将朱光。他今天在这里准备迎候的是西南“三线”建设委员会第三副主任彭德怀。

彭德怀曾是朱光的老首长。朱光是山东聊城人，身材高大，为人性格豪爽，1932 年参加革命，1940 年即在八路军总部炮兵团任副营长，1951 年抗美援朝时任志愿军炮兵二师师长、炮兵参谋长；1955 年起又任解放军炮兵参谋长，因经常出席彭德怀召集的会议，深知彭德怀的工作作风。1959 年庐山会议罢了彭德怀的官，六年来他们没有见过面。如今彭德怀复出，任西南“三线”建设委员会第三副主任，是他意想不到的，更令他吃惊的是彭德怀复出赴川视察第一个工厂竟由他来接待。他想着昔日老首长今天会是什么样呢？将帅重逢不是在战场上，而是在“三线”建设的工地上，这是怎样的巧合呢？

10时整，一辆黑色吉普轿车在简陋的厂房边停下。身着黑色粗呢大衣的彭德怀一下车，抬头便见到身材魁梧前来开车门的朱光，一阵惊喜：“你怎么在这里啊！”朱光连忙解释：“彭总，我已从部队调到国防工业部门好几年了，五机部党组让我抓一下兵器工业三线建设，我在这个现场蹲点，今天在这里特意欢迎彭总视察，非常高兴！我还怕你认不出我了呢！”彭德怀感慨地说：“认得，认得，怎么会不认得呢？是啊，六年过去了，想不到我们在这里重逢，真像做梦一样。来，边走边看吧！”

细雨下个不停，泥泞的土路很不好走。彭德怀干脆脱下黑色元宝棉鞋，换上长筒胶靴。他对工地进展情况很满意，对不占良田好土、在山坡上盖的房子质量好、造价低，赞不绝口。当听到整个工期计划12个月完成时，彭德怀满怀信心地说：“我看没问题。工厂建设规模不大，资金、材料有保证，主体工程已起来，组织得好，还可以提前建成。我们立个军令状，一年建成。”朱光坚定地回答：“彭总发了命令，我们坚决执行。”彭德怀对朱光印象颇深，知道他是常打胜仗的炮兵指挥官，接着又说：“这个建设是硬仗，你会打胜的。”他们在工地上边谈边比划，十分投机，仿佛又回到了当年的朝鲜战场上。

视察华光仪器厂后，又驱车到二十多公里外的明光仪器厂工地。淅淅沥沥的细雨下个不停，环山布置的厂区路面又陡又滑。彭德怀走路快，朱光生怕这年近七十岁的老帅滑倒，劝说道：“你年纪大了，慢慢走，路滑，不要摔倒了。”彭德怀立即应道：“摔倒了怕什么？我摔倒了再爬起来嘛！”朱光马上怀疑到彭德怀可能把他的意思误解了，引出他别的什么话来，于是也不再说“摔倒了”这几个字了。

彭德怀视察了机械加工车间、机修车间后，又视察了刚竣工的光学装配大楼。转眼到了中午，他的兴致未减，还说：“下雨怕啥，我要全部看完。”急得朱光不断看表，然后建议“吃了午饭再看”，彭德怀才停下步子。

# 元帅坐台下

前次视察后的第二年3月，将帅在成都召开的西南“三线”建设工作会议上又相逢了。

会议在锦江大礼堂举行。国务院有关部委及西南云、贵、川省有关负责同志都出席了会议。西南“三线”建委李井泉、程子华、阎秀峰、朱光、徐驰五个常委在主席台就座并轮流主持大会。

这天大会由朱光主持，他一下发现了彭德怀就坐台下，仍穿粗呢黑色大衣，戴着老花镜，呢帽下露出两鬓白发，像其他会议代表一样，认真做笔记，神态自然、安详。“全国解放军中少将上千，我算什么？我坐台上，元帅坐台下？”朱光心里感到不是滋味。他低声问身旁一位领导同志，得到的回答是：“他虽然是西南‘三线’建委副主任，但不是建委常委，常委才上主席台呢，即便请他，他也不肯上台。”

会议休息时，朱光走下主席台，来到彭总面前，握住他的手，请他上主席台。“不用了，台上台下坐一样嘛！”彭德怀接着说：“你把明光仪器厂的建厂经验向大家讲讲，好好介绍一下，你怎么把这个厂抢建上去的！”当朱光解释他也没有建设经验，不过是采用了部队打仗的一些做法，现场统一指挥，打歼灭战……彭德怀劝道：“组织会战，把工厂搞上去，就是经验。我看了现场，不错，对大家有启发，好好向大家讲讲。”

“好，听彭总的，我讲。”当朱光在大会上扼要地介绍明光仪器厂的建设情况后，虽然使与会代表振奋，说这个经验好，但彭德怀仍不满意。散会时，他冲着朱光说：“你讲得太简单了，不要认为自己明白就行了，要让大家都听明白，才算讲清楚。在小组会上，让工厂同志好好补一课。”“好，我让工厂同志准备一下。”朱光一边回答着一边送彭德怀走出会堂。

朱光夹着文件袋回到住所，感慨万千：彭总打了一辈子仗，一直关心国防工业建设，一个不大的“三线”军工厂，从视察到推广建设经验，每一步，他都非常关怀，倾注了极大的热情。他有管理军工的优势，上面却不让他管，真是有劲无处使。尽管如此，彭德怀仍然不计个人得失。让他主管“三线”煤炭、动力方面的工作，他尽责尽力。一次，朱光在参加彭德怀主持的煤电专业会议时，他对朱光说："老朱，你放心，兵器工业哪一块用煤、用电我保证供应，不过得请你们排个队，哪个厂先用，哪个厂缓用，摸准确。"朱光非常激动，紧紧握着彭德怀的手说："彭总，几十年来，你对兵器工业是一贯支持啊！为了让毛主席睡好觉，即使我身上掉几斤肉，也得把兵器工业'三线'建设抢建上去。"彭德怀左手拍拍朱光的肩膀，两眼盯着朱光笑开了："朱光，我们想到一起了。"

正当他们一心扑在"三线"建设上，刚刚有一个良好的开端时，想不到受到"文革"的巨大冲击。从此，他们下工地的机会少了，见面的机会也少了。这年夏天，彭德怀正在大足汽车厂工地视察，突然被召回成都；朱光在川东"三线"工地蹲点，也接到命令赶回北京机关学习中央文件"五·一六"通知。

## 元帅请假

1966 年 7 月，一个闷热的晚上，将帅第三次在成都重逢。

在总府街招待所西南"三线"建委办公楼里，朱光从北京回来，正与一位负责同志谈工作，突然听到敲门声。他们将脸转向门口说："请进！"却不料进来的客人不是别人，而是他们的老首长——彭德怀元帅。两人在惊喜中连忙站起相迎。只见彭德怀身着中山服，脚穿一双黑色布鞋，天气虽热，但风纪扣却扣得严严的，保持了军人素有的风貌。两人急忙让座，请彭德怀坐在沙发正中，彭德怀先开口了："朱光同志，你也来了，打断你们谈话，对不起。我是来请假的，准备回北京看看。向你们两位请假。"

两人毫无思想准备，面对老首长来请假，似乎受不了，同时也感到茫然。另一位负责同志恭敬而又和蔼地答道："彭总，你是中央派来的，你这个事情我做不了主啊，我个人支持您回京看看，但要向井泉同志汇报，要请示中央啊，你等着吧。"

彭德怀失望地点点头说："好吧，我等候着，你们谈吧！"接着起身告辞。两人将他们的老首长送到院里。见彭德怀上了车，他们才返回室内，两人的目光碰在一起，迟疑了好一会，一种沉闷的气氛压倒室内的一切。元帅请假都不能如愿，在感情上真叫人受不了。此时的朱光内心翻江倒海不是滋味，自己家也在北京，来去方便，而三军统帅亲自登门向他过去的下级请假！

朱光认为，彭总要回北京，打个电话招呼一下就走，谁挡得住？偏偏彭总又是一个组织纪律性很强的人，虽处逆境，心情泰然。请假回北京一事，未获批准，就是不走。朱光他们也是有苦难言。

后来，彭德怀见没有回话，便只字不提了。但朱光怎么也想不到那次匆匆一面竟是他们与元帅的永诀！

不久，运动向纵深发展，朱光离开了他依恋的“三线”建设工地，应召回京，后又被打成“走资派”，在机关大楼里扫厕所、挨批斗。明光仪器厂造反派中的几个年轻人，追到北京，责问彭德怀到厂视察搞了什么名堂，干了什么勾当，朱光气得把他们顶了回去，后来他干脆不说话了。

彭德怀未能获准回北京，却在半年后被所谓的“揪彭兵团”绑架回京了，失去了自由。

将军、元帅之间有多少话要互相倾吐啊，但没有这个机会。同住一个北京城，却不能再相逢。又过了 12 个年头，当朱光在报上看到中央为彭德怀举行昭雪追悼大会的消息时，顿时泪流满面。他望着彭德怀那庄严的形象，回想当年将帅重逢时的音容笑貌，不禁感慨万端，痛彻肺腑。

后来，朱光被调任中国人民解放军基建工程兵副主任，继续为“三线”建设作贡献。

1990 年 6 月 20 日至 6 月 30 日，朱光不顾 76 岁的高龄，担任全国政协赴四川视察团团长，和 24 名团员沿着当年彭德怀巡视三线的足迹，视察了工厂、研究所等。

朱光一行下榻在彭德怀当年工作过的总府街招待所（现改名四川宾馆），24 年前与彭德怀在此相逢别离后，他再也没有来过成都。今日重返故里，倍感亲切。他多么希望，他的老上级、老元帅彭德怀也在这里啊！

（王春才）

# “一走了之，不是解决问题的办法”

我和彭德怀初次相识，是在1931年12月宁都暴动后的一个令人难忘的日子。那时五军团在闽西秋溪、横江一带整编，我当时受赵博生同志委派，先后两次带领有关人员赴三军团参观学习。第一次参观学习时彭德怀在会昌接见了我们，并作了重要讲话。他讲了红军的宗旨，以对比的方法剖析了红白两军，讲了革命与反革命的根本区别，并亲切地鼓励我们参加红军后，要坚定信念，明确奋斗目标，坚决革命到底！他的这次讲话，以及我们第二次到三军团所属师、团、营、连参观学习，对我后来做一名红军战士，产生了极为深远的影响。在举世瞩目的二万五千里长征中，我又有幸在彭德怀麾下，置身于他的关怀、培育与教诲之中。

## “有福同享，有难同当”

彭德怀非常关心群众，时刻把战士的饥饿冷暖挂在心上，对部属在生活上关怀备至，体贴入微。他一有机会，总是深入到士兵群众之中，摆龙门阵、讲战法、叙家常，无所不谈。他没有一点官架子，同志们和他在一起感到无拘无束。他待士兵同志亲如兄弟，和大家关系十分融洽。他的脾气是很大的，有时发得不对，事后有人跟他谈及此事时，他总是欣然接受，并爽朗地说：“我错了，特向你道歉。”长征时，生活十分艰苦，能够吃到一顿煮青稞或煮包谷，就算不错了。敬爱的彭德怀同志尽管每日工作那样繁忙，夜以继日地操劳，还是以普通一兵的身份出现，与群众同甘共苦。不熟悉他的同志怎么也看不出他就是威震敌胆、战功赫赫的彭大将军。同志们觉得能战斗在他的身边，实为终生难得的一大幸事。

过夹金山前,为了克服高山缺氧的困难,当先头部队进至山脚下时,彭德怀命令部队休息。根据事先的安排,同志们都在吃大葱、大蒜和干粮。当他发现唯独我没有干粮吃时,就马上把我叫到他的跟前,把他仅有的一点干粮,分给我一半。我怎么忍心分吃他的这点干粮呢?但他一眼就看出了我的心思,便笑着对我说:“俗话说,有福同享,有难同当,见面分一半嘛!”他这简短风趣的话语,一下子赶走了我的窘态。这给我留下了十分深刻的印象:彭德怀一颗朴实、浑厚和善良的心清澈可见。在他的关怀和鼓励下,我克服困难的信心和力量倍增,一鼓作气地越过了这个前进道路上的拦路虎——夹金山。还有一次,部队经过云南境内,正值杏树果实累累、压满枝头的时节。由于长途跋涉,走得又累又渴,我看到杏子后高兴极了。于是,不管青红皂白,毫无顾忌地连吃了许多杏子,又喝了许多生水。这下可糟了,染上了痢疾,拉得我腹痛难熬,四肢乏力。部队过泸定桥前后,我身体实在支持不住了,掉队两三天。后来在同志们的帮助下,骑着牲口赶了四十多里路程,才追上了队伍。彭德怀得知我闹痢疾后,非常关心地询问了病情,要我不要着急,不要硬着性子坚持,要注意休息。他边说边从口袋中掏出五六丸治痢疾的药,送给了我,嘱咐分几次服用。服过他送给我的药,我很快就恢复了健康。当时我心情十分激动,很久难以平静下来。

## “一走了之,不是解决问题的办法!”

彭德怀在培养教育干部问题上,更是尽心竭力。我在担任军团教导队长时,尽管他的工作十分繁忙,但也总不顾征途疲劳,抽出时间检查教导队的工作。一次,我在做总结讲评时,彭总一声不响地走进训练场,听了我一堂课。我由于精力过于集中,当时并没有发现他,事后别的同志告诉我,彭德怀听课时非常认真,时而微微点头,时而微笑,对我讲的课表示满意。他对我的鼓励,更加使我不敢稍有懈怠和马虎。从那以后,我备课更加努力,讲课更加认真和用心了。在他的关怀下,教导队上上下下团结的空气很浓,战斗情绪高昂。因此,我们的各项工作开展得很顺利,每次都取得了较好的成绩。

当我担任教育科长时,正值部队缩编,上级把二十几位编余的干部分给了我们。他们大部分是担任过营团职干部的老同志。在工作中，我和他们的一些同志发生了矛盾，一气之下，我给彭德怀写了个条子，压在他的桌上，意思是说自己力不胜任，请求首长免去我的科长职务。彭德怀看过条子后，派人把我找了去，先是以温和的口吻对我说："碰到困难啦?"接着他耐心细致地向我询问了发生问题的全部经过，尔后庄重而又严肃地说："被困难吓倒了？你连这点困难和委屈都承受不了，还算什么共产党员？到别处工作就不会遇到困难啦？你一走了之不是解决问题的办法嘛!"谈完，他又同军团政治委员杨尚昆同志商量，建议我们开个党小组会，用组织会议的形式，交心的方法来解决，并请杨政委参加听一听。在小组会上，杨政委一方面对我的长处进行了热情的鼓励；另一方面对我缺乏斗争性的弱点进行了恰如其分的批评。我也谈出了自己的真实思想，并对自己缺乏战胜困难的信心和勇气，作了检讨。其他同志都各自作了自我批评。后来回忆起来，觉得当时自己的做法非常幼稚可笑。在以后的岁月中，我常常以此为鉴，总结检查自己的思想和工作。

## "这个分量你掂量过没有?"

彭德怀对干部要求一向是极为严格的。我担任作战科长时，一次部队宿营，我们拟制了宿营报告并附以宿营部署图呈送彭德怀审阅。他看过后，皱着眉头问我："紧急集合场你们放置在哪里啦?"当我向他说明没有做出规定时，他顿时收起了笑容，严肃而又认真地说："你当作战科长，光把室内工作做好还很不够，室外工作也很重要，千万不能忽略，今后你们要特别加以注意才是啊!"听了彭德怀的一番话，我脸上火辣辣的，心里热乎乎的。他的告诫和教导，使我得到了深刻的教益，增长了见识和处理问题的能力。前事不忘，后事之师。在后来的工作中，我杜绝和避免了不少漏洞。

彭德怀高度的革命事业心和工作责任感深深地教育着我。

一次，下达了次日行军命令，我们绘制了行军路线图，送彭德怀审核。他先是问我们找老乡调查过没有？当我向他汇报后，他边看地图，边让我把向导叫到他跟前，对照地图向老乡问了许多情况，如重要的隘路、山垭口、桥梁、道路、交叉路口，以及有无迂回线路等；并对当地群众的生活情况和风俗习惯等等，都进行了详尽的调查。他询问得那么认真、细致，了解得那么具体、周详，直到完全调查清楚，并一一交代部署停当，然后他考虑了片刻，才说："好，如果你们没有什么新意见，就迅速下达吧！"说罢，他让我们抓紧时间处理，及早休息。这时夜已经很深了，我们也多次催促彭德怀回去休息，但他却执意不肯，他说："不把与作战有关的情况搞清楚，我是饭吃不香，觉也睡不安宁的。因为情况不明，遇到意外时就心中无数，决心不好下，处置也难以得当，那是要误大事的。由于责任心不强，工作做得不细，给革命工作造成不应有的损失，那就是犯罪。这个分量你们掂量过没有？"他的一席话，对我触动很大。我反复地思考着：彭总虽然没有直接批评我们，然而我比受到任何批评都更加难受，深为由于自己工作没做好，在这些具体工作上分散他的精力而感到内疚。我也清楚地意识到，彭德怀是在用自己的言传身教来提高我们的工作能力。我被他严肃认真、一丝不苟的工作态度和忘我精神深深感动。

长征距今已半个多世纪，但跟随在彭德怀身边的日日夜夜仍常常清晰地浮现在眼前。

（孙　毅）

# "你这个江西老表，我们又走到一块了"

## 出　国　前

1950年10月8日，军委命令飞向东北边疆：

"为了援助朝鲜人民解放战争，反对美帝国主义及其走狗们的进攻，借以保卫朝鲜人民、中国人民及东方各国人民的利益，着将东北边防军改为中国人民志愿军，迅即向朝鲜境内出动，协同朝鲜同志向侵略者作战并争取光荣的胜利……任命彭德怀同志为中国人民志愿军司令员兼政治委员。”

中国人民革命军事委员会主席毛泽东同志以无产阶级政治家的宏大胆魄发布了这一庄严的命令。尽管这一命令对当时的世界是保密的，但在历史上，它终将留下最惊心动魄的一页。正是它敲响了侵朝美军的丧钟。

彭德怀出任志愿军司令员兼政治委员，我由衷地高兴。彭德怀是我的老首长，早在红军时期，我就认识他。1935 年冬，红军围攻陕西甘泉城时，他是我们一方面军的司令员，我是方面军无线电队的政治委员兼任方面军直属队总支部书记。有一次他同我谈话时问我：“你原先在哪个部队工作？”我说：“我参加红军就在黄公略的部队工作，他是我的老军长。”彭德怀一听很高兴，说：“黄公略是我的老战友。我 17 岁那年，为贫困所迫，参加了湘军。那时我和黄公略同志在一个连，为了爱国，救济贫民，我们成为知己。公略同志很有才华，是有名的‘万事通’，可惜牺牲得太早了。”战友深情，溢于言表。1936 年，红军东征回陕北后就再没见到他。这次一见面，彭德怀就认出了我：“杜平，你这个江西老表，我们又走到一块了。”我说：“彭总，没想到是您挂帅。”他笑着说：“不但你没想到，连我自己也没有想到。组织志愿军，中央原来考虑让林彪来的，林彪说他有病，于是临时决定让我来。听说这几支部队过去在东北很能打仗，是吧？”我点点头说：“是，这几个军是第四野战军的主力军。”他听后高兴地说：“这就好。”因彭德怀要急着会见朝鲜政府派来的代表，我便告辞。

10 月 9 日，我出席了在沈阳召开的军以上干部会议。彭德怀和高岗在会上传达了党中央关于组织志愿军出国作战决定。最后，彭德怀宣布：各军在 10 天之内要做好一切出国作战准备。

听到只有 10 天准备时间，我们很急，连夜赶回安东。一连几天，政治部的同志们忙于把要带出国作战的和留下的东西，分开打包，整装待发。我的妻子刘教湛看到出国名单上没有她，很着急，向我提出，她要当志愿军，到朝鲜去打美国佬。我就向她解释：“这次战争同国内战争不能相比，更残酷，更激烈。万一我回不来，几个孩子还得靠你照料。你去朝鲜的事，还是晚些时再说吧！”她再没说什么，但内心还是不服。

沈阳会议后，彭德怀也赶到了安东。他住在我们兵团政治部右边另一条沟口的一幢别墅里，隔一个小山头，约一公里远。白天，我们去向他汇报了部队作战准备的情况。晚饭后,彭德怀出来散步,正向兵团政治部驻地门口走来。我和教湛领着我们五岁的男孩子少平和七岁的女儿美平从兵团政治部出来,正巧碰上,我俩向彭德怀敬了一个礼。孩子一见他便对妈妈说:"妈妈,大官!大官!"我爱人急忙阻止:"不要胡说,快叫彭爷爷。"两个孩子都齐声叫:"彭爷爷好。"他微笑着说:"孩子好。"在这以前,就听说彭德怀喜欢孩子,这次算有了亲身感受。不料教湛见到彭总,趁机向彭德怀提出了去朝鲜的要求。还没有等彭德怀回话,我即插话说,她在兵团直属队任直工科长。他望望我,又望望教湛,笑着说:"这件事要问杜平的意见。""就是他不同意我去。"教湛向他央求着。彭德怀又说:"他不同意,你就等一下,等我们打了胜仗,叫杜平回来把你和孩子们都接去。"两个孩子在一旁连声高叫:"好,好!我们一家人都到朝鲜去。"

## 志愿军总部被炸以后

志愿军总部被炸的消息,引起了北京中央领导同志很大的不安。周恩来副主席以军委的名义发来电报,要求彭德怀注意安全。军委总政治部罗荣桓主任,傅钟和萧华两位副主任,还有公安部罗瑞卿部长,联名给我发来电报,指示我直接负责彭德怀的安全,切实注意他的防空、防特工作,保证不能发生任何意外的事故。

那时,我感到责任重大,又感到力不从心。在我看来,防特还比较好办些,最困难的是防空。这不仅是因为志愿军没有制空权,总部的防空设备很差,更因为彭德怀对革命战争极端负责,常常把自己的安危置之度外。他工作起来连吃饭都要靠身边工作人员提醒。在他看来,防空是对他的干扰,不到万不得已,总不愿意进防空洞。

有一次,我们听到防空警报以后,各自从几个不同的地方来到彭德怀办公室附近的山洞,进洞一看,发现他没有来。我急忙叫张养吾同志去请他。张养吾接连去了两趟,不但没把彭德怀请进防空洞,还被他"训"了一顿。我和洪学智同志商量后,对张养吾同志说:"你再跑一趟,去了就说这是党支部的决定!"这一招果然很灵。张养吾同志回来对我说:"彭总听后把电报文件装在皮包里往腋下一夹,瞪了我一眼说:'恐怕是杜平捣的鬼吧?'"正说着,彭德怀来了，我们止不住望着他笑，他摇着头说；“真拿你们没办法。”

1951年4月6日，志愿军党委第五次扩大会议在金化郡上甘岭拉开序幕。

这次志愿军党委扩大会议是在战争很紧张的情况下召开的。敌机在头顶上飞，照明弹使夜空如同白昼，与会人员又没有防空设备，我当时为会议的防空十分担心。好在只开了一天，没有发生问题，会议结束时，已能隐约听到从前方传来的低沉的炮声。与会人员星夜返部，总部也准备向西北方向的空寺洞转移。

空寺洞，位于西线的中部地区。而西线是敌军的主攻方向，也是我军即将大举出击的主要反击方向。

空寺洞和君子里一样，也是一座矿山，不同的是比君子里潮湿，经常滴水。

那天，彭德怀和我们总部几位领导同志来到空寺洞的山下时，天已黑下来了。他对我说：“上山还有段路，就在这山下的平房里休息，明天早晨再上山吧！”韩先楚副司令员见我不表态，半开玩笑地说：“不要那么怕死嘛！”邓华副司令员怕我听了此话不高兴，连忙出来打圆场；“老杜也是为了彭总的安全。”

我见天色已晚，彭德怀也确实累了，就不再坚持让他上山。但为了防止意外，就让警卫人员在平房后面临时挖了个小防空洞，以备不测。那天晚上，解方参谋长和我先上山，安排总部机关宿营，邓华和洪学智副司令员，陪彭德怀留在山下。

翌日清晨，我刚起床，走出洞外，只见几架敌机正在山下盘旋。我非常担心彭德怀的安全，便与解方商定下山去看看。刚走下山腰，看到他带着警卫人员正向山上走来。我们连忙迎上去，问：“没出什么事吧？”彭德怀笑着挥动右手说：“苍天有眼噢！差一点去见马克思！”原来昨夜他睡得很晚，天放亮时还没醒。飞机来时，志愿军司令部办公室主任杨凤安急忙嘱咐警卫员把他叫醒。说来也巧，彭德怀刚披上大衣，出屋没多远，一架敌机鸣咽着俯冲下来，一梭子子弹把他睡觉的行军床打了几个洞。房子也被敌机炸塌了。真危险！

据我所知，彭德怀在朝鲜前线，已经多次遇险。当我们表示后怕、劝他注意防空时，他风趣地说：“美国飞行员不认识我彭德怀，还有什么可怕的呢？”

## 彭总点了我的将

1951年9月26日凌晨，在沈阳开完志愿军保卫工作会议，即匆匆乘上了西去的列车。深秋的东北平原，沉浸在一片丰收的喜悦里。98位志愿军战斗英雄代表心里火热热的。我，也想得很多，很多……

9月初的一天，朝霞初绽，志愿军司令部所在地空寺洞的山岭沟壑都被镀上了一层红晕。这天我起了个大早，来到洞外散步。在洞里憋闷了一夜，山谷里清新的空气真让人惬意。此时，美军的夜航机都已返巢，白天的轰炸机群尚未出窝，清晨对于我们来说，真是金子一样的时刻。

机要处长卫继烈匆匆走来说：“杜主任，中央来的电报。”

我接过一看，原来是要志愿军选派战斗英雄代表团参加国庆观礼的通知。

吃早饭时，我把通知报告了彭德怀，他看完电报说：“这是党中央对我们政治上的关心，你们政治部给各部队发个通知，要认真选派好。”过了一会，他又说：“我看，这次归国观礼代表团就由你当团长吧。”

我不由一愣，心里想：这么大的荣誉怎么好由我担当？忙推辞说：“彭总，这次是志愿军战斗英雄代表团，我怎么好当团长？”

彭德怀看了我一眼：“怎么不好当？荣誉又不是你一个人的，是我们志愿军全体同志的嘛！”

当时，邓华、解方同志在开城，洪学智同志到后勤部去了，韩先楚同志在“前指”，陈赓同志刚到，甘泗淇同志也是8月份才到总部的，最先入朝的领导同志中只有彭德怀和我在，所以彭德怀点了我的将。其他领导同志也觉得我带队回国合适，都同意他的意见。

彭德怀说：“就这么定了。你参加了五个战役的全过程，对朝鲜战场和战斗英雄代表的情况，你都了解。还有一个，就是我们总部其他几位负责同志都回过北京，只有你还没回去过，应该回去看看。”

我见他考虑得这样周到，心中非常感激。自从去年10月入朝后，由于战事紧张，政治工作一摊子的事又多，连副主任也没有，忙得一直没抽出时间回国。现在，真正坐在去北京的列车上了，心情自然十分激动。

不久，满载着祖国人民的心意，我又从北京回到志愿军总部。我先去见了彭德怀，向他作了汇报。谈到祖国人民欢迎的盛况，我深为不安地说："全志愿军的光荣都叫我一个人享受了。"彭德怀笑笑说："你是代表团团长嘛！你光荣，我们也光荣，全志愿军都光荣。"

## 定是彭总说了情

初春，乍暖还寒。小草以其顽强的生命力顶破冰冻的地壳，倔强地从山坡、田野探出头来。冰雪开始消融，大地透出生机，朝鲜西海岸洋溢着一片春的气息。

3 月 5 日，发生了一个举世震惊的大事件，斯大林元帅逝世。不幸的消息传来，给朝鲜战场的春天抹上了一笔悲凉的色彩。

政治部的同志很快在西海岸指挥部机关驻地的洞子里布置起一个很大的灵堂，松柏扎成的花圈，簇拥着斯大林元帅的巨幅遗像。后勤的女同志也连夜赶做了许多白花。

就在这时，北京来了电报，让我火速回国，接受一项新任务。是什么任务呢？电报上没说。到北京后，从接待我的王炳南那里，才知道是要我担任驻朝鲜的大使。

事情来得突然，我思想上毫无准备。这使我犹豫了好久。思之再三，觉得自己不是做外交官的材料，还是不去为好。

我先去中南海见了彭德怀，想请他出面帮忙。他见我来了，很是高兴，听我说不愿去朝鲜当大使，便问为什么。我对他说："我这个人你了解，脑子来得慢，不用说外交，内交都搞不好。见了熟人还可以，见了生人就没什么话说了。外交场合回答问题要快，而我遇事喜欢思考思考，一思考，时机就错过去了。再说，我抽烟喝酒都不会，又不会交际，应酬不了场面上的事。"

彭德怀见我说得恳切，就答应说："我同毛主席说说看吧。"

和彭德怀谈完前线情况，时间已近中午，我见他公务繁忙，即起身告辞，他却不让我走，说："吃了饭再走吧，正好多谈谈。"

的确，从去年回京参加“八一”体育运动大会那时算起，整整过去六个多月了，在朝鲜的同志们都想念他，我又何尝不想同这位老首长多谈谈呢，所以，我愉快地留了下来。

在招待所等了好几天，仍无消息，只好出去串门。串到李克农同志住处，他惊讶地问道：“怎么有空进京？”我便把来龙去脉告诉了他，并说可能毛主席太忙，等不上了，准备先回去再说。克农同志劝我说：“既然彭总报告了主席，主席不会忘记，我可以问问，你还是等一等。”记不清是第二天还是第三天，就接到李克农同志的亲笔信：“奉主席谕，请你在京多住几天，待命再决定行期，特此转告。”

过了不几天，彭德怀让秘书打来电话，说毛主席要见我。我不知彭德怀同毛主席说得怎样，怀着忐忑不安的心情到中南海去见毛主席。

进了丰泽园，穿过一座庭院，便是毛泽东的会客室。公务员送来一杯清茶。我等了一会，秘书便来招呼，说主席请我进去。我进去时，毛泽东正伏在宽大的写字台上批阅文件，见我进来，忙招呼：“杜平同志，坐吧！”

我向他敬礼后，在桌子一侧坐了下来。

他亲切地望着我说：“坐近点，坐近点。”

毛泽东首先询问了朝鲜西海岸抗登陆的备战工作。

我向他汇报了西海岸防御的准备情况后，毛泽东脸上露出满意的神色。他点着头说：“你们辛苦了”！他还说：我们有了准备，敌人就不敢来，即使来了，我们也不怕。艾森豪威尔现在是骑虎难下，欲打力不从心，欲和于心不甘。所以我们现在是一动不如一静。让现状拖下去，拖到美国愿意妥协并由他采取行动为止。

我静静地听着毛泽东的分析，估摸着板门店谈判有可能重开。这时，反而不好意思提自己不想当大使的事了。

我正犹豫着，毛泽东倒先开了口：“彭德怀同志对我说，你不想去朝鲜当大使？”

我急忙说，不是不想，而是怕当不好。接着又把向彭德怀说的理由对毛泽东重新说了一遍。主席听后，沉思一会，问我：“你今年多大年龄了？”

“45 岁。”我回答说。

“不大，不大，还可以学嘛！”毛泽东笑着说。

说实在的,我并非对工作挑肥拣瘦,而是出于对革命事业的考虑。有的同志半开玩笑地对我说:外交,外交,无非是喝酒跳舞,“无可奉告”。我却认为不这么简单。大使是一个国家的代表,干不好会直接损害国家的形象。

中朝两国是1949年10月间建立外交关系的。我国驻朝首任大使是倪志亮。1952年初,倪大使因病卸任回国,使馆的工作一直由甘野陶代办负责。甘代办在朝的工作是卓有成绩的,我觉得由他继任驻朝大使要比我合适得多。

我把这个意见同主席谈了。主席沉思片刻说:“好吧,既然这样,我给金首相写封信,你带给他。回朝鲜后,你仍到开城代表团工作。金首相什么时候有事要找你,你就随请随去。没事,就在开城工作,也很方便。怎么样?”

我一听,如释重负,高兴地说:“服从主席命令。”

## 开城道别

自1952年率志愿军战斗英雄代表团返回朝鲜不久,我就接受了新任务,参加停战谈判代表团的工作。

终于,1953年7月27日,板门店停战签字。

松岳堂签字后的第二天清晨,我叫上管理处长张志民,随我陪同彭德怀到了开城附近的紫霞山炮兵阵地,看望战士们。

彭德怀一下车,就被战士们围了起来,他们争着向他敬礼,问候。

彭德怀望着欢欣鼓舞的战士们,兴奋地说:“同志们,你们有功啊!把美帝国主义打痛了,打服了,使它不得不在停战协定上签了字。我代表党中央谢谢你们啦!”

战士们热烈地鼓掌。

“接到停战命令了吗?”彭德怀接着问。

“接到了,司令员同志!”战士们回答。

五次战役中间,我曾陪彭德怀去前沿部队视察,但从没见他这样兴奋过,平时那张威严的脸上挂满了微笑。他向战士们挥着手说:“同志们!你们要严格遵守命令中的各项规定,又要提高警惕。帝国主义不会太老实,绝不能有任何麻痹大意。”

接着，他关切地询问战士们能不能吃上热饭，喝上开水，有没有青菜吃，能不能经常洗澡，坑道里有没有防潮设备等。那样子，不像个将军在视察他的部队，倒像是父母和儿女们在一起谈心。

战士们向彭德怀谈了他们自己的战斗和生活情况，然后拿出用美国飞机的残骸精心制作的铝质“机骨筷子”，送给彭总作纪念。还送给毛泽东主席、刘少奇副主席、朱德总司令和周恩来总理几双，请彭总转交。彭总接过“机骨筷子”，仔细端详一番，还让我们都看一看。我见每双筷子上都刻着字，标明是送给谁的。彭德怀愉快地接受了战士们的这些珍贵礼物，答应一定给大家转送到。

看望过部队，便开始爬山。在阵地主峰上，彭德怀拿起望远镜向远方敌人阵地方向望去。这时，我和张志民正站在他旁边，同来的记者同志按动快门，留下了一个珍贵的纪念。这张照片，至今仍保存在我抗美援朝的影集里。

照完相，我们又随彭德怀到了前沿阵地。这儿已成了军事分界线，临时树起的木桩上用白布条拉了起来。望着这片被战火烧焦、浸透着烈士鲜血的土地，他默然无语，弯下腰，抓起一把还在散发着火药味的泥土，紧紧地握在手里。

彭德怀要继续到各部队去视察。我要陪他前去，他说：“有部队首长陪，你就在这里分手吧，开城还有任务在等着你们，祝你们胜利！”

我握着彭德怀的手，感到一股力量涌遍全身。我向他表示说：“彭总，你放心吧，我们会尽全力把停战后的工作做好。”

（杜　平）

## “时间是非常宝贵的，尤其是在打仗的时候”

1947年春，蒋介石在“全面进攻”我解放区的计划遭到破产以后，将兵力向我解放区的两翼收缩，准备对陕甘宁和山东解放区发动所谓“重点进攻”。2月，蒋介石先把西安绥靖公署主任胡宗南召到南京，接着又亲自飞到西安，策划进犯延安和陕甘宁解放区的军事部署。空军上百架美制战斗机、轰炸机、运输机随时待命起飞，地面调遣34个旅约250000兵马分南线、西线、北线配合，妄图一举攻占延安。

当时，人民解放军在陕甘宁边区的野战部队，只有第一纵队（辖358旅、独立第一旅）和教导旅、新编第四旅，兵力不足20000人，而且装备极差。而对10倍于我的凶恶敌人，党中央和毛泽东决定，暂时放弃延安，运用“蘑菇”战术，把蒋胡匪军拖在陕北，消灭在陕北，支援全国其他战场作战。

中国人民解放军副总司令彭德怀坚决贯彻执行党中央和毛泽东的战略决策。为了便于指挥作战，3月3日，彭德怀由枣园搬到了王家坪人民解放军总部驻地。

这之前，谁在中央军委一局担任副局长。内战爆发以后，为了给党中央领导同志整理作战情况，军委一局在枣园设立了一个临时作战室，我带几个参谋同志，在枣园工作了几个月。就在彭总搬到王家坪的那一天，我的临时作战室的几个同志，也奉令迁回王家坪。从此，我又在彭总直接领导下工作了。

第一次在彭总身边工作，是抗日战争时期。1937年8月，红军改编为八路军，准备开往抗日前线的时候，我从抗日军政大学被派到八路军总部当参谋，后任作战科长。从那时起，整整有六年时间，我一直跟随彭总，战斗在晋东南抗日前线。1943年春，正当抗日战争进入极为艰苦阶段，部队进行精简整编的时候，彭总让我回延安学习。想起6年来彭总对自己的言传身教，我多么不想离开这位慈祥的严师和可亲可敬的领导人啊！彭总说：“这是任务！延安生活环境稳定些，一方面学习，另一方面你身体不太好也可以恢复恢复嘛！”那时候，彭总的身体也很不好，他不考虑自己，倒关心起我来了。我是含着热泪，在太行山区的清漳河畔同彭总告别的。

后来，彭总也回到了延安，分手半年又重逢，我心里甭提有多高兴了。这一次，在蒋介石调集重兵准备向延安大举进犯的时刻，我又要在彭总的直接领导下工作，投入到解放大西北的征战中，心情真是万分激动。我把工作重心转移到抓紧收集整理有关西北的敌情资料，做好彭总的参谋。

沙家店一仗歼灭敌整编三十六师，迫敌全线溃退，彭总即指挥我军乘胜追击。

在这次追击战中，享有“飞毛腿”盛名的第二梯队，在王震同志率领下，绕无定河以西，先敌到达绥德以南。9月2日，在清涧城北的九里山、石嘴驿附近，给南逃之敌以迎头痛击；9月9日，又在清涧、永坪之间的曲思教，伏击了敌人的一个辎重运输队。经二纵队这两次打击，逃敌如惊弓之鸟，在延川以南离开公路，企图由清平川西窜延安。然而，彭总早已把我们的主力部队，调在敌前进方向的关庄、岔口一带埋伏起来。9月14日，敌5个半旅闯进了我军伏击圈内，遭我军沉重打击。经3日激战，毙伤俘敌4000多人。要不是连日大雨的耽误，连董钊、刘戡也很难逃出彭总撒下的罗网。

我军在岔口获胜以后，以锐不可当之势，直抵延安近郊。几天工夫，连克蟠龙、青化砭、永坪、姚店子、甘谷驿等敌人重要据点。随后，彭总命令部队在延安以东地区休整两天，野战军司令部也向甘谷驿以东20里的安家渠转移。

就在我们快到安家渠的头几天，我和彭总之间，闹了一点小误会。

那天吃罢早饭，根据预先规定的出发时间，直属部队已经集合完毕，等待出发。按照惯例，每次行军，彭总和警卫部队的同志，都走在直属部队的前头。可是这一次，出发的时间早已过了，彭总仍然站在他住的窑院里，沉静地思考着什么问题，一点要走的样子也没有。直属部队一个劲地催问我是怎么回事。可是我也不明白是咋回事呀！于是，我就走进院子催彭总。我说：“彭总，直属队都集合好大一阵子了，是不是该走啊？”可是，他仍然站在那里想他正想的问题，连理也没理我一下。我等了十几分钟，再一次催他走。谁知这一催，把他催火了。他很不耐烦地对我说：“等不住你们就先走嘛！”

在这种情况下，我只好留下必要的警卫人员，带上直属机关的队伍先走了。一路上我一直想：今天的事情有些奇怪，出发的时间是彭总自己定的，他一向都非常遵守时间，今天为什么却不按时间出发，还发脾气呢？

没想到第二天又在“出发时间”上出了问题。这一天和前一天的情况不同。彭总很早就催着吃早饭，他吃完饭，撂下碗就催着我们出发。我向他解释：“出发的时间还没有到，有的部队还没有吃完，是不是等一下？”

我的话音刚落，他就不高兴地说："机关是怎么搞的？拖拖拉拉，游击习气。"

"这不能怪机关，原定的出发时间还没有到嘛。"

"你就知道替机关辩护，维护游击习气。好，你们不走，我们走！"

他真的带着警卫分队的同志出发了。

这使我又担心又生气。当时，我们是在敌人鼻子底下行军，彭总的安全出了问题怎么办？想到这里，我赶忙抱起电话机子，通知各直属单位：按照原定路线，谁家先吃完饭就先走，不要等统一集合了。我连饭也没吃，就跟着机关部队上路了。

这天的事更使我想不开，彭总是怎么搞的，是不是有什么事故意跟我赌气？走在路上我对张文舟同志说："参谋长，以往直属队行军都是你带队，以后还是你来管吧！"我的警卫员知道我没吃饭，行军路上几次把干粮袋送到我面前，都叫我挡回去了。

9 月 18 日，我们野战军司令部到达安家渠。宿营以后，我一方面同以往一样进行我自己的工作，另一方面这两天发生的问题心情上还没有平静下来。晚饭我没有去吃，彭总端着碗走到我的房间，说："听说我批评了你，你没有吃饭。批评得不对，你可以提意见，但饭可不能不吃噢！"他见我没有回答，就故意用筷子挑起碗里的面条，逗趣地说："晚饭是鸡汤面，特别香。你再不吃，可就吃大亏了！"我生气地回答道："鸡汤面好吃，我不吃，让给你多吃一碗吧。"

我心上的这个疙瘩，直到安家渠的第二天早上，终于解开了。

大清早，我去给彭总送电报。跨进他的房门，看见他正使劲摇晃他那不知戴了多少年的手表，嘴里还喃喃地说："一阵快，一阵慢，一阵又躺下睡大觉，真是活见鬼！"我一下恍然大悟了：原来前两天彭总忽而到时不走，忽而又提前出发，除彭总有聚精会神思考问题不愿别人打扰他的习惯外，同他的那块旧表是有直接关系的。这时候，我心里怄的那股气，一下子完全消失了。而且更加佩服他那严于律己的精神。我趁着彭总埋怨他的手表时，走进他的身边说："彭总，以前我给你换马你不干，我看你这块老表也该淘汰了！如果打仗误了时间，问题可就大了。"

彭总把表又摇了摇，看了看，然后戴在手腕上，对我说："把你批评错了，我检讨。不过你今天要再想吃鸡汤面,可没有了。”他说着哈哈笑了,我也跟着笑了起来。

不久,为了制定西北野战军第二次攻打榆林的作战方案,彭德怀度过了10个紧张的白天和黑夜。当时,他就住在绥德清水沟那孔没有门窗的破窑里。

工作劳累,生活艰苦。从撤出延安就取消了小灶,彭德怀一直同大家同吃一锅饭。随着战争时间的延长,给养供应越来越困难了,不要说白面大米,有时就连普通的小米也难以保证了,他就和大家一样吃黑豆,吃山药蛋。彭德怀的身体一天不如一天了:面容消瘦、眼窝深陷、颧骨凸出,叫人看了心里实在难过。

马上又要行军打仗了。警卫员和医生几次劝彭德怀检查检查身体,他不是回答:“事情这么多,哪有什么工夫检查身体,真是乱弹琴!”就是说:“我没有病,检查什么!”医生和警卫员都来向我和参谋长“诉苦”,想求得我们的帮助,可我们对他又有什么办法呢!

部队已经进抵榆林城郊,野战军司令部驻扎在榆林城东南的韩家畔。一天,我到厕所去解手,发现茅坑里有脓血的粪便。我心里“咯噔”了一下:是有人得了痢疾,还是彭总的肠炎又犯了?我马上把彭总的警卫员找来,吩咐他注意观察一下。

就在这一天,彭总的警卫员急匆匆地跑来找我说:“王副参谋长,就是彭总病啦!他刚才的大便里有好多的血。我要去请医生,他说什么也不让。”警卫员急得向我哀求:“你想想办法吧,无论如何请医生给他看看呀。”

我一听真的是彭德怀患病,心里十分焦急,没等警卫员说完,便马上朝卫生所奔去。

不多时,我领上卫生所所长邹达同志,来到了彭总住房门口。我让邹达先在门外等一会,待我进去说服了彭总以后,他再进去检查。

彭德怀正在聚精会神地看电报。我没有马上打扰他,站在一旁等了好一阵子,他才发现了我。彭德怀问:“有什么事吗?”

我说:“你大便里带有大量的脓血,是不是得了痢疾,还是肠炎犯了?”说完,我把手向门口指了指,告诉彭总:“看,我已经把邹达找来了,赶快让他检查一下吧!”

彭德怀听罢笑了笑,不以为然地说:“我这是老毛病,你还不知道吗!不是痢疾,是慢性肠炎有些发作,多少年来都是这样,时好时坏,有什么大惊小怪的。”

我说:“老毛病经常犯,才更应该检查吃药治一治呀!”这时,邹达也进来相劝。我两个左说右劝,磨了半天嘴皮,彭总就是不让检查,也不吃药。最后,他把手一挥,说:“你们都不要浪费时间了。我的工作忙,你们也闲不着,时间是非常宝贵的,尤其是在打仗的时候。你们放心好了,我虽然不是医生,但我比你们有信心。我坚信全国没有解放,我还不到见马克思的时候。”

彭德怀说完这句话,又低下头,看桌上放着的电报、文件去了。我只好苦笑着,摇了摇头,和卫生所所长邹达一起,从他的窑洞里退了出来。

多少年过去了,在西北解放战场上与彭德怀朝夕相处、同甘共苦、生死相依的战斗岁月里发生的许许多多小事情,却意外地留在了记忆的深处无以忘怀。

(王政柱)

# 我和彭德怀交往十二年

## 走近彭德怀

彭总躯魁伟、面露微笑、深沉而坦然自若的神态,给读者留下了深刻的印象。

当时到朝鲜前线访问彭总、为彭总摄像的记者很多,为什么就选用了我所拍摄的这张照片?彭总十分严肃,难得一笑,为什么在紧张战斗的朝鲜前线却面露微笑？面对这张照片，根据我多次接触彭总的印象和回忆，使我想到当时这一微笑，乃是会心的微笑，是藐视敌人、胜利在望的微笑，是真理在手、具有自信的微笑。

由于1959年庐山会议错误批判彭德怀、特别是“文革”中“四人帮”对彭总的诬陷，《解放军画报》上那张彭总的活页照片，已经全部被销毁了。直到1992年春节期间找到了解放军图片社资料室的李贤光同志，经他耐心的帮助，才终于找到了这张亲切而熟悉的照片。

看到这张照片，当年解放战争从西北战场开始认识彭总、历次战斗中接触彭总、解放西安初期访问彭总、直到抗美援朝前线受到彭总的接见，以及庐山会议期间对彭总的所见所闻，都涌现在我的眼前。由于我还多年当过习仲勋的秘书，和彭总直接接触的机会就更多了，所以有些鲜为人知的事实，还是值得记叙的。

## 相见于青化砭战斗

1947年2月，战火已在陕甘宁边区周围全面展开。新华社领导人廖承志和范长江决定让我到西北野战军担任随军记者。

3月19日，胡宗南23万大军侵占延安。彭德怀临危受命，指挥西北野战军两万多人在青化砭设伏。这是条南北走向的大川，确实是打伏击的理想战场。3月24日，本应是敌人到达的预定时间，可是，我们整整等待了一天，也不见敌人踪迹。有的指战员怀疑情报的可靠性，或者以为被当地群众泄漏了消息，乃至产生不耐烦的情绪。彭总却坚信敌军一定会来，而且相信老区群众绝不会向敌人告密的，他认为敌人孤军深入，有所顾虑。他再三强调部队要耐心等待，严格隐蔽，注意保密，绝不能松懈斗志。第二天一早，我们再次爬上山头，只见彭、习等首长正在隐蔽在山头上的指挥所里用望远镜观察敌情。此刻，敌三十一旅正沿川底的公路浩浩荡荡地来了，我们看到走在头里的敌人连机关枪、小炮上裹着的枪衣、炮衣都没有卸掉。正当我们屏息观察的时候，突然间，山头上我军信号弹升起，伏击部队陡地跳出隐蔽地带，从东西两侧以排山倒海之势往下冲杀，在腾滚的硝烟中，吓蒙了的敌人已乱作一团，狼奔豕突，只经过一个多小时的战斗，敌三十一旅直属队及其九十二团两千九百多人全部被歼灭在这条十里长的川道里。旅长李纪云个子高大，慌乱中换了一套士兵军衣，很不相称地混在乱军之中，又加上他喜爱的狼狗始终跟随他的左右，所以很快被俘。

战争的序幕已经拉开，只我一个随军记者，显然已不适应客观要求。野战军政治部领导要我回后方请新华社总社设分社机构，携带拍发新闻的电台等设施，以加强对西北战场的报道；同时又委托我协助政治部敌军科长张光天带一个排的战士，押送李纪云和三十一旅尉级以上军官四十多人到后方基地。

行军路上，最使李纪云感动的是，我们每到一地宿营时，当地群众对我们燃放鞭炮，载歌载舞，送肉送蛋，亲切慰问。夜间，我和李纪云同睡一炕，在彻夜长谈中，他承认国民党的失败是必然的；同时，他又十分感慨地说："彭将军真是体贴我啊！这次出发，他把我这个败军之将作为战场起义人员看待了。现在我才明白他的善德。唉！跟他在战场上还是死对头呢！"后来听说，李纪云不久就参加了我军工作。

5月，当我重返部队时，西北野战军在彭总指挥下已经取得了羊马河、蟠龙的胜利。5月14日在安塞真武洞召开了有五万军民参加的祝捷大会，周恩来副主席代表中共中央到会祝贺。

## 忠实贯彻毛泽东军事思想

三战三捷后，敌军龟缩到延安地区。彭总报请毛主席同意，我军引师西向；进击马步芳、马鸿逵的陇东、三边，再围攻陕北战略重镇榆林，诱敌北上，力求在运动中聚歼胡宗南主力钟松的三十六师。

果不出所料，当我向榆林进发时，蒋介石、胡宗南即令榆林守军坚守待援，急调延安地区胡军八个旅分两路向绥德、葭（佳）县急进；另以钟松的三十六师组成援榆"快速兵团"，轻装日夜兼程，限期进抵榆林。

当时我军三五八旅七一五团，在榆林城南五里屯凌霄塔下的隐蔽出发地准备攻城。我夜间曾和任世鸿团长同上凌霄塔观察敌情，只见在城墙四周和城内高地燃烧起堆堆篝火，彻夜严密防守。一次任团长观察到兄弟部队攻占了东南高地，他要我和他一起率部趁势攻城。当我们猛冲到城南时，由于没有重武器掩护,终于被迫撤出战斗。彭总下令挖地道到城墙下埋设炸药进行爆破,虽炸蹋了几段城墙。也因无重火器配合未能登城。此时,北线东胜国民党军紧急南下,钟松的三十六师也已北上横山,逼近榆林,彭总鉴于攻城已不可能,即下令于 8 月 12 日撤离榆林。彭总却抓住钟松的"孤军冒进",迅速集中我军主力,在钟松必经的沙家店待敌。

8 月 20 日拂晓,我军分两部分别包围三十六师及其援军一二三旅。彭总当即发出歼敌动员令:"彻底消灭三十六师,是我西北战场由战略防御转入战略反攻的开始;是收复延安、解放大西北的开始!"全军振奋,斗志昂扬。钟松处于孤立无援的困境下,化装乘夜暗逃跑了。经过激战,20 日黄昏,我军已消灭三十六师师部及两个旅共六千多人,俘敌旅长刘子奇。

沙家店大捷,西北战场从此由被动转为主动,8 月 23 日彭总主持召开旅以上干部会。毛泽东、周恩来、任弼时亲临祝贺。毛泽东在会议上说:"沙家店这一仗确实打得好,对西北战局有决定意义。最困难时期已经过去了!"

接着又进行了清涧战役,活捉了师长廖昂。

廖昂是个反共老手,本是 1936 年 11 月红军西征中彭总的手下败将。10 月 10 日晚,彭总曾派员携带亲笔函进城对廖昂劝降,要他及时放下武器,可作战场起义将领予以对待,廖昂却想援军解救,拒绝投降。

廖昂被俘后,彭总曾找他谈话。他却一味埋怨胡宗南指挥不当。彭总说:"你们的失败,是人民反对你们,士兵厌战!"谈话后彭总留廖昂吃饭,警卫员端来一盆面条。廖昂却惊讶地说:"早就听说副总司令生活俭朴,万万想不到你就吃这样的饭,真是名不虚传!"彭总沉下脸说:"这样的饭还不好吗?老百姓还吃不上这样的饭!我彭德怀吃这样的饭已经是享受了。你们这些达官显贵看到这样的饭,觉得难以下咽,正说明国民党腐败透顶,注定要被人民打倒!"谈话后,廖昂不禁连声赞叹解放军,称颂彭总为英明的将领。

## 彭总智唱空城计

1949 年春季,我野战军正在黄龙山区进行整训,西北野战军正式改名为中国人民解放军第一野战军,新华社也正式成立了新华社一野前线分社,我受命担任前线分社副社长(社长由一野政治部宣传部长兼任)。此时,我前线分社开办了新闻训练班,培训新闻干部进城后如何开展工作。一天,应我们申请,彭总在一野司令部接见了我们。他背着手边踱边谈,诙谐地说:“你们这些知识分子哟,看那个《红楼梦》可不要老盯着宝玉、黛玉.悲悲切切、缠缠绵绵、卿卿我我;要多看看那个刘姥姥。这个土老婆子才有意思呢! 没进城想进城,一进城就花了眼,丢人、现丑、出洋相!”彭总一边说,一边还比划着刘姥姥又憨又俗又贪的样子,笑得开心极了。事后不久,彭总就到河北平山县西柏坡参加为进城作准备的中共第七届二中全会去了。我们才开始理解他这一席谈笑的深意。

在黄龙山区,不论我们自己还是敌人都知道,光靠一野现有实力,是无法解放西安的,只有等待华北十八、十九兵团解放临汾、太原,经过休整,西渡黄河编入一野以后,才有实力解放西安。

5 月中旬,一野发动陕中战役,相继解放高陵、三原两县,逼近咸阳,并强渡渭河,20 日我先头部队不费一枪一弹轻松地解放了西安。原来我支援解放太原后归建的两个旅渡黄河时,给胡宗南的探子发现了,胡宗南以为华北兵团过河了。他的 20 万大军就仓皇弃城西逃。彭总命令王震兵团司令员率三五九旅向西猛追,一直追到宝鸡。当时我军从潼关到宝鸡,八百里秦川仅有三万多人,战线拉长了,后方十分空虚,彭总命令王震三五九旅停止追击:胡宗南发现上当,立即掉头对我进行反扑。三五九旅且战且退,敌军已压至咸阳,西安城内枪炮声已清晰可闻。

就在这紧张时刻,一天傍晚,我突然接到通知:彭总紧急召见。我匆匆地赶到设在西大街建国公园内的一野总部,心里沉甸甸的,在这种情势下,怎样挡住潮水般淹来的敌人? 怎样保住西安? 彭总见我要谈什么? 有什么奇策呢?

我来到一幢老式而考究的平房里,一进门,看到张宗逊、闫揆要、甘泗淇、王政柱等首长早在等候。

“哦! 记者来啦!”随着一声招呼,彭总从里屋出来,边走边笑,轻松自如。他不谈正题,而是背着手踱来踱去,极有兴趣地讲起了《三国志》中的“空城计”。讲到得意处,就放慢速度,用那双浓眉下的大眼睛朝我诙谐地笑笑,带有几分幽默,几分诡谲。讲完了,又用奚落的口吻说:“马步芳的儿子马继援，是个花花公子。我们欢迎他进西安，西安有的是羊羔美酒，漂亮姑娘多得很！”我心里顿时轻松了许多。可《空城计》在彼时彼地能成功，一千多年以后的今天还有这种可能吗？

“大道如青天，欢迎他们进来么！”说罢，彭总便信步走了。

我一时纳闷，彭总不是要对记者发表重要谈话吗，怎么没头没脑地讲了一阵就这么走了？

“首长，彭总要给我谈什么？”我莫名其妙地问甘泗淇。

“就谈这个！”甘主任点了一下指头。

刚才我光听彭总说说笑笑，竟没有记下一字。经甘主任这么一点，才恍然大悟，定了定神，把刚才彭总轻松的说笑如实写好。新闻的主题是一野前线指挥员发表谈话，欢迎马继援进西安。语调保持了彭总的风格，谈笑风生，如有百万雄兵在手一般。新闻经彭总过目，就送西安人民广播电台连续广播；翌日晨，又在《群众日报》头版头条发表。

城外的枪炮声渐渐地稀疏了，隔天，西安全城沸腾，鞭炮连天，鼓声雷震。钟楼附近，人山人海，连树上都爬满了孩子。人们欣喜若狂，欢迎星夜赶到的华北兵团。看到荷枪实弹，雄赳赳、气昂昂开向咸阳的队伍，人心落定，喜上眉梢。接着传来咸阳大捷的消息，我军一举消灭了马继援的骑兵主力。

7 月下旬，又取得了扶郿战役大捷，消灭了胡宗南主力四个军四万三千多人，西北战场从此大局已定。

## 赴朝慰问访彭总

1951 年 2 月，中共中央西北局宣传部为了筹组中国人民赴朝慰问团，动员新闻记者参加。当时我新婚不久，妻子又怀孕在身，但在抗美援朝大义的激励下，我毅然报名参加。西北五省区各族各界代表 27 人组成慰问团西北分团，团长李敷仁、副团长亚马、曾震伍。西北分团出发前，西北局书记习仲勋找我谈话，对赴朝慰问应注意事项作了亲切的指示。还亲笔给彭总写了慰问致敬信，要我赴朝时面呈彭总。到天津集合后，总团廖承志团长从各分团抽调成员组成总团部，我被分配担任总团的宣传组组长。

“五一”前夕，慰问团抵达志愿军司令部成川驻地——一个废弃的大铜矿，洞内滴水很多，非常潮湿，地铺下垫着坑木，常有积水，可是包括彭总在内的志司的同志都长期生活战斗在这里。

五一节晚上，志愿军总部为慰问团举行欢迎晚会。会上，彭总和廖承志团长分别致词，在军乐声中献旗献礼；我给彭总面呈了习仲勋书记给他的慰问致敬信，彭总让我带回口信，对老战友习书记表示感谢。在朝鲜期间，慰问团团员和文艺工作者分别到各战区中国人民志愿军和朝鲜人民军各部队，以及朝鲜各工厂、农村进行慰问演出；工青妇各界分别举行各种座谈会。中朝人民满含热泪相互拥抱等激动人心的场面，至今仍历历在目。

5 月下旬，慰问团即将离开朝鲜，彭总应我的请求，进行了单独的访问，就在矿洞内一间简朴的指挥厅里，详细阐述了前四次战役的巨大胜利和第五次战役的战略部署。我迅速地作了笔记。访问毕，彭总又愉快地应我所请为他摄影。

人们心目中的彭总可能是威武、粗犷、严肃、少露笑容，特别是面对武装到牙齿的美帝国主义及其现代化装备，如何战而胜之，确实使彭总费尽心机。那次彭总谈的是第五次战役部署，这次谈话，也是打算利用公开的新闻报道，有意微露战机，声东击西，佯装在西线渡汉江南进姿态，实际我主力部队已东移，达到了围歼敌主力的目的。所以那次彭总的访谈录也是一篇绝妙的文章。遗憾的是当时我在天津所写的“中国人民志愿军司令员访问记”送到新华社总社后，编辑认为：文章虽未提名彭德怀，但从谈话的气魄、风度、口气、特点，也会被敌人猜到是彭总。唯恐泄密，未被采用。

当彭总在百忙中和我畅谈第五次战役部署时，当我们共同回忆起西安之战彭总笑谈“空城计”的往事时，我们又都忍不住会心地笑了。那笑容，从那张照片上深刻地留在了人们的记忆里。

## 不知庐山真面目

1959 年 6 月间，我正随习仲勋副总理等一行在河南、陕西调查有关大跃进、人民公社、公共食堂等存在的问题。6 月 27 日晚，陕西省委给习仲勋转来一份急电，要求习仲勋赶快返回北京转去庐山开会。当我们回到北京，国务院秘书厅从人民群众来信来访反映的情况中,提出了不少意见:认为从生产关系适应生产力性质的规律看,现在办人民公社的条件根本不成熟,发展太急太猛;吃饭不要钱不符合按劳分配原则;"全民炼钢"的口号不对,"小土群"可以不搞,1070万吨钢的指标可以不提,这是领导上主观主义的规定;要算政治账,也应算经济账,全民大炼钢铁赔的钱可以买好多钢;经济效果不好,政治也会影响不好;"五个并举"成了"百废俱兴";"两条腿走路"成了"多条腿走路"。这些观点正好和我们豫陕调查所得观点基本一致。因此就让秘书厅的同志整理了一份材料,由习仲勋带上了庐山。

6月30日,我随同习仲勋从九江乘车登上庐山。上到半山,在一个转弯的开阔处,前边的汽车戛然一停,下车的正是彭总。习仲勋也跟着下了车,这两位老战友又相聚了,他们瞭望江汉平原一片鱼米之乡,共发感慨。由于1958年秋季那次西北考察,彭、习虽未同行,但一前一后所到之处大体相同,所持观点基本一致。这次虽是中途相见,自然都有共同语言。此情此景,使我不禁想起当年陕北战场青化砭山头上,习仲勋把我亲切地介绍给彭总,彭总热情地表示欢迎后,他俩又忙着观察敌情、指挥战斗。那劲头和今天多相似呵,我心里倍觉亲切。

上得山来,按分配各住各处,夜晚观看毛泽东所点的赣剧《思凡》、《惊梦》、《悟空借扇》,与会人员看得皆大欢喜。

7月2日上午举行政治局常委会后,传达毛泽东所说的:"现在天下太平,四方无事,这次请大家上庐山来开个神仙会,半天开会,半天游山玩水,白天开会,晚上看戏……"还传达了毛泽东早有准备的,包括读书、形势、任务、宣传、综合平衡、体制、协作关系、公共食堂、学会过日子、三定政策、恢复农村初级市场、团结等19个问题;以及他所概括的"成绩很大,问题不少,前途光明"的基本估计,更使大家思想落实、心情舒畅。会议开始,按大区分组讨论那19个问题。彭总和习仲勋同在西北小组。我们当秘书的轮流担任小组会的记录。会议开得轻松活泼,问题讨论得广泛深入,并从不同的角度总结了大跃进等的经验教训。中央领导人包括刘少奇、周恩来、朱德等都在各小组会上发了言。彭总在西北小组会也讲了几次。他从毛泽东号召讲真话、学习海瑞精神受到鼓舞,坦率地说:"反右以来,政治上、经济上取得了一连串胜利,党的威信高了,但是脑子也发热了一点。吃饭不要钱那么大的事，没有经过试验，忽视了‘工作方法60条’中一切经过试验的原则。”他还认为人民公社办早了些，农业产量有浮夸成分，全民办工业值得怀疑，大炼钢铁出了不少问题。他指出：“对待错误要总结经验教训，不要追究责任，责任人人都有，包括毛泽东在内，我也有一份，至少当时没有反对。他强调要发扬党内民主，要让人敢于讲话，要实行党委集体领导，不能由个人决定。不搞集体领导，只由个人决定，不建立集体威信，只建立个人威信是很不正常的，是危险的。”

这些话当时在我们看来也都是正常的，远比平时随便议论温和得多。习仲勋带来的国务院秘书厅所写的材料，经报送周总理转报毛泽东后不久便印发了庐山会议简报。当我把这个消息通过长途电话告诉了国务院秘书厅的同志后，大家很受鼓舞。的确，当时会内外都认为这次庐山会议可以认真彻底地纠正“左”的错误了。

这样美好的日子大约过了十七八天。会议原定召开半个月，但还没有要闭幕的样子。一天早饭后我去看望顾明（当时任周恩来的秘书）。他沉重地告诉我，说昨晚上总理讲：“现在庐山正处在山雨欲来风满楼之时，那么多中央委员竟身在庐山不知庐山真面目，还在那里游山玩水！”我把这个消息向习仲勋透露后，他也开始感觉到某些不正常的气氛，从而倍加小心了。

原来彭总因鉴于会议将要结束，对于如何用综合平衡来解决国民经济比例失调问题，还没有提出根本措施，他心中十分忧虑。他想如果由主席再强调一下，问题就比较容易解决。但7月13日他往访毛泽东时，因毛刚刚睡下而未能晤谈，于是改为写信，不料毛泽东收到彭总信后十分震怒。当然，这时仅在政治局常委中表露，大多数人还蒙在鼓里。会议按各大区混合编组进行讨论，从会议的简报中陆续看到彭总意见书中提到的“得不偿失”、“小资产阶级狂热性”等刺激人的话。但有的同志认为这些话虽则重了些，但整个意见还是积极的。以后又传闻毛泽东要大家好好读读战国楚宋玉所作的《风赋》，好像当前的形势已经从“青萍之末”刮到了“土襄之口”。总之，整个空气已显现紧张，再也没有人去游山玩水了。特别是7月21日张闻天的长篇发言，他以鲜明的态度，极言直谏，完全支持彭德怀的意见，甚至提到了“刮共产风恐怕也是小资产阶级的狂热性”这样尖锐而敏感的话，这就更加激怒了毛泽东。毛于7月23日针锋相对地加以驳斥，甚至提出了“人不犯我，我不犯人，人若犯我，我必犯人，人先犯我，我后犯人”那样一类过去针对国民党反动派敌对性的话语。从此，过去支持彭总意见的人，也人人噤若寒蝉了。7月26日毛泽东批发了对李云仲信（这是一封很有见解和代表性的信）的批示，认为现在已经出现了党内党外右倾活动有组织的猖狂进攻之势。这一来，庐山形势急转直下，会议的讨论又转入了一个新阶段：人人表态和彭德怀、张闻天等划清界限。

这时，习仲勋曾要我帮助他起草一篇批判彭德怀的发言稿。但是，不仅我根本无从着笔，习仲勋也没有任何根据来批彭，因为好多观点他们本来都是基本一致的。最后习说：“算了，我随便讲几句吧！”

8月2日宣布正式召开中央全会。印发了毛泽东给张闻天一封极尽嬉笑怒骂、讽刺挖苦的信，还写了一篇关于枚乘“七发”的文章，介绍那位文学侍臣以骚赋名篇为楚太子治病的方法为张闻天“治病”。林彪、康生等人就乘机上纲上线。林彪把彭德怀定为野心家、阴谋家、伪君子；康生把彭德怀、张闻天比作布哈林，说他们企图改换中央委员会、想改换主席。会议的高温升到了大爆炸的程度。经过几次紧张的集中批判，定下了彭、黄（克诚）、张（闻天）、周（小舟）等军事俱乐部成员的种种罪行。8月13日下午彭德怀在全体大会上作了违心的检讨，但他最后仍明确表示：“竭诚拥护党中央，拥护毛泽东同志，拥护党的总路线，永远做党的驯服工具！”8月14日的大会由黄克诚作了检讨，至此，彭、黄、张、周被定为反党集团，受到全国公开的批判。8月16日党的八届八中全会在通过了全会公报和两个决议后，总算“圆满闭幕”！

从此，把原定以反“左”作为庐山会议的主调，推向了它们反面——“全党坚决反对右倾机会主义的进攻”，一场铺天盖地的“反右倾”斗争席卷祖国大地。从此，越反越“左”一步一步地终于导致了那场历时10年灾难性的“文化大革命”。

8月17日，全体与会人员下山到九江飞机场，以15分钟为一次航班飞返北京。不料，天有不测风云，在微山湖西侧高空，一场暴风雨迎面袭米，全部飞机中途临时改降济南机场。中午在济南一个宾馆里就餐，整个食堂桌桌满座，唯独彭总孤零零的二人一桌吃饭，没有一人和他同桌共餐。上山下山，此一时，彼一时，有如隔世。从此，1952年3月《解放军画报》上那张彭总的照片就完全消失了。

令人欣慰的是:1981年6月,党的十一届六中全会通过的《关于建国以来党的若干历史问题的决议》对彭德怀的冤案也进行了平反昭雪,恢复了彭总在全党全军中的崇高地位。威而不猛的彭大将军永远在微笑!刚正不阿的彭总永远活在人们的心中!

# 同舟共济　患难与共

彭德怀是我的老领导、老首长。平江起义不久,他亲自给我一支枪,我便由地方干部参加了红军。

## "你这个小鬼,好大的胆子哟"

1929年10月,红五军政委滕代远主持召开士兵委员会的代表会议。会上我被选为红五军士兵委员会的副委员长。彭德怀、黄公略、滕代远、邓萍等领导同志,虽然耐心地对我讲了士兵委员会的发展过程以及在军队中的作用,但我当时认为,那是旧军队,是过去的事情了。而今天,时代不同了,我们是红军,是人民的军队,已设立了政治机关,士兵委员会似乎没多大作用了。因此,在一次讨论士兵委员会的工作时,我站起来说:"我认为我们的部队,已经编为中国工农红军,各大单位都有政治机关,并且有了各级党、团组织,又有各级首长负责制,有没有士兵委员会关系不大。因此,我在工作中就不那么认真,对士兵委员会的工作有些忽略。我认为可以取消军士兵委员会,要设只设到大队一级就可以了……"

彭德怀军长腾地从座位上站起来,打断我的话,走到我面前,指着我说:"你这个小鬼,好大的胆子哟!你怎么敢把全军士兵的利益抛到脑壳后不管呢!你这种思想必须纠正!"

我听到这种指责，不禁有点反感，干脆把话全倒出来了，说："我觉得，士兵委员会没什么事可干的，多做少做关系不大，部队已经正规化了，思想政治工作有党委，有政治机关……"

"你怎么能这样认为呢?"他又一次打断我的话，气急地说，"你想没想过，我们连和大队建立党的组织，建军扩军，连续打仗，不断取得胜利，有哪点儿能够离开我们的广大士兵，怎么能脱离他们呢？搞革命，为穷人打天下，心里想不到他们，想不到士兵的权利，这个革命还怎么个搞法？脱离了广大士兵群众，鬼晓得这个革命是么子个下场！"

一席话又点中了我思想上的要害，我愕然了，怔怔地望着他那气得红红的脸颊，心里不住地打起鼓来，两只腿也有些抖战了。

彭德怀看我忐忑不安的样子，亲热地拉我坐在他旁边的椅子上，缓和了一下口气，解释说："平凯，你认真地想一想，在我们士兵委员会建立的初期，它的宗旨和纲领是些么子内容，看一看它是不是都考虑到了广大士兵的基本权利，红军少，白军多，为什么我们能打胜仗？然后，你再认真地想一想，我们的队伍为什么越来越大，越战越强？我们为什么要提出这样的宗旨和纲领?"

我打开他在起义前起草的《革命士兵委员会纲领草案》的本子，上面写着：

> 总则：拥护孙中山先生的联俄、联共、扶助农工三大政策……
>
> 纲领和任务：一、宣传民主，争取士兵有基本人权；二、争取官兵平等，禁止官长打骂士兵，取消体罚，士兵对官长有建议和监督权；三、争取经济公开(军费开支和伙食账目公开)；四、士兵有权参与各种重要的规章制度的建立和修正，有提出意见修改的权利；五、士兵对违法乱纪人员(包括当官的在内)，有建议批评处理的责任和权利；六、严格遵守群众纪律，不准侵犯人民群众的利益，不允许破坏三大纪律、六项注意(后改为八项注意)。

我仔细地看了一遍，反复琢磨，心中暗想：难怪他狠狠地批评我，原来，他是完全站在广大士兵群众的一边来看问题、想事情的呀！正如他所说的：

搞革命,不充分想到战士们的切身利益,这个革命还怎么个搞法?鬼才晓得!我明白了,在敌强我弱的情况下,我们红五军在他的率领下,勇敢顽强,接连打胜仗,奥妙就在这里。他时刻想着广大士兵的利益,并且把自己看作是他们当中的普通一员,以身作则,尊干爱兵,实行政治平等、经济公开和军事公开。所谓经济公开,就是军队里的开支、伙食账目都要每月公布,从而得到广大士兵的信赖和拥护。联想起我们第二次攻下万载县,第一次给红军战士发薪的情景,全军干部、战士一律平等,每人领到了两元多一点的薪水。彭德怀和军部几位首长和士兵们一样,没多领一文钱。发薪是由士兵委员会推选代表监督按规定发放的,多余的存在供给处作战费开支。士兵们高高兴兴地置买冬装、鞋袜、手套等。全军上下,团结一致,群情振奋,把1927年2月从井冈山突围后的恶劣形势逐步扭转过来了,全军个个欢欣鼓舞。

想到这里,我眼睛湿润了:“军长……”我激动地说不下去了。

彭德怀一下子把我的手握紧了,他严肃的脸绽开了笑容,向我投来期望的目光。我激动得一时无语,暗暗地下定决心:彭军长,请你放心,我保证把工作做好,一定尽职尽责。

## “知错必改,这才像个士兵委员会负责人的样子”

一次,部队在永新城进行短期休整训练。那时我在吴溉之同志领导的三纵队任士兵委员会委员长。我同甘渭汉、邱畅成、胡政国、曹振辉等同志一起被调到军事训练队学习。我非常高兴,心想:训练队离军部不远,可有机会同军部首长见面了。

以前,部队长期行军打仗,现在突然改变了跑路打仗的紧张生活,每天不是操练就是上课,没仗可打,总有点坐卧不宁,吃饭也不香甜,纷纷闹着要上前方打仗去。我和大家的想法一样,心也安定不下来。一天,我把战士们的思想情绪反映给军党代表滕代远同志。当时彭德怀不在,可下午他得知此事后,便把我找到军事训练队的办公室,向我了解情况。

他发现我也有只想打仗的思想情绪时,狠狠地把我剋了一顿。指出我这个士兵委员会的负责人思想有问题。他严肃地一句一句地对我说:“仗是要打的！可我们现在坐下来不是休息，而是练打仗的本领，正是为了下一步打更大的仗，打有把握的胜利仗！磨刀不误砍柴工嘛！不训练不学习怎么能打好仗呢？”

我仔细地琢磨着他的话语，觉得话虽然不多，但句句都说在理上，深入浅出，顿时打通了我的思想，于是，我赶忙向他保证：“请首长放心吧！我一定安下心来，不仅扫清自己的糊涂认识，也要帮助同志解决思想问题，踊跃参加训练队的军政训练，练就过硬本领！”

彭德怀满意地点了点头，说：“我看你年纪小，就不深批评你了。知错必改，这才像个士兵委员会负责人的样子。”

我回到连队，利用士兵委员会的组织关系，向兄弟大队士兵委员会的干部宣传了部队休整的重要性。通过党支部和士兵委员会的积极动员，战士们端正了态度，认识到了打仗与休整的相互关系。从此，讲怪话的人少了，练兵的情绪高涨起来，绝大部分人都参加军事学习和训练。

## “你倒好，做官把印丢了”

1931年7月初，第三次反“围剿”开始。蒋介石亲自带领30万人马，气势汹汹地进攻中央苏区。当时，红军采取声东击西的游击战和运动战，经常日夜行军100多里，神出鬼没地消灭敌人的有生力量。因为炮兵抬着笨重的大炮，跟着步兵翻山越岭很不方便，上级决定把炮埋起来。当时炮兵团驻在兴国的官田，有许多人是刚从步兵充实进来的，思想还不稳定。因此决定由党员干部和战士黑夜秘密埋炮。我指定连排干部分别负责，带领党员战士黑夜埋炮。大家摸黑把炮拆了，抬到官田河滩上，一件件地埋在沙子里。第三次反“围剿”结束后，我们炮兵又回到兴国的官田。彭德怀指示把埋藏的山炮挖出来。我和武亭团长带领全团官兵，每人带把锄头或铁锹，到官田河边去挖炮。可是，挖了五六天，有几件连影子也没有看见。原来，炮埋在河滩已有两三个月，上游涨水冲下来的泥沙在河滩上淤积起来，炮埋得更深，河床也起了变化；加上炮是摸黑埋的，方向位置都已记不准确，自然不易找到。一个劲地挖了10多天，把方圆200米的河滩，普遍挖了三、四尺深，四门山炮的机件基本上找到了，只有一门山炮的中架没有找到。我继续带领同志们找了三天三夜,仍没有找到,急得我差不多两天没吃饭。因为在当时炮是非常宝贵的,每个指战员爱炮就像爱护自己的眼睛似的,而彭德怀更加爱炮。如果找不到炮的中架,那门炮就作废了,我受处罚事小,彭德怀不安宁、部队受损失事大。最后无奈,我只好带着失望的心情向他作了汇报。彭德怀听后,十分严肃地批评我。

"小同志哟!你炮团政委是干么子的?是管好炮,带领战士打仗的!你倒好,做官把印丢了,真是……"

他的话语虽然不多,但尖锐深刻,句句刺痛我的心扉。我自从参加红军,当战士,当分队长和连党代表、纵队士兵委员会委员长、军士兵委员会副委员长,工作一直走在前头,从没有发生过像丢炮架子这样丢人的事,我恨自己麻痹,惭愧地流出了泪水。

他见我哭了,走上前来,抚着我的肩头,笑着说:"哟,哭鼻子了,你是炮团政委呀!这还行,回去细细地找,一定要把炮架找到,以后要接受教训哟!"

"军团长,我错了……"

"别检讨了,回去吧!"

我行过军礼,转身要走,彭德怀又把我叫住了。我疑问地:"首长,还有事?"

他爱抚地:"你把眼泪擦干了再走,要像个政委的样子嘛!"

我擦干了泪水,羞涩地离开了彭德怀。

炮架子虽然找到了,但军团政治部主任袁国平同志对我产生怀疑。他对彭德怀说,张平凯年龄小,五官端正,白白净净,有点文化,能说会道,不像贫家子弟。袁国平主任的一番话,引起了彭德怀的深思:张平凯同志亲自带领党员同志埋的炮,为什么偏偏丢了炮架子?为什么起义军一到龙门,他就主动要求参加队伍?当时炮兵团的地位很重要,派去的干部差不多都是入党早的党员,是十分可靠的。为了使炮兵团不发生问题,彭德怀同意了袁国平同志的意见,决定审查我的家庭历史情况。这个审查是保密性的,他们通过中央发报,通过湘鄂赣省委、平江县委派人到我的家乡龙门,了解我的家庭情况和个人身世。没过半月,地方党委即把调查我的情况电报中央三军团政治部。彭德怀放心地对袁主任说:"我早就说过这个小鬼没问题嘛!"经过调查,彭德怀和三军团的领导对我的家庭、个人身世了解得更清楚了。半年后,一次偶然的相会,彭德怀跟我开玩笑地说:“你要是有问题,我早就撤你的职了!”

## “你怎么能剥夺我过党小组生活的权利呢”

1930年8月,一、三军团在永和市会合了。当时我除了担任山炮连的党代表、炮兵营代理政委外,还兼任了军团直属群众工作团团长。并在党内兼任军团直属队党总支书记。这个担子我是从军团司令部副秘书长刘璇锷那儿接过来的。刘璇锷同志兼管副官处的日常工作,事务十分繁忙,肩上的担子太重,故把总支书记推给我,他担任副书记。

身负其职方知责任重。一上任,我才知道这个党总支书记实在不好当哪!许多机关干部中的大小问题都需要我去办。论年龄,我才18岁,而管的范围很广。警卫营、特务营、炮兵营、补充团、通讯部队(有线电话的四个排、无线电台的三个中队、骑兵通讯排等——后来通讯部队交杨光池同志负责)。这些直属单位都是新建立起来的,又没有军团直属政治处,压力实在不小哇!

彭德怀身为军团之首,工作那么忙,事情那么多,却仍然挤出时间来具体指导我们的工作。根据他的建议,直属队成立了一个中心党小组(他要以这个中心小组的经验推动整个直属队的党的工作)。彭德怀亲自到这个党小组过组织生活。全组共有七人,数他年龄最大(时年32岁)。他既是我们的大哥,又是我们的首长,还是军团党委书记。其余的人都是些20上下的青年。我们这些人,阅历很浅,文化很低,对党的基本知识知道得很少,因而党的建设的任务愈显得繁重。对此,彭军团长非常着急,多次指示要我们认真抓好党的教育工作:培训好新党员,提高党员的政治思想水平。

有几次小组生活会,都是刘璇锷副秘书长或我亲自通知和召集的。因为我们小组的同志都不在一起工作和生活,大家分布在打长沙后新建的各个单位里,再加上干部流动性大,互相之间了解不多,批评和自我批评开展不起来。每当遇到这种情况时,彭德怀总是以一名普通党员的身份,带头参加党小组生活会,带头作自我批评,并引导大家给他提意见。有一次,在党小组生活会上，他首先站起来发言："你们都在军团机关各部门工作，和我相处的时间较长些，知道我彭德怀爱骂人，下面干部怕见我，有的把我当作了国民党军阀大官僚，这种情况，完全是由于我平时接触下层，态度过于严肃所造成的，我要争取改过来，希望大家多批评帮助。"经他这一带头，小组生活会立即活跃起来了。大家争先恐后地发言，检查自己，虽然检查的都是些小缺点，但一个个态度都非常认真。这个小组会，开了两个来小时，他赞扬大伙的自我批评精神好。大家都说，这样的小组生活会真解渴，同志们既辨明了是非，受到了教育，又互通了情报，沟通了思想。

第六天，我们的队伍东进，开到了袁州休息。这时，前线传来了捷报，第一军团的先头部队已经开始攻打吉安。我们三军团的第五军担任吉安东北新喻、清江方面侧翼的警戒，阻止南昌敌人增援。在袁州休息四天后又前进了，三军团前卫部队也已进至新喻、峡江、清江府，百里战场拉开了序幕。

这时，彭德怀的工作更加紧张了。他担任第一方面军副总司令和红三军团前委书记的职务，部队天天在行军打仗，他日理万机，调动着大兵团的战斗行动，还要指导一部分直属队伍的休整，工作实在忙碌，有时连饭也顾不上吃，觉也顾不得睡。我望着他那明显消瘦的身体，很为他的健康担心。在这种情况下，我们仍坚持按时召开党小组会。有一次开会，大家考虑到他工作非常紧张，就没有通知他参加。不料，总支委员和支部委员刚刚交换过情况，党小组会尚未开始，突然，彭德怀推门进来了，他当即严肃地问我："张平凯同志，你为什么把我忘掉了呢？你怎么能剥夺我过党小组生活的权利呢？你这是失职哟！"

我一时不知说啥是好，喃喃地解释说："您工作太忙，我实在不忍心打扰您……"

"你这是什么话呀！"他瞪着眼睛认真地说，"不错，我是忙，可是，谁不忙？你怎么能允许一个党员脱离自己的组织生活呢？入党誓词和党章上都规定'党员要过党的组织生活'，并没有说忙了可以不参加呀！"

我小声申辩说："你是我们的军团首长，前委书记，你肩上的担子太重啊！"

"照你这么说，我可以特殊啰！是不是？"他目不转睛地看着我，深沉地说："不错，带兵打仗，我是你的指挥员，是你的上级首长。可是，在党小组里，我是小组的一个成员，一个普普通通的党员嘛，我应该听从你的调动，而不应有一丝一毫的特殊，这是我们党的组织原则呀！”他的话，敲动了我的心弦，深深地教育了我，我不禁低下了头，不再言语。过了好大一会儿，才抬起头来，激动地望着他，心里开始翻腾起来……

会议开始了。我说：“今天，咱们把生活检讨会挪后，先学习党的基础知识。”我拿出前委发的一份文件，要读给大家听。这时，彭德怀突然向我举了举手说：“组长，我提个意见行吗？”

我说：“欢迎。”

“我建议，”他说，“在学习之前，先来个‘车轮考试’好不好？”

什么叫“车轮考试”？大家都在脑子里打转转。

彭德怀说：“就是在座的每个人都要背诵一句‘入党誓词’，依次背下去。背完之后，每个同志再作讲解，讲自己背的或是别人背的都可以，这样，看大家的理解程度如何？怎么认识的，就怎么解释，讲完之后，如谁认为哪个同志讲得不够或者不对，谁都可以补充或纠正。这样，可以促使我们加深对‘入党誓词’的理解。”

听了这个建议，大家都一致赞成，我觉得这种学习方法很有趣，于是就按照到会同志的名单随便排好了次序。参加会议的六名党员（另有一个因公请假外出），我宣布先从名单末一位开始，彭德怀排在第四。

“车轮考试”开始了。

第一个是总支干事徐坚同志背诵：“我志愿加入中国共产党，坚决拥护党的政治纲领。”

第二个是原副秘书长刘璇锷同志背诵：“履行党的义务，执行党的决议。”

第三个是警卫营长赵元礼同志背诵：“遵守党的纪律，保守党的秘密（应是严守党的机密），缴纳党费。”

第四个轮到彭军团长，他咳嗽了一下，清了清嗓子，然后声音洪亮地背诵道：“对党忠诚、坦白，服从组织分配。”

第五个轮到了我，我接着背诵道：“积极工作，为共产主义奋斗！”（丢了“终身”二字）

第六个是前委秘书长谢汉文背诵：“随时为党为人民牺牲一切，永不叛党。”

六个人全部背诵完了，经我对照原文，除我和徐、赵三人是基本上对，但有遗漏外，其他人都背对了。彭德怀满意地点点头说：“很好，进行第二轮，分头讲解。这个讲解嘛，不必全讲解自己背诵的那一段，可以随意讲，第一个人讲第二句，第二个人讲第三句 。像我嘛，刚才背的第四句，也可以讲解第五句，也就是说讲解‘积极工作，为共产主义奋斗终生’也行。组长，现在就开始讲解好吗？”

我连说：“好，好。”

这个“车轮式”考试，成了一堂生动活泼的党课，人人当讲师，共同受教育。大家的思想异常活跃，彼此提醒，互相补充，气氛非常融洽、热烈，人们完全忘记了在我们中间还有军团的最高首长。

## “这是军团长写的，要我们只许成功”

第三次反“围剿”开始后，我们炮兵团归三军团指挥，随军团部行动。

7 月 24 日，敌人从东、西、北三面拉大网似的向我军驻地步步逼近，各方面军投入的兵力都在四个师以上，企图孤注一掷，全歼苏区红军。当时我们的炮兵团处于受敌东西夹击之中，情况异常危急。据侦察到的情报，我们的西面敌人进到于都、浪泉，离于都县城只有 15 华里；东面距敌人也只有 30 里路；北面的敌人虽然还在 50 里以外，中间有大山相隔，但他们正在迅速朝我方向运动……用不了两三个小时，战斗即将打响。

不巧，在战事紧张的时候，我患了重感冒，发烧达 39 度以上，就连骑马也困难了，只好躺在担架上随部队行动。为了给团里减少负担，我想出了一个主意，由团长武亭同志、副团长夏中兴同志率领队伍跟随军团部前进，我带两个警卫员、一个卫生员和文书，暂时离开部队，换上便衣就地隐蔽。我把这个临时决定除告诉炮团的两个领导外，还写了一封信，派人送给彭军团长和邓萍参谋长。与此同时，我和随我留下的人已化装完毕，进入村子。在当地党员和群众的协助下，将我们隐蔽到老百姓的红薯窖里。

部队离开村子一小时后，从村西五里之外传来了密集的枪声。村里的人都跑到山上隐蔽去了，只留下我们五个人和四个可靠的民兵，再就是有病的六个老人。一位党支部委员跟我商量,只留下一个卫生员跟在我身边,其他人跟群众上山隐蔽。我同意了他的意见,认为人越少越安全。

党支部委员走了以后,枪炮声越来越近。不一会儿,村里传来了呼叫声和脚步声。我坐在红薯窖里屏住呼吸,静听外面的动静。突然,窑洞被人掀开了。我心里一惊,不好!可能是敌人,还没等掏出枪,就跟进三个人来,个个汗流满面,身上全带着短枪,还有手榴弹。一位20多岁的青年用手一指,另两位壮小伙子一句话也没说,迅速将我扶出窖外,放在担架上。接着又来了几个人,迅速抬起担架,飞快地离开了村子,向东北方向急步前进。我虽然烧得昏迷不清,但心里明白,看得出这些人是自己人。但谁派他们来抬我的,抬到何处去?却一点也不知道。

枪炮声渐渐远了,我们脱离了敌人的包围圈。离开村子五里,过了一道小河,便在一座山坡的树丛旁停下了。一位20挂零的青年人,边擦着汗水边笑吟吟地看着我说:"嘿嘿,我们终于完成了任务。"

我神志开始清醒了,不解地看着身边这些陌生人,问道:"这是怎么回事?"

青年人神秘地说:"我们在执行一项艰巨的任务。"

我问:"什么任务?"

他们没有说什么,从衣兜里掏出了一张小小的纸条,递给我说:"这是军团长写的,要我们只许成功,不许失败。"

我看看纸条,上面写着:

> ××团后卫营,今有方参谋率一个班,护送一个病号……望保护转移。
>
> 彭德怀

我看着这张小纸条,心里激动得说不出话来,眼睛顿时模糊起来。

原来这个青年就是方参谋。

方参谋说:"你不晓得彭军团长、邓参谋长看到了你的信后有多么着急啊!他俩说:'你这样决定是冒险呀!'这次蒋介石发动第三次'围剿'把老本都搭上了,所到之处都烧得光光的。于都城郊的群众基础不大巩固,你又不是本地人，十有八九是隐蔽不住的。”说到这儿，手使劲一劈，做了个不容置疑的动作，“彭军团长和邓参谋长在一分钟之内就作出了一定要把你抢救出来的紧急决定。一是派一个参谋，一个警卫班，务必在一点钟内，把你救出，转移到北山岭川下。二是马上派一副担架四个民伕（长期雇用的）抬着你，跟着直属队后卫行动。这不，我们就奉命跑来了，现在好了，我们胜利完成任务了。”方参谋长嘘了一口气，如释重负地说。

我恍然明白了。彭军团长在敌情异常复杂、形势特别紧张的严重关头，仍在惦记着每一个干部的生命安危，这真是同舟共济、患难与共呀！这是多么诚挚的革命感情啊！我不由得泪水夺眶而出。

## “回三军团吧”

长征到达遵义后，一天上午，我和干部团的几位同志去筹款和筹办粮菜物资，在遵义街上，偶然遇到了前往乌江江岸指挥作战的彭军团长，他绽开笑容，迈着有力的步子英武地走着，后面还有几个参谋、警卫跟着他。我叫了一声彭军团长，立即跑到了他的身边。

“噢，张平凯！”彭德怀握住我的手。

“首长，这么匆忙，到哪去？”

“到前方打仗去呀！”

原来，会议即将结束时，蒋介石派空军侦察，得知我军在遵义一带集结，遂命令他的第三纵队周浑元向我扼守乌江北岸的三军团进攻。彭德怀奉命到前方指挥作战，抗击周浑元部。

彭军团长笑呵呵地打量着我。我莫名其妙，脸有些发热。他高兴而轻声地对我耳语说：“会议开得很好，错误路线不再统治我们了，毛泽东同志当选为政治局常委了。”简单三句话道明了遵义会议的基本情况。他又冷丁想起了什么，“对了，党中央已提到‘罗明路线’的问题！”我想问他“罗明路线”的事，他没有回答就上马走了。

彭德怀的神情和言语，立刻使我陷入了对往事的回忆……

1933 年 3 月，在粉碎敌人的第四次“围剿”以后，蒋介石正在调兵遣将准备发动第五次“围剿”。在两次反“围剿”的间隙期间，我随叶剑英司令员到东南作战。在军事指挥上由于受当时“左”倾错误的中央领导，我东南作战军未能完成东南作战任务。据此，我向中央写信提出批评意见，反对“分兵把口”和“短促突击”教条主义的指挥错误，提出继续按照毛泽东同志的“诱敌深入，集中兵力各个歼灭”或转到敌人后方去的作战方针，还应该在平时加强部队的训练。王明一伙接到我的信后，不但没有接受我的意见，反而把这件事与我在方面军留守处时给赣西特委书记毛泽覃同志枪支一事联系起来，想以此加害于我。

1931 年春，毛泽覃同志任一方面军后委书记，我任副书记，范树德同志任留守处主任。为了巩固后方，发展地方武装，中央调毛泽覃同志任赣西特委书记。中央军委让彭军团长批给他 500 支枪（成立河西独立团）。因为当时赣西特委领导的地方部队急缺武器，我多发给了陈正人同志一些子弹、枪支。宁都会议后，在福建开展所谓反“罗明路线”斗争，在江西进行了反邓（小平）、毛（泽覃）、谢（维俊）、古（柏）的斗争。斗争中，这些同志都被打成了“罗明分子”。而以我的信和多给毛泽覃同志枪支为由，将我打成“罗明路线”的坚决执行者，撤销了我的一切职务并开除我的党籍。纵队司令员游端轩同志无辜被整死！

我蒙受不白之冤期间，心情是极为沉痛的。“罗明路线”的帽子压得我不知如何是好，听彭军团长提到这个问题，就急着想打听个明白，可他上马走了！听说错误路线不再统治我们了，听说毛泽东同志当选为中央政治局常委了，我怎能不激动呀！止不住的热泪从两颊滚滚滴落，嘴角颤抖，几乎要哭出声来。彭德怀上马走了几步回头看我时发现了我这副模样，立刻跳下马来，摆手招呼我过去：

“你哭啥？这是大喜事呀！”

我抹了一把眼泪破涕为笑。

“回三军团吧！”

“好！”我高兴得差点儿蹦起来。

彭德怀又补充了一句：“你现在是中央干部团的人，还得等组织决定。”

彭德怀又一次地握了握我的手，笑着离去了。

我兴奋地望着他英武的身影，心潮起伏，久久难平……

（张平凯）

# “我也是红军战士”

我和彭德怀第一次见面，是在1937年6月间。那时，我在32军工作，我们的部队由宁夏的固原县回到了陕西，在富平县庄黑镇镇北的乡村进行整训。有一天，接到前敌总指挥部的通知，彭德怀要到我们部队视察工作，我们听到这个消息后非常高兴。过去我从未见过彭德怀，但是关于他的传说却听了不少。他不仅是一位久经疆场、能征善战的将军，特别是他的为人，更令大家所钦佩、敬仰。因此，非常希望见到他，亲聆教诲。6月的一天早晨，他坐车从总部所在地三原的云阳镇出发，三原离富平不远，一个多小时就到了。他带的随员很少，除一名警卫员外，就带一名参谋。轻装简从是他的一贯作风。

他的车一直开到军部，我们就在军部门口迎接他。他进屋后也没休息，就让我们汇报。当我们汇报了部队整训情况后，他又到营房视察了几个连队，找连队的干部、战士谈话，了解情况，然后又检阅了部队。午饭时，我们军部的几个领导同志和彭德怀在一桌吃饭。因为彭德怀的到来，便加了两个菜，有肉有蛋。在通常的情况下，来了客人，加两个菜，这本来是一件很平常的事情，我们并没有大摆宴席。饭后，彭德怀询问我们战士伙食情况。我们回答说：战士和干部一样，也是两菜一汤，干部比战士的伙食标准稍高一点。他听了以后，很耐心地对我们说：我也是一名红军战士嘛！你们不要把我当首长看待，我们的分工不同，但大家都是一名红军战士，为什么要专门招待我？你们吃什么，我也吃什么。你们吃得，为什么我吃不得？和大家一样吃嘛！以后再也不要加菜了。

1943年初，我由三五九旅调到绥德专署工作。因为绥德位于陕甘宁边区的东北部，东隔黄河，与晋西北相接，是连接华北、华中的要道，我们经常接待华北、华中各解放区的同志去延安，或者从延安到华北、华中各解放区去的同志。

1943 年冬，彭德怀从前方回延安准备参加党的“七大”，路经绥德，我们给他安排好食宿后，他来看我。当时我们办公的地点就在原国民党绥德专署的旧址。这里有几排窑洞，我和副专员杨鹤亭住在西边的三间窑洞。我住北边的一间，杨住南边的一间，中间一间是吃饭的地方。当时没有家属宿舍，家属住在另外的地方。我在办公室里放一张床，白天办公，晚上住宿。我的办公室有一张写字台，桌上放了“文房四宝”，办公桌对面有一张小茶几，两边是两把太师椅，茶几上放着一个搪瓷茶盘和一把茶壶、几个茶杯。彭德怀进屋后，看了看屋子里的家具和摆设，表现出不高兴的样子。他刚从前方来，在战争环境下，部队流动大，都是住在老百姓家，哪里有什么写字台、太师椅一类的东西。我给他倒茶时，他问：这个搪瓷茶盘是多少钱买的？我明白他的意思，赶忙解释说：这些家具和摆设都是何绍南在绥德当专员时留下的。1940 年我们打退了国民党第一次反共高潮，把何绍南赶走了，王震同志兼绥德专员，这些东西都是原来的，连摆设的位置都没有变，不是我们新添置的。彭德怀听到这里，知道是误会，也就没有再说别的。这件事，彭德怀虽然没有批评我，但我却从中体味到他对我的关怀和爱护。

1959 年庐山会议后，彭德怀蒙冤受屈，一直在家休息。1961 年冬，他提出回湖南家乡搞点调查。从北京出发时，铁道部给他挂了一节专车。临上车前，彭德怀就提出给他挂专车他不走，硬是要普通软卧。北京站的同志说服不了他，只好背着他临时动员已上车的旅客搬到给他挂的那节专车里，腾出普通软卧车厢让彭德怀坐。当彭德怀乘坐的这列火车到达郑州时，适逢我由青海回湖南，到郑州转车。因为车上没有软卧了，只好让我们去坐那节专车。到长沙后，我和彭德怀住在一个招待所，晚上看电影时，和彭德怀见了面。他问我青海的情况怎么样？我说：还不是和全国一样。他说：噢，是不是步子也跨大了一点？我说：是。因为庐山会议后，我在青海也受到触动，挨了批判，他是知道的。当时我们的心情都比较沉重，大家都不愿意多谈，他也没有再多问，我也没有多讲。看完一部电影后，他就回房间休息去了，我也走了。第二天一早他就到湘潭去了。事后招待所负责人告诉我，他走时省委给他派了一辆小卧车，他不坐，硬是要了吉普车才走的。

（袁任远）

# “你陈海涵我是了解的”

——彭德怀和陈海涵

在解放西北战争的年代里，由于彭德怀常常深入部队，亲临前线，他的指挥所有很多时候就和教导旅的指挥所设在一起，这使教导旅参谋长陈海涵“近水楼台”，得天独厚地得到彭德怀的指导与教诲，有幸与这位可亲可敬的老将军较多接触。彭德怀刚正秉千秋的独特性格和丹心照日月的优秀品质，在陈海涵心中筑起一座丰碑；彭德怀火一般炽烈的音容笑貌，给陈海涵留下了永不磨灭的印象。

## 延安保卫战前夕的一次夜谈

1946 年 11 月的一个晚上，陈海涵正在作战科和同志们研究各团的防线位置和工事构筑进展情况，突然接到总部电话，说彭德怀要来教导旅看看。放下电话，陈海涵赶忙把这一喜讯告诉了旅长罗元发和副政委饶正锡。

当时，陈海涵的心情又激动又紧张：激动的是人民解放军副总司令兼总参谋长要亲自到前沿阵地视察，这对部队是多么大的鼓舞啊！紧张的是，彭德怀在军事上、政治上、作风上要求严格，一丝不苟，从来都是丁是丁，卯是卯，毫不含糊；稍有疏忽，免不了要挨他大“骂”一顿。正是“爱得深、恨得切”。他有时批评起人来是毫不留情的。多少年跟随他从血与火中闯过来的人们，谁心里不明白，他对部队严格要求，正是他对部队的最强烈的爱。

平时不放过一点毛病，战时才能少付出血的代价。尽管明白这些，但挨“骂”，总是不好受的。

为此，陈海涵马上通知部队，连夜进行检查准备，发自内心地希望，在向彭德怀汇报时，尽量不要惹这位夜以继日运筹帷幄的老将军生气，多么希望他检查工作时，不断发出满意而豪放的笑声啊！

次日下午，彭德怀的马队到了。他见陈海涵在路口欢迎，板着脸说：“你们来干么子？”陈海涵说：“来欢迎你呀！”彭德怀跳下马说：“我要你们欢迎？！”走进作战室，彭德怀喝了一口水便开始听汇报，并特别指着陈海涵说：“你是参谋长，你来讲讲嘛！”干部们一一汇报后，彭德怀肯定地说：“听你们汇报很好，很周到。给我一份作战地图吧，要标好的。”

陈海涵说：“哎呀，老总，有困难呀。”

彭德怀说：“怎么，你参谋长还不会标图？”

陈海涵说：“你很快就走了，时间来不及呀。”

彭德怀说：“我今晚不走了，你们晚上标吧。”

他要住下，大家当然很高兴，按照他的要求，只搭了一张木板床，铺一层麦秸垫，并且要把床铺搭在作战室内。

吃过晚饭，彭德怀在闲聊中对陈海涵说：“你们的准备工作做得很细致，很周到，每个事情都有着落了，并想了办法在前线补充自己，这很好。但是要有吃大苦、打恶仗的思想准备，因为敌人毕竟是多数呀！”

陈海涵说：“我们想到了这一点，自力更生，生产自救，这是红军的老传统了。为了打胜仗，现在我们每人都用自己种的麻和发的破衣服，做了五双鞋，每人准备了一条装10斤粮食的袋子。吃的穿的，自己不想周到点，打起仗来后勤跟不上，这个部队就不攻自破！”

彭德怀听罢，赞赏地说：“不错，讲得对！”

这时，陈海涵又问彭德怀：“这次延安保卫战打完之后，下一步怎么打？是在边区内线打，还是到外线蒋管区打？”

彭德怀饶有兴趣地反问：“你说呢，你看下一步该到哪里打？”

陈海涵想了想，说：“我看先在边区内部打，打得差不多再转移到外线去。因为边区的群众条件好，地形又熟悉，这是毛主席在中央革命根据地带出来的经验。”

彭德怀笑着说:“你说得有道理。”

看着彭德怀庄重、严肃、深沉的面孔,陈海涵忽然忆起一件往事。1935年长征途中,离开遵义后,毛泽东、朱德和总前委走在队伍前面。经过前一段的征程,部队体力消耗很大,加上是水草地带,不见人烟,敌人又在后边追赶。每到一地,战士们一坐下来,就像散了架子,再想站起来都很困难。一天,刚宿营,有的同志躺在草地上休息,有的四处寻找可以食用的野草。就在这时,敌人一股骑兵追上来了,给部队一个突然袭击,把前头一个部队冲散了。军团长彭德怀闻讯,亲自带了一个团来接应。经过一场苦战,终于将敌人打退了。这时,彭德怀气冲冲地来到部队驻地,找到那个部队的团长和政委,开口就骂道:“你们长有几个脑袋!知道前面是哪部分吗?”

团长说:“知道,是毛主席和总前委。”

彭德怀说:“晓得为么子把敌人放过来,你们手里拿的是烧火棍?”

团长说:“部队太疲劳,敌人是偷袭来的。”

彭德怀说:“为么子不派出警戒,要是出了问题,该杀你们的头。”

团长说:“彭总要杀就杀我吧,战士们是好的,都怪我没有敌情观念。”

“你们知道,毛主席和党中央的首长都在前边,如果你们把敌人放过去,那会造成么子后果?狗胆包天呀!这是犯罪的行为。”彭德怀在发火时,不少战士、干部都围过来了。当彭总看到战士、干部那种饥饿疲劳的样子时,突然不讲了,长时间站在草地里,深情地望着大家。最后,彭德怀轻声地向同志们讲:“是苦了一点,这不光是你们苦,连毛主席和周副主席也两天没得东西吃了。我们是革命军人、工农红军,不能因为苦就放弃保卫毛主席和党中央的安全。记住这次教训,下次再犯,你们当团长、营长、连长的小心脑壳!”彭德怀临走时,要警卫员将他自己的一份干粮留给了那个团长。团长和同志们看到此情,都感动得流下泪来……

每当忆起这件往事,陈海涵的心都难以平静。于是,他低声问彭德怀:

“彭总,你还记得在草地打骑兵那件事吗?”

“记不得了,走过的路太长了。”他深沉地讲。

“还记得你骂那个团长吗?”陈海涵又问。

“记不得了,我是骂过一些同志,记不得是哪一个了。”彭德怀虽然讲记不得了,但可以看出他的神思又回到那苦难的战斗历程之中。

“那个团长后来在战斗中牺牲了。同志们掩埋他时，发现你送给他的那份干粮连一点都没动。”说到这里，陈海涵落泪了。

“是啊，多少同志为中国革命倒下了。你我都是幸存者呀！”彭德怀也感慨万千地说。

“彭总，你在讲武堂时，当官的也骂你吗？”陈海涵顺口问他。

“我不但挨过骂，还挨过打哩。”他随口回答。

“彭总，你的心是好的，可下面总有点怕你。你要求严，大小事要打破砂锅问到底，稍有不对，你就发火，甚至骂娘。大家向你汇报工作都有紧张心情。”陈海涵说。

“是啊，自己毛病自己也晓得，一碰上事就又忘了，伤了同志，气了自己，这是我的老毛病。你讲得很好，我一定接受，改正。”彭德怀诚恳地说。

夜深了，彭德怀就在教导旅前沿的窑洞里，在旅部作战室内，躺在麦秸垫上，度过了延安保卫战前夕的一个平凡而又不平凡的夜晚。

第二天早晨，陈海涵把标好的作战地图交给彭德怀。他就要走了，陈海涵依依不舍。他总觉得有彭德怀在身边，就有一种特殊的安全感，心里头踏踏实实的。虽然他待的时间不长，但只要他在，部队上下都像过年似的兴高采烈。如今，望着他马蹄下扬起的一溜烟尘，霎时间好像少了半旅人似的，心中似有一种空荡荡的感觉。

## 榆林教诲

1947 年冬，由于敌情、天气变化及种种原因，彭德怀于 11 月 27 日下令，所有围攻榆林的部队立即撤出战斗位置，利用冬季进行一次整顿和总结。

一天下午，教导旅正在行进中，陈海涵发现彭德怀司令员、赵寿山副司令员和习仲勋政委站在路边谈论着什么。他立即下马，走到彭德怀面前，向他汇报部队撤出后的情况。彭德怀没讲别的，只是让陈海涵在那等他一下。这让陈海涵直犯嘀咕：又出什么事了？

当教导旅队伍走过之后，彭德怀招呼陈海涵：“走！”

陈海涵怀着几分不安的心情跟在彭德怀后面，走了很远一段路，彭德怀仍不上马，习仲勋和赵寿山也都跟着往前走。当走过一条小溪时，彭德怀站住了，突然问陈海涵："你们部队撤出时检查群众纪律没有？"

陈海涵告诉他："撤出前由政治部统一布置了这一工作，各团各营都指派了专人负责。"

彭德怀问："有没有违反纪律的？"

陈海涵说："还没有来得及收集汇报，部队就出发了。"

彭德怀向陈海涵讲了一件严重违反纪律的事。他说："不晓得是哪个单位的人，昨天在榆林南的一个小村子里，强行抬走了老百姓家的一缸酸菜，只给人家留下5000块钱（合五元）。老乡向他们讲明，这一缸酸菜是他们全家人一个冬天的菜，如果给抬走了，这一家人一冬就只有吃白饭。可是那人不听，还向人家发了火，说人家不热爱人民子弟兵。最后留下5000元钱，硬把一缸酸菜抬走了，你回去马上查一查，是不是你们部队干的，宿营后向我报告。"

听了彭德怀的叙述，陈海涵又气又急，正在扪心猜测难以判断是哪单位所为时，只听彭德怀又说："要是查出来，第一，你们当首长的要亲自带上那个犯错误的人，抬上那缸酸菜，给老乡送到家去，向人家赔礼道歉，接受群众的批评。第二，对犯错误的要很好地整一下，通报全军。第三，要写出检查来，在报纸上公开登出来。"彭德怀越讲越有气。

陈海涵和彭德怀分手后，经调查这件事正好发生在教导旅二团，当时他心里很窝火，批评了团的干部，要他们立即处理，再写出书面检讨。

后来，陈海涵亲自找到了那个抬走老乡酸菜的司务长，听他讲述了事情经过：

"部队在榆林作战时，生活非常困难，起先每个连队还能分到一点从黄河东岸送来的干豆角，没有几天，连这种干豆角也吃光了，战士们就吃白饭。连长要我想办法买点菜，我便带着炊事员出去了。去了好几个村子，也没有买到一点菜。在回来的路上，碰见一个七八户人家的小村庄，我就进村去打听谁家有菜卖，老乡们都说没有。最后在村西头一个老乡家里，看到老乡正在往地下埋一个水缸，我揭开盖子一看，一缸白刷刷的酸菜，足有200斤重。这下我可高兴了，便开始动员老乡，让老乡卖一半给部队。老乡不愿意，我就给老乡讲了一大篇拥军爱民的道理，老乡还是不愿意。我火了，说老乡没有阶级觉悟，还说，你不卖给部队，难道等着叫'胡儿子'吃？这一句话吓住了老乡，老乡便答应把一缸酸菜卖给我们了。我问他要多少钱，老乡讲，部队上吃的，还提什么钱哩！后来我便给他留下5000元，把酸菜抬回连队了。”

听完司务长所讲的经过，给陈海涵出了个难题：虽然老乡开始不愿意卖，后来看司务长发了火，而且讲了几句吓唬的话，老乡才勉强愿意卖。这自然是像彭德怀讲的那样，强行买卖。但司务长完全是为了解决连队的生活困难啊。长时间吃白饭，战士怎么能打仗呢？现在那缸菜已经吃光了，又该拿什么东西还老乡呢？最后，决定从连队口粮里抽出一点，由副教导员带上司务长和3个战士骑马返回榆林西，向老乡赔礼道歉，然后，陈海涵又在电话中向彭德怀作了报告，讲清了事情的经过及处理情况。

彭德怀听后，半天没有回话。过了一阵，他突然问道：“你们准备如何处理那个司务长？”

陈海涵答：“经过旅、团研究，决定给予记过处分。炊事员因为是奉命执行，教育教育，免予处分。”

彭德怀听后说：“事情查得很快，解决的办法也好，司务长态度还是好的，就不要再去处分人家了，好好教育一下，要他再莫犯这样错误就行了。他也是为战士着想嘛！你的意见呢？”

“我同意彭总的意见。事情发生在我们部队，我们旅的领导也有责任。请彭总批评我们吧。”陈海涵如实地讲了干部们的心情。

“你们当然应当受到批评。连队好久没有菜吃，你们晓得吗？晓得为什么不想办法解决？光让战士去打仗，不关心战士的生活，算么子指挥员？你马上统计一下，看还有多少连队没得菜吃，立即告诉我，我请贺老总再给你们设法解决。同志，党把部队交给了我们，是对我们的信任！而我们，我这个司令员，你这个旅长，就要时时刻刻把战士放在心上。你身上穿棉衣的时候，要想一想战士穿上了没有，你坐下来端起饭碗的时候，要想一想战士有没有得饭吃，这叫知战士之饥饱，懂战士之冷暖。这是一个指挥员应当具备的起码条件。同志，在带兵这个问题上，马虎不得呀！”

陈海涵久久地站在电话机前禁不住想：谁说我们的彭总粗鲁、冷酷，他的心肠是何等的火热啊——“知战士之饥饱，懂战士之冷暖”！

## 屯字镇突围

西府战役第二阶段，奉野战军总部命令，陈海涵教导旅北上进军屯字镇，以屯字镇为据点，把马匪吸引住，掩护野战军主力渡过泾河，向东北方向转移，以便于我军集中兵力歼灭马匪。因此，坚守屯字镇，在整个战役中显得十分重要。

就在教导旅进入屯字镇的同时，马匪骑兵也赶到了，并把周围的村庄占领了，对屯字镇形成了包围态势。教导旅决定留在屯字镇，与总部取得联系，准备不惜一切代价，坚决完成任务。

由于教导旅在屯字镇吸引住敌人，野战军主力已经顺利地渡过泾河，向东北转移了。这样，在屯字镇的部队就完成了敌军“众矢之的”的目的。

就在教导旅进入屯字镇的当天晚上，彭德怀就给他们发来电报，命令他们坚持在屯字镇吸引住敌人，以待野战军主力对敌实行反包围。并命令他们在坚持中设法出击一下，打得狠一点，把敌人死死粘住。

屯字镇这块弹丸之地，方圆只有几百米，战斗打响之前，老百姓早已跑光了。部队进入屯字镇，又饥又饿，没有粮食接济，连水源也找不到，几千人挤在镇子里，困难重重。

在这一天里，敌人的兵力却不断加强，企图“聚歼”我军于泾川、西峰镇，屯字镇之三角地区，情况越来越严重。

傍晚，彭德怀第二次发来电报，说明野战军主力正在部署对敌反包围，命教导旅继续坚守。

第二天，陈海涵率部队竭尽全力，艰苦抗击敌人，战斗打得十分顽强、英勇，一直坚持到傍晚，敌人始终未能攻占我们的阵地。

不料，敌情发生严重变化，野战军反包围尚未完全形成时，敌军兵力集中强于我军好几倍。在这种情况下，彭德怀当晚又给教导旅发电，命令突围。

正当教导旅用电台向彭德怀报告突围部署时，一发迫击炮弹下来，电台被毁，电报未发完教导旅便和总部及所有单位失去了联系。

终于，在深夜三点钟左右，教导旅最后一批撤出了屯字镇。部队按序列一路纵队上沟。从沟底到塬上,弯弯曲曲大概有三里路程。先头部队到了塬上,后继部队还在沟底,看来还有四五千人。看着这支突围出来的队伍,陈海涵心里有一种说不出的欣慰。

当时,他只有一个念头,尽快见到彭德怀。

虽然只是几天没有和彭德怀见面,但他好像觉得过去了几年。已经突围出来了,可是在哪里才能见到彭德怀呢,什么时候才能向他汇报在屯字镇战斗的情况呢?陈海涵心中无底。因为,当时整个野战军仍处在一个很不利的形势之下。

当陈海涵带着部队走上沟沿时,不料第一个出现在他眼前的不是别人,正是彭德怀。他站在沟沿上,微笑地望着陈海涵,陈海涵明白,那微笑显然是为了安慰他的。来到彭德怀身边,当他握住彭德怀温暖的右手,一股感激之情涌上心头,连一句话也说不出来。

"你们回来了。"彭德怀激动地说。

"彭总,我们回来了,可仗没有打好。"

"你们能突出来,就是一个大胜仗。"

"我们的重武器和骡马,还有……"

陈海涵还没把话说完,彭德怀就安慰道:

"胡宗南还会给你们送来的。"

"彭总,让你操心了。"

"陈海涵同志,这是一个指挥员的本分,你们承担了一次重大风险。回来了,我就放心了。"

陈海涵跑到沟边,对正往上走的同志们喊道:"同志们,我们的彭总就在这里等我们呢,我们找到总部了!"

战士们欣喜若狂,许多人流下激动的泪水。

在屯字镇的日日夜夜里,陈海涵虽然有必胜的信心,但有一条,不管遇到何种危急情况,一定要保持和彭德怀的联系,要及时听到彭德怀的声音。他曾向电台台长交代过,千万不要和彭总失掉联系。当电台被炸毁时,他的心一下子凉了。如今,又回到彭德怀身边了,心上的重负全卸下了。

彭德怀问他,手上还有多少部队,他说:"还有三个团,只要给我们一些弹药,照样能打仗!"

彭德怀听了很高兴，马上给了5000多发子弹和一批手榴弹。这样，教导旅又成了彭德怀的预备队了。

这一天，彭德怀一直站在从王庄往肖金镇的马路边上。他头戴草帽，身穿衬衣，手拄棍子，默默地目送着过路的部队。

## 酒泉握别

1949年2月1日，奉中国人民解放军总部整编命令，陈海涵所在教导旅，改编为六军十六师。起初，陈海涵任副参谋长，后被任命为参谋长。

4月底，野战军挑选了精干部队，配合侦察分队向敌人搜索前进，先后收复了铜川、耀县、蒲城、富平等县城。

陈海涵随部队攻蒲城时，腿部负了伤，在部队进西安城后赶赴咸阳检查部队接替防务部署的途中，一辆吉普车从后边驰来，车身在陈海涵身边突然停住。陈海涵转头一看，原来是彭德怀。

彭德怀坐在车上，探出身来说：

"陈海涵同志，前边部队打得怎么样？"

陈海涵高兴地走过去对彭德怀说："打得好，势如破竹。胡宗南哭着鼻子逃走了，我们的部队早已进西安城啦。"

彭德怀听了很高兴，下车来到陈海涵跟前，好像发现了什么似的，又问道："你为么子走路一拐一拐的，负了伤吗？"

陈海涵只得向他讲述了负伤经过。彭德怀一把拉住陈海涵的手说："为什么不早讲，快上车！"

陈海涵说："彭总，我能走。你重任在身，我怎么好同行。"

彭德怀拉着他的手不放，笑着说："鬼家伙，名堂还不少哩，你身上没得公务？快上车。"

陈海涵没办法，只好上了他的吉普车。上车后，彭德怀还非叫他躺在后边，并让医生给他打了一支止痛针。其实那阵陈海涵已经忘记了疼痛，只顾兴奋地问彭德怀："彭总，这阵子你可辛苦了，开了七届二中全会，又去打太原，太原一解放顾不上休息两天，又忙着赶回来，身体吃得消？"

彭德怀也兴奋地向他讲述七届二中全会毛泽东的报告，讲到党的工作重点必须从农村转移到城市。特别强调说:“现在我们要进城了,毛主席要我们提高警惕,千万不要被糖衣炮弹击中。”

那时,陈海涵还不知道“糖衣炮弹”是什么东西,说:“糖衣炮弹是啥武器,有那么厉害?”彭德怀听后哈哈大笑起来。王政柱同志笑着说:“糖衣炮弹是指金钱美女,国民党反动派惯用美人计拉我们下水。毛主席说;‘拿枪的敌人被消灭了,不拿枪的敌人依然存在’,他们就是用糖衣裹着的炮弹!”

“呵,”陈海涵说,“这不要紧,我就亲手杀过女汉奸,女特务。”

彭德怀又笑了,说:“以后可不能随便杀了,要学会和资产阶级作斗争。”

接着他们又把话题转到了打仗上来。

陈海涵报告说:“我现在是要到咸阳看看部队部署情况,防止马匪从咸阳方面反扑。”

彭德怀说:“你负伤了,咸阳就不要去了,你还是进西安吧。”

正说着,车子已经开到了咸阳城外。彭德怀要下车进咸阳城,让车子送陈海涵去西安。陈海涵再三推辞也不行,只好把自己的马交给彭德怀,让一个警卫排护送他,并且把炮兵团交给彭德怀带到咸阳。他便坐着彭德怀的吉普车,来到西安六军军部所在地。

10月,在酒泉准备进疆的日子里,彭德怀又邀陈海涵夫妇连同他们的儿子延铭去敦煌参观壁画。彭德怀抱着小延铭,与陈海涵夫妇一起,漫步在斑驳陆离的画林中,感慨地说:“真不愧是我国的文化宝窟,到了西北,不到敦煌看看太可惜了。”

望着这位指挥千军万马的将军抱着孩子,兴致勃勃地欣赏壁画的情景,陈海涵的爱人悄悄对他说:“别人都说彭总很粗,很厉害,我倒觉得他很细,很亲切。”

10月中旬,部队就要出发进疆了,陈海涵奉命留守酒泉。彭德怀对陈海涵说:“酒泉一摊子归你管,你来当总指挥。可要管好,不要睡大觉!”陈海涵开玩笑地说:“彭总放心,不会睡大觉的。虽然打仗疲劳点,可警惕性还是蛮高的!”

彭德怀听罢,笑着说:“我晓得。打了这么多年交道了,你陈海涵我是了解的。我是说,革命尚未成功,不可掉以轻心啊!新中国的成立,只不过是革命征途上一个新的起点,道路还很长呢!前方还在打仗,你酒泉这摊子也并不好管，很多复杂的新问题等你解决，脑壳要放清醒些！”

彭德怀说完，就与陈海涵握手告别了。陈海涵知道，这一握手言别，说不定三年五载见不上面呢，顿时心里感到空荡荡的，脑子里只留一下些亲切的回忆。

30多年以后，陈海涵特把这段生活经历写成一部《在彭总指挥下》，以缅怀彭德怀同志。

（丁　晖）

# “人就应该有这种大无畏的创业精神”

## ——彭德怀和慕生忠

1953年初，西藏军民吃粮告急。中央把运粮任务交给西北局。很快，西北局成立了运粮总队，并建议中央调西藏工委组织部长、原西北军区进藏部队政治委员慕生忠任运粮总队政治委员。

这年夏天，彭德怀刚从朝鲜战场胜利归来。曾在一野当过民运部长的慕生忠，趁在北京开会的机会，特地看望老首长。谈话间，慕生忠对彭德怀说：根据这几年经验，从青海向西藏运粮，困难很大。由于高原气候恶劣，骡马、骆驼沿途大部死亡，粮食丢了一路，运输任务无法完成。从长远考虑，要根本解决西藏和内地的交通问题，非修路不可。为此，我想一面组织驼运，一面拉一辆木轮车探探路。彭德怀高兴地说：“那好嘛，干脆拉一辆胶轮车，人不要多，免得人家说你是抬过去的！”

10月，慕生忠回到青海。他立即带领人马，在短短的四天里沟通了从香日德到格尔木的300公里的公路运输。接着，又派运粮总队副政委任启明带三个人，赶向藏北重镇黑河（那曲）探路前进。

50多天后，任启明从900公里外的黑河发来电报，说他们已胜利到达。这振奋人心的消息，说明世界屋脊上是可以修公路的。修路经费从哪里来呢？慕生忠决定立即进京。

1954年1月，慕生忠来到北京有关部门联系，问题没有得到解决。无奈，他又去找老首长彭德怀，详细汇报了青藏高原地理地形特点和筑路前景。彭德怀在一张地图面前，凝视着祖国的西半部。只见他举起右手，从甘肃省北部到西藏南部，用食指自上而下有力划了一道："这一带都是空白！"

这一划，使慕生忠眼前蓦地为之一亮：这不仅是一条联系祖国内地与西藏的交通要道，而且是一条具有重要国际意义和国防意义的大道啊！

少顷，彭德怀转过身来，问慕生忠有什么具体打算。慕生忠说，这条路我是一定要把它全线修通的，但基于种种原因，要全部纳入国家计划，看来很困难。我打算第一步先修通格尔木到可可西里（五道梁）的300公里，大约需30万元。彭德怀沉思了一会儿，说："可以，你写个报告，我转呈总理。"

两三天后，彭德怀的秘书打电话给慕生忠说报告批了。

慕生忠立即赶到彭德怀那里。彭德怀正式通知他："总理已把你的报告批下去了。你看还有什么困难和要求？"慕生忠想了想说："能不能拨给我10辆10轮大卡车和10个工兵？最好再给辆吉普车。"彭德怀爽快地说："好，都给你，由西北军区解决。"

临走时，慕生忠对彭德怀说："这一线许多地方还没有名称，以后地图上的名字可要由我们自己起了。"彭德怀说："你们自己不起谁起？"

慕生忠带着汽车和工兵兴冲冲地赶回格尔木。5月11日，他带领1200多名民工和战士，浩浩荡荡地向世界屋脊进发了。队伍在纳赤台昆仑山口、楚玛尔河两岸摆开战场，克服了重重困难，边修路边通车，7月30日，10辆10轮卡车开上了可可西里。这里曾被一个外国探险家断言为人类根本无法生存的地方。从此，这个令人生畏的结论被推翻了。慕生忠十分激动，立即给彭德怀和中央发了电报，报告公路已经修到了可可西里。

当晚，慕生忠召集各工队队长开会，对继续向前修路的工作做了具体部署。然后，他连夜乘吉普车到西宁，赶往北京向彭德怀详细汇报。彭德怀欣喜地让秘书拿来军用地图，一段一段地询问他们在昆仑山上修路的情况。最后，慕生忠说："我还要继续往前修，但是……"彭德怀未等他说完，就说："这次不要再给总理打报告了。要钱，从军费里借，要人，再给你拨工兵；要车，再给你拨汽车！"慕生忠把他脑子里早已想好的预算报告彭德怀：经费——200万元;工兵——1000名;10轮大卡车——100台。彭德怀一一答应,并鼓励说:“你只管朝前修!”

彭总的全力支持,给了慕生忠和奋战在青藏高原上的筑路英雄们以巨大的鼓舞和力量。筑路队伍以超人意料的速度向前推进着。

10月20日,战胜了唐古拉,在海拔5700米以上筑路30公里。

11月11日,胜利到达藏北重镇黑河。

11月15日,2000多名筑路英雄,100台十轮大卡车穿过羊八井山峡,浩浩荡荡开进了拉萨。

至此,前后仅用了七个月零四天的时间,他们就将格尔木到拉萨1200公里的道路全部打通了。与此同时,北线筑路英雄从敦煌出发,边修路边通车,也奇迹般地把汽车开过了祁连山、百里盐湖,胜利到达格尔木。

12月25日,康藏公路和青藏公路同时举行了通车典礼。

1955年1月,慕生忠赶到北京,向彭德怀报告了青藏公路全线通车的情况。彭德怀故作惊讶地问:“你真的把青藏公路修通啦?”慕生忠回答:“我是坐汽车到拉萨,又从拉萨坐汽车回到兰州的!”彭德怀说:“好! 人就应该有这种大无畏的创业精神!”

吃午饭了,彭德怀拿出一瓶白酒,给慕生忠斟了满满一大杯,足有二两,自己也倒了小半杯,说:“这是我自己泡的好酒,你喝一点。”慕生忠一饮而尽。彭德怀又连斟两杯,慕生忠又饮光了。

后来,慕生忠再次见到彭德怀,说了他在公路沿线开煤矿、办林厂、建砖瓦厂的事,并说他已在格尔木拆了帐篷,建了几孔窑洞。彭德怀说:“你把陕北的文化也带到青藏高原上去了! 以后,我借你窑洞住几天,可以吧?”慕生忠当即邀请彭德怀有机会到青藏公路去看看,彭总欣然答应了。

1958年10月的一天,彭德怀乘坐的飞机降落在盐湖机场。他走下飞机,站在坚硬的盐岩上,放眼四望,看到一辆辆汽车在盐湖上疾驰,微笑着对周围的同志说:“嗬! 这机场好大气派,这公路也不同一般哟!”

到了格尔木,彭德怀就住在慕生忠的窑洞里,院子里一下子聚拢来200多个筑路工人和战士。彭德怀对大家说:“你们在高原上辛苦了。我向同志们表示慰问。人总要为国家为人民做一番事业。你们在世界最高的地方修通了公路,为柴达木建起了新城市。这是很了不起的事情。希望大家继续好好地干。

第二天，彭德怀在慕生忠陪同下，还实地考察了青藏公路并登上了昆仑山口。

青藏公路通车后，运输从未中断。后来经过几年的改建和养护，更成了一条常年畅通无阻的钢铁运输线，联结着祖国内地和大西南的命脉。川流不息的载重汽车，越过世界屋脊，源源不断地把内地的成千上万吨物资运往拉萨，运往西南边疆。

中国人民在一向被视为畏途的世界屋脊上开辟出通衢大道，这在人类历史上是破天荒的。它要载入史册，就不能不提到慕生忠，就不能不提到彭德怀。他们与青藏公路同在。

（张春亭　王　安）

## “还是送给德高望重的人吧”

——彭德怀和何香凝

彭德怀有一张很好的东北虎皮，皮软毛匀，纹路清晰，头尾完整，谁一看见，都特别喜爱。这是在抗美援朝取得伟大胜利的日子里，中国人民慰问志愿军代表团送给彭德怀的一件礼物。在朝鲜那一段日子里，彭德怀长期住在阴暗潮湿的山洞里，这对当时已经50多岁的彭德怀来说，于健康是很有害的。祖国人民为了他的健康，特意赠送了这张珍贵的虎皮，供他御寒防潮用。

老实说，那几年的战争生活，的确摧残了彭德怀的健康，他的膝关节病，就是那时留下的。回国后，他的病也经常发作，疼痛得厉害的时候，走路都十分困难。按说，用这张虎皮做一件保暖防潮的褥子，是再好不过的。但彭德怀却没舍得用，也不给家属用，一直小心翼翼地保存着。

一天，彭德怀把我叫去，让我给何香凝老人去送一件东西。我走进屋子一看，原来是那件珍贵的虎皮！我不由得一愣说：“你身体不好，常犯病，留着它做床褥子，还是有些作用的。”我怕说的分量不够，打动不了他，又着重补充了一句：“听老人们讲，虎皮褥子是一宝，可以防风湿呢！”彭德怀还是听不进去，微笑地说：“这张虎皮很贵重，但我不需要，还是送给德高望重的人吧，听说她近来身体不好，她比我更需要。”

我来到何香凝老人的住处，说明了来意，老人说什么也不收，让我带回去，说彭总也需要它。我只得把临来时彭德怀说的话告诉老人，老人不再说话了，只见她颤巍巍地伸出手，轻轻地在虎皮上抚摸了一遍又一遍……

后来，何香凝老人为了感谢彭德怀，不顾高龄，提笔作画，画了一只猛虎，并赋诗题词，作为对彭德怀的回敬。可惜的是，这幅十分珍贵的画在十年动乱中被抄走，并被某些人于1975年10月，以在社会上不留下彭德怀的任何痕迹为名，连同彭德怀读过并有眉批的62本马列著作、毛泽东著作，以及一部分照片，统统付之一炬。

虎皮和虎画再珍贵，它毕竟是有形的物质的东西，也是可以被毁灭的；然而，两位老人之间深厚的革命情谊，却是不可估量的，它将永远长存，永不泯灭的啊！

（孟云增　李太友整理）

## “深为彭德怀不以功臣自居，不以领导自居的自谦精神所感动”

——彭德怀和巴金

1952年3月22日上午，早春的北朝鲜，天空中依然飘着雪花。巴金与其他16位从祖国来的文艺工作者怀着兴奋的心情来到中国人民志愿军司令部，等候会见威名赫赫的彭德怀司令员。

这是一间不大的会客室，非常温暖，靠门的一边低矮的石顶盖下悬系着两盏没有灯罩的电灯，灯下放着一张简单的桌子，四把椅子，椅子后面有十多根白木板凳。巴金坐在白木板凳上，用期待的眼光望着门外半昏半暗的通道。

他来了，人们敬仰的彭德怀司令员来了，一身简单的军服，一张朴实的工人的脸，显得高大和年轻。彭德怀庄重地向文艺工作者们行了一个军礼，用和善的眼光望着他们微笑着说："你们都武装起来了！"就在这一瞬间，使巴金感觉到司令员与他们间的距离忽然消逝了。

彭德怀亲切地跟巴金等人握了手，顺便端了一把椅子在桌旁坐下来了。他拿左手抓住椅背，右手按住桌沿，像和睦家庭中亲人谈话似的与文艺工作者们谈起来。

彭德怀向他们介绍朝鲜民族的勇敢、吃苦耐劳，向他们阐述抗美援朝的正义性；向他们讲述对美国侵略军作战的经验，分析几次战役胜利原因……

巴金是文人，有着丰富的感情世界，听着彭德怀浅明详细的反复解说，望着他那慈祥中透着刚毅和坚定的表情，他感到一股热流通过全身。彭德怀朴素话语中流露出对祖国对民族的热爱，他那恳切的表情中闪露出对胜利的信心，深深地吸引了巴金，他忘记了周围的一切。后来，他曾写道："我只看见眼前的这个人，他镇静、安详，他的态度是那么坚定。他忽然发出欢乐的笑声，这时候我觉得他就是胜利的化身了。我们真可以放心地把一切都交给他，甚至自己的生命。"

会见很快结束了。巴金难耐激情，子3月26日用文学家的语言，真挚地写了一篇散文《我们会见了彭德怀司令员》，准备发表。

不料，见报前，彭德怀见到了此文，特附信巴金：

巴金同志：

"像长者对子弟讲话"一句改为"像和睦家庭中亲人谈话似的"，我很希望这样改一下，不知允许否？其次，我是一个很渺小的人，把我写得太大了一些，使我有些害怕。

致以同志之礼！

彭德怀

3月28日

累累战功的司令员对作家尊重备至、谦虚谨慎的品德跃然纸上。

巴金见信,深为彭德怀不以功臣自居、不以领导自居的自谦精神所感动,当即按彭德怀信中的希望修改了原稿。1952年4月9日发表于《人民日报》

此后,这篇脍炙人口的散文多次收入各种选集和教材,广为传播。

(韩　昕)

## “没有根据地,革命能成功吗”

### ——彭德怀和吴致民

溪水清清,山道弯弯。

雨后初晴,6月的骄阳照耀着,头顶的山,身旁的树,脚下的草,墨绿、深绿、浅绿,这披红挂绿的鄂东南,就像翡翠镶嵌的世界。

鄂东南特委书记吴致民,此时走在山道上,背上背着一顶斗笠,腰间别着一支手枪,脚上穿着一双草鞋,裤管高高卷起,浑身湿漉漉的,撩开大步,急行如飞。他要赶到刘仁八,去参加红军军委扩大会,渴望见到彭总指挥。

彭德怀是赫赫有名的红军将领,吴致民早在湖北省委工作时就听说过,关于他传奇色彩的经历,那扣人心弦的战斗故事,都曾经使人着迷。他巴望着有一天能见到彭德怀,随他当红军,南征北战。

1928年6月,吴致民以湖北省委巡视员的名义来大冶指导工作。他和大冶县委的同志们就住在金公祠,以教私塾和兼卖纸张笔墨为掩护,迅速发展了党的组织,秘密建立了农民武装,开展了轰轰烈烈的工农革命运动,建立了以南山头为中心的鄂东南革命根据地。1930年5月,大冶中心县委改为鄂东南特委,吴致民任鄂东南特委书记。他想彭德怀,向往红军的那颗种子,一直深深地埋藏在心窝里。

这次吴致民代表鄂东南特委出席红五军军委扩大会,就坐在彭总指挥的对面。他看着彭德怀消瘦的脸颊，黑黑的脸膛，和善的眼睛，厚厚的嘴唇，头上的八角帽，身上的旧军衣，脚上的麻草鞋；他听着彭德怀对形势的精辟分析，对敌人的辛辣嘲讽，对群众的关怀体恤，对同志的风趣谈笑，简直使他痴迷神往。一种敬爱彭德怀的感情波涛，在他心中激荡。

吴致民呆望着彭德怀。彭德怀说些什么，大半没听清，只渴望有机会向他述说心愿：到红军里来工作。正想得出神，忽听有人叫了一声："吴致民同志！"吴致民从遐想中抬头望去，只见彭德怀正盯着自己，脸上挂着笑。吴致民赶忙站起身来，脸上感到热乎乎的，双手在衣服前揉搓着，期待着彭总的教诲。

"地方工作怎么样，有困难吗？"彭德怀关心地问。

说到工作，吴致民来了精神，心情也很快地平静了下来。他向彭德怀汇报了鄂东南特委的工作，特别是红五军第五纵队开进鄂东南之后，攻克了大冶县城，俘敌1000余名，缴枪900枝，取得了对敌斗争的重大胜利，打开了局面，在鄂东南15个县成立了县委，组织了农民武装，发动了大冶兵暴，组建了红十二军军部；还讲了游击队配合红军开展年关斗争，歼灭周围十几个民团，缴枪400多枝，筹集光洋30000多元，活捉咸宁县伪县长黄思犹……

吴致民努力地滔滔不绝地讲着，生怕漏掉什么情况，给彭德怀的决心带来影响。

彭德怀一直专心听着，脸上不时露出微笑。他满意鄂东南的工作，欣赏这个年轻的特委书记。

吴致民一口气讲了个把小时，彭德怀示意警卫员递上一杯开水，继续听他讲。

吴致民端过茶杯，一仰脖子，喝了个尽。然后揩揩脑门上的汗说："完了，情况就这么多！"

彭德怀接住话茬问："港窑湖的工作怎么样？"

吴致民略一迟钝答道："那里反动势力猖獗，敌人凶得很！"他有点不好意思地望望彭总，又说："党的领导基本上转入地下，也没有继续发展，工农运动也没怎么大搞！"

"那不行啊！港窑湖工作很重要，工作要加强！"彭德怀站起身，离开会议桌，边走边说："那里有钢铁，有煤炭，临着长江，靠着铁路，四通八达，大有用武之地哩!”

吴致民认真地听着,脸上一阵阵发烧,港窑湖工作没开展好,他觉得自己要负主要责任。

彭德怀大概看出特委书记的心思,把语气放缓了,像是在替他做解释:“干工作嘛,总是有成功和失利!谁也免不了走麦城啊!就说我彭德怀,平江起义后决定上井冈山,第一次败了,两个团弄得剩下不足两个营,只好又退到平江。大家在一起总结,找到了失利的原因,就是没有联系好地方党和游击队嘛!没有得到他们的支援。这样,第二次又上井冈山,果然就上去了!”

吴致民说:“我们也一定总结经验教训,把港窑湖工作搞好!”

彭德怀瞄了一眼年轻的特委书记,笑了,欲言又止。

刘仁八的军委扩大会议开了三天。根据党中央指示成立了红三军团,红五军第五纵队扩建为红八军。彭德怀任军团前委书记兼总指挥,滕代远任政治委员,邓萍任参谋长,袁国平任政治部主任,辖红五军和红八军。新建的红八军由李灿任军长(不久由何长工接任),邓乾元任政治委员,柯庆施任政治部主任,辖三个纵队:一纵队司令员刘文其,政委彭雪枫;二纵队司令员程子华,政委郭一清,三纵队司令员谢振亚,政委黄克诚。

吴致民没有实现到红军工作的愿望,仍然担任鄂东南特委书记。他心里十分憋闷,想找彭德怀倒倒心里话。但想到彭总对鄂东南工作的希望,想到红军打仗离不开地方的配合和支援,他又感到为难,始终没有去找彭德怀。

刘仁八会议后,彭德怀率领红五军、红八军主力打下陆,攻占港窑后,在大冶县西糯桥一家百货店里召开了前线总指挥部会议。

吴致民和大冶、阳新县委党的负责人都出席了。这次会议作出了扩大红军的决议,随后大冶县部分地方武装编入了红五军,各县广泛动员工农青年参军,红三军团由2000余人迅速发展到10000多人。

红军要走了,彭总要走了,吴致民独自一人呆呆地坐在屋里想着心事。

红八军军长李灿悄悄地溜进屋来,冷不防地在吴致民的肩上就是一巴掌,把个特委书记吓了一大跳,扭头见是李灿,没吭声,指指对面的椅子,继续想心事。

“怎么,快走了,就这样送我啊?”李灿半是认真、半是开玩笑地说。

吴致民苦笑着摇摇头:“是啊,你们远走高飞,我还得满山转啊!”

“没给他讲?”李灿有些着急,顺口便说,“他一开口,你不就跟着走了嘛!”

“我怎样好开口哟,道理我都清楚哩!”吴致民苦笑着。

“要不要我帮你的忙?”李灿朝特委书记肩上又是一掌。

吴致民又是摇头,又是摆手,连说:“这……这……不……不……”

李灿一看吴致民那犹豫的模样,急得一屁股坐到桌子上,嘴里嘟哝着:“婆婆妈妈的,怎么指挥,怎么打仗?”走出房门,回头又嘟哝了一句,“真是个婆婆!”

吴致民连忙转头喊了两声,见没人应声,只好也走出屋子,一个人信步转悠起来。

天晴得真好,远山近水,绿一片,青一片,稻谷正扬花,一阵阵清香直往鼻孔里钻。

吴致民站在池塘边,出神地望着含苞欲放的一塘荷花,又沉思起来:红军要走了,彭总要走了,无法把他们留住,鄂东南又将会出现一个怎样的局面呢? 讲心里话,他真有点不愿在这明明暗暗、不疼不痒的地方工作,神往着火与血的战场,刀枪相对的搏斗,仿佛那样才叫革命,才痛快。吴致民的心在颤动:“为什么不可以调别的同志来!”他烦躁地挥拳捶打着自己的脑袋。

“你这是为何情呀?”彭德怀不知什么时候站在了吴致民的背后,“说吧,有话就直说!”

吴致民没有回头,也没有理会,只顾在那里冥思苦索。他以为又是李灿。

彭德怀走上前,双手扶着吴致民的肩膀,盯着他的眼睛:“你怎么不说话呢?”

吴致民一见是彭德怀,慌得连忙打个立正,不自然地去整理掉了两只扣子的上衣。

“你想到红军来工作?”彭德怀开门见山地问,“那鄂东南呢?”

吴致民目不转睛地看着彭德怀,脸刷地涨红了,停了好一阵才点点头。

“你在这里工作得不是挺好吗?”彭德怀也沉默了好一阵子,又亲切地说:“我个人的心愿,倒是盼望你来呀!”

彭德怀顺着荷花塘缓缓地走去，吴致民在后跟着，怀里像揣了只小兔，突突直跳。

“你直说吧，为啥不想在这里干呢？”彭德怀边走边说，自问自答，“我想你不是怕艰苦，也不是怕困难，更不是怕危险！”

吴致民站住脚，他的心思，彭总怎么看得这样清楚！

彭德怀也站住了，转过头，他的脸突然变得那样严肃：“当红军东拼西杀，痛快，过瘾，我开始也是这么想的呀！”

“你也这么想！”特委书记惊奇地瞪大眼睛，没等彭总讲完就急不可待地抢上说：“彭总啊，这地方工作，确实干着不顺心，你们一走，敌人就来，我们呢！又得东躲西藏，只能眼看着他们猖狂，心里头真不知道是个啥滋味。”吴致民就像久别长辈的孩子一般诉说着地方工作的辛酸。

彭德怀又向前走着，语调缓缓的、沉沉的对吴致民说：“同志哥，你想得简单了！我可是有血的教训，看得清白啊！南昌起义、广州起义、百色起义，还有平江起义都没有站住脚，失败了，牺牲了多少好同志，用了多少代价啊？可秋收起义成功了，原因何在呢！你想过吗？”

吴致民从来没有想过这个问题，睁大眼，静静地听着。

彭德怀又站住了，在一棵柳树下，显得有点激动：“因为秋收起义上了井冈山，建立了根据地，有了立足点。同志哥，不能小瞧他，中国革命的希望，就在这上边！你想想，没有根据地，革命能成功吗？”

吴致民沉默了，他直盯着彭德怀严肃而深情的脸庞，威严而又和善的眼睛。一时间，他好像明白了许多许多，但却说不出来。

“鄂东南工作基础好，”彭德怀又说，“要把这里建成大后方，让革命在这里生根，红军在这里立足。这难道说比消灭几十万敌人的意义小吗！”

吴致民终于不好意思低下了头，喃喃地说：“彭总，我……我想错了！”

彭德怀爽朗地笑起来，拍着吴致民的肩膀说：“也没全错！总部决定，原五纵队二支队陈奇政委和部分红军留下，加上朱湖游击队，怕有千把人呢，都是你的兵嘛！”

吴致民跟着彭德怀沿着荷塘继续走，热浪在特委书记的心头翻滚，他没再说一句话。

（张浩平　李金葆）

# “共产党人要后天下之乐而乐”

战争年代里，我曾三次见到彭德怀，每一次都在我的记忆中留下了不可磨灭的印记。

## 一

我第一次见到彭德怀，是在1936年定边山城堡战役后不久。当时，我在中央党校高级班学习，被抽调到定边县给红四方面军筹集军粮。

红四方面军三十军某部供给部的一位干部，违犯群众纪律，将房东的一只鸡杀了吃掉了，老乡找他讲理，他竟态度蛮横，和群众吵了起来。房东无奈，向我诉说苦衷。我批评这位同志违犯群众纪律的错误，对方一点也听不进去。为维护军民团结，我抱着试一试的心情，到前敌总指挥部找彭德怀总指挥反映群众意见，彭德怀亲切地接见了我。

他认真地听完我的叙述，激愤地站了起来，立刻给三十军军长打电话，责令他亲自出面向那位房东赔礼道歉，赔偿群众损失，严肃处理肇事者，并以此为戒，加强军队思想政治工作，杜绝此类事今后再发生。

打完电话，彭德怀再三留我与他一同吃午饭，我们边吃边谈。彭德怀说：“你这样做很对，我们共产党人的军队，宗旨就是为了人民大众的解放，每个共产党员都要自觉地维护群众利益。我工作没有做好，向你道歉。”彭德怀严肃地处理这个问题，又这样谦虚，使我深受感动。

## 二

过了11年，我第二次见到彭德怀。

1947年8月,我军于沙家店一举歼灭了敌主力整编三十六师。那时,我正在佳县组织救护伤员。战斗结束的第二天,彭总身边的一位工作人员从梁家岔前敌指挥部赶来,说是彭总请我去一趟。我立即和他上马登程。

彭德怀办公室是一间窑洞,里边只摆着两张木桌、几把钉了又钉的木椅,墙上挂着军用地图,办公桌上堆着一些文件和书籍,陈设十分简单。我一进门,彭德怀就满面笑容地迎上前来和我握手,问道:"张俊贤同志,你现在是佳县县委书记吧?"

"彭总,您怎么知道?"我感到惊异,反问了一句。

"我怎么不知道?"彭德怀解释说,"我是前线指挥,要指挥战斗,就要深入调查研究嘛。"接着,他向我详细地询问了佳县群众的生产、生活情况,群众在战斗中受损失的程度,以及部队有无违犯群众纪律的现象等,我一一做了回答。

"为了彻底打退敌人的进攻,我们很快要再打一仗,请你谈谈佳县的地形和粮食筹备的情况吧。"

我向他汇报了佳县地形和敌占区情况后说:"解放区有五个区,人口稀少,地形险峻,但群众基础好,还有一仓库粮食……"

听到这里,彭德怀关切地问:"这一仗要在佳县打,部队需要的粮食供应得上吗?"

"不够吃也没关系,"我接着说,"我们还可以动员群众再宰杀一部分羊和驴。"

彭德怀听了,斩钉截铁地说:"那不行,粮食不够,部队可以少吃些主食,加些野菜、瓜、蔓、糠。"我进一步解释说:"为了消灭胡宗南,保卫咱边区,佳县的干部和群众受一点损失没什么。"

"不——行!"彭德怀摇着头,坚定地强调说,"我们绝不能影响群众来年的生产与生活,一定要想法尽量减少群众的损失。"

彭德怀饱含对陕北人民的深情的话语,像一股暖流,流进了我这个土生土长的地方工作干部的心田,使我增添了搞好支前工作的信心和力量。就这样,彭德怀和我谈了约摸一小时,为不耽误他的工作,我不得不依依告别。他一直把我送到大门口,叮嘱我一定要安排好群众的生活,做到群众生活和支援军队两不误。

## 三

1948 年,我在洛川县任县委书记,第三次见到彭德怀。

初秋的一天,上级电话通知,彭德怀从前线回延安,要路过洛川。我们估计了一下,彭德怀到达洛川大概快到中午时分。大家说,彭德怀在前线打仗很辛苦,应该想法招待一下。于是我便叫人请来了厨师,准备了两桌,每桌七八个菜。

约摸 11 点多钟,彭德怀风尘仆仆地赶到了洛川。彭德怀向我们询问了洛川的一些情况,稍事休息后,我们请他去吃饭。看到准备好的两桌饭菜,本来谈笑风生的他慢慢把脸沉了下来,转身走出大门,坐到一棵树下,吃起自带的干粮。我心里觉得不安,上前轻轻地问道:“彭总,我们给您预备了饭,您怎么不吃?”

彭德怀严肃地说:“战争年代,条件这样艰苦,群众生活又很困难,我们共产党人怎能大吃大喝呢?”

我连忙解释说:“您在前线太辛苦了,这是为您准备的。平时我们和群众吃一样的东西……”

没等我把话说完,彭德怀严厉地说:“给我准备的更不行,我是前敌总指挥,前委书记,更应该带头过艰苦的生活。”看到我耷拉着脑袋,他缓了一下语气说:“群众生活还很艰苦,你们给我准备的这顿饭,我能吃得下去吗?我们共产党人应当‘后天下之乐而乐’,你们这样搞,严格地说是铺张浪费。你们要保证,以后不再发生这样的事。”

就这样,彭德怀一壶水就着半袋干粮,算是在洛川吃了一顿午饭。饭后,他连县委机关的大门都不进,就启程回延安了。

(张俊贤)

# “学习要下苦功，千万不要害怕困难啊”

## 木笔和小沙盘

1933年，我参加了红军，当时才满16岁。由于年龄小，分配到红三军军部当司号员。除班长外，都是十六七岁的红小鬼，每天除了练习吹号外，就是说说笑笑。而且大家都没上过学，也没有人主动学文化。

一天清晨，我起得特别早，跑到山坡上练号。吹了一会儿，把号擦了擦，打算再练。忽听背后有人称赞说：“这小鬼吹得不错啊！”我回头一看是彭总，很不好意思地说：“吹得不好，请首长批评。”

由于第一次单独和首长说话，不免有些局促不安。彭总发现我有点紧张，走到我面前亲切地拍着我的肩膀说：“的确不错，你吹个进军号吧！”我鼓足劲又吹了一会，他摆了摆手说：“不要吹啦！坐下休息一会吧！”于是，我们就坐在地上闲谈起来。他问了我的家庭情况，在什么地方参的军等，我被他那和蔼可亲的态度所感动，毫不拘束地一一回答了。

他听了点点头问：“你叫什么名字？”

“王福生！”我站起来用响亮的声音回答。

他听了摇摇头说：“这个名字不好，你父母给你起这个名字，是想叫你享福，从福里生下来的。那是妄想。我们穷人吃不上，穿不上，有什么福享？只有参加了红军，咱们才有幸福！”我点了点头。

他从地上捡起一个小木棍比划着说：“我给你改个名字吧！只改一个字，把‘福’改为‘红’，你就用这个木棍写你的名字吧！”

我接过木棍写起来，“王”和“生”很好写，但“红”字却不同了，一个字是两部分凑起来的，还曲曲弯弯的，我觉得手里的小木棍有千斤重，头上也有了汗珠，费了很长时间才写了个“红”字，心里有些急躁。彭总觉察以后，很严肃地说：“当了红军，连‘红’都不会写！”我羞得脸红啦！等待着彭总更严厉的批评。但他却用自我批评的口吻说：“你没参军前，反动阶级剥夺了你的学习权利；参加红军后，我又没有组织你们学习，这是我的责任，我现在就教你！”

说罢，就用他那温暖的大手攥着我的手说：“小王，我把着你的手写。”他手把手地教了三四遍，又叫我自己写。我觉得小木棍轻了！写得也快了！他看了点点头说：“进步不慢，从明天起，就组织你们学文化。天不早啦，走吧！”我恭敬地行了个礼，撒腿就跑回驻地。

当天晚上，我躲在被窝里回忆白天彭总教我写字的情景，怎么也睡不着，就用手指在肚皮上画，画了半宿，才进入了梦乡。第二天早晨，我穿衣服时发现肚皮上留下很多鲜红的道道，又回忆了一下所写的字，印象挺深刻，心里真有说不出的高兴。

彭总的特点是说了就办，第二天我们就开学啦。课堂设在一个小树林里，一块小木板挂在小树上，教员是张文书，学员是军部的通信员、司号员。开课前，彭总作了简短的动员，然后叫教员发给每人一根红色的小木棍。彭总笑着说：“同志们！咱们学习用具困难，你们面前的小沙盘就是纸，小木棍就是笔。别看不大好，只要下决心学，同样可以学成大学生。因为我们是红军，在红军战士面前没有不能克服的困难。第一课就学‘红军’这两个字吧！”说罢，他也在后面坐下听课。

教员先领我们读，又教我们先写哪一画，后写哪一笔，然后叫我们用“木笔”在“纸”上练习。由于我在“红”字上下过工夫，觉得很容易写，“军”字却不同啦，写了几遍也不像。

“小鬼，俗语说，熟能生巧，‘红’字学过了就好写，‘军’字第一次写就有困难。”彭总走到我面前，又把着我的手写了两遍，叫我自己练。我写了一个多小时，总算差不多了！彭总笑着鼓励说：“学习要下苦功，千万不要害怕困难啊！”听了彭总的话，我感到特别温暖，决心努力学习，报答彭总对我的关怀。

## 铅笔和学习本

由于红军经常和白匪作战，上课时间不能保证。但彭总和张教员却抓得很紧，一有空隙就上课，在很短时间里就学了几百字。1934 年秋天，我们解放一个县城时，没收了反动军官开的文具店。由于不少红军战士不识字，因此不爱惜学习用品，纸笔弄得满地都是。彭总带着警卫员从店门口经过，发现了这种情况，用惋惜的口吻说：“多可惜啊！”又对身旁一个干部说：“要把地上的东西全部捡起来，送到军部，我要检查，否则要处分你！”

傍晚时，彭总的办公室堆满了笔纸，他命令把这些学习用具分到战士手里，并要组织战士学文化。分完以后，他留下几十支红铅笔和一些白纸，笑着对警卫员说：“咱们一块劳动劳动吧！你裁纸，我订本子。”本子订好以后，他又用红纸剪了一些五角星，每个本子贴上一个，他仔细地看了看，高兴地笑了。这时天已不早，警卫员催他休息。他笑着说：“你先睡觉吧，我还要写几个字。”于是他掏出钢笔在每个本子上写了两行字：“跟着共产党，永远干革命。”

第二天下午，我们学习又恢复了。彭总在上课前给每人发了五支铅笔和一个学习本，笑着说：“同志们！这十个字是我写的，写得虽不大好，但你们必须学好。王红生，你读一读吧。”

我高兴极了！用很洪亮的声音读：“跟着共产党，永远干革命！”

彭总听了，那慈祥的面孔显出和蔼的笑容，说：“王红生同志一年前连‘红’都不会写，现在有了很大进步，大家应当向他学习。我们是红军战士，没有文化是不行的，我尝够了文化水平低的苦头，所以大家一定要学好。”他停了一下，又意味深长地说：“同志们！为什么要学习这十个字呢？因为这十个字对我们红军战士来说太重要啦！所以我们不但要会认、会写，更重要的是要永远刻在我们心坎里，遇到艰难险阻，我们就要想起这十个字，它就能给我们增加战胜困难的勇气。同志们，千万要学好啊！”

教员认真地教了这十个字，我们不但学会了写，而且也懂得了它的深刻含义。

# 血染的笔套和钢笔

在毛主席的领导下，经过震惊世界的二万五千里长征，胜利地到达了陕北，这时我已从一个司号员成长为连队指挥员。

一天，彭总找我个别谈话。他说："为了早日取得抗战胜利，必须培养大批干部，因此毛主席决定成立抗大，不久你要到抗大去学习。"

我听了这个消息，一方面感激党对我的关怀；一方面产生畏难情绪。像我这样低的文化水平，能入大学吗？于是，我慢吞吞地说："我的文化太低了，能行吗？"

彭总笑着鼓励我说："小王，你的文化不高是事实，但可以学嘛！我还要重复一句：我们革命战士，没有不能克服的困难。你刚参军时，不是连红军的'红'字都不会写吗？要知道，入了抗大，不但学文化，还学军事，学政治。毛主席、朱总司令、周副主席要亲自给你们讲课，这是最大的幸福啊！"

我听了受到很大鼓舞，脸上显出愉快的笑容。彭总从我的面部表情，知道我的想法，又严肃地说："小王，不久咱们要分别了，我马上要到抗日前线去！"我听了这个消息，不知说什么话好，只是瞪大了眼睛望着他。

彭总拿出了一个钢笔套，从里面抽出一支钢笔说："我没有别的东西送给你，把一个烈士的遗物转赠给你，作为永久的纪念吧！"我双手接过鲜血染红的笔套，久久地端详着，彭总用沉痛的声音，讲了下面的故事：

"有一次，我们打死了一个敌军官，战士从他的身上缴获了这支钢笔，交给了总部。我和政委研究了一下，就把这支笔奖给了张玉林教员。当他接受奖品时，心里虽很乐意，但仍用推诿的口气说：'首长，还是奖给立大功的同志吧！'我对他说：'小张，这不是一支普通的笔，而是很好的武器。敌人用这支笔反对我们，我们要用这支笔打击敌人。奖给你的目的，不但是叫你使用好这个武器，更重要的是叫你教会更多的同志使用这个武器，叫他们也学会用这个武器。'他才高兴地接受了这个奖品。

"红军长征时，由于敌人的围追堵截，不少同志壮烈牺牲，张玉林同志就是其中的一个。在过草地时，我们和马匪的骑兵相遇，他光荣地负了伤，当时医药特缺，不久伤口化了脓，我除了叫医生给他治疗，又叫同志们用担架抬着他。这样在草地上走了三天，他实在不行了，当我从他身旁经过时，俯下身子仔细地看着他那苍白的面孔，关心地问：‘小张同志，你觉得怎么样？’

“他慢慢地睁开了眼，紧紧攥着我的手说：‘彭总，我不行了，我没有什么东西留给党，只有您赠给我的钢笔。’说罢，他把这支用鲜血染红的笔套和笔交给我，又很吃力地说：‘这只笔套是用鲜血染红的，请你把它连笔交给另一个同志，叫他运用这个武器战斗！’说罢，就闭上了眼睛。”

听完彭总的叙述，我忍不住流下了眼泪。多好的教员，多好的同志，竟永远离开了我们。

彭总虽很难过，但没有流泪，他深沉地说：“你接过张教员的笔，这不只是笔，是武器，运用这个武器进行战斗吧。”

我用两只颤抖的手捧着这份珍品，心情无比激动。就这样，我和彭总分了手。这支笔我一直带在身边，每当我看到这支笔，就想起了张教员，更想起了彭总。

（王德华　孔庆沛整理）

## “给我把人放了，立刻放了”

——彭德怀和许玉全

乌云遮住了星星和月亮。

夜，像一潭搅混了的水，乌黑一团。风穿过林梢，一阵比一阵紧。

崎岖的山道上，隐隐约约可以望见几个黑影在移动。到了眼前才看出来，打头的瘦长瘦长，两臂被反绑着，嘴里塞着什么东西。他的身后，一个挎着匣子枪，一个背着马刀，一个提着把铁锹。

在一块小平地上，四个人都站住了。前面是黑洞洞的树林，后面是巍巍的大山，寂静得阴沉，神秘得可怕。

挎匣子枪的用枪套捅捅身边提锹的，提锹的立刻会意，抢上前几步，用铁锹掀开地上的枯枝败叶,锹尖顶着了硬硬的泥土,开始挖起来。

被绑着的那个瘦长个儿,乱蓬蓬的头发几乎盖住了眼睛,上衣被撕成碎片,细麻绳深深地嵌在手臂的肌肉里,唯独那两片红领章还牢牢地钉在衣领上,月光照着它,似乎格外地鲜亮。他叫许玉全,是红军的一个指导员。他刚受过刑,那是一种难以忍受的火刑,不少人都在这刑罚前倒下了,瘫软了,没等拖到这里就咽气了。当这个瘦长的白面书生昏倒在地上时,保卫局的秘书宣读了判决书,执法队就挖好了土坑,但是没有想到,他竟又重新站了起来,支撑住了。他扬起那不屈的头颅,瞪着血红的眼,记下一张张那么熟悉、又那么陌生的脸。于是,许玉全被拖到了这块密林深处的小平地。

月光下,那一堆又一堆的新坟,杂乱地并排着,从脚下一直伸向黑洞洞的树林。有多少,没人数过,只是一棵棵树木倒下了,一堆堆新土堆起来了,就连那三位执法队员,也未必清楚,这里究竟埋下了多少冤鬼?

许玉全记起,那也是在一个明月高悬的夜晚。在一个乡村的小教室里,课桌前围坐着十几个红军干部,听一个厚嘴唇、大眼睛的领导讲着什么,月亮从窗口挤进来,照着他宽宽的后背,照着他黑糊糊的一段身影。

"咣啷"一声,门被推开,一阵凉风吹进来,灯罩里的灯芯摇了几下,一屋人不由得同时转头看去,只见门口站着一位留着分头,穿着长衫,瘦高的个,白白的脸,一副书生相的青年。

红军干部们都以惊奇的目光望着他,屋里一时鸦雀无声。突然,白面书生涨红着脸像是报告一般高声地说:"我要当红军!"

当红军！当红军可是件大好事。红军要扩大,部队要发展,正是他们今夜要研究的问题,这有什么难的。红军干部们高兴地笑着、议论着。在他们看来,这个白面书生肯定喝过不少墨水的,而红军里正需要这种秀才呢!

白面书生着急了,怕红军不收他,就壮着胆子连连说:"我要当红军！我坚信共产主义,这全是心里话,全是自觉自愿的!"

红军干部们被白面书生激动的情绪感染了,互相看看,又互相示意着。

站在他们中间,方才那个讲话的,这才抬起头来,上下打量白面书生,片刻之后笑眯眯地走到他面前说:"当红军！好啊,我彭德怀首先欢迎!"

一听说对面站的就是彭德怀,白面书生反倒愣住了,一时张口结舌,满肚子墨水竟也倒不出一滴。

彭德怀见要当红军的白面书生那着急的样子，便叫人端过一条木凳，让他坐下，让他慢慢讲。

白面书生这才平静下来，向彭德怀诉说起自己的身世。他是离此地不远的刘湾人，名叫许玉全，父亲是有名的财主，读过私塾，文的武的都能来两下子。他不怕花钱，把小少爷许玉全送到武昌城里念书，盼望许家出个人才，捞个官爵，振兴祖业。但万万没有想到这个许玉全书读得越多，越是和老子格格不入。他先在武昌学堂里闹学潮，后来同情共产党，前年回家来，竟一头扎到农会里，劝父亲交出土地和山田。财主老子眼看许家出了逆子，一气之下，买通官府，将许玉全从学校开除回故乡，当了教书先生。许玉全回乡后，信仰不改，暗地里和共产党挂上了钩，没日没夜地为共产党工作，领头分了许家产业，斗争了自己父亲。后来革命转入低潮，国民党反动派大肆搜捕屠杀共产党员和革命分子，许玉全也在被杀之列，因为财主父亲出面说情，许玉全才免遭一死，蹲了两年土牢，直到红军解放了县城，才得自由。

几年的斗争风雨，把许玉全锻炼得更加坚强，他认定自己一辈子要走的路，坚决要求参加红军，可是，一次又一次地遭到拒绝。为此，他曾找过区、乡苏维埃干部，他们说："红军不要地主的少爷。"他也找过红军领导，回答是："穿长衫，留长发的，我们不收！"

许玉全并不灰心。他很自信，红军不收我这样的人，就不是真正的红军。前些天，他打听到彭德怀的队伍到了这里，就不顾一切赶来。他知道彭德怀是赫赫有名的红军将领，听说过许许多多关于彭德怀的传说，在他眼里，彭德怀是个了不起的人。可他真没想到，竟这么容易闯进了彭德怀的住处，而眼前，对他笑着让座的，就是名声赫赫的彭德怀！

听着许玉全的叙述，彭德怀脸上的笑容消失了，他走到门口，望一眼天上的明月，又回到桌子前，望一眼正在端坐的干部们。

许玉全讲完了，彭德怀就站在他面前。

彭德怀向他伸出手，他紧紧地握着彭德怀的手。彭德怀说："我收下你——许玉全！红军里正缺你这样的文化人，你就当个文化官吧！我是个粗人，识不得几个字，革命成功不能光靠粗人，也要靠你们这些细人，要靠有文化有知识的人。马克思就是大知识分子哩！"

许玉全沉浸在美好而又难忘的回忆中……

坑挖好了，昏暗的月光下，四周寂静，像是个无底的魔窟。

挎匣子枪的人，离开靠着的那棵树，走到挖好的土坑前，弯着腰朝里望望，然后满意地直起腰，用手拔出了塞在许玉全嘴里的烂布团。像是干渴已久的人突然喝到了清泉水那样，许玉全顿时感到特别的轻松，他深深地、大口大口地吸着林间清凉的空气，平静地望着周围的一切。

“许玉全，你还有什么说的吗?”挎匣子枪的人声音低沉、凌厉、咄咄逼人。

许玉全看着对方，轻轻地摇摇头。他对这个挎匣子枪的保卫局执法队长，是十分熟悉的，他们曾是一个连队的战友，挎匣子枪的当连长，许玉全是指导员。他们在一起打过很多仗。转战湘赣的那些日子里，这个连长伤了腿，不能走路，上级要把他藏在老百姓家养伤，他哭着不肯，说他不能离开红军。许玉全被感动了，把他背在身上跟着队伍一齐走。整个秋冬，许玉全和大伙就这样背着他，行军、打仗，直到他的腿伤痊愈。许玉全却被拖的只剩下一把骨头。后来，红军里出现了怪事，很多人不明不白地成了“改组派”，连留着分头识几个字也成了“改组派”的罪证。连长被指名调到鄂东南保卫局当执法队长。他忠于党，信任红军，服从上级，对敌人恨，对红军队伍里的叛徒更恨。但他从不怀疑在自己这个执法队长的刀下倒下多少好人和战友。对救过自己命的许玉全，他虽然犹豫过、痛心过，但保卫局秘书手里那份材料，使他最后下定了决心，坚决果断地把许玉全押上了刑场。

许玉全了解这个挎匣子枪的，他曾据理抗争过，也以战友的情义说服过，但一切都没有用。现在，死亡就在面前，还能说些什么?他失去了信心。

许玉全痛心地看着过去的战友，足足一个时辰，才静静地说：“给我松开绑，我跑不了的!”

挎匣子枪的人稍一愣神，把匣子枪递给那个挖坑的，为许玉全松了绑。

血又在许玉全周身的血管里流淌。他用了很大的劲，没能把胳膊挪到身前来，已经麻木僵死不能动弹的胳膊，好像不是长在自己身上，他仍镇静地慢慢地移动着步子慢慢走到坑前，再次抬起了头。月亮依旧挂在树梢，风停了，乌云躲远了，碧沉沉的夜空清澈、深远。

提刀的跟了上来，大片刀在他手上，明晃晃的，闪着寒光。

许玉全下定了死的决心，闭上了眼，等着突然砍下的刀。他曾经听说过，那刀片是异常锋利的，许多的遇难者，在这个时候，也是站在坑沿，刀片突然从后面飞来，头先落在坑里，身子接着再倒下坑，丝毫没有感觉，没有痛苦。

许玉全闭着的眼睛突然睁开了，他猛地转过身，对着挎匣子枪的说："我请你带个信。"

"给谁？"挎匣子枪的眼睛没有看他。

"给彭总！"一字一顿，是那么响亮、清晰、深情。

挎匣子枪的不由身子一颤。他清楚，许玉全是找着彭德怀才当的红军，他更难忘记发生在几天前的那一幕——

在鄂东特委住的房子里。

彭德怀叉着腰，喘着粗气。有人给端了条木凳请他坐。彭德怀怒气冲冲地说："坐？我坐得住？捉了那么多人，这是谁的主意？"

保卫局局长满脸赔笑："不捉不行啊！彭总指挥的意思是……"

"全部放掉，放掉！"彭总果断干脆。

保卫局长吃惊地睁大眼睛，张大嘴巴，半晌没吭声。

"放掉！听懂了吗？"彭德怀提高了嗓门，气势逼人地指着保卫局长的鼻子："再这样瞎胡闹，我先崩了你！"

保卫局长退缩到桌子一角，脸皮刷地变了，像白纸一样，他哆嗦着："中……中央……"

彭德怀发怒了："一切有我彭德怀负责！"

就在这时，挎匣子枪的执法队长闯进来。他没有看脸色的习惯，进门就报告："许玉全押来了！"

保卫局长连使眼色，挎匣子枪的会意不到，愣愣地站着，又嘀咕一句："他不服，说他不知道有什么'改组派'。"

"许玉全？"彭德怀紧绷着脸若有所思地问，"哪个许玉全，是不是那个文化人？"

保卫局长连忙应声："是……是，正是他，出身地主恶霸，在武昌上过洋学堂，他的同学都是国民党特务，他是带着任务混进来的。"

彭德怀不动声色立即追问道："你怎么这样清楚？"

保卫局长来了神，指着抽屉："这儿有材料。彭总，这都是揭发的！"

彭德怀一脚踢翻了凳子，扬起浓眉，怒目圆睁，嘴唇紧闭，脸色铁青，足足有半个时辰才平静下来："不就是那个文化人吗？我了解，他参军是我点的头，出身地主，这是事实。他在武昌读书，同情共产党，闹学潮给开除了，这也是事实。回到家，又和财主老子对着干，闹农会，把他老子的房产、土地都分给了贫苦农民，国民党抓他，坐了几年大牢，这都是摆在桌面上的事实嘛，你保卫局去调查吧，搞清楚了，给我把人放了，立刻放了！"说完，彭德怀头也不回地走了，他的步子又大又坚实，踩在土石路上，咚咚作响。

……

现在许玉全要给彭德怀捎话，他要说什么呢？挎匣子枪的用疑问的眼神看着许玉全，又看着那幽深神秘的土坑。

"你就这样对他说吧！"许玉全把自己的心掏出来，"彭总相信我，红军收了我，我把自己交给了红军，入了党，当了红军的干部，这得感谢党和同志们。这几年，风里雨里，再困难，再痛苦，我许玉全没有动摇过，没有失望过，这，你们都了解。无愧地说，我许玉全的心是红的，血是热的，我不怕死，我对得起彭总指挥，我只请求他向中央报告实情，再不能这样搞了！"他说不下去了，热泪第一次涌出眼眶，挂在消瘦的两腮。

挖坑的把头转过去，他听不下去了；背刀的木然地站在那里不动，挎匣子枪的低下了头，沉思着，下意识地点点头。

许玉全又走到了土坑边，用麻木的手扣上了衣扣，理了理头发。

背刀的在身后，脚步沉沉地跟了上来。

"啪啪！"突然，两声尖厉的枪响，在夜空震荡，树叶纷纷落下来。刑场上的四个人，同时转过身去，茫然地望着枪响的地方。片刻，一阵拨动树枝的声音传来，从急促的脚步声判断，有人在往这边赶来。

挎匣子枪的怕出意外，命令背刀的快些行动，那背刀的刚要下手，猛听得林间一声断喝："刀下留人！"

回头望去，见是两个红军干部，一高一矮，手提匣子枪，气喘吁吁地跑上来，锋利的目光直逼执法队长。

挎匣子枪的认得其中一位是红五军军部的，连忙迎上去。那位高个子用手拦住了他，厉声严色说："奉彭总命令，我们来接许玉全！"

挎匣子枪的疑惑地看着两位不速之客，反问道："且慢，局长知道吗？"

"去他的保卫局长吧！"矮个儿气冲冲地说，"他早跑得不见踪影了！"

挎匣子枪的指指月光下一时呆立着的许玉全，他的声音很低很低："他，还在！"

两位红军干部向许玉全走去。

许玉全只是呆立着，平静地呼吸着，突然，他像孩子一样扑到高个子的怀里，无声地抽泣开来。

无辜的许玉全得救了。

（张浩平　李金葆）

# "写文章，题目要醒目，立论要正确，论述要深刻"

## ——彭德怀和夏纳

在抗日战火纷飞的日子里，彭德怀经常说："没有文化的军队是愚蠢的军队。同日本侵略者作战，没有文化是不行的。"平日，他除统观全局、指挥作战外，还特别重视干部和战士的政治、文化学习，注意对他们的培养和教育。

在彭德怀的关怀下，八路军总部直属机关办起了政治、军事、文化等几个业余训练班，组织干部、战士利用业余时间进行学习。彭德怀和左权参谋长还亲自讲政治时事和军事课，并经常检查学员的学习笔记，亲自动手帮助学员修改作文。

1942 年夏天的一个傍晚，天气格外闷热。彭德怀吃过晚饭，拿个小板凳，坐在院子里，翻阅战士们写的学习心得。他看得很认真，很仔细，一字一句地帮助修改错别字和不通顺的句子。他看完一篇，又看一篇，忽然被一篇研究敌人"铁壁合围"战术的文章吸引住了。这是一个叫夏纳的年轻人写的，彭德怀从头至尾地仔细读了一遍，放下文章，凝神深思，想起了这个战士刚刚到部队的情况。

夏纳，原是抗大总校的一个学生。他毕业后，分配到八路军总部作战科当参谋。因为参谋工作与他学的专业不对口，对工作分配有点意见。

彭德怀知道这个情况后，亲自找夏纳谈心。他一见夏纳，就开门见山地说："你是夏纳同志吗？我叫彭德怀。听说你是从抗大总校来的，我们很欢迎。咱们这里真正有文化的不多，很需要像你这样一些有文化的人来工作。让你到作战科工作，你不愿意吗？"

彭德怀的名字，夏纳当然早就知道。但彭德怀突然出现在眼前，他却有点儿紧张。当他听了彭德怀亲切和蔼的谈话，紧张的心情一下子又平静下来了。他对彭德怀说："我学的是工程技术，没学过军事知识，到作战科工作怕完不成任务。"

彭德怀说："按你学习的知识是应该让你搞工程技术工作的。可是，我们正在打仗，根据地里眼下没有什么工程建设可搞。你学的工程技术到抗战胜利后会用得上的。现在，摆在我们面前的主要任务是跟日本帝国主义打仗。我们的作战科很需要一些有文化的同志去工作。为了打败日本侵略者，现在你只好让知识服从抗战的需要了，你看怎么样？"

夏纳思考了一下，愉快地说："行啊！知识服从抗战的需要，个人服从组织上的决定。"

"这就对啦。你没学过军事不要紧，可以从实际工作中学，在战争中学会打仗嘛！你别以为军事这门学问高不可攀，其实没有什么了不起，只要肯下工夫，愿意动脑子，是可以学会的。到那时，你就会觉得学习军事，指导打仗，还很有意思呢。"

在彭德怀的教育和鼓励下，夏纳在作战科安心工作，发愤苦学，进步很快。

这时，彭德怀见他写的这篇研究敌人"铁壁合围"的论文，心里很是高兴。

过了几天，彭德怀去作战科，看到夏纳说："小夏，你学得不错，做得很对。一个青年人应该好好研究点实际问题，尤其是敌人使用的那些战术是值得我们认真研究的。”

夏纳有点不好意思地说:“我以前不懂军事,来部队参加实际战斗还很少,对敌人的战术仅是开始做点研究。这篇文章是这次参加反‘扫荡’战斗的总结。”

彭德怀继续说:“是嘛! 写文章就是要与实际结合。毛主席写文章,事先都是经过周密的调查研究,深入系统地了解实际情况。他既有正确的指导思想,又有丰富的斗争经验,所以能够写出好的文章来。你这次结合我军战后总结,写出这篇文章,方法是对头的。”

原来,1942 年 5 月,侵华日军华北派遣军总司令冈村宁次,采取残酷的“铁壁合围”战术,向我华北根据地疯狂“扫荡”,企图一口吃掉我抗日力量。经过我广大军民的艰苦战斗,彻底粉碎了日寇施行的“铁壁合围”。反“扫荡”结束后,干部和战士都在认真总结经验和教训。夏纳亲自参加了两次反“扫荡”的激烈战斗。他渐渐地对学习军事科学知识,产生了浓厚的兴趣。于是,在总结参加反“扫荡”的经验中,他就写了这篇题为《论敌人的“铁壁合围”战术》的文章。

夏纳听了彭德怀讲的话,觉得很有道理,便连连点头。他想进一步得到彭德怀的帮助,就说:“我初次写作,这篇文章还有很多缺点,请彭总多多帮助。”

彭德怀笑了笑,说:“缺点嘛,也有。不能只说敌人战术上的一些形式,而要指出敌人‘铁壁合围’的特点和弱点,阐述我军打破‘铁壁合围’的战略战术。这样,文章就会更生动有力,富有教育意义。”

夏纳迅速地记录彭总说的话,生怕漏掉一句。

“再是,文章的题目也有点大,这样就不够集中了。写文章,题目要醒目,立论要正确,论述要深刻。题目太大,不容易写好,重新换一个标题吧。”彭德怀说着,就拔出钢笔在原题旁边端端正正地写下“关于‘铁壁合围’战术的研究”几个字。

彭德怀走后,夏纳根据彭德怀所提的意见,对文章作了认真修改。修改后,他又送去让彭德怀给提意见。彭德怀看后,对不大妥当的地方用笔在那儿画上一道,让他进一步斟酌修改。不久,夏纳又把文章修改了一遍,发表在八路军总部办的《前线》杂志上。

(于　光)

# 一席肺腑之言

## ——彭德怀和沈学礼

1966年4月,宜宾地委书记沈学礼陪同彭德怀参观和考察了一周时间,对彭德怀艰苦朴素的精神,平易近人的作风,拼命工作的劲头,关心工农业生产的热情,留下了深刻的印象。他对彭德怀有着更深一层的感情。

沈学礼1919年3月生于江苏邳县,1938年6月参加革命,曾荣获抗日战争二级独立勋章,解放战争三级解放勋章。1949年南下后,任泸县军分区副政委,1955年9月28日被国防部长彭德怀授予上校军衔。他以前虽说见过彭德怀,但从来没有机会在一起相处过,这次相处了一个星期,明天,彭德怀就要离开川南了,一种依依不舍之情不禁油然而生。

趁着晚上彭德怀独自在房内休息,沈学礼到他的房间去看望他。彭德怀身着一套旧黑布中山服,脚穿布鞋,背着手在房间里踱着步子,显得有些寂寞。彭德怀见沈学礼来看他,连忙泡了一杯茶放在茶几上,两人在长竹椅子上坐了下来。沈学礼怀着崇敬的心情,向彭德怀问道:"彭主任参观宜宾部分地区之后对宜宾地区的工作有什么指示?"彭德怀将帽子搁在茶几上,背靠竹椅,轻声慢语地说:"看了几天,你们接待得很好,照顾周到,这几天你们陪我也辛苦了,谢谢你们。"彭德怀点燃烟,抽了一口说:"搞农业还是好,泸州这个地方气候好,农业搞得不错,有发展前途。我在进军西北以后,不进北京就好了,要是在新疆建设兵团搞农垦,抓农业,该多好!解决5亿农民吃饭是个大事,我喜欢农业,要是这样,也就没有后来那些事了。"说着说着,他的声调低沉下来了。他又抽了几口烟,捻灭烟头,两手交叉,对沈学礼说道:"1959年我给毛主席、党中央写信,是反映当时农村的实际情况。我常接到战士和农民的来信。现在还有人说我反毛主席、反党,我哪里是反毛主席、反党嘛?!我只是反映了群众意见,把农村工作搞实在些,大家都能丰衣足食。我是个老粗,没啥大本事,后来上井冈山找到了毛主席,这才是真正懂得怎样闹革命,怎么为人民服务,为人民办事。我跟毛主席几十年了,他了解我有一个倔脾气,自己认为是对的非干下去不可。我也有错,也愿意改。我历来对毛主席是尊重的,没有毛主席,没有中国共产党的领导,就没有新中国,没有今天的社会主义。他委派我来抓三线,我听他的话,想多为人民干点事,唉!不管那么多了,让他们去批吧……”彭德怀在说这些话时,在努力控制自己的感情。沈学礼听了彭德怀这些伤感的话,百感交集,不知说什么才好。沉默了一会,彭德怀一改缓慢而又低沉的声调,对沈学礼嘱咐说:“芙蓉矿区,要搞快点,请沈书记多关照。”沈学礼当即表示:“我们一定按彭主任的指示去做工作。”接着又对彭德怀说:“你要注意身体,上了年纪了,长途坐车,休息不好。来了之后,我们对你照顾不周,请原谅。欢迎你下次再来,晚上就早点休息吧!”彭德怀送沈学礼出门,两人紧紧握手告别。

4 月 26 日早上,彭德怀依然心情愉快地在院子里散步打拳。早饭后,在王思和、景希珍、綦魁英的陪同下,沈学礼又坐上彭德怀的小车,一直把他送到 80 多公里的江津地区与宜宾地区交界处。江津地委副书记江丰同志已经在交界处迎接。彭德怀下车后,紧紧握着沈学礼的双手,感谢他热情相送。沈学礼望着彭德怀的小车向永川方向驶去,驱车返回宜宾。在车上,他又想起与彭德怀相处的日日夜夜,想起彭德怀的一席肺腑之言。

沈学礼后任四川航天局党组副书记、四川省政协常委,他说陪彭德怀一个星期,就像昨天发生的事情,终生难忘。

(王春才)

## “铺张浪费不是共产党员的品德”

解放初期,彭德怀担任西北军政委员会主席。1949 年 10 月的一天,西北军政委员会行政会议照例举行每周一次的例会。在讨论了几项工作后,有些党外委员们在发言中谨慎地提出目前存在一些铺张浪费的现象。彭德怀是善于从细微中发现重大问题的人。他非常重视党外人士的这些意见，当即作了发言。会后，我回到报社整理成文，拿来请彭德怀过目审定。

夜晚十时许，我走进只有一盏门灯独照的大门，穿过路灯全部关闭、朦胧月色照耀的宁静庭院，径直走进一排坐北面南的平房。小小堂屋里没有灯光，只有从西套间门口的白布帘上透出的微弱光亮。我掀起门帘，轻脚走进套间里屋。彭德怀正坐在桌前阅读一份打印文件。我进来并未打断他的读兴。直到我停步在他左后侧身旁，轻声唤道："彭主席！"他才转过头来，用温和的目光瞥我一眼，颔首微笑，表示欢迎。

我说明来意后，把讲话稿恭敬地递向彭德怀。

"这么快就整理出来啦！"彭德怀说着，将稿接过去，展在桌前开始翻阅。当第一页快读完时，他才发觉我仍站着，便用慈祥而埋怨的口吻说道："你站着干吗！坐呀！"

他反复地默读着讲话整理稿，新闻记者的职业癖性，使我观察着室内的陈设：与战争年月一样，室内只有一床一桌，没有沙发躺椅，没有地毯茶几，办公桌上连个台灯也未装设。房间虽小，显得十分空荡。坐椅，是硬木靠背；床上还是战时的那一条洗得发白的灰布被子和罩着白布床单的褥子，所不同的是挂了个粗沙白蚊帐。

"我是这样讲的吗？"

彭德怀的问话，使我心里顿时不安：是否有谬违原意之处？我说："这是根据我的记录整理的。"

"我讲得没有这么清楚。"彭德怀边读边说，"你写的比我讲的要清楚多了。我这个人讲话就是乱七八糟，想到哪里讲到哪里。"

彭德怀继续读着稿件。我观察着这个小小房间，联想起战争时期在我们部队里流传着的那句歇后语："彭老总的厨师夸手艺——寡谈。"意思是说，彭德怀的炊事员只要把洋芋南瓜和小米做成熟的，彭德怀就满意了，无须精良的烹调技术。大家常用这句歇后语批评那些自夸的人……

"你抽烟不？"彭德怀突然又问起我。

我犹豫难复。记得十多天前，我第一次来请他审稿时，他曾问过我："抽烟不？"当时出于一种敬畏心理，我撒谎道："不抽。"

“你抽，我这里也没得有。”他说着顺手拉开桌子右屉，从里面取出一只梨来，放在我面前，说：“你吃这个吧。”又从衣兜掏出一把小刀递给我。这梨鸭蛋般大，黄皱的梨皮上还有几个斑点，不知放了多久了。

此时此刻，他又问我抽烟不抽，我犹豫了一下，鼓起勇气说：“你这里没有烟？”

“我去给你找找。”说罢即从椅子上站起，走向通往西边隔壁的小门。小门过去便是他召开小型会议和接待来客的房间。

真是喜出望外。我心里乐滋滋，等候着一包质料优良的名牌香烟。当我看到他手中那包已经打开的香烟后，大失所望，原来是当时流行的三级烟“大号”牌。

彭德怀坐回原座，抽出一支烟递给我。接着又抽出一支夹在左手食指与中指间，但一直未点燃。

“这个问题应该不应该在报上发表呢？”他又推敲了一阵子稿件，问我。

“很需要。”我吸着烟，直率地说，“目前铺张浪费的现象是严重的。”

彭德怀问：“这是你的意见吗？还是报社别的同志有这样的意见？”

我说：“我们报社许多同志都有这样的看法，认为你今天的讲话很重要，很及时，应该发表。”

彭德怀又问：“报社哪些人的意见？”

我说：“林朗、胡绩伟和编辑部的同志都是这个意见。”

彭德怀又问：“那些印刷厂的工人同志，那些炊事班的炊事员同志，他们的意见，你征求了吗？他们是不是也同意发表这个讲话？”

“没有。”我说，同时感到自己脸上热辣辣的，“我想他们一定会拥护这个讲话的。铺张浪费确实是当前出现的一个重要问题。若不及时纠正，继续发展下去，我们将会走到‘北京40天’的下场。”

彭德怀说：“这个问题是要经常提的。有些人一进城就很快学会了资产阶级那套作风：讲阔气，摆排场，贪图享受，没有看到我们从国民党手里解放出的是一个什么样的城市，到处是贫苦、饥饿，劳动人民还没有过上好日子。我们责任是赶快恢复生产，尽可能地改善人民生活。可是我们有些同志却不是这样想，认为进了城啦，得阔气些，像个样子。就拿我们这里的总务科长说吧，他也搞这一套了。前几天，他给我拿来一件衬衣，雪白，硬领，是府绸的。我问他,这是给谁穿的?他说,给我。我说,我又不是公子哥儿,穿这干什么?硬邦邦的领子,脑袋都低不下去。我叫他退回去。他说,人家是货物出门概不退换。我说,你拿去看谁能穿就穿去,我是不穿。他说,这是专给我买的。如今进了大城市,不同在山沟里打仗。再说,我现在是西北军政委员会主席啦,穿戴上要像个样子。你听他这套歪理!我说,我彭德怀只有一个样子,就是共产党员的样子,别的啥样子都不要。我硬是让他给我换了这件衬衣来。"彭德怀抖了抖他的衣领,欣喜地说:"穿上这件舒服。"

这是一件当年我们在延安时穿的那种白粗布衬衣。

"问题是存在的。"彭德怀沉思了一阵,"可是,是否需要在报上发表我这个讲话呢?"

我从他那征询的口气中听出了他是不同意发表这个讲话的,便急忙说道:"是需要的,这方面的讲话,在报上发表还是首次。"

彭德怀说:"你们报社的意见是要发表这个讲话了?"

"是的。"我说,"计划明天见报。"

于是,彭德怀又找来浦安修征求意见,浦安修看了两遍。彭德怀说:"我讲得太多啦!到处讲,总是我一人哇哩哇啦地反对铺张浪费,会不会惹人讨厌?"

"你讲得并不多。"浦安修将稿件读完第二遍后,放在彭德怀面前桌上,"只是在常委会上讲过两次。在党外讲,这还是头一次。把这个讲话拿在报上发表还是必要的。"

"是的,我们编辑部的同志也是这样认为的。"我附和着浦安修的意见,唯恐彭德怀否定了这篇讲话的发表。

彭德怀说:"这个问题是应当经常提醒我们的同志注意和警惕。共产党人嘛,就是要艰苦朴素。铺张浪费不是共产党员的品德。如今工作条件与生活条件变了,最容易将艰苦朴素的传统忘掉。你们两位都同意发表这个讲话了?"

"应该发表。"我用坚定的口吻说。

"好吧,你们都同意发表,那就这样决定吧。"彭德怀说罢又将稿子通阅一遍,取过毛笔在稿纸首页竖眉上写了标题,签上名字。

深夜12时,我离开了彭德怀的住处。

(杨　洛)

# “赤胆忠心死未朽，颂歌响九州”

## 一

人们常有这样的经历：有的事，仅隔一夜，印象便很模糊；有的事，虽过多年，记忆仍很清楚。彭德怀同志对我的一次教诲，已经30年了，当日情景还依然在目。

1949年春，为了全歼盘踞在晋中一带的国民党阎锡山匪军主力，北京前线我军挥戈南下，直抵太原附近。时值华北战场上最后一场激战的前夕，我有幸拜访了前线指挥彭德怀副总司令。

那时，我是新华社二十兵团分社的记者。当我准备到十八兵团采访时，我们兵团政治部主任李志民同志又给我加了一项任务：请彭总为二十兵团《战场报》书写报头。因为当时彭德怀与十八兵团住在一起，由我代办是比较方便的。我想，这还不容易！于是就慨然接受了。

路上，本来应想些采访内容上的问题，实际上却不能。因为在那崎岖的山路上，除了隐约的炮声外，唯有山涧里和丛林中的鸟叫声。常说：“蝉噪林愈静，鸟鸣山更幽。”在这幽静的道上认真一想，觉得问题还不少：大战即将开始，彭总有时间舞弄笔墨吗？仓促出发，连介绍信也没带，凭什么去拜访呢？他要执意不写怎么办呢？更不用说他很可能不在司令部了。如此等等，走到十八兵团时，还没想出头绪。

十八兵团驻地是个普通的山村，岭上岭下大约200户人家。墙上贴着《中国人民解放军宣言》，写着“打到南京去，活捉蒋介石！”等大标语。村边的树林里，几个司号员在练功。干部、战士们来来往往。我哪有心观看这战地景色，只想尽快知道彭德怀的情况。

在十八兵团政治部里，问到了彭德怀的消息，因此，听完了十八兵团宣传部长任白戈同志对我的采访意见，就向他说明我的另一任务。任白戈同志为此特地给彭德怀写了一封信，我持着这封信，怀着极大的喜悦去访彭德怀。这时已是下午三点了。

## 二

远在土地革命的时候，许许多多的传说，使我成了彭德怀同志的崇敬者。几年之后，我又成了他所指挥的八路军中的一名新兵。自从晋东南地区声讨大汉奸汪精卫大会以后，十年来再没有见过他。现在，当踩着坎坷的街石，即将看到仰望已久的彭总时，该是多么高兴啊，然而我的心却像村外的山峦似的不平静：当他正在为捣毁阎匪老巢而忙碌时，怎忍前往打扰他呢！可是，又岂能半途而罢呢！在犹豫中走了一段下坡道，踏过一条干河沟，然后拐进一条短街上。这地方比别处稍静一些，若非偶尔有军人走过，是不会感到这儿住着部队的，更不会相信太原前线我军司令部就扎在这里的。又走了不远，见道北的一家门口，一边肃立着一个卫兵。一望而知，我的目的地到了。走到跟前时，一个卫兵彬彬有礼地迎过来轻声问询。我将介绍信递给他，他看了一下就放行了。我表示过谢意后，慢慢走了进去。

这是一所普通的院落。北屋、东屋各三间，全是块石砌基，土坯垒墙的平房。西墙下的木桩上拴着两匹高头大马，一匹枣红色的，一匹土黄色的。北屋窗前的石榴树上，结了许多嫣红的花蕾，院子里清洁肃静。既不见人，也不闻声，这哪里像个指挥部呀！就在这时，北屋里传出来打电话的声音，于是我怀着惊喜的心，朝北屋走去。

北屋中间放着一张方桌，上面立着一支白蜡烛，两个搪瓷碗，桌子周围有几条木凳，几只文件箱。通过敞开的隔山门朝东间屋里望时，见满墙军用地图上面，插着许许多多的红蓝小旗，一望而知是太原前线敌我攻守形势的标识。地图前的长桌上安放着一架穿着皮套的电话机。正在接电话的同志是个青年，又是北方口音，显然不是彭总。回头望望西间屋子，房门紧闭，悄无声响。奇怪，莫非真的不凑巧！

片刻之后，打电话的同志走出来，我把信递过去，他看后，很客气地说：

“请你稍等一下，彭总很快就会回来的。”转身倒了一瓷碗水放在桌上，我们谈起话来。他是一位参谋，姓陈，名字已不能记忆了。

## 三

陈参谋非常热情，当他了解我的来意后，谨慎地说：“看看吧，也许问题不大。”我想：难道彭总会叫我碰钉子吗？他固然特别忙，倘若把一切都准备好了，使他能够提起笔来一挥而就，即使再忙也是可以的吧！于是我就询问有没有纸张笔砚，当我知道一应俱全时，别提多高兴了。应我的要求，陈参谋把一方圆形石砚放在桌子上，我急忙注水磨墨，寂静的室内发出嚓嚓的响声。

墨未研成，陈参谋就说：“回来了。”朝外瞧时，见一位身着褪了色的黄土布军装的首长，已走到院子中间，他系一条牛皮腰带，脚穿黑色圆口布鞋，身材短而略胖，他那浓眉毛，大眼睛，厚而稍突的嘴唇，给人一种严肃威武的感觉。我立刻放下墨站起来，向走进来的彭德怀举手敬礼。彭德怀还没站定，陈参谋就把我带来的信递过去，彭德怀看完后，他又代我说明了来意，我自然也说了一遍李主任和大家的愿望。这时，彭德怀的令人敬重的脸上才略有点笑意，并把我拉到他坐的凳子的另一端，然后轻轻地问道：“为什么要我来写呢？”

对于彭德怀可能提出的问题，我大都考虑过，唯有这个问题没有准备。只好边想边说：我们兵团的同志们，凡是知道彭副总司令到太原前线来的，没有不高兴的，可是你还没有来得及到我们兵团去哩，大家见不到你，看见你写的报头也高兴啊！……当我正在寻找更充分的理由时，已发现他的表情有点不以为然了。不过，并没料到他又问我：“你知道我会写字吗？”

请听，这是多么好笑的话啊！我怎能不知道他会写字呢？他大概看出来我要搬证据了，接着说：“我小的时候是个放牛娃，只念过一两年旧书，字认得没有几个，更提不到会写了。在湖南当团长的时候，我们那个副团长就不知道我认得字。有一天发现我在写信，惊得他跳起来喊叫：‘呀！老彭呀，你怎么一下子变成圣人啦！’”

我笑了，在东间屋里工作的陈参谋也笑了。我心想：他说的也许是事实，但目的还是为了拒绝我的请求，或者仅是一种谦虚话。于是贸然说："我见过你的题词，快写吧！你看，我已把墨研好了。"他当然发现了我那急切的心情，只是很难判断我那证词的真伪，于是高声爽朗地说：

"实事求是，说一次也没写过是不对的，在延安时，那里建了个烈士纪念塔，要我题词，我想，不管我的字写得多么丑，都是应当写的，不然就对不起为革命而牺牲的战友。此外就再没写过。"

听他这么一说，倒觉得有点希望了。我说："为了鼓励指战员们的情绪，也是应该写的吧！"说着，就把砚台往他跟前推了两寸，但是他却把砚台推了一丈，郑重地说：

"毛主席、朱总司令都是大知识分子，字也写得好，为了鼓励同志们的情绪，应当请他们写哟！"

我紧接着说："现在毛主席、朱总司令都不在这里，还是请你写吧！"于是又把砚台推了两寸远，并把笔帽取掉，将笔靠在砚台边上，只见他慢慢收起笑容，沉思了片刻后说：

"你所以要我写字，显然不是因为我的字写得漂亮，而是因为我是副总司令，这就不好，职务只是革命工作的分工。我自己是知道自己的，革命前不管他了，革命后虽然做了些工作，但也犯过一些错误，功过相抵，还是个零。不谈写字了吧，还是谈谈你们的工作吧！"

万没料到他竟提出这样严肃的问题，而且并非客套，这就不得不使我一时语塞了。接着他到东间屋里去了，只听得他和陈参谋说了一句简单话后，便拿着一个苹果和一把小刀走出来，递给我说："没有别的招待你，吃，不要客气！"

我接过苹果和小刀，没有说话，也不知该说什么。只觉得现在坐在我身边的，不是指挥千军万马令人敬重的大将军，而是久别重逢的师长和父兄。虽然如此，我怎么好意思吃他那可能是仅有的一个苹果呢！只好连小刀一起放在桌子上，开始了新的话题。

## 四

新话题是彭德怀从我的工作谈起的。他说："记者要把眼光放在工农兵身上。没有工农兵便没有历史,没有工农兵便没有战争的胜利。当然,没有指挥也是不行的,但战争能不能打胜,关键在于战斗力,在于工农群众的积极性,所以一定要注意把战士写好。”

他的话无疑是正确的,在衷心敬佩的同时,我暗暗地思忖:他虽然在谈记者工作,但这跟请他写字似乎也不是毫无关系的,于是,我把话题转到读者对文章的评价问题。他说:“我了解一点打仗的事情,并不懂得写文章的事情。以我的看法,文章写不好的原因很多,其中有一条是由于没有正确地反映事物的必然性与偶然性的辩证关系。主席不是说过吗:事物的必然性常常是通过偶然性表现出来的。比方说男人与女人要结婚,这是必然性,但哪个男人和哪个女人结婚却是偶然的;再如共产党员和共产党员是要见见面的,但这一个和那一个共产党员什么时候在什么地方见面——像你和我今天的见面,不是偶然的吗!有些同志在文章中只注意了事物的必然性,忽略了事物的偶然性,这样看起来就千篇一律,没有意思;就像‘蒋军必败,我军必胜’这个道理,不是尽人皆知的吗?你注意写他的失败,而不注意去写他为什么和怎么样失败的,那就不大行,或者很糟糕……”

我边听边想:写文章还有这样深奥的哲理呢!

彭德怀说到这里,发觉我听得入神了,就指指桌子对我说:“怎么不把那个苹果吃掉!又不是叫你看的!”

我说:“听你谈写作比吃苹果还有味哩!”

他说:“这样说不好,论文章我是外行嘛!”说着就把苹果抓过来,用小刀一圈一圈地削起皮来,一条长长的红色果皮从他的手上拖到膝盖上,屋子里立时弥漫着阵阵果香。刚刚削完,他就把苹果送到我的手边。可是我怎能去吃彭总亲手削的苹果呢?我接过来,又慢慢地放到桌子上,为了使他不要再为我操心,就说:“先放一下,一定吃!”其实,当他聚精会神削苹果的时候,我就想,耽误他的时间已经够多了,写报头的事总没有解放太原重要吧!可是我就这样空手而归吗?这时,我又从记忆中发掘出一条根据,蛮有信心地说:

“我想起来了,你还在赵树理同志的《小二黑结婚》上题过词呢!”

他哈哈笑道:“你不说我倒忘了。文章要写得好,我以为写出后还应耐心改,不要急于登报印书。在晋东南的时候,赵树理同志把他的《小二黑结婚》初稿拿给我看，我看后觉得很不错，但也还有些缺点，要修改；后来他又改了很多次，才定稿出书，大家的反映还不错嘛！所以我就给他写了两句话，大概是称赞他的刻苦用功精神的吧！”

东屋里电话铃响过后，陈参谋走来请彭德怀接电话。接过电话后，他对陈参谋说：“请他们过来，要到前方去一下。”陈参谋去摇电话机，彭总走到地图跟前凝神地察看着。我意识到，我必须走了。当我向敬爱的彭总敬礼辞行时，他回过头来，紧紧握着我的手说：“请向李主任问好！”我再次敬礼后，转身走了！刚到院里，又听到屋里喊道：“苹果，苹果”，我转身看时，见彭总立在屋门口，手里举着他亲手削的那个苹果。我心里一激动，嗓子成了哑巴，只是向他摆了摆手，连一声感谢的话也没有说出来。

思悠悠，念悠悠，睽违彭总三十秋，教诲铭心头。
怨悠悠，恨悠悠，功过颠倒亲当仇，怒气冲斗牛。
喜悠悠，乐悠悠，沉冤一扫名更优，功绩垂千秋。
丝悠悠，竹悠悠，赤胆忠心死未朽，颂歌响九州。

（林　呐）

## 拜年贺新春　严冬遭绑架

——彭德怀和杨沛

1966年，全国上下政治风云突变。这一年，在杨沛与彭德怀交往的情感世界里经历了巨大的跌宕：早春，彭德怀亲自登门给他拜年贺新春，他经历了从未体验过的幸福；严冬，泪眼中目睹彭德怀被迫离开成都，熬过了最痛苦的一夜。

## “老杨，我来向你们拜年啦！”

大年初一，天还没有大亮，彭德怀就在阵阵鞭炮中起床了。早饭后，在秘书綦魁英引导下，他先给没有回家的西南三线建委机关干部们拜了年，就直奔西南三线建委副秘书长兼综合局局长杨沛家中。

杨沛原是国家计委综合局局长，1964年年底随国家计委副主任程子华先来到了成都组建西南三线建委。今年他没有空回北京，爱人劳成之便领着三个女儿由北京来成都过春节。一家人挤在招待所二层一个小套间里。按山东老家过年习惯，早上也是吃饺子。此时，杨沛、劳成之正收拾碗筷，孩子们围在小圆桌子旁做作业，听到有人敲门，杨沛忙去开门，夫妇俩愣住了，站在面前的竟是彭德怀。彭德怀身穿灰布棉大衣，头上戴着一顶灰色棉帽子，脚穿黑色元宝口棉鞋，黑里透红的脸上露出慈祥的笑容。他操着湖南口音，进房就说：“老杨，我来向你们拜年啦！节日过得好吧？”

杨沛感动地说：“彭总，你先来了，我们还未向你拜年，真过意不去。”并把爱人劳成之介绍给彭德怀。劳成之走向前去紧紧握着彭德怀的手上下打量着他，似乎寻找昔日的记忆。孩子们也站了起来，望着这位陌生的老人。全家人你搬凳子，他泡茶，忙了一阵，彭德怀让大家坐下休息，见杨怡平、杨怡华姊妹俩又继续伏桌做作业，非常欣喜地说：“姑娘，大年初一也不休息啊，真用功！让彭爷爷看看你们的作业？”怡平当时已17岁，怡华比姐姐小3岁，在彭爷爷面前怪不好意思呢，脸上泛着红晕，顺手将作业本拿给彭爷爷看。彭德怀看后说：“我不懂数学、几何，但看出你们作业做得很认真，字迹清晰、端正，好啊！你们长大想干什么呀？”怡平、怡华低下了头，互相对望了一下，不知如何答复。杨沛夫妇忙对孩子说：“快告诉彭爷爷。”怡平先说道：“我长大想当兵。”妹妹怡华接着说：“我也是一样。”彭德怀笑开了，停顿了一下说：“参军当兵保卫祖国当然很好，但学习科学技术也很重要，国家要强大，人民要富裕，建设社会主义需要多方面的人才呀！”

“彭爷爷说得对，要学出真本事，到时国家需要你们干什么，就干什么。”劳成之插话说。

“对，对。”彭德怀喝了口水，点点头。劳成之望着彭德怀那慈祥的面容，朴实的话语，不由得浮想联翩，他想起自己走上革命道路的经历，滔滔不绝地述说道：“彭司令，我与杨沛是1937年10月在西安师范广场上听了你的报告后才下了决心。杨沛是青岛山东大学数学系的，我是北师大物理系的。面对着今后要走的路，我们一直徘徊着，犹豫着。在西安时，亲耳聆听了你的抗日救国、到前线去的号召后，我们心潮澎湃，怀着一腔热血，与16个青年徒步到拐儿镇转赴西北，投身了革命。今天回想起来，真该感谢你呀！”

彭德怀笑了笑，谦虚地说：“我是遵照党中央、毛主席指示做工作的。”

说到此，彭德怀不由得上下打量着这对夫妇，觉得他们大约是年过半百的人了，（劳52岁，杨53岁）还分居两地，便又与他们拉起了家常。

“成之同志，你在北京哪个部门工作？”

“农业部。”

“好，好，解决五亿农民吃饭是个大事，你的工作很重要，我很喜欢农业。”

彭德怀眉飞色舞，又继续问：“几个孩子了？”

“五个，这次来了三个姑娘，小五子怡丽出去玩了。”

“噢，那么怡平是老三，怡华是老四了？”彭德怀望着做作业的姑娘说。

“对，对！”杨沛忙回答。彭德怀又安慰劳成之说：“成之同志，老杨来三线工作，你们孩子多，家务全落在你身上，够辛苦了。”劳成之往彭德怀茶杯中添水，感动地说：“谢谢彭司令关怀，你穿得好朴素，还是当年的模样，没有多大变化，看不出老相，只是比过去胖了些。彭司令，你身体健康，我们也高兴哟！”

彭德怀有些激动，感叹地向劳成之说：“成之同志，人老啦，今天又添了一岁，68岁了，不过我还想多过几年，把三线建设搞完。我来这里时间不长，不熟悉工业，从工作到生活，多亏杨沛副秘书长的关照，谢谢他了，不过也有你一份功劳呀！”

杨沛听彭德怀表扬他了，心里感到不安，剥了一个橘子递给彭德怀：“请彭总吃橘子。我照顾不周，请多指点。过去你领导我们打仗，今天我们需要你指挥三线建设，祝你健康长寿。”

彭德怀谦虚地说：“不叫指挥，我们一起干三线建设，今年是建设高潮，年底要有点成效。”说完，彭德怀看了一下手表，已是上午十点了，便起身说：

“你们春节团圆了，我很高兴，老杨，成都是个好地方，成之同志未来过，青羊宫有花会，陪她与孩子去看看。”

“谢谢彭司令的关心，老杨要带我们去的。”劳成之扶着彭德怀的胳膊，与杨沛及孩子一起送彭德怀走出房门。彭德怀转身与全家人握手告别，示意让他们回去，杨沛坚持陪彭德怀一起给建委机关干部拜年。

彭德怀整整忙了一上午，赶回家中与刘云一家又度过了愉快的中午。

正月初一逢吉利，彭德怀登门拜年，成为佳话，尤其杨沛夫妇更是非常激动。特别是劳成之可开心啦。她说，工作几十年了，第一次碰上国家领导人向他们全家拜年，心里有说不出的喜悦。劳成之年轻时爱打篮球、爱唱歌，是个活跃的女干部。她在抗日前线创办过《黎明报》，当时报上多次报道过彭德怀的工作、活动，29 年后，彭德怀来家拜年，这天是多么不寻常的日子啊，该庆贺一番。劳成之一边切肉、切菜，一边唱起歌来，唱的是抗日战歌，还叫女儿唱，她记忆力极好，她说这是 1937 年 10 月彭司令在西安师范广场上做报告后，全体青年起立唱的歌，当时彭司令也跟着唱了起来，这个歌曾激励她与杨沛走上革命道路，一辈子也忘不了啊！

“再见吧，在前线上，民族已到了最危险的时候，中华民族儿女们。到前线去，你们先去，我们后跟上，热血的青年们，到前线去，到火热的斗争中去。”歌声未落，杨沛回来了，也跟着唱了起来。怡平、怡华姐妹俩第一次看到爸爸妈妈这么高兴，拍手鼓掌，欢迎爸爸、妈妈再唱一个。

中午饭桌上可热闹了，劳成之起身举杯向全家人敬酒说：“今日彭司令来我们家拜年，是个大喜日子，来！老杨、孩子们一起干一杯，祝彭司令健康长寿。”当晚，杨沛夫妇又来到彭德怀家中拜年。

## “我一个人也要坚守阵地”

党的八届十一中全会后，红卫兵开始冲击党政领导机关，大街上已经出现了“炮轰西南局、打倒李井泉”等等标语口号。鉴于社会秩序日益混乱，李大章、阎秀峰为彭德怀的安全担忧，建议他离开住处，出去避一避，建委副秘书长奉命晚上到彭德怀住处与他磋商此事。

与此同时，景希珍也接到了西南局保卫科的电话，要他说服彭德怀到外地躲一躲。景希珍转告了彭德怀,他不但不接受,反而批评景希珍说:“我看你呀,也是‘怕’字当头!你看过十六条没有?有什么可怕的?坏人有,毕竟是少数,群众会辨认出来的。我反正不走!”

“彭总,人家这是好意。现在是运动风头,社会秩序混乱,失去控制,要注意安全嘛!你要是出了差错,对毛主席怎么交代!”景希珍耐心劝说。

彭德怀背着手在房间里来回踱着步子,一会儿又停下步来与景希珍、綦魁英辩论。正当他们说得起劲的时候,杨沛副秘书长进来了。

彭德怀转眼看见身材魁梧的杨沛,冲着杨沛说:“噢,你来了。你是不是来通知我,叫我走开躲一躲呀?”

彭德怀边说边请杨沛坐到沙发上,他自己也在藤椅上坐下。杨沛好几个晚上没有好好睡觉,“红卫兵”缠住他要解决这解决那的,显得没精打采的样子。他说:“彭总,这两天抽不出身来看你。西南局情况不好啊!已经陷入半瘫痪状态。造反派、红卫兵勒令我们把办公楼让出来,作为他们的指挥部。132厂也被他们占领了,省、市委机关也被学生占了。所有领导躲的躲,逃的逃。井泉、大章、秀峰同志对你的安全很关心,你是不是尽快离开成都,我们已经给你安排好了地方,西南局在内江有个招待所,条件不错,又安静,明天就动身……”

彭德怀不但不听劝说,反而火冒三丈,他将坐的藤椅往后一蹬,站起身来瞪着眼拍着桌子与杨沛争吵起来。杨沛每次到彭德怀住处汇报工作,彭德怀对他总是很客气,又拿糖,又削苹果,从未发过脾气,但今晚他发火了。他气呼呼地说:“你们这些共产党人,真没有道理,胆小鬼,这样害怕群众,我不怕他们。群众起来了有什么可怕的呢?你越怕不越说明你有鬼吗?你们要走,你们走,我不走。学生来揪我,我就跟他们走,有什么可怕的!日本鬼子、美国鬼子都见过,有什么了不起!”

“彭总,你不要生气,你要知道,造反派可不是当年的红军战士,也不是一般的老百姓呀!”

“他们是革命小将,很好嘛!我们党有缺点应当让揭!中央指示要在党委领导下闹革命,他们越轨了,可以做工作引导。你们走吧,怎么劝说,我也不走!”

“你不走,万一有个三长两短,我怎么向建委、向党中央、向毛主席交代呢？走吧，彭总！”

“杨秘书长，谢谢你一片好心。我问你，中央派我到西南来干什么的？是叫和大家一道建设强大的后方战略基地，备战、备荒、为人民。现在还没建设好，就惊慌失措地溜之大吉，几百万广大三线建设大军，在深山老林安营扎寨，艰苦奋战，要是遇到困难也溜了，溜到老家去，还有谁来搞建设？下面未溜，我先溜，我又怎么向党中央、向毛主席交代呢？这跟逃命丢下阵地有什么两样？你们都走好了，反正我一个人也要坚守阵地。下个月，我们还要在锦江宾馆召开西南三线工作会议，我在着手准备呢！”

景希珍见秘书长劝说不了这个“倔老头”，就气呼呼地冒出一句：“我看你呀，犯了‘左’倾蛮干错误！”

彭德怀恢复了平静，没有发火，反而嘿嘿一笑说：“好家伙，你小子给我扣大帽子：扣就扣吧。十六条讲了，‘要文斗，不要武斗’……有什么怕的！”

杨沛摇摇头说：“彭总，文件是文件，行动是行动，‘造反派’的行动跟文件根本对不上号！你把事情看得太理想化了！现在是‘破四旧横扫一切’哟！”

彭德怀觉得杨沛的话也有道理，停顿了一会说：“可话说回来，他们真的把一切都横扫掉，躲是躲不脱的，中国960万平方公里，你能躲到哪儿去？”

“好好，我说不过你。”杨沛无奈地站起身来，转身就走。彭德怀一把拉住了他，坐到他身旁，向杨沛检讨说：“杨秘书长，这些天我心烦，有些事也把我搞糊涂了，我担心这样下去生产会下降，人民的吃饭穿衣会受到影响，三线建设也会推迟。我不该把火发在你身上，向你道歉。请你转告井泉、大章、秀峰同志，我不走，谢谢他们一片诚心。对‘文化大革命’我有我的看法，我给毛主席写了封信，请你转寄。”

杨沛站在桌子旁，见彭德怀从抽屉中取出一封信，他恭敬地接过信，表示尽快发出。

杨沛未完成说服任务，长叹了一口气，边走边摇头自语：“这个彭老总，真拿你没法子！”

三个月后，预料之中的事情果然发生了，彭德怀遭到了绑架。

## “你们无权将彭总带走”

1966年12月23日凌晨3点，北京航空学院的红卫兵翻墙跳入彭德怀住所院中，企图揪走彭德怀。綦秘书几乎到了发怒的地步，经过一番争吵后，他们才同意綦秘书请示建委领导，他们表示等他回来再商谈。

綦秘书临行前，向站岗的警卫战士小声打了招呼，不让红卫兵进彭总的房间。綦秘书摸黑跑步到大院东侧主楼招待所二层杨沛副秘书长家。杨沛正在熟睡，听到綦秘书急促的敲门喊声，立即披上棉衣，来不及扣好纽扣就开门让綦秘书进去，连綦秘书也未注意到后面悄悄跟着几个红卫兵，他们也一起挤到杨沛家中。杨沛还未来得及听綦秘书说话，一个红卫兵先抢着说：“我们是北航红卫兵，来之前，在北京江青同志接见了我们，他支持我们革命行动。我们有任务，将彭德怀带到北京，不会伤害他，赶快给安排飞机！”杨沛脸上几乎气得发白，反驳说：“你们无权将彭总带走。我哪里有这么大本事交涉安排飞机！”此时，一个红卫兵喊道：“这家伙是保皇狗，找他没得用，快去抓彭德怀，不要让他逃跑了。”几个红卫兵调头就走，杨沛急得额上出汗，随即给住在总府街招待所西楼的钱敏副主任打电话请示。钱敏心急如火，事关重大，向杨沛答复道：“我立即电话请示国务院，你们要保护彭总……”

杨沛打电话时，被一个红卫兵听到了，一伙人又追到钱敏副主任那里，围住他又提出了派飞机送彭德怀去北京的要求，遭到了钱敏拒绝。

原来，就在綦秘书出去请示建委领导的那一刻，院子里吵吵嚷嚷，把彭德怀惊醒了。他不慌不忙拉开电灯，还喃喃自语，“天还没亮，吵什么呀？”随手开门看个究竟。

红卫兵中有人发现了彭德怀，不顾解放军战士的阻挠，踢开围墙小院的木门，冲了进去，一把抓住彭德怀。有一个红卫兵吼道：“彭德怀！跟我们走一趟，我们不会伤害你，有问题要和你谈。”

彭德怀从容不迫，坦然说道：“走就走吧，让我穿件衣服。”然后，彭德怀被绑架到一辆卡车上，向东郊驶去。

杨沛、綦魁英急步向彭德怀住房跑去，景希珍与爱人张玉兰也先赶到了。四人来到了彭德怀的房间,只见房门大开,地上散着被子、书籍。却不见彭总的影子。杨沛发现彭德怀床边放了一双棉鞋,顺手拿起交给景希珍,指示尽快找到彭总下落,设法把棉鞋带给彭总,外面这么冷,脚不穿棉鞋怎么行。三人心急如火,在大院内先查找。其实,就在几个红卫兵扯住杨沛、綦魁英时,另一伙红卫兵在黑暗中拉拉扯扯将彭德怀绑架走了。究竟抓到什么地方去了呢?景希珍、綦魁英、杨沛正在着急,他们发现院子里一个红卫兵还没有走,景希珍一个箭步上前扭住了他,本能地掏出了手枪,让他交代把彭德怀抓到什么地方去了?从他那里得知,彭德怀被北航"红旗"红卫兵揪到成都地质学院去了。三人商定,綦秘书守住彭德怀的房间,杨沛立即报告有关领导,景希珍坐上赵凤池开的彭德怀平时坐的吉普车,追到了东郊地质学院。天亮了,景希珍与看守彭德怀的红卫兵头头进行了交涉、斗争,终于见到了彭德怀。

景希珍见到自己跟随多年的老首长彭总被这帮人整得疲惫不堪,毫无气力却又神情坦然地坐在凳子上,忍不住心酸地喊道;"彭总,我给你送衣服来了!"

彭德怀见景希珍来了,责怪说:"你怎么也来了?不要管我。他们拉我走,本来可以向你们打个招呼,但我未叫醒你们,我不能再牵连你们了。你走吧!快走吧!"

景希珍劝他道:"彭总,我不能离开你,这是组织上交给我们的任务!"

临走前,景希珍趁看守的红卫兵不注意,低声对彭德怀说:"建委领导正在打电话请示国务院。"彭德怀点点头,催景希珍快点离开。

不久,北京地质学院"东方红"王大宾等人,又从北航红卫兵手中将彭德怀揪到了四川省地质局院内。

建委钱敏副主任打电话到北京周总理家中,童小鹏接到电话火速报告周恩来总理。周总理指示,让成都军区派人与红卫兵一同坐火车护送彭德怀同志到北京,并交代不坐飞机,沿途任何群众组织不得截留,要保证彭德怀同志的绝对安全。周总理指示国务院值班室立即转告西南三线建委。钱敏副主任将答复内容记录写了一个字条给杨沛,上书三句话:"可以护送来北京,但是不要坐飞机,可以坐火车来。"周总理又与成都军区主持工作的韦杰副司令通了电话,讲了同样的内容。同时指示北京卫戍区司令部派部队在北京等候,并负责安排好彭德怀同志的住宿和学习。得到这个消息,景希珍又追踪到地质局,向彭德怀悄悄传达了周总理的指示。彭德怀听到周总理指示中还称他为同志,非常感动。

杨沛与中共中央西南局办公厅管理局副局长何光,来回奔波成都军区、成都铁路局,联系派警卫人员、车皮。军区、铁路局领导也靠边站了,经过多次协商,军区派出一位参谋、五个警卫战士,成都铁路局运输处负责挂了一节车厢,彭总与警卫战士被安排在两个软卧室。12 月 25 日,北京地质学院"东方红"王大宾一伙将彭德怀带到成都火车站,架上开往北京的火车。綦秘书、景参谋不放心,也陪同前往。王大宾一伙不让送行,但杨沛与何光不死心,在火车站挤在乱哄哄的人群中,想靠近彭总与他告别,却很失望。只见一辆小车在人群中间开进了车站,未见到彭总。杨沛、何光呆呆的目光送着车子离去,流下了心酸的泪水。

（王春才）

# 特别命令

## ——彭德怀和孟久振

1966 年 4 月,彭德怀去川南视察芙蓉煤矿。建委燃料局局长王思和派该局煤炭工程师孟久振打前站,提前几天去矿区了解情况,商定安排彭德怀视察矿区工作的日程。

彭德怀在王思和及秘书綦魁英、警卫参谋景希珍陪同下,于 4 月 21 日晚上到了珙县巡场镇芙蓉煤矿区指挥部。晚饭后,矿区指挥长刘同信向彭德怀扼要地汇报了整个矿区的建设情况,并劝彭德怀早点休息。彭德怀由景参谋打着电筒去厕所转回房间时见大家仍在谈论工作,他又跨进房间风趣地说:"好家伙,你们把我开除啦! 光叫我休息,你们却不休息,都该休息了!"这样,大家才散去。

当时芙蓉矿区指挥部处在初建阶段，没有招待所，他们把简易的办公楼让出几间作为客房，彭德怀就住在二楼一间不到20平方米的卧室内。房间内没有桌子，有一张挨近窗口挂有蚊帐的双人床，一盏不太明亮的电灯悬吊在床边。第二天晚上，即4月22日彭德怀在卧室内听取孟久振的汇报。

彭德怀头戴一顶黑色解放帽，耳边露出灰白头发，身着一套旧黑布中山装，上衣两只袖子各补一块补丁。他脱下布鞋，背靠垫着棉被的墙，盘着两腿坐在床上听孟久振汇报，并戴上老花镜聚精会神地做笔记，还不时插话提问。孟久振汇报了芙蓉煤矿区工程进展，计划执行情况，以及初步安排彭德怀参观煤矿区的日程。孟久振汇报到杉木树矿平峒中有斜井时说："路陡不好走，彭主任年岁大了，就不要下井了。"彭德怀抬起头，摘下老花镜说："井一定要下。我在童年时，当过锡矿工人，也当过煤矿工人，下井我是没有问题的，你们不必担心。"

彭德怀对孟久振的汇报表示满意，最后对他说："孟工程师，你汇报的情况很好，这样我脑子里有了个概念。现在没有什么说的，有什么问题，我看看再说。"汇报完后，在场的王思和犹豫了一阵，向彭德怀汇报另一个问题："彭主任，前几天孟工程师的唐山老家给他拍来加急电报，说他母亲病危要他速回，今天我才把电报交给他……"这封加急电报是孟久振离开成都后，西南三线建委机关收到的。当时，王思和没有电话通知孟久振，把电报随身带到芙蓉煤矿区来了，想亲手交给孟久振，但又未及时转交。原因是，王思和是位老红军，业务不太熟悉，孟久振是煤炭专家、老工程师，是他的得力助手，在彭德怀视察之日，不愿立即放走他。彭德怀得知此事后，马上摘下眼镜，手拿钢笔指着王思和说："你这个局长怎么当的？太不体贴下属干部了。你来之后，就应当立即把电报交给孟工程师，赶紧叫他回去。现在又耽误了一天。"接着彭德怀又半开玩笑地说："王局长，你要知道孔孟之家都是出孝子的，你这样做太误事了！"王思和笑笑没说什么。在一旁的孟工程师十分激动，赶忙说："彭主任，我母亲73岁了，上年纪的人，总会生病的，也不一定那么危急。工作要紧，不回去了，我陪你走完。"彭德怀坚决不同意孟工程师留下，下床站起来，吩咐秘书綦魁英说；"綦秘书，我命令孟工程师回家探母，你安排一下，告诉司机用我的专车，明早送孟工程师到宜宾赶火车。"綦秘书说："是！我安排。"彭德怀又对王思和说："孝敬父母是中华民族的优良传统。老年人在临终时，是多么想见见子女啊！凡是条件许可，都要尽量满足人们团圆的要求，矿区情况不熟悉没关系，刘同信指挥长他们清楚，有问题我们请教他们好了。”王思和高兴地对孟久振说：“按彭主任命令办。孟工程师，你现在回去做些准备，明早动身返家。”孟久振此时心情激动，站在彭德怀和王思和面前，不知道说什么才好。他摘下眼镜，用手帕擦去眼角的泪，又抬起头，对彭德怀说：“彭主任，这里离宜宾火车站不足60公里，就不用你的车送了，指挥部会有车送我到宜宾。”彭德怀又风趣地说：“孟工程师，你知道吗？军人不执行命令是违纪的。你未当过兵，就算今天入伍吧！我的命令是要执行的啊！”孟工程师上前两手紧紧握住彭德怀的手激动地说：“感谢彭主任关怀。”

在芙蓉煤矿区指挥长刘同信的安排下，孟久振坐上指挥部的小车，第二天一早赶到了宜宾火车站，当晚到了成都，坐车返回唐山，总算到医院与阔别多年的老母亲见了一面。当他向家人叙述彭德怀命令他回家探母这件事情时，全家都很感动。

孟久振后来担任四川省建委副主任兼总工程师，后来，他与四川省煤炭厅厅长刘同信再次谈起几十年前的这件事时，孟久振满怀深情地说：“彭总平易近人，艰苦朴素，严格要求自己，一贯关心干部群众。”

（王春才）

## “你是我们的先生”

——彭德怀和艾买提·瓦吉提

在我国的大西北，居住着很多少数民族。当彭德怀指挥西北野战军浩浩荡荡地向大西北进军时，他同野战军前委规定：在进军路上，凡是清真寺，一律不准部队进去。要求“接触少数民族，尊重他们的风俗”。

解放兰州的当天，彭德怀听说有位维吾尔族同胞，在街上张贴欢迎人民解放军的标语，就让军管会的同志把他请来。彭德怀一问，才知道他叫艾买提·瓦吉提,是利用开商行做掩护搞地下工作的。彭德怀高兴极了,亲热地对他说:“兰州是汉、回等民族杂居的城市。你们维吾尔族也是信仰伊斯兰教的。今天,我委托你一件事,请你检查一下,看一看我们的部队有没有进驻清真寺的,有没有违反民族风俗习惯的?”

在艾买提·瓦吉提跨进门槛,第一次见到彭司令员时,还有些拘谨。当他听完彭司令员这几句话后,一下子愣住了。他怎么也没有想到,这位指挥千军万马横扫西北顽敌的司令员,这样严格地要求部队,尊重各民族的风俗习惯;而且初次见面就这么信任他,使他深受感动。

艾买提·瓦吉提同野战军政治部的几位同志走遍了兰州城内著名的西关大寺、南潭寺等地,虽然没有发现解放军违反纪律的现象,但彭司令员派维吾尔族同胞检查军队纪律的事,却一传十、十传百地传播开来,在当地穆斯林中产生了广泛的影响。

几天后,彭德怀在“三爱堂”会见艾买提·瓦吉提。对他说:“你是新疆人,新疆的情况比我们熟悉,你是我们的先生。”他拉着艾买提·瓦吉提的手,站在挂着大型作战地图的墙壁前,询问了进军新疆的道路、地形、水源、水量大小,可供多少人食用,居民多少,是什么民族,他们的风俗习惯和礼节等等。彭老总问得那么认真,一点细节也不放过。艾买提·瓦吉提一一地做了回答。

会见后,彭德怀专门派人到清真饭铺买来饭菜招待他。

新疆和平解放后,艾买提·瓦吉提热情邀请彭德怀和其他野战军首长到他家吃新疆饭,庆贺家乡解放。彭德怀说。“好吧,我们去,一是做客,二是学习。”一进门,他就用维吾尔族的礼节向主人全家问候,在吃饭前,按照维吾尔族的习惯,用水壶浇水洗手,然后学着用拇指、食指和中指抓着饭吃。他边吃边风趣地说:“吃抓饭很有意思。大家同吃一盘饭,同心同德。”

饭后,能歌善舞的主人家与邻居们,在院子里弹起“都他尔”,打起手鼓,跳起维吾尔族舞;并邀请彭德怀同他们一起跳舞。一生征战沙场、一向严肃庄重的彭德怀,高兴地走进跳舞的行列,拉着主人们的手跳起舞来。他尽力模仿着舞蹈的动作,但他越认真,就越显得呆板,引起人们捧腹大笑。

这笑声,同歌声、鼓声融会在一起,人们都沉浸在团结欢乐的气氛中。

（于　予）

# “中国革命的胜利，有你们一份功劳”

## ——彭德怀和龙桂香

彭德怀在第二次国内革命战争时期，任红三军团军团长。1955年秋，原在红三军团通信排工作过的龙桂香同志，来北京找彭德怀，信访部门把他安置在招待所住下后，给我们办公室打电话联系说：“有一位从江西来的人，原是红三军团的，叫龙桂香，很想见到彭总。”我向彭德怀作了汇报，他没有马上回答我，只见他紧蹙着浓重的双眉，陷入了沉思，怎么也想不起“龙桂香”这个名字。最后，显得无可奈何的样子，摇了摇头。于是，我说：“那就不见了吧，回头我到招待所去看望看望他。”我刚转身要出去，彭德怀突然叫住我：

“等等，你问问，他家是干什么的？是不是做篾子的，要是，就有这么一个人。”

我是河北人，有时听不懂彭总的湖南话，把“篾子”误听为“妹子”，便很认真地说：“什么‘妹子’，‘妹子’是干什么的？来的人是个男的，不是‘妹子’呀？”

彭德怀听后大笑起来，向我解释说：“不是‘妹子’，是‘篾子’，就是编筐编篓的！他是个江西老表，参军前是个篾子工，红军长征到四川时，生病回了家……”

我打电话一问，果然和彭德怀说的丝毫不差，这使我深受感动。彭德怀在事隔几十年之后，对一个普通战士前前后后的情况，都记得一清二楚，他的心里确实装着群众啊！

一个星期天，彭德怀把龙桂香同志接进中南海，两位老战友相见，格外亲切。龙桂香同志握着彭德怀的手眯缝着眼睛，一遍又一遍地上下打量着，半晌，老人激动地说：“认得出，还是当年那个样子！”

彭德怀也说："你的模样也没有大变嘛，我们都有些老了，额头上都多了几条道道！"

接着，龙桂香同志说："老总啊，抗美援朝这一仗打得好，你受了大累，全国人民都感谢你！"

彭德怀连忙说："是中央决策英明，毛主席指挥得好，战士们打得英勇顽强，我个人没有什么可说的。"

他们从抗美援朝战争，谈到红三军团艰苦的战斗生活；从井冈山反"围剿"斗争，谈到红军长征；从龙桂香同志离队养病，谈到目前农村的生产形势。谈得十分投机。当谈到过去某次战斗的得意之处，两人不禁开怀大笑；而当回忆起一些战友在战斗中牺牲时，他们又长时间的默不作声，充满了缅怀之情。最后，彭德怀请龙桂香同志吃了一顿便饭，席间两人又说笑不止。龙桂香同志提出，请彭德怀在地方上给他安排一个工作，彭德怀没有同意，并向他讲清了道理，要他在家乡安心生产。

临别前，彭德怀给地方政府写了一封信，证明龙桂香同志在红三军团的战斗经历，请政府给予照顾。彭德怀知道龙桂香同志当前生活不富裕，还送给他一些钱，鼓励他把眼光看得远一些，坚定信心，搞好生产，不论在什么岗位上，都是为人民服务，只要全国人民一条心，人民生活会一天天好起来，国家也会一天天富强起来，共产主义最后一定会到来。彭德怀见龙桂香同志身上穿的衣服比较单薄，特地批准给他一件军大衣，并对龙桂香老人说："中国革命的胜利，有你们一份功劳，党和人民是不会忘记的。你现在不是军人了，但穿上这件大衣，可以使你不忘记自己过去的革命历史，你要保持和发扬老红军的光荣传统，为国家作出新的贡献！"

（孟云增　李太友整理）

# 人间自有真情在

## ——彭德怀和李志强

1974年11月29日,为中国人民解放事业奋斗毕生,举世闻名、刚直不阿的党、国家和军队的杰出领导人——彭德怀元帅,在受尽种种磨难之后,溘然辞世。

在这天空布满阴霾的日子里,一位年逾古稀的老人,满怀撕肝裂胆的悲恸,携全家儿孙五人,冒着严寒和政治风险,来到301医院门前的马路上,徘徊在寒风中,渴望能最后再亲眼看一看彭总的遗容。时间一小时、一小时地流逝,儿孙们生怕老人承受不住内心的悲愤和寒气的侵袭,都劝她回去休息,她执意不肯。最后,找到一处离停放彭德怀遗体最近的地方默哀。

这位老人是谁呢?她就是革命先烈、"卓越的红军将领"陈毅安的夫人——李志强。

关于彭德怀与李志强之间的深厚情谊,需追溯到四五十年前大革命的峥嵘岁月……

### 长沙第一面

李志强,湖南长沙丁家湾人。1921年8月,在五四新文化运动的影响下,她勇敢地冲破了"妇女必须深处闺门"等封建樊篱,到长沙维新女子职业学校学习,并结识了革命青年陈毅安。他们开始自由相爱,订下终身良缘。嗣后,陈毅安受党的派遣,考入了黄埔军校,彼此又在许多书信中抒发了真挚的爱情,相约等毅安学习毕业后回来结婚。后来由于革命形势的发展,陈毅安随军参加了北伐,途经长沙时,李志强匆匆赶到长沙北站,为未婚夫送行,再次表示等他北伐胜利后回来完婚。岂料天有不测风云,"四·一二"

后，形势急转直下，陈毅安跟随毛泽东参加秋收起义，上了井冈山。从此，一对恋人，音信隔绝，李志强终日盼着毅安归来的佳音。

陈毅安在井冈山斗争中，经过血与火的考验，成为一名出色的红军指挥员。1928 年 10 月，他奉毛泽东、朱德之命率红四军一部向井冈山北麓进发，去迎接平江起义后的彭德怀的队伍。11 月间，彭德怀率部经过数月的艰苦跋涉和辗转苦战，终于突破了敌人层层封锁，到达了边区茶陵地界。

陈毅安第一次见到了十分敬仰、闻名遐迩的彭德怀。年底他因小腿负重伤住院，旋即调往彭德怀红五军麾下，任副参谋长、参谋长。坚守井冈山时，环境极为恶劣，尚未痊愈的伤腿化脓了。在彭德怀提议下，他和许多伤员含泪离开了朝夕相处的部队，回家养伤。这期间，他和相爱 10 年的李志强结婚了。1930 年 7 月，伤腿初愈，他又返回部队。军团前敌委员会根据彭德怀提议，任命陈毅安为红三军团第一纵队司令员。继又任命他为攻打长沙战役的前线总指挥，协助彭德怀指挥全局。

红军攻打长沙前两三天，刚巧李志强因病来长沙。红军进城的第二天，在经武门外的坪上，李志强与陈毅安邂逅，心中自有说不出的喜悦。说了一会话后，陈毅安突然拉起她的手，边走边说：

"走，我带你去见一个人！"

"谁？"李志强不解地追问。

"我们的军团长彭德怀，你不是很早就想见见他了吗？"

是的，陈毅安养伤时就向李志强讲了不少关于彭德怀的故事，从那时起，李志强就想见见这位有名的彭大将军……

在司令部彭德怀的办公室里，李志强趁彭德怀倒水、让座的机会，偷偷地打量这位彭大将军：30 开外，身体结实，紫褐色的四方脸，双目炯炯有神，穿戴同一般红军战士无二。乍一看去，他刚毅、威武，可在饱经风霜的面容上，仍镌刻着中年农民的印记。他待人和蔼可亲，亲切地对李志强说：

"你和陈毅安的婚事，我在井冈山时候就听说了。由于那时战事不断，耽误了你们。趁毅安养伤才让你们团聚了一年，这回，你们又得分开了……"

彭德怀的话，温暖着李志强的心，却不知该说些什么好。彭德怀仿佛十分理解她的心思，临走时，慈祥而关切地说：

"毅安这一回部队，家里的一切都压在你身上了，你的担子不轻啊！回家后请代我向毅安老妈妈问个好。”说罢，他环顾四壁，好像在寻觅什么东西，突然拿起桌上一部随身携带的《辞源》，递给李志强道：“你们俩结婚，我没有礼物送你们，权且拿它当作一件礼品吧！”

李志强手捧战火中的特殊馈赠，心中默默地祈祷红军一切顺利。

几天后，一夜急促的枪炮轰鸣后，红军撤走了。不久，李志强回到家乡。第二年的农历正月二十七日，她生了一个男孩，取名“晃明”，即是象征着在暗无天日的茫茫长夜中，终究会有日月光明之时。

## 第一封亲笔信

光阴荏苒，又过了七个寒暑。李志强在白色恐怖和生活极贫困的日子里，忍辱负重，抚养年幼的孩子，赡养年迈的婆婆，更无时无刻不在惦念着陈毅安。为了谋生，她到长沙电信局当工人，同在电信局工作的地下党员章蕴大姐和郭亮的爱人李灿英一起互相鼓励，坚强地活下去。

卢沟桥事变后，抗日救亡运动席卷大江南北，国共两党进入了抗战合作的新时期。1937 年 9 月 22 日国共两党通电全国，一致抗日。次日，李志强即向延安的八路军总部写了一封挂号信，询问陈毅安的情况。

当八路军的副总司令彭德怀在前线接到李志强的信时，心情久久不能平静。身边的工作人员告诉他，信是由朱总司令转交给毛主席的，毛主席看过后心情很沉重，说请彭总酌情处理。彭德怀思忖良久，七年前陈毅安壮烈牺牲的情景又浮现在脑海……

时光的流逝，并没有抹去彭总对往事的记忆。现在，他读着烈士妻子的来信，思绪激荡，怀着对战友的缅怀之情和对未亡者烈士妻子的深厚同情，写了这样一封信：

志强先生台鉴：

来函敬悉。

毅安同志为革命奔走，素著功绩，不幸在 1930 年已阵亡，为民族解放中一大损失。

当日军大举进攻，民族危机日益严重的今日，只有继续毅安烈士精神,坚决奋斗,完成其未竟的遗志。尚望珍重。此复康健。

彭德怀

十月一日

李志强捧读彭德怀的来函,犹如晴天霹雳。她五脏俱裂,泣不成声,多年的煎熬与期待,顿时化为了泡影。年幼的孩子不知发生了什么可怕的事情,拉着母亲的衣襟喊着:

“妈妈,妈妈,您别哭,别哭!”

李志强痛定思痛,又一遍遍重读彭德怀的复信。她忍痛节哀,再次给彭德怀写了一封信,询问毅安牺牲的地点和经过。在戎马倥偬的战争环境中,彭总又回信简要地谈了当时的情景,同时对她一家的生活境遇极为关心,告诉她如有困难,可到长沙八路军办事处寻求帮助。

1939 年秋,李志强经过再三考虑,又给彭德怀写信,请求带着陈毅安烈士的遗孤到延安去。彭德怀当即回信,并汇 200 元作路费。由于这封信几经周折,直到第二年春天才收到。当时,八路军经费十分困难,正好有一个华侨团体向总指挥部捐献 800 元,经彭德怀和朱德商定,从这笔款中拨一半给两家烈士家属,即陈毅安和黄公略各家 200 元。

不料,正当李志强满怀对党无比感激的心情,准备启程赴延安之时,却被国民党特务逮捕了,母子俩在狱中受尽折磨,家,也被洗劫一空,直到长沙那场大火,日本侵略者大举进攻之时,他们才逃出虎口,跟随着逃难的人流出了长沙。

## 重逢中南海

1949 年长沙和平解放,给李志强带来了新生。她怀着无比激动的心情,给彭总写了一封长信,倾吐了自毅安牺牲后她在白色恐怖下的种种遭遇和对今后的希望,很快就接到彭德怀从兰州寄来的复信:

志强同志:

你和晃明 8 月 26 日写来的信,已经收到了。你们母子熬过 10

多年艰苦生活，始终向往革命，这种精神是值得钦佩的。关于你们目前的生活工作与学习问题，我已电告湖南省委黄克诚同志，请予关照。如有困难，可和他们面谈。此复并致敬礼。

彭德怀

十月三日

敬爱的彭总是多么体贴和关怀她们啊！李志强看着彭总的亲笔复信，仿佛又看见了亲人，感激的泪水湿润了眼眶。在党组织的关怀下，李志强被调到北京电信局工作，她的儿子也进步很快，光荣地加入了中国共产党。

1954年一个初冬的早晨，彭德怀派他的警卫参谋景希珍来接李志强母子到家中叙旧。李志强激动的心情，久久难以平静：20多年来，他们母子两人得到彭总多大的关怀啊！她铭心刻骨，终生难忘。如今的彭德怀，是中央军委的副主席，党和国家的重要领导人，有多少大事需要他决断啊，然而他还这样惦念着烈士的一家……她暗暗地叮咛着自己，见了彭总千万千万要克制自己的感情，不能流泪，不能露出悲伤，免得首长心情不安。

小轿车急速地驶进中南海，在“永福堂”牌楼前停下。李志强母子刚下车，只见彭德怀和夫人浦安修早就站在那里迎候了。

彭德怀一身青色呢子中山服，脚穿一双老式棉鞋，正以慈祥的面容，微笑着迎来。他一边同李志强紧紧握手，一边询问道：

“是志强和晃明吧！”

李志强抑制不住内心的激动，忙说：

“彭总，您好！”又连忙招呼在身后的儿子陈晃明说：“快拜见彭伯伯、彭伯母。”

陈晃明向彭德怀夫妇深深地鞠了一躬，说道：“彭伯伯、彭伯母，你们好！”

彭德怀夫妇满面笑容，亲切地说：“别太客气了，请快进屋，快进屋！”

这是一间客厅式的房间，屋子的头半截是彭德怀的办公室，后半截是他们夫妇的卧室，中间用一个折叠的屏风隔开。彭德怀亲自端出一盘橘子，李志强连忙说：“能有机会来看您，心里就有说不出的高兴，不是来吃东西的。”

彭德怀一边给李志强剥橘子，一边笑着说：

“看我是一码事，吃东西又是一码事，这是我的心意嘛！抗日战争时，你在敌占区不是还用包裹给我寄过牛肉干和瓜子吗?”

“哎呀！彭总，区区一点东西，不值一提。”

“不能这样说，礼轻情义重嘛!”彭德怀继续说道，“你在敌人的反动统治下，生活那么困苦，还给我彭德怀寄东西，得冒多大风险哟！我真替你母子捏一把汗呢！没有给你们回信，是怕牵连你们呀!”接着，彭德怀向李志强讲起自己的身世，他八岁那年，父母双亡，他要带领两个小弟弟。后来两个弟弟参加革命，给他写过许多信，他为他们高兴，但是没有写回信，他们就来信骂他，他还是没有回信。这时彭德怀深情地说:“不是我彭某六亲不认，是怕牵连他们，不能写呀！最后，我的两个弟弟还是因为我的关系，被国民党反动派杀害了呀!”

李志强是第一次得知彭德怀一家为中国人民的解放事业，同自己一样献出了亲人，心中更加敬佩、崇敬他的为人了。这时，彭德怀又看了看陈晃明，微笑着对李志强说，这孩子长得像毅安，夸奖这个名字取得好，很有意义；还有左权同志，他的孩子生在太行山以北，就取名左太北，也很有纪念意义。他还说黄公略有个儿子，模样也很像黄公略，叫黄新安，这个名字也取得很好……

李志强在彭德怀身边，仔细地聆听着兄长般的亲切谈话，倍觉温暖。她唯恐耽搁了彭德怀的宝贵时间，不敢久坐，拿起棉衣准备告辞。彭德怀夫妇亲切地一定要留她们母子吃饭，他把李志强手中的棉衣接过去，像一家人一样。

这时，景希珍走进屋说，午饭已经准备好了。饭桌上，彭德怀亲自盛一碗饭送到李志强手里，又往她的碗里夹菜。一边吃一边说，打长沙时，红军没菜吃，还是陈毅安在奇珍阁预备了一顿饭，他指着桌上的菜说，要是陈毅安在这里，这些菜，他们就会一抢而光的。

李志强在眼见盛菜的食盒之前，对于作为中华人民共和国开国元勋之一的彭德怀将军，吃饭如此简单是想不到的。便问:将军吃饭为什么这么朴素？彭德怀笑了，说:我们现在是吃大锅饭，饭菜都是从食堂打来的。说着，他忽然反应过来:李志强是湖南人，大食堂的菜是不放辣椒的。于是起身拿来自己单独预备的辣椒招待客人。

临别时，彭德怀夫妇送他们母子上车，一再安慰李志强不要过于悲伤，要注意身体。李志强要彭德怀送给她一张相片留作纪念，彭德怀选了一张，并说，相片是任弼时同志的小儿子在院子里为他拍摄的。在相片背面，他用毛笔写上"赠给李志强同志，一九五三年摄"。以后，他还多次邀请李志强来家做客，并以自己的薪金资助陈晃明和其他烈士子女读书。

## 夜访李志强

1956年春，李志强开始着手搜集、整理陈毅安烈士的事迹。她给彭德怀写了一封信，希望他在百忙中挤点时间能详细谈谈毅安阵亡前的情况。在此之前，她将自己长期珍藏的16封烈士的信件送给了彭德怀。彭德怀看后，赞扬陈毅安是革命的乐观主义者，忠诚的革命战士，烈士的忠魂将永存人间，并且指示中央军委秘书长黄克诚要打印成册，作为部队进行革命传统教育的好教材。

一天晚上八点多钟了，彭德怀在警卫参谋景希珍的陪同下，来到了西单附近的一个普通的四合院里。这时正在灯下伏案疾书的李志强听到门铃声，连忙起身开门。顿时，她惊呆了："啊！彭总您来了！"我们共和国国防部长彭德怀元帅，竟如此轻装简从，来到一个普通的百姓家中。她又惊又喜，忙招呼客人，彭德怀微笑地同她握手，那炯炯有神的目光，注视着墙上挂的一张放大了的照片。

"这是毅安的照片吧！"彭德怀问道。

"是的。这是毅安在黄埔军校毕业时留给我的一张照片，解放后把它放大的，让儿孙们永远记着他。"

彭德怀背着双手，默默地点头，肃穆地站着，端详了足有五六分钟之久。落座后，彭德怀说：

"你的信收到了，今晚有点空，来看看你。"

"彭总，您太忙了，又何必亲自来呢？"

"怎么，不欢迎？"彭德怀微微一笑，接着说，"同志的家，战友的家，我怎么去不得？我是什么地方都可以去，唯独蒋介石的家，我坚决不去。"

听了彭德怀风趣的谈话，屋子里的人都笑了。随后，彭德怀怀着对烈士的深沉思念，讲述起陈毅安烈士牺牲的经过。当彭德怀讲到毅安的遗体安葬在浏阳县永安市的荒山中时，李志强抑制不住内心的悲痛，恨不得化身为飞燕，飞到那里去寻找丈夫的忠骨。彭德怀安慰她，劝她不要哭，不要总想着过去的事情，不要背包袱。他还说，现在全国大陆都解放了，毅安的遗愿实现了，应该把精力放在教育孩子们身上，把他们培养成为新中国的有用之才，继承烈士未竟的事业。

彭德怀还引用了《三字经》上的话说："'养不教，父之过；教不严，师之惰'。毅安不在了，你、我、我们大家都有责任把烈士的后代培养成才。"李志强频频点头，表示一定要按照彭总说的去办。彭德怀又继续说，了解毅安事迹的同志很多，如罗帅、谭政、黄克诚、滕代远、何长工、陈伯钧、邓华、赵尔陆等，有时间可以去找找他们，一定会搜集到很多材料的。

夜深了，彭德怀临走时，再次嘱咐她要注意身体，并说只要她不哭，不悲伤，让他讲毅安的事，哪怕再来10次、100次，也是可以的。

此后，彭德怀又多次去李志强家中慰问，对陈晃明的政治思想和学业，也是无微不至地关怀。逢年过节，彭德怀总让景希珍去她家表示慰问或送些礼物。一次，金日成主席将自己亲手栽培的苹果，专程用飞机从朝鲜送一箱来给彭德怀尝鲜。彭德怀感激金日成的盛情关怀，就将这些珍贵礼品分别赠送给战友和部属，还亲自挑选了四个，吩咐景参谋送到李志强家，还捎来一句暖人心怀的话，说："东西不多，聊表心意，用我们古人的话说，叫做'礼轻情义重'嘛！"

不久，李志强专程到荣宝斋去买宣纸，想请彭德怀为陈毅安烈士题词，这下子彭总犯了难，他说："我的字写得不好，从不题词。在延安时，建了一个革命烈士纪念塔，要我题词。我想不写就对不住为革命牺牲的战友，才题了个辞。不过毅安是你的良伴，我的战友，就写几个字，算是送个花圈吧！"于是，他挥毫写下了——

生为人民生的伟大，
死于革命死得光荣。
毅安同志永垂不朽

一九五四年彭德怀谨题

# 吴家花园的客人

1959年庐山会议后,彭德怀受到众所周知的遭遇,搬到西郊吴家花园。这里名曰花园,实际上却很偏僻、荒芜。他住的是一所古老的房屋,北屋门额的横匾上写着"怀馨堂"三个大字,两侧的对联是"三山绘合天然画,月下闲视物外春。"彭德怀在这里度过了不平凡的六个寒暑。

1960年7月的一天,李志强一家四人专程来看望彭德怀。他把李志强一家接进屋,笑吟吟地说:"人家称我是'伪君子',你们还敢来看我?"

李志强也笑着说:"彭总呀,别人爱称您什么,是一回事;我们全家来看望您,又是一回事。"

彭总又是沏茶,又是拿糖,亲热地抱着李志强的小孙子,亲了又亲,称他"小同志",执意要留她一家人吃饭。那时恰逢三年困难时期,李志强已从彭梅魁那里得知,彭德怀忧国忧民,寝食不安。他说:"目前国家这样困难,要是能让我去管理一个生产队,把生产搞上去,也算是为国家做一点贡献呀!"为了减轻国家的一点负担,他和身边的工作人员、警卫战士一起商量,在吴家花园开荒种菜、挖塘养鱼。他还主动将自己的定量标准一压再压,最低时每月只吃18斤粮食。家里的人都劝他要注意身体,他却说:"现在解决国家的暂时困难,对我来说只有两条办法:一是节约,二是生产。不能老是白吃国家的。"

吃饭时,李志强看着彭德怀在餐桌上摆着各种蔬菜和瓜果,感到很是过意不去,便问他:

"您每月粮食够不够吃?"

彭德怀笑了笑说,他的定量28斤,加上种点瓜果蔬菜之类,吃是不成问题的。他指了指餐桌上的,爽朗地说:"这些东西不是买的,是我们的劳动果实。毛主席说得好,'自己动手,丰衣足食'嘛!哈哈哈!"

李志强望着眼前这位可亲可敬的人,心中感慨万千:这是一位胸襟多么开阔的好人!他的心中该有数不尽的委屈,却从不吐露一个字;他是真正的"先天下之忧而忧"的革命家,却从不白白坐享人民的劳动成果啊!

那天晚上,热情好客的彭德怀亲自把李志强一家送到公共汽车站,还从

自己栽种的南瓜地里挑选一个大的送给她一家。不久,彭德怀又派人送来亲手栽植的鲜桃一筐,并赋七绝一首:

半生戎马无暇日,
老年偷闲学种桃。
几年栽培今结实,
送嫂几个共尝滋。

1965年,当枫叶正红的时节,李志强再度带着小孙子去看望彭德怀。因为路上耽搁了,到吴家花园中午已过。他正在午休,听说李志强来了,连忙穿好衣服,走出卧室相迎。李志强问彭德怀:

"您的院子怎么这样清静?"

彭德怀用南方口音说:"真是鬼打死人!"他得知客人还没吃午饭,不愿打扰厨师休息,便亲自到厨房为她们做饭。饭后,他们正要坐下谈话,周总理打来电话,请彭德怀马上去中南海。碰巧他的司机不在家,为此,周总理派车来了。彭德怀要李志强和她的小孙子跟他一起上了车,顺便把她们送到西单附近离家不远的地方,说:

"志强同志,只能把你们送到这里了。"

李志强紧紧地握住彭德怀的手,深情地祝愿他:"彭总,祝您一切如意!"

彭德怀说了声"谢谢!"汽车就径直驶向中南海。

## 遗　憾

彭德怀就要启程去领导三线建设了。

1965年11月25日傍晚,彭德怀让警卫参谋把所有的旧报纸拿到废品收购处卖掉,一共卖了40元钱,全部拿来请客。李志强及儿子、儿媳应邀参加吴家花园这个小型的告别会餐。饭后,李志强一家还在吴家花园看了电影。

隔了一日,彭德怀肩负着党和人民的重托要离开北京了。事先,李志强本打算到北京站去送行,后来考虑到那天可能会有许多中央首长,她们去了怕会妨碍首长们之间的重要谈话,临时又打消了送行的念头。她哪里想到,直到快开车前,彭德怀都在焦急地等待她一家,最后只得遗憾地嘱咐侄女梅魁夫妇说:“等到车开走以后,你们一定要到李阿姨家一趟,说我到成都去了。”她更想不到,这次离别竟是她和敬爱的彭德怀同志最后的诀别啊!

第二年春天,李志强还收到彭德怀从三线寄来的信,署名“石穿”。信中介绍了他这次走过的许多地方及那里的迷人春色。李志强便按着这种猜想去理解他的政治处境,并为他重上战斗岗位而高兴。

“文革”后的几年,李志强无从探听彭德怀的确切消息。直到1973年彭梅魁向周恩来写了信,才知道他的近况。李志强趁梅魁去看望彭德怀的机会,托梅魁带给他两瓶果汁和一盒龙井茶。这是她一点点心意啊!她遥祝彭德怀早日康复,渡过难关。后来,梅魁给李志强捎回了彭德怀抱歉的话:他一无纸二无笔,无法写回信。这是彭德怀在世时他们交换的最后信息了。

这以后,他们也还有两次神交:

1974年严冬,李志强率全家伫立街头为彭德怀默哀;

1978年12月24日下午,李志强和儿子、儿媳出席了党中央在人民大会堂为彭德怀举行的追悼大会。

(王松涛)

## “我是来看望恩人的”

### ——彭德怀和贾士宏

1943年4月,春天应该来到太行山了,可田地里还是一片片黄色。连年的干旱使抗日根据地的许多人家饭里掺着野菜、树叶,八路军的饭里也是一样。

日寇占领区和国民党区呢,却是朱门酒肉臭,路有饿死骨。成千上万的穷苦人饿死了。灾民涌到根据地来的足足有30万人。彭德怀下令各村公所设粥厂来救济这些受难的同胞。而这时,他天天还忍着胃痛吃掺着榆树叶的饽饽和稀饭。

万恶的日寇竟乘机派特务混在灾民里到根据地来搞破坏。甚至还拿食物引诱无知少年来刺探军情。

一天,八路军总部的驻地——左权县的麻田村来了一个十三四岁的少年,他个头很小,面黄肌瘦,衣衫褴褛,从这家屋前挨到那家房后,一双大眼睛畏畏瑟瑟,四下探望,叫总部警卫连的战士发现了。

少年被带到警卫连问话。但怎么问他就是不张口。

"准是个特务!"一个毛楞的战士气狠狠地说。

"哎呀……妈呀……"少年尖声哭叫起来。

哭叫声把在附近的彭德怀唤来了,一进屋,这个战士正拿起绳子要捆他抓的"小特务"呢。

"放下!"彭德怀下令。

"报告,这小子是派进来的!"战士立正说。

彭德怀锐利的目光望着瘦骨伶仃的少年,慢慢地转成了怜惜。

"不是!"他沉重地说,"这是一个饿饭的伢子。我从小就饿饭,看得出来。"

"哇! ……"少年又哭了,这是伤心的哭。

原来,这个伢子叫贾士宏,是从被敌人占领的左权县城来的,他的祖母、大爷都饿死了,父母逃难去了,他饿得受不住了,就逃出来了。

"他没有家了。把他收留下来吧!"彭老总说。

彭德怀非常忙,但他心里还惦记着这个伢子,有时,他省下一块干粮给贾士宏吃,还把一件旧布衫送给贾士宏穿。

灾荒度过去了。秋天,彭德怀奉命回延安了,再也没有到麻田来。贾士宏盼呀,盼呀,再没有见到彭副总司令。但他牢牢记住,八路军、彭德怀是他的救命恩人。

许多年过去了。1982 年一个夏天的晚上,在左权县招待所门外的石阶上,坐着一个 50 多岁的农民,怀里小心翼翼地抱着一个装满核桃的提篮,从下午一直坐到深夜。

他是贾士宏,当年部队转移时,他正患疟疾,就留在麻田种地。这次彭德怀夫人浦安修回麻田看望抗日乡亲，他没有看到她，特地从麻田赶到这里来。不巧，浦安修又外出访问去了。半夜12点钟才回来。

灯光下，他打量着浦安修，站起来说："我是来看望恩人的。"

他告诉浦安修："我今年喂了23头猪，全卖给国家，得了4000多元"，"我一辈子也没有见过这么多钱，我啥也不困难，就是想再看看恩人。"

他恭恭敬敬地把一篮核桃放在桌子上说道："我知道，彭副总司令最艰苦朴素，廉洁奉公。这核桃是我自己家树上结的。"说着，他的眼睛就湿润了。

谁也没有说出彭德怀不在人世的话，大家都觉得他活在人们的心里。

（戴　岩）

## "是我代表红军战士向你表示的一点心意"

### ——彭德怀和帅仕高

1966年4月彭德怀在石棉矿视察停留期间，几次提出想去看看当年工农红军抢渡大渡河的渡口——安顺场。由于某些复杂的因素，有人借口日程计划上未安排，去安顺场的路不通，使彭德怀未能如愿以偿。恰好当年的老船工帅仕高还健在，正在四川石棉矿治眼疾，矿领导把这个情况告诉了景参谋。彭德怀知道后说："去不成安顺场，那我们就去医院看望老船工吧？"

彭德怀见到老船工极为高兴，双手握着他的手说："你是帅仕高吗？我们是老朋友了，早就想到安顺场去看看你们。当年是你一老一少两个船工划一只船嘛！"

听到这位老干部一说，帅仕高睁大一只病眼，仔细看他："首长，你咋个记得这样清楚？"

"我是当年的红军战士。当年我们工农红军与蒋介石打仗，来到大渡河畔，勇士抢渡大渡河，多亏你们船工呀。如果没有你们，我们渡河就更困难啰。今天我代表那些乘你们的船渡河的所有红军战士来看望你，感谢你。"说着，彭德怀向老船工行了一个鞠躬礼。这使老船工激动不已，不住点头还礼说："不敢当。你们红军打白狗子，也是为我们老百姓过好日子呀。"说着抹去夺眶而出的热泪恭敬地问："首长，你叫什么名字？"

彭德怀想想说："我叫湖南生，31 年前我们在一条船上嘛。"彭德怀不愿意道出自己的真实姓名。身旁的陪同人员说："这位首长是彭总，名叫彭德怀。"

"哎哟，你就是彭德怀啊！"老船工上前紧紧搂住他，"彭大帅，好久没有听说你的名字了，你好吧？"彭德怀高兴地说："好啊，好得很啰！毛主席派我搞三线建设啦！毛主席领导我们，当年大渡河这样的地方都抢渡过去了，现在还有什么路不好走的！"

"是啊，当年你们从这儿走过，我现在想起也觉得险呀！河岸对面山上白狗子的枪子儿像泼水一样，几条龙头小船就在人家的枪口下晃荡，子弹可不认人，不是你们哪个敢过呀！你们前脚走，国民党中央军就到了。他们没有追上红军，就到处抓船工，船工都跑了，我也跑到彝区去做了娃子。"

彭德怀听老船工讲完，点点头说："让你们吃苦了。"

"红军才吃更多更大的苦呢！"老船工抹了一把眼泪，抽抽噎噎地说道。

彭德怀见老船工太激动了，连忙转换话题说："我们是老朋友，今天摆摆龙门阵吧。你家有几口人呀？"老船工在回答彭德怀的提问后，将全家解放后的生活情况告诉了他。彭德怀又亲切地问了问其他船工的情况。最后彭德怀深情地说："船工们为革命立了大功，要不是你们的帮助，红军就不容易过大渡河。那时蒋介石还叫喊我们要当第二个石达开……"那朴实的话语、爽朗的笑声，被不时袭来的山风吹得很远很远。

与老船工分手的时候，彭德怀像长兄对弟弟似的送他 30 块钱，三包大前门香烟，叫他把眼睛医好。老船工再三推辞，怎么也不肯收，彭德怀硬要他收下，笑嘻嘻地说："接着！接着！钱虽少，是我代表红军战士向你表示的一点心意。"老船工握着彭德怀的手舍不得放，彭德怀亲切地说："你安心地把眼睛治好，以后有机会，我再来看望你。"老船工激动得一句话也说不出，彭德怀那炯炯的目光凝视着老船工，好像在说，他们应该与 17 勇士一起载入史册。

帅仕高对彭德怀去医院看望他非常激动，得知他敬重的元帅当晚宿在矿招待所，于是向医生请了假，摸到招待所。彭德怀再次接见了他，给他倒茶、敬烟，两位老朋友促膝谈心，沉浸在幸福的回忆之中。彭德怀得知帅仕高家中生活很困难，又见他面黄体瘦，穿着破旧，心里难过。当场关照在座的雅安行署、石棉县委领导同志对帅仕高生活上予以接济，保持中等水平，使有功之臣安度晚年。在座的领导同志表示一定落实彭总指示。帅仕高激动得说不出话来，紧紧握住彭老总的手不放。

事隔20多年了，老船工帅仕高依然健在，生活得很幸福。他永远不会忘记彭德怀会见他的情景。彭德怀看望老船工的事情也被当地群众传为佳话。

1987年中国人民解放军总参谋长杨得志去安顺场，还专门看望了帅仕高，并将他接到北京观光。

（王春才）

# 给彭总送战报

1947年春，国民党反动派集中20多万军队，向陕甘宁边区发起了重点进攻，直逼延安。中国人民解放军副总司令兼西北野战军司令员彭德怀将军指挥我们西北部队，在延安以南的劳山、临真一线，进行了七天七夜的英勇抗击，给敌人以大量的杀伤和消耗，完成了掩护党中央及边区党政机关、人民群众的安全转移，粉碎了敌人突袭延安的企图。为了诱敌深入，各个歼灭，我军于3月19日主动撤离了延安。

我西北野战军在彭总的率领下，贯彻执行毛主席制定的《关于西北战场的作战方针》，采用了“蘑菇”战术，在一个半月的时间里，就连续取得了青化砭、羊马河、蟠龙镇三战三捷的伟大胜利。

当时，我在一纵队独立一旅当参谋。在羊马河歼灭战中，我们独一旅的任务就是牵制和阻击敌人。

4月14日下午，王旅长派我去向彭总报告我西面战场牵制敌人的情况。我和通信员小张翻过两座山，沿着河槽的小路，催马奔驰。两匹马跑得通身是汗，气喘吁吁地打着响鼻，嘴里喷着白唾沫。一架敌人飞机快擦着了山头，从我们头顶上掠过，发出难听的怪叫声。马惊得两耳直立起来，浑身有些发抖，放慢了它的奔驰速度。我用双脚猛磕了两下马肚子，马又跑开了。

河槽左边的半山坡上出现了一个二三十户人家的小村子，从沟底下看到村子东头架有电台天线，沟槽里有两条电话线伸向村里去了。

我在河槽里下了马，把马交给通信员，回答了哨兵的盘问，走向野司指挥部。

彭总不在，他已去前面山上督战，我由野司一位参谋带去见彭总。

这时，太阳已大偏西，彭总的指挥所设在高山顶东侧有阴影的地方，人数不多，大概有七八个人。彭总正拿着望远镜向东观察。

我快步走上，喊了声“报告”，即举手敬礼。彭总见我满脸通红，呼吸紧迫，对我微笑着说：“好，好，你先休息一下，再讲。”听了彭总的话，我感到很亲切，心情也就不那么紧张了。我摘下军帽，用毛巾擦了擦头上的汗水，就坐在一个小土坎上。

过了一会，彭总在我身旁坐下来，听取了我对西面战况的报告。我报告完了以后，他笑了笑，好似没有出乎他的意料之外，同时表示他对西面的战斗较为满意。他说：“你们打得很好。完成了任务！”说完后，他又站起来，用望远镜向东观察。

突然三架敌机在前面山头上俯冲扫射了以后，从东边绕过来了。指挥所的一位首长急忙招呼说：“彭总，飞机过来了。”

彭总抬头看着美制的红头飞机说：“它现在顾不上干涉我们！”他来回走了几步，又说：“大概，驾驶员现在已被胡宗南骂得昏头昏脑。因为，胡宗南这一刻像热锅上的蚂蚁。”

这时，一个参谋从一条小垄坎的下面仰头报告：“三号，电话！”

彭总拿起电话耳机，声音平静而缓慢地说：“我，三号。”

耳机中低声送出这样的话：“三号，我，王震。现在一三五旅全部被歼，活捉敌人代理旅长麦宗禹。”

彭总轻轻地放下电话耳机，低声说："这会就不需要他代理了！"而后，他平静地对身边的一位首长说："把这个消息通知各部队。"从他的表情上来看，仿佛这次胜利完全在他的意料之中。

傍晚，彭总侧身靠在炕上卷放着的马褡子上，不时地望着墙壁上挂着的作战地图，仔细地考虑着部队下一步的行动。

我坐在院子里的磨台上，等着新的指示。这时，我心里是多么焦急着回去！但我不愿去打扰彭总考虑问题，只好耐心等着！

有一位首长走进彭总的窑洞，催着吃饭。炊事员和警卫员把饭菜摆在锅台上。

"那个参谋还没有吃饭，叫来一同吃！"

"参谋同志！三号叫你去吃饭。"一个高个子警卫员对我说。

我急忙回答："不，我吃过了。"

"哪里吃过的？跟着跑了一个下午，从哪儿吃到的？来！来！"彭总发出了指责声。

在警卫员同志的催促下，我踌躇地走进了窑洞就餐。

彭总边吃边谈，他对野司几位首长说："这次战斗后，胡宗南决不罢休，他会更加疯狂，更要急于逼我东渡黄河。"彭总稍停了一下，又继续说："只要我们不在一城一地的得失，而在于消灭敌人的有生力量，那么战争力量的消长就会逐渐转化。这就要求我们多打胜仗，少犯错误，而让敌人多犯些错误。"

野司一位首长接着说："我们多让胡宗南背上些包袱，压得他出不了气，他就骄横不起来了。哈哈！"

彭总又慎重而恳切地说："这次胜利完全证明仅用我边区现有兵力，即可逐步把胡宗南磨垮；同时，也证明只要做到忍耐等候、不骄不躁，是可以寻得歼敌机会的。"几位首长都点着头，表示完全同意彭总的看法。

太阳已落下西山了。我把一份命令放在文件袋里。临走时，彭总又告诉我说："你们今晚除留侦察部队和敌人缠绕外，主力要迅速秘密脱离敌人，向安定以北地区转移。"我告别了彭总，跨上战马，向旅部飞驰而去。

（姚鹤亭）

# “一定要注意群众的意见和要求”

## ——彭德怀和董安弟

为了加强人民军队正规化、现代化建设，部队对几项制度进行了重大改革，其中之一是实行兵役制，由原来的志愿兵改为义务兵。

1954年9月政府公布征兵命令以后，全国各民族、各行业的适龄青年，都积极报名应征入伍，有的直接到当地兵役机关申请报名，有的写信给国防部要求应征，还有的直接写信给彭德怀部长。这些来信，我们都一封封认真收阅，并从中挑选出有代表性的呈送给彭德怀。沈阳有一个叫董安弟的青年民警，先后七次给彭总来信，要求入伍服役，为保卫祖国和社会主义建设贡献青春。信写得很感人，每封信都抒发了对人民解放军的无比热爱，充满了为国献身的一片赤诚，甚至说他几次做梦都当了解放军，每次都高兴得笑醒了。信上还说，他的身体非常好，有一定的文化水平，因此请求彭总批准他参加人民空军，千万不要让他的愿望成为泡影。

彭德怀一向十分重视群众的来信，曾经多次嘱咐我们，平时处理群众来函，一定要注意群众的意见和要求，凡是能够解决的，要想办法帮助解决。我们将董安弟同志几次来信的情况向彭德怀作了汇报，并将来信呈送给彭德怀审批。彭德怀对这个有志气的青年很是赞许，并给他回了信。为了树立榜样，教育广大青年，彭德怀指示空军的同志派人去沈阳了解一下情况，如果各方面条件合格，可以考虑吸收他参加空军。

空军派了一个工作组，到沈阳找到了董安弟同志，经过政审、体格检查、文化考试，各方面都符合入伍要求。后经当地兵役机关同意，1955年3月3日，董安弟同志被批准正式入伍。《人民日报》为这事还发了消息。董安弟同志加入空军后，经过在航校学习、训练，思想进步很快，各科成绩优秀，在党的阳光雨露培育下，成了一名出色的飞行员。

彭德怀和董安弟一不沾亲，二不带故，从不相识，而且后来也没有见过面，他完全是为了我军正规化、现代化革命建设选拔人才。但万万没有想到，彭德怀这种关心群众意见和要求，帮助青年实现美好愿望的做法，后来竟成了他的一条“罪状”，说他“拉帮结伙”，“任人唯亲”；董安弟也成了“彭德怀黑线上的人物”，被打成“彭德怀分子”，多次遭到残酷批斗，逼他交代和彭德怀的“黑关系”，最后被迫离开了部队。

（孟云增　李太友整理）

# “革命工作靠大家来做”

春节快到了，街头巷尾不时传来鞭炮的响声。

这天，办公室主任通知我：“过年那天，彭老总请你们全家去做客。”

“都去吗？”我控制着内心的喜悦问道。

主任点了点头。

我知道这是彭德怀的“老传统”。回到家里，我把这个消息告诉了爱人。她转身对着刚满六周岁的儿子高兴地说：“明天，你就要见到志愿军司令员彭爷爷啦！”可是，天真的孩子怎么能理解大人的内心欢快呢！

初一下午，司机老刘开着彭德怀那辆浅灰色的汽车来接我们。我们一进门，彭德怀和浦安修同志热情地迎上前来，向我们祝贺春节。彭德怀喜欢孩子，他把孩子拉到身边问：

“你在哪个托儿所？”

“在紫竹院托儿所。”

“在托儿所干什么？”

“当中队长。”

不懂事的孩子怎么能这样回答彭德怀？我的爱人正想责备孩子，彭德怀却爽朗地大声笑了，“好啊！你还是个连级干部哩！”

人都到齐了，彭德怀一家和我们这些秘书、警卫、参谋、司机、公务员及家属，大大小小，满满地围着一张大圆桌坐下。我知道，彭德怀平时从不在家里搞私人宴会，他家里不要炊事员，一家人都去机关食堂打饭吃。这桌饭菜是彭德怀自己出钱，请机关食堂帮助准备的。

彭德怀看大家坐好了，拿起一杯酒，说："今天是过年，我请大家到这里做客。革命工作靠大家来做，我彭德怀一个人只能做分内的事情，没有大家，我也做不好工作。同志们辛辛苦苦工作一年，谢谢你们！"听了彭德怀的话，一股暖流涌上心头，我的眼睛湿润了。在座的同志们都举起杯来，同彭德怀一起干杯。彭德怀很开心，他不时地关切身边的孩子们，孩子们要哪个菜，他就给孩子们夹哪个菜。这顿团圆饭吃得很热闹，直到天黑才散席。

夜晚，彭德怀叫司机把我们一家送回去。汽车离开中南海，我从车窗外透进来的一缕缕灯光，看见孩子还在甜丝丝地嚼着彭爷爷送给他的糖；我的爱人，还在回味团聚的欢乐。她对我会意地笑了笑，轻声地问："你在想什么？"

想什么？我想说："彭老总啊，彭老总！你是百万大军的统帅，又是我们之中的普通一兵！"

（孙叔扬）

# "作为一个革命军人，要有组织纪律性"

## ——彭德怀和刘祥

### "小刘，你快回去看看"

刘祥原来在一个汽车团里当司机，抗美援朝时，彭德怀由北京飞往丹东，就是刘祥在丹东机场开车迎接的彭德怀，然后又给彭德怀开车到了朝鲜。

刘祥经常回忆这么一段往事：他在汽车团工作时，有一天，他刚值完班，领导找他谈话，叫他准备一下，马上到团部去报到。就这样，他由团部到了丹东。

到丹东以后，有一天晚上下着小雨，领导叫他出车去飞机场接彭老总。当时，他不知道彭老总是谁，心想彭老总肯定是个大首长，这个首长到底有多么大，他搞不清楚。到了机场，飞机很快降落，一位首长上了刘祥开的汽车。这位首长，就是彭德怀。

刘祥在车上回头一看，不由得吓了一跳，因为他看见彭德怀的样子很严肃。以后彭德怀和刘祥在一块睡觉，一块吃饭，有说有笑，格外亲切。在这种情况下，刘祥便问彭德怀："首长，我在丹东刚见到你的时候，怎么觉得你那么凶啊，挺吓人的。"彭德怀笑着说："我又不吃人，你怕什么。"

抗美援朝结束以后，组织上考虑到刘祥的具体困难，把他调到中南海，仍然给彭德怀开车。

这时，刘祥已经20多岁了。彭德怀见他岁数不小了，就关心起他的婚姻来。

彭德怀几次对浦安修说："你看，你给小刘找个对象嘛，小刘的妈妈都想抱孙子呢，你怎么还不帮忙？"

开始几次，彭德怀一提小刘的婚事，浦安修只是笑了笑，一句话也不说。彭德怀觉得浦安修不大关心小刘，便对浦安修说："你怎么不肯帮忙呀，给小刘找一个嘛。"这时，浦安修笑着说："哎呀，你帮忙帮晚了，人家小刘早就结婚了。"

听浦安修一说，彭德怀忍不住也笑了。他说："哎，怎么我不知道呀？"

"你不知道的事多着呢。"浦安修说。

过了几天，彭德怀问刘祥："小刘，你早就结婚了，怎么一次也不叫她来呀？"

刘祥只是低着头，一声也不吭。

一见刘祥不说，彭德怀就感到这里边有文章。他单独问我到底是怎么回事，我只好把实情对彭德怀说了。

等我说完以后，彭德怀又把刘祥找来。问他："小刘，你为什么不叫她来北京?”

小刘还是不吭声。

后来,把小刘问烦了,刘祥生气地说:“你不要管这件事!”

“我就要管!”彭德怀大声讲。

“我不提了。”小刘低着头说。

“你不提,我还要提呢。你为什么不喜欢她?”

“她是小脚。”

“小脚怕什么,这能怪她?你妈妈是不是小脚?你就不要你妈了吗?你这样做不对嘛,你爸爸死了以后,你妈妈生活不容易,这几年你在朝鲜,还不是你爱人照顾家里?你爱人在家等了你几年,这就很不错嘛,你不能有其他的想法嘛。”

这一次,彭德怀把小刘说得无言可答。

后来,彭德怀经常做刘祥的思想工作,还用有趣的故事来启发教育他,慢慢地,刘祥想通了。

1955年,刘祥家里来信,说他的爱人生了一对男孩。彭德怀知道这个消息以后,高兴地对刘祥说:“小刘,你快回去看看。”彭德怀还叫浦安修给刘祥的孩子买了一大包袱东西,什么小毯子、小毛巾被、奶粉、衣服等等,而且都是成双的。刘祥带着彭德怀夫妇给他孩子买的东西,高高兴兴地回了一趟家。

刘祥每次回忆起这件往事来,心情格外激动。他说,彭总对他实在是太关心了,如果当时不是彭总的教育和帮助,他的思想就会走向下坡路。刘祥还不止一次地说:“如今,我们家有这么幸福美满的生活,这要感谢彭老总呀。”

## “不能私自回去”

抗美援朝期间,刘祥一直给彭德怀开车。几年的战斗生活,两个人建立了深厚的革命情谊。

板门店停战签字以后,彭德怀奉命回北京汇报工作,刘祥开车把他送到了丹东。

在丹东，我们就打算叫刘祥回北京看看。我们背着彭德怀对刘祥说：“我们到北京去，你也悄悄跟着去吧。”刘祥说：“这能行吗，彭总知道了怎么办?”我说：“试试看吧。你很久没回过家了，回去看看也好嘛。”

在丹东稍加停留，我们就随彭德怀到了大连。

一到大连，彭德怀就问我：“小景，小刘干什么去?”

我说：“他想去北京，回家看看。”

“志愿军司令部知道不知道?”

“不知道。”

这时，彭德怀严肃地对我说：“同志，那怎么行呢，叫他赶快回去!”

我说：“首长，人家刘祥跟你这么多年，也够辛苦了，你就照顾他一下嘛。如果不能马上把他调回北京工作，叫他回家看看也好嘛。”

彭德怀有些生气了，用手指着我大声说：“不行！要说辛苦，哪一个战士不辛苦呀？如果都照顾一下，这还得了!”

一看这种情况，我只好对彭德怀说：“好啦，我跟刘祥讲去。”

我走出老远了，又听见彭德怀大声喊我：“小景，你要好好给小刘讲。”

找到了刘祥，我往床上一坐，低着头也没吭声。刘祥见我情绪不好，就问：“怎么啦，为什么不高兴?”我叹了一口气说：“本来想叫你回北京到家看看，可是首长不同意，叫你赶快回丹东去。”

刘祥很想得开，他拍着我的肩说：“你不要闹情绪，首长叫我回丹东，我就回丹东，我没有一点意见。”说完，他就收拾自己的东西。

刘祥正准备要走，彭德怀就找他来了。彭德怀对他讲：“小刘，你给我开车多年，的确也够辛苦的了，你的工作干得很好，我非常感谢你。你想回北京，心情是可以理解的，但你没有经过司令部的同意，回北京不合手续嘛。作为一个革命军人，要有组织纪律性，不能私自回去。再说，我是志愿军的司令员，我本人应带头遵守纪律，如果凭私人交情就叫你回京，那我就违犯了纪律，就是搞特殊。”最后，彭德怀还问刘祥有什么意见没有，刘祥笑眯眯地说：“我没有意见。请首长放心，我决不闹情绪，我准备马上回前线去。”

（景希珍　安一整理）

# “小同志，你们辛苦了！”

1952年春季的一天，领导要我把病房收拾一下，准备护理一位“王校长”，并要我保密。

过了几天，“王校长”来了。这人50岁上下，身穿藏青色便服，肩膀宽宽的，脸膛黑黑的，两道又粗又黑的浓眉下，有一双闪着坚定刚毅目光的眼睛。不过，眼睛的周围，却泛着一圈黑色，显然是由于过度疲劳而造成的。

那时我才十几岁，还带有几分孩子气。看到来人，心中暗想，这个校长，怎么不大像个知识分子，倒很像个饱经风霜的农村干部。我猜测着他的脾气怎么样，会不会服我这个小鬼“管”？正想着，他已走到跟前，看见我，一边微笑着，一边握住我的手，亲热地说：“小同志，你们辛苦了！”说着同我一块走进病房。我想给他倒水，他忙说：“不用，不用，你坐。”接着问我：“今年多大了？参加革命多久了？家里还有些什么人？”这如叙家常的亲热问话，这和蔼可亲的神态，很快消除了我先前的不安，无拘无束地和他交谈起来。

从此，我就开始护理这位“王校长”。慢慢地我发现，这个“校长”脾气好，与我们医护人员密切配合。平时不让他多读书，他马上就把书放下，不让他走太远，他掉头就回病房……总之，只要你要求他的事，他马上就做到，非常尊重我们。在他面前，我们想说什么，就说什么，要干什么，就干什么，一点都不感到拘束。

一天，卫生部副部长来看“王校长”。因为我和副部长原来就熟悉，便悄声问：“这位病号是哪个学校的‘校长’？”副部长听后哈哈大笑，边笑边说：“傻丫头，他不是校长，他是彭老总，志愿军的司令员。”我高兴地冲口而出：“我说嘛，他根本就不像个‘校长’！”彭德怀在一边听见了，诙谐地说：“怎么不像？我就是个‘校长’！是毛主席派我去‘教育’帝国主义的‘校长’嘛！”说罢也大笑起来。副部长和我也都跟着笑了。从副部长的口中，我才知道彭德怀是从朝鲜回国治病的。

一个指挥着百万大军的司令员，一个举世闻名的将军，竟是这样的平易近人！这第一次接触，就给我留下了极其深刻的印象。

因为工作关系，我和彭德怀夫妇见面的机会多了。几年后，我结婚的第二天，正是个星期天，彭德怀派人叫我和爱人到他家去吃午饭。他住的是一个不大的院落。除秘书、警卫人员外，他们夫妇只住了两个房间。在他的房子里，进门就是一个过道，左右各一间房。过道的中央，是吃饭的地方。左边的房间，是彭德怀的办公室，兼做书房和会客室。这个简洁的房间，窗前放一张办公桌，一把椅子，中间摆了几张沙发，后面立着一排书橱，里面放满了马恩列斯和毛泽东的著作，墙上挂着很大的地图。右边的房间，是他和浦安修同志的卧室，除床之外，只有一张桌子，两把椅子。

我们进来以后，彭德怀微笑着站起来和我们握手，让我们坐在沙发上，他自己则坐在椅子上。我爱人没来过彭德怀家里，开始有些紧张，不敢和彭德怀随便搭话。彭德怀见他很窘，便主动找话问他。谈了一会儿，饭好了。彭德怀把我们领出房间，来到过道。狭窄的过道里，摆了一张小桌子，几把椅子，桌上放着热气腾腾的饭菜，是从食堂打来的很平常的四菜一汤。

回家后，我爱人不胜感慨地对我说："没想到堂堂的副总理兼国防部长，只住了两个房间，吃饭还在过道里，要不是亲身经历，亲眼看见，真不敢相信。"

（王春玲）

## "你今天为我这么精心打扮，我还是大姑娘上轿头一回呢"

### ——彭德怀和贾月泉

1965 年冬，彭德怀到成都任西南三线建委副总指挥，同时也结束了自 1959 年庐山被罢官后即由警卫参谋替他理发的日子。景希珍风趣地对他说:“首长,你解放了,我也该解放了。下次不帮你理发了,我也理不好,总府街招待所办公的地方就有理发室,请理发师理吧!”彭德怀爽朗地笑了,并说:“你这个小景,真会开玩笑。好,听你的,是该解放了!”从此,彭德怀一直在总府街招待所西楼底层理发室理发。他在西楼二层办公,理发是很方便的。

理发室有三个理发员,轮流值班。一天,彭德怀又该理发了,景希珍事先为他买好理发票,带他到理发室后就出去了。理发师贾月泉见彭德怀来了,忙站起来说:“首长,请坐。”彭德怀与他热情握手后,在长椅上坐下,关心地问长问短。

贾月泉经常看到彭德怀来上班,但一直没有与他说过话。今天,小贾要为彭德怀理发,着实高兴,但也有些紧张。他默默地想,给彭德怀理发不是闹着玩的,要认真细致。他将转椅检查了一下,便说:“请首长这里坐。”顺手接过彭德怀递交的理发票。

彭德怀在转椅上坐定后,贾月泉替他卷起领子,围上白绸围巾。贾月泉发现,他的外衣是淡灰的中山装,白色的衬衫领子虽补上补丁,但很干净,脚上穿着一双黑色布鞋。彭德怀低着头,弯着脖子与贾月泉聊开了:“师傅贵姓啊?”“姓贾,名月泉。”“是贾宝玉的贾吗?”“首长,对头。”“好好,就叫你贾同志吧。贾同志你习惯称首长,看来当过兵?”“首长猜对了,我当过兵,还是志愿军呢!”“噢!那我们是一个山头的,哪一年去的朝鲜?”“1956 年入朝,1958 年回国,是骑兵通讯员。”“很好,不过你去朝鲜时我已回国了。”“我今年 29 岁了,还未成家,老家在达县农村,父亲去世得早,我是在舅舅家长大的,我放牛,割草,15 岁就当学徒,学理发,从朝鲜回国后,转业到成都,直到现在。干这行,我还是很喜欢的,要说生活比解放前好多了,但 1961 年日子不好过,我外婆在乡下是得水肿病死的。”彭德怀听到这里,心里不是滋味,停顿了一下问道:“为啥得水肿病,日子不好过是怎么回事?”贾月泉将转椅转了一个 90 度,迎着窗子光线,用嘴吹了吹推子上的头发答道:“多种原因,一方面是自然灾害,一方面是苏联逼债。好在,这几年经济恢复得还算快!”彭德怀欣慰地说:“你说得对,群众的眼睛是雪亮的。四川不错,市场东西不少,人们的精神面貌也好了。贾同志,要有信心。我们国家大有希望,生活困难是暂时的。毛主席领导我们向前走,要相信我们党是伟大的,我们的国家是伟大的，会克服这样那样的困难，生活会一天天好起来的。我们搞三线建设，是为了国家强大。你年轻，实践会证明这点，走着瞧吧！”贾月泉听着这席话，心里热乎乎的。这时，头发已理完了。小贾给彭德怀洗头。洗头时，小贾问彭德怀：“头皮哪儿痒？我给你抓抓痒多洗几遍。”“不痒，就这样很好，谢谢。”彭德怀说。洗完头后，小贾又把毛巾打了香皂，洗了又洗，然后给彭德怀擦干平顶头上的水珠，又换了毛巾为他擦脸。而后小贾将剃刀在磨布上刮了几次，手指在刀口上摸了摸，平滑锋利，于是轻轻地为彭德怀修面。彭德怀配合得很好，闭起眼睛，安详地仰坐在转椅上。小贾看着彭德怀那张黑里透红丰满的脸和两颊紧紧的肌肉，从心底感到高兴，真诚地希望这位彭大将军长命百岁。面修好了，小贾又为彭德怀擦了香脂，彭德怀睁开眼睛说：“贾同志，你今天为我这么精心打扮，我还是大姑娘上轿头一回呢。”小贾连忙说：“首长，不要起来，我把你的鼻孔毛剪一下。”就在剪鼻毛的时候，彭德怀才仔细端详了这个勤快的小伙子，那端正的四方脸，透着刚毅的性格；黑黑的浓眉下，两只炯炯有神的大眼睛显得聪颖，可看出他对理发工作是那么热爱。彭德怀从这位年轻人身上看到了希望，服务行业多么需要这样的年轻人啊！

贾月泉给彭德怀剪完鼻毛后，按一般的理发程序就算了事了，可是贾月泉双手在他脸部轻轻按摩，又在他的肩部、颈部扣扣拍拍。彭德怀觉得全身舒服，满意地说：“挺好，挺好！”

就在彭德怀起身准备与贾月泉握手告别时，他突然想起一件事情，便问贾月泉：“贾同志，我向你打听一个人，你知道邓华住在什么地方？我想去看看他。”“晓得，晓得，他家住在童子街29号，我常给他理发。”贾月泉请彭德怀坐下，热心地向他介绍了自己给邓华理发的情况。

彭德怀听后，高兴极了，感激地握着贾月泉的手说：“贾同志，邓华是我的老战友，我一直惦念他，听了你的介绍，我很高兴，他身体不好，你很体贴他，为他上门理发，难得，难得啊！我代他向你再次表示感谢。”

贾月泉眼里闪着泪花，咬着嘴唇，激动地说：“首长，这是我应该做的。首长，你什么时候来理发都可以，我包下了，请您多提意见。”彭德怀说；“理得好，理得好，我这个老头，又不讲究，随便理一下就行了，不要太耽误工夫了，好，我走了，再见！”

贾月泉热情地将彭德怀送出大门。小贾看到他用右手摸了摸头，健步踏着楼梯回办公室去了，心里乐滋滋的。就这样，彭德怀在这工作的一年多，小贾每三个星期为他理一次发。1966 年 10 月以后，小贾感到彭德怀与自己握手没有初次那么有劲了，人消瘦了，白发增多了，脸上的肌肉也松弛了。小贾心里很难过。12 月份，彭德怀没有再来理发，后来听说他被造反派绑架走了……

1978 年 12 月 25 日，贾月泉从广播里听到彭德怀的昭雪追悼大会在北京召开，他赶忙跑到收发室取回了《四川日报》。他看着彭德怀的遗像，认真地阅读着邓小平的悼词，往事一幕幕浮现在眼前。

总府街招待所后来改名为东风饭店，贾月泉一直在饭店理发。1981 年，组织上选派他到我国驻朝鲜大使馆理发。8 月，贾月泉来到了北京，他办的第一件事就是去军事博物馆参观，他在彭德怀生平事迹陈列柜旁认真观看，得知彭德怀小时候讨饭、挖煤；晚年又惨遭林彪、“四人帮”的残酷迫害。当他见到彭德怀关押时穿的破烂内裤、上衣时，不由得一阵心酸，哭了起来。他暗暗地向首长表示：一定要为使馆同志理好发。

1981 年 10 月，邓小平等中央领导同志访问了朝鲜，并去中国驻朝使馆看望了全体工作人员。邓小平热情地与贾月泉握手，摄影师拍下了这珍贵的镜头。贾月泉说，邓小平为彭总平反昭雪立了功，如彭总在天之灵有知，定会为贾月泉受到邓小平接见而欣喜。

1983 年底，贾月泉回国后，再次去军事博物馆，站在彭德怀生平事迹陈列柜前默默地报告：“首长，我‘服役’回来了。”

（王春才）

# “你可不要一人上街啊”

## ——彭德怀和李佩宜

1966年春天，中共中央西南局机关门诊部医生李佩宜，当时才26岁，由于医术好，服务态度热情，门诊部领导经常派她为首长治病。

一天，领导忽然让她带一台超短波治疗仪去永兴巷7号给“彭华首长”治病，到了那里，只见这位首长身材魁梧、目光慈祥，着一套已旧得褪了色的蓝色中山服，脚穿圆口布鞋。他亲切地叫李佩宜先坐下休息一会儿，并顺手递给她一个苹果，她不好意思吃，他便又拿过去，用他那双不太灵活的手，一刀一刀地把皮削了，又递给她说：“这下该吃了吧？”随即问起她是哪里人？叫啥名字？多大了？家里还有些什么人？当知道她是湖南人时，他显得特别高兴：“唉！是老乡呀！怎么一点湖南口音都听不出呢？过去在湖南，像你这般年纪的姑娘，大多被迫包成小脚了。大脚女同志了不起，它象征着革命啊，你说对吗？”他慈祥而平易近人的态度，顿时解除了她思想上的紧张情绪。

这位“彭华首长”不是别人，就是彭德怀。

原来，彭德怀在解放战争时期，一次在西北战场上与胡宗南的部队接上了火，几天几夜没合眼，战斗打得异常艰苦。这天他实在太累了，就盖了一件大衣睡着了。大衣只盖着头，没盖着脚，半夜冻醒了，第二天才发现左脚已被冻坏。此后，由于战争年代艰苦，加上彭德怀戎马一生，没有时间照顾自己，天长日久变成了关节炎。在北京时，他很少外出治疗，只让他大侄女彭梅魁医生替他制作了土的医疗灯来治疗。这种医疗灯简单得不能再简单了，即用一个木棒吊一只红外线灯泡，定时烤脚。彭德怀到成都后，特意将红外线灯泡带到成都，他把它吊在自己床头上。一次，彭德怀正在烤脚，被来访的中共中央西南局书记李大章与夫人孙明看见，李大章见状心中很不安，对彭德怀说："彭总，您在干什么呀？"

"脚上关节炎又发了，我在电疗。"彭德怀笑笑说。李大章与孙明上前弯着腰细看彭德怀的脚。随即用手提了一下灯泡，责怪说：

"彭总，脚都肿了，这个土办法不行吧？我安排医生帮您治疗。"

"不麻烦了，自己烤烤也挺方便的。大概成都气候比北京潮湿，容易犯病。"说着，彭德怀下床穿上鞋子，请李、孙夫妇就座，互相问寒问暖。

事后，李大章给西南局办公厅挂了电话，要求派医生为彭德怀治脚，并要求门诊部固定一位好的医生，专门为彭德怀经常检查身体，及时治病。对此，彭德怀非常感谢他的老战友李大章对他的关心。李佩宜就是那次被派来的医生。

由于李佩宜护理治疗认真，彭德怀的脚一天比一天好了。两个月后，李大章出席一次会议与彭德怀又见面了，他见彭德怀走路正常了，从心底里高兴。彭德怀抢着先打招呼："李书记，多亏您派来了李医生治脚，你看，脚已好啦。这样，我可以多跑些三线工厂了。"两位老战友眼笑眯了，紧紧握着手。

李佩宜经常去彭德怀那里，见面就喊彭老总，日子久了，彭总就对她说："叫我老彭或彭德怀同志就行了，不要称呼那么多头衔。"彭德怀家里，小李还发现一切陈设都很简朴，只有一张办公桌、一张旧藤椅、一张木床，枕边放着用镜框装好的毛泽东照片。彭德怀非常敬重毛泽东，手指着照片向李佩宜介绍说："这还是1950年我去朝鲜战场前夕主席亲自签名送给我的，我保存了26年了。"办公桌上除《毛泽东选集》外，还有本小说《欧阳海之歌》，引起了小李的注意。

一天，彭德怀拿着《欧阳海之歌》对李佩宜说："小李，你知道欧阳海是什么人吗？解放军的英雄呀，为公牺牲了。他是湖南人，这是我们湖南的光荣，你看过这本书吗？值得一看啊，尤其是青年人更应该看！"过后，李佩宜去书店买了这本书，看完后才觉得这本书实在有意义，也联想到彭老总很会做思想工作。

"文化大革命"开始了，在会场上有人带头喊打倒彭德怀的口号，李佩宜很难过，举不起手。但看看彭德怀却异常的安定、沉着。他还是经常穿着一件黑色呢大衣，戴个大口罩，走街串巷看大字报。李佩宜不放心，特地前往彭德怀住地对他说:“你可不要一人上街啊!”他却笑笑说:“群众嘛,不要怕。”不久,彭德怀就被“造反派”揪走了。从此,她再也没有见到彭德怀。

(王春才)

# “走遍天涯也要给芳芳的病治好”

## ——彭德怀和綦远芳

彭德怀的秘书綦魁英,是1965年冬天,跟随彭德怀来到大西南重镇成都的。在成都永兴巷7号院子里,綦魁英一家与彭德怀朝夕相伴、荣辱与共,特别是他们的女儿綦远芳,小名叫芳芳,更是受到了彭爷爷无微不至的关怀。

1966年冬天,彭德怀被“揪彭兵团”揪往北京,綦魁英跟随前往,他一家人暗暗流泪,祈祷上苍,期望彭德怀再回到成都抓三线建设。一年又一年过去了,綦魁英一家做梦也没想到,那天分离,竟是他们与彭德怀的永别。女儿芳芳更没想到当她再次看到彭爷爷时竟是他的骨灰……这期间綦魁英也受到了株连。某军区政治部安排他到某军分区等待分配工作,介绍信写道:“兹介绍反革命篡党夺权分子彭德怀的秘书綦魁英到你处分配工作……”于是,綦魁英到了某县人武部当了协理员。临行前,他把家搬到了童子街29号大院。

芳芳认识彭爷爷早在1961年。那时,芳芳随母亲于淑琴来到了北京,就住在西郊北龙门的吴家花园。安置好后,彭德怀与夫人浦安修连忙去看望綦魁英一家,七岁多的小芳芳虽然是个聋哑姑娘,却长得聪明伶俐、活泼可爱,她睁着一双大眼睛望着前来看她的彭爷爷,心里似乎有很多话要说。彭德怀望着天真的芳芳,心里一阵难过。他安慰綦魁英、于淑琴夫妇说:“要想办法请医生把芳芳的病治好,同时让她进聋哑学校读书。”夫妇两人把彭爷爷的话用手势告诉了芳芳,芳芳出乎意料地走向前去,给彭爷爷、浦奶奶鞠了一躬,真把彭爷爷浦奶奶给逗乐了。

在彭爷爷、浦奶奶的关怀下,次年,八岁的芳芳进入北京一所聋哑学校读书了。

时刻关心着芳芳的彭爷爷多么希望能把芳芳的病治好呀!无论出外学习还是有病就诊他都多方打听、八方查寻。一次,一位北京中医研究院的老中医上门为彭德怀看病,老中医采用针灸疗法使两臂疼痛抬不起来的彭德怀不久就康复了。他佩服老中医的医术,联想到芳芳,就请老中医为芳芳看看病。老中医为芳芳摸了脉,又问了病史,为芳芳开了中药。后来老中医又在彭德怀家为芳芳看了几次,服中药、针灸,都无济于事。彭德怀不泄气,又把綦魁英夫妇叫到身边,让他们带芳芳到北京同仁医院和解放军小汤山261医院去看看,并告诉司机赵凤池,用专车把芳芳送去。綦秘书考虑了一会儿,婉声谢绝了彭德怀,表示坐公共汽车就行了,彭德怀在房间踱着步子坚持说:"等你们赶到医院,医生都下班了,路远,坐我的车方便,快去,这是我的命令!"就这样,芳芳坐着彭爷爷的车,到几家医院进行了检查,结果认定芳芳是小时候发高烧打链霉素针中毒引起的聋哑,属于不治之症。261医院的医生安慰綦魁英夫妇说,也许等到将来医学发达了,能治好。綦魁英把带芳芳看病的经过向彭德怀作了汇报,彭德怀从座椅上站起来,猛地一拍桌子,生气地说:"他们为什么能治好别的聋哑孩子,难道芳芳就一辈子聋哑下去吗?我不信治不好。綦秘书,即使走遍天涯也要给芳芳的病治好。钱不够,我出。"綦魁英感动得不知说什么好,回家后,把彭德怀的话再次告诉爱人和芳芳,全家人流下了幸福的泪。

1972年秋天,17岁的芳芳在成都聋哑学校初中毕业了。此时,彭德怀被揪回北京也七个年头了。綦魁英夫妇一方面打听彭德怀的下落,一方面给芳芳寻医问诊。一天,夫妇俩听说吉林省燎原矿务局医务所用针灸治好过聋哑病人,于是,綦魁英便请了假,专程把芳芳送到吉林治疗。在那里,芳芳整整治疗了半年,不见效,只好离开了医务所。

列车上,芳芳遇到了北京的女同学,到北京后,就住到了女同学家。尽管芳芳随爸爸跟彭爷爷到成都已几年了,但她对北京还是熟悉的。几年来,她想念着彭德怀爷爷,天真地猜想彭爷爷可能被关在他们住过的老地方。于是,她不畏严寒,围上围巾,挤上公共汽车,转了几次车,摸到了吴家花园。

到了吴家花园后，她凭着记忆，径直向大门口走去，这是她多么熟悉和怀念的地方呀！在这里，彭爷爷曾亲自教过她写字、读书；在这里，彭爷爷专程为她求医看病；在这里，使她从小就懂得阶级的友爱，同志之间的关心。她心想，很快就见到彭爷爷了，不由得一阵欣喜。但当她走近门口时，却被站岗的解放军战士挡住了，小战士对她说了好多话，芳芳明白，这是不让她进去。于是她机敏地掏出小本子，写上："我是聋哑人，这是我住过的家，我是来看彭爷爷的。"小战士还是不让她进大院，争执中，一位年纪稍大的解放军干部来了，看了她写的话后，这位干部便在小本子上加了两句："你找哪个彭爷爷？这里没有这个老人。"芳芳在本子上庄重地写上了"我找彭德怀爷爷"七个大字。这位干部明白了，心里一愣，但又马上平静下来，接着写道："你爸爸是谁？""我爸爸是綦魁英，彭德怀爷爷的秘书。"这位解放军点点头，但又在本子上写了话："彭爷爷不在这里，已住上别人了。"芳芳又写了："我不信，彭爷爷被你们关在里面，我一定要去看他，我很快就要回成都了，来一次不容易。"两位军人感动了，于是让芳芳进了大院，芳芳看着彭爷爷与自己住过的房子，不禁一阵心酸，往日熟悉的面容不见了，却换了些陌生人，她这才相信，彭爷爷确实不住在里面了。她又问那位解放军："彭爷爷究竟住在什么地方？我要找他。"这位干部写了："我不知道，你快走吧。"芳芳含着泪，失望地离开了吴家花园，并向两位解放军同志挥手表示谢意。两位解放军怀着同样的心情，向她挥手，目送这位孤独、懂事的姑娘走远了。

芳芳回到成都家中，把寻找彭爷爷的经过告诉了母亲，母亲明白后心里一阵难过，还责怪她说："你这傻孩子，彭爷爷怎么会住那里呢？如果真住那里，就不会受那么多罪了。"母亲又问芳芳："你不怕人家把你抓起来？"芳芳向母亲做了个动作，意思是她不怕。

又是七个年头过去了，芳芳仍未见到日思夜想的彭爷爷。直到1978年12月22日下午，在成都双流机场送爸爸上飞机去北京，芳芳才得知彭爷爷被"四人帮"迫害致死。当知道爸爸手提包中装的竟是彭爷爷的骨灰时，一下跌跪在地上。她打开提包，抱着彭爷爷的骨灰盒，放声大哭，悲痛欲绝。母亲于淑琴用手帕擦着泪水，拉开了女儿，让綦魁英上了飞机。綦魁英此行的目的是去北京送骨灰参加12月24日党中央在北京召开的彭德怀同志昭雪追悼大会。

12月25日，芳芳一大早在童子街29号大院传达室等报纸，终于见到了《四川日报》头版头条刊登的彭爷爷的相片及追悼会情况；见到了中央领导同志向浦安修奶奶握手慰问的照片。她流着泪，心底里说："彭爷爷，今天，我终于找到你了。"

1991年，芳芳已36岁了，她与父母一起住在北京，在时光照像馆从事着色工作。爱人齐世新，也是位聋哑青年，在北京一家工厂工作。她们已有一个九岁、会说一口流利北京话的漂亮小姑娘，一家人过着幸福美满的生活。聪明能干的芳芳会缝纫，全家老小的衣服都是她做的。她还会写流利的钢笔字，在她小时候，彭爷爷手把手地教她写过字。她现在又手把手地教自己的小女儿萍萍写"彭德怀爷爷好"。

（王春才）

# "我不会忘记你们的"

## ——彭德怀和李文林

在吴家花园的西南角，住着一户社员，男的叫李文林，女的叫季秀兰。

我跟彭德怀散步路过李文林家的大门口时，经常碰见李文林和季秀兰。他们夫妻对我们很热情，见了面总是跟彭德怀说几句话，有时还请彭德怀到他们家里去坐坐。

一天晚上，我跟彭德怀到了李文林家。一进门，见孩子们正围着一盏小油灯做作业。季秀兰一见彭德怀到了，赶忙对孩子们说："你们都起来，让彭爷爷和景叔叔坐在亮的地方。"彭德怀站在门口，说什么也不过去，摆手让孩子们还坐在原地方做作业。彭德怀说，"这油灯太暗了，坏眼睛，以后给你们安一盏电灯。"

没过几天，彭德怀就让我请人给李文林家安上了电灯。彭德怀讲："电费由我来出，其他费用我也出。"

安上电灯的那天晚上，彭德怀就把我叫到他的屋里，他对我说："小景，走，咱们到季秀兰家去看看。"到了季秀兰家，他一家人正在吃饭。彭德怀伸手拉开了电灯，接着问孩子们："这灯好不好，亮不亮呀？"孩子们高兴地回答："好！亮！"彭德怀说："有了亮的电灯，我向你们提一个要求，你们要好好学习，好好劳动，听爸爸妈妈的话，你们能不能做到呀？"当孩子们一同表示能做到时，他满意地笑了。

有一回，去李文林家串门，彭德怀见孩子们正在做作业。他仔细看了看孩子们的作业。然后说："你们的字写得不大好。写字要靠多练习，写一遍不行，就多写几遍。"季秀兰说："哎呀，哪里有那么多钱买纸和本呀。"第二天，彭德怀就到西苑商场，给季秀兰的孩子们买了钢笔、铅笔、纸和本。当彭德怀给孩子们送去的时候，季秀兰全家都非常感动，孩子们高兴地喊着："谢谢彭爷爷，谢谢彭爷爷。"彭德怀说："不用谢了。你们不要叫我彭爷爷，以后我叫你们小同志，你们叫我老同志好了。"

一天，听说李文林突然得重病住院了，彭德怀马上到季秀兰家去看望。他对季秀兰说："你不要着急，想尽一切办法给他把病治好，花多少钱也得治好病。"

过了几天，又听说李文林快不行了，彭德怀万分着急。他派綦魁英同志赶到医院，请医院进行抢救。经过一番抢救，李文林终于脱离了危险。为这件事季秀兰非常感谢彭德怀，说彭德怀救了她丈夫的命。彭德怀说："这不能感谢我，要感谢医生，感谢我们党培养和教育出来的好医生。"

李文林住院期间，季秀兰经常跑医院，没人照顾刚满六个月的男孩，加上生活困难，她便决定将孩子送人。彭德怀知道这件事后，对季秀兰说："怎么，听说孩子要送人？这孩子，是国家的孩子，别人没有权利要，你也没有权利给。现在你们生活困难，但比我小时候好得多啰。你顾不上给孩子喂奶，我给他订奶。"彭德怀很快给孩子订了奶，并天天把奶送给孩子吃。

孩子还没起名字，季秀兰有时叫他小崽，有时叫他小不点。彭德怀说："小崽、小不点都不好听。我就爱'钢'。"这样，季秀兰才给孩子正式起了个名字，叫小钢。彭德怀非常喜欢小钢，每回见了他，总要抱一抱，亲一亲。有时，彭德怀晚上到季秀兰家去串门，见孩子们都躺在了炕上，他就先看看小钢，接着就一个一个地数，看够不够六个，数到第六个，他就说："齐了，全睡了。”

彭德怀去四川之前，专门到李文林家同他们告别。彭德怀说：“我要出去工作了，要和你们分手了。”李文林和季秀兰一听彭德怀要走，眼泪立即流了出来。彭德怀说：“以前，你们希望我出去工作，现在我真要出去工作了，你们又难过起来。这是好事嘛，你们应当高兴。以后，我来北京的时候，还要来看你们，来看挂甲屯的乡亲们。我一定会来的，我不会忘记你们的。”

“文化大革命”期间，李文林夫妇很为彭德怀的安全担心。他们到处去打听彭德怀的消息，只听说彭德怀被揪回了北京，可不知道被关在什么地方。季秀兰说：“要是知道他老人家被关的地方，我拼上这条命也得见见彭老总。”“文化大革命”以后，李文林一家人几乎天天都盼着彭德怀。有时他们站在村头等呀等，好像彭德怀马上就要到挂甲屯一样。后来，终于在报纸上看到了彭德怀的名字和照片，可是彭德怀早已去世了。李文林全家望着彭德怀的遗像痛哭了一场。在给彭德怀平反以后，我又到了李文林家，一提到彭德怀，他们全家人总是掉泪痛哭，念叨着他的恩德。

（景希珍　安一整理）

# “麻烦告诉你们首长，把我的工资缴成党费”

## 走进什坊院

一支队伍，在夜色中沿京西宾馆一侧的人行道缓缓地向前走着。

“这是去哪儿？”

“鬼知道，反正是个极保密的地方。”

“不要讲话。”我回过头来呵斥着。

其实，我心里也在嘀咕：什坊院，到底在哪儿呢？

从公主坟往南，是条一丈多宽的柏油马路。路的东边，有一座式样别致的高大建筑；路的西边，有个偌大的院落。夜幕遮住了一切色彩，给这两个大院增添了森严和神秘。

沿着这条柏油路又走两里多路，我们拐进了一个过道。往里走了五十来米，有一座小小的灰色的建筑，两扇巨大的油漆大门紧闭着，把大院和过道一切两段。

排长走到门口，轻轻按了一下门铃，很快，一束昏黄的光从小房的墙壁上投下来。接着，门扇的中央，神奇地打开一个小孔，一个脑袋从那洞里伸出来，又无声无息地缩了回去，大门“吱”一声开了。

“这就是什坊院？”我皱了皱眉头。

走进院子，迎面有棵大树。大树左侧，是一条四尺来宽的砖铺的甬道，甬道尽头，是一幢二层小楼。式样很怪，上边两间，下边三间，乍一看，像孩子胡乱搭的两块积木。

小楼里面，古色古香，十分讲究。院子被八尺高的围墙拉成椭圆形，围墙边装着铁丝网。

小楼是我们的栖身之地，铺好床铺，大家坐了下来，有人问：“谁关在这儿？”“不知道。”有人冷冷地回答。

排长对大家说：“不要大声说话，不要随便乱跑。没有事儿，谁也不准到前院去。”说完，拉我一把，“走！到前面看看。”

出楼门往南是一条土路，穿过一个小小的过门，又是一个院子。这个院子，幽森阴冷，简直像阴曹地府中的酆都城。三间北屋，东西各有五间房子，昏暗的灯光，毫无生气地从口子里射出来，哨兵在房前的走廊里机械地来回移动着。窗子上，有个漏斗状的观察窗，那是观察室内动静用的。

我们来到5号哨位，从观察窗里望去。

“报——告！”一张蜡黄的面孔转向窗口，嘴巴微微翕动着。

“干什么？”哨兵大声问。

“喝口开水。”那声音极度低弱。

“可以。”

“喝开水也要报告？”

我回过头来，不解地望着排长。

排长轻声说:“喝开水、扫地、室内散步、解手等,都必须事先报告哨兵,经批准后,才能动作。”

好家伙!我心里打了个颤。这不等于除了呼吸外,什么都没有了?

这时,从9号哨传来了哨兵的呵斥声。

“再等一会儿!”

“那边有事。”排长说着,大步走去。

我跟着哨兵来到9号哨,哨兵报告说:“9号要解手,已经报告四次了,带班员不在,他要解到痰盂里,我没让他解。”

排长皱了一下眉,对哨兵说:“如有特殊情况,可以解到痰盂里。”说着推开了9号房门,回头对我说:“厕所在楼房的左侧。”

一个瘦弱的老人,从屋里走出来。他背有点驼,尖尖的下巴上有几根胡须。他把一件破军衣顶在头上,大步走下了台阶。

此时,雨下得正猛,他下了台阶后撒腿就跑,泥浆溅起落在他的身上。我一边叫着:“慢一点!”一边紧紧随着他。离厕所还差丈把远,他就小解了。

望着他那被风雨摇曳的躯体,我心里说不上是什么滋味儿。

怎么到了这样的地步呢?

## 他不卑不亢地站在我面前

我刚把9号带回住房,跟着排长来到1号哨。排长轻声对我说:“住在这个屋里的就是彭德怀。”

“彭德怀?”我心头一动,一步跨上走廊的台阶。

从观察窗探头看去,他已经躺下了。

他睡啦。我后悔自己来迟一步。他还像我小时候在画报上看到的穿元帅服的样子吗?

在南院转了一圈儿,匆匆回到小楼里。大家已经准备整铺睡觉了。一见我进来,呼啦围住了我。

“班长,这儿关的都是什么人?”

望着那一道道殷切的目光,我如实相告:这儿关押着彭德怀、谭政、郑天翔、罗瑞卿、孔原、荣高棠、王尚荣、班禅·额尔德尼·确吉坚赞、黄克诚、赵凡。他们按住房的顺序，分别被称为1号、2号、3号、4号……

大家一下沉默了。

第二天凌晨四点多，我起来上哨。站在院子中央，一只脚踏在水池子上，我想拧开水龙头洗下脸，突然，从1号哨传来了“乓乓乓”的敲门声。我走到1号哨，哨兵正在大声呵斥：“转过脸来！”

我走近观察窗，见1号刚刚被唤醒，身子蠕动了一下，深深叹了口气，把脸由面对墙壁转为仰视屋顶，两眼瞪得老大，不知在想什么。我心里很清楚，他是被叫醒的。有啥法儿呢？对他们睡觉的姿势有严格规定：只准脸朝外、朝上，不准朝墙壁，更不准用被子把头蒙起来。

“等一会儿！”从1号哨传来了哨兵的声音。我闻声而去，哨兵报告说：“1号解手。”

我推开了他的房门。灯光下，他不卑不亢地站在我面前：他的身材不高，穿一件落了补丁的黄呢子军上衣，一条黑蓝色毛呢裤子，一双极普通的布鞋。蜡黄的肤色，脸皮似乎在骨头上贴着。一双极一般的眼睛，眼皮松松的，花白的头发使他显得格外衰老。

这就是当年叱咤风云的彭大将军？这就是那个有组织、有纲领、有目的地向党进攻的罪魁祸首？

## “麻烦告诉你的首长，把我的工资缴成党费”

当太阳悄悄地把它的爱赐给什坊院的时候，我带着1号从厕所走出来。

他像一只出了笼的鸟儿，这么个小小的天地似乎就能使他陶醉。他不停地挥动胳膊，偶尔还踢踢腿，似乎只有这样，浑身才会舒服些。

他突然停了下来，仰脸朝着太阳，眯缝着眼睛，似乎在接受太阳的抚爱。我想起一位战友的话：人都说太阳是无私的，可现在，太阳也要受权力的支配。一瞬间，我倒觉着似乎是那么个味儿。太阳对于这里的人们是吝啬的……

片刻，他转过脸来：

“你今年多大了？”

我望了一眼他那憔悴的面颊，估摸不透他到底在想些什么。

“18 啦。”我说。

“小鬼。”他轻轻地点了下头，嘴角抛出一丝笑意来，目光变得柔和起来。

“走吧！”我有点惶恐，拿眼瞟着四周。正是学习的时间，院内静悄悄的。

他的脑袋微微向左歪着，仍在看着我。当我的目光瞟向他时，正好和他的目光相碰，我的眼皮有点发热，把头转向一侧。

过了一会，他的面孔变得严肃起来：

“麻烦你告诉你们的首长，把我的工资缴成党费。我已经要求多次了，我是个党员，我要为党工作。”

我瞪大了眼睛，吃惊地望着他。刹那间，我的眼前竟变得一片朦胧了。

我闹不清眼前的事儿是真景还是梦幻。一个反党集团的头子，怎么会讲出这样的话来？

他似乎没有注意到我的情绪，仍然处于激动状态。右手微微抬起，放在第三和第四纽扣的中间，五指渐渐拢起，突然挥动一下，大声说：“我彭德怀永远是共产党的。”说罢回头走去，步子很快。我如梦方醒，紧走几步，跟了上去。

下哨后，我把他的请求告诉了连长。连长苦笑一下说：“不关咱的事，睡觉吧。”

我睡得着吗？

我越发想看看他的《万言书》了。我想从那书中，寻找一下从他的面颊上、眸子里寻找不到的东西。

一天下午，我正躺在床上看书，排长站在窗子外边向我招手：“你来一下，咱们商量点事儿。”说罢转身走了。

我们两个并肩坐在床上，谁也没有说话，只是先点燃了一支香烟抽着。

排长站起来，从衣袋里掏出一本小册子，塞到我手里，悄声说：“小心点，别叫人碰见了，这是一本原始的。”说完，若无其事地游到门外去了。

我接过那本小册子，打开一看，正是我想看的《万言书》。门也没关，便读了起来。突然，南门“吱”一声开了，一个身材魁伟的中年人走进来。

“教导员。”我叫了声，忙把书合起来，塞到裤袋里。教导员微笑着朝我点了点头：“看的什么书？”

我谎称正在看《人民战争胜利万岁》呢。

他点点头，一句话也没说，从西门出去了。

我伸了下舌头，望着他走远了，才坐下来，重新打开《万言书》。当我看完最后一行字时，一股凉意袭上心头。在这本小册子里，我没有找到我希图找到的东西。我感到扫兴，眼前飘着一团灰蒙蒙的云。我把身子往床里边挪了挪，靠在墙壁，两脚放在床沿上，慢慢地闭上了眼睛。

“喂。他瞧见没有？”排长神秘地走过来。

我摇摇头。

“看完啦？”

我点点头。

“怎么样？”

“他讲了一些实话。”

排长急忙摇摇头，压低嗓门说：“不要信口开河，这是个原则问题。”

“扯淡！”我跳下床大步走了。心里默之地说：这有什么，我一句话又不能改变他的命运。

排长追上来，拍了一下我的肩头，含蓄一笑：“你不理解的事情多着呢。”说完，头也没回地走了。

## “我能种田，会种园子……<br>我可以成为自食其力的劳动者”

排长的话是含蓄的。说老实话，在这之前，当我坐在屋子里和我的战友们高谈阔论的时候，我觉着没有什么不好理解的东西。当我坐在会议室里，听着首长分析大好形势，讲阶级斗争的新动向，讲路线斗争的新特点时，我觉着也没有什么不好理解的东西。可到了这儿，到了什坊院这个小天地，我着实觉着，有一些事情实在是令人难以理解的。可是，你又不得不那样去办。

有一天，十点半，太阳已把它的光辉送到哨所一部分。

我站在水池子边，用手接着从那儿溢出的滴滴水珠，心里似乎安闲了一些。

“报告！我洗件衣服。”是1号在报告。

“等会儿。”哨兵说。

我来到1号哨，推开他的房门。

他端着脸盆，站在屋门口，盆里只有一件内衣。他望我一眼：“我只洗一件衣服，在外边可以吧？”

我点下头说：“可以。”

他慢慢地下了台阶，来到水池边，把盆子放在水池里，打开了水龙头，自个儿后退一步，把两臂慢慢地屈拢起，继而高高地举起来，两肘下压，用力伸展了几下。盆子里的水已经往外溢了，他才关住水龙头，弯下腰，掂起衣服。刚刚摆了两下，排长带着两名战士慌慌张张地走过来。

“先把他带回去。”排长带着命令的口气。

我不知出了什么事儿，迟疑了一下，南门外响起几声车笛，两名战士迅速打开大铁门，一辆黑色的轿车开进了院子。

要提审啦。我忙走近1号说：“你先停一下。”

他站起身，望了一眼那辆车，把手上的水甩了甩，走回去了。

当我把1号的房门轻轻掩上的时候，排长推开了7号的房门：

“到专案组。”

7号从房间里走出来，目不斜视地走向轿车，车子兜个圈子出门去了。

排长把大铁门关上，远远地向我摆了摆手，意思是让1号出来洗衣服。

我又把1号放了出来。

他大步走出房间，跳下台阶，小跑似的来到水池子边，蹲下身，把衣服简单地揉了揉，放上洗衣粉，他刚要动手搓揉衣服的时候，5号哨传来了生硬的声音：“等一会儿。”我转脸望去，哨兵一边向我招手，一边指了指5号的住房。我知道，5号的身体有毛病，要解手。我回过头来，想让1号再停一会儿，但他已经站起身向室内走去。

处理了5号的事儿，我才重新推开了1号的房门。

他微微歪着脑袋，皱着眉，两眼望着我，迟迟疑疑地站着不动。那意思好像问：还有事吗？我本想正面回答他，但哨兵就站在我眼前，直看我，我没有言声，故意把身子转向一侧，不去看他。意思是：没事，出来吧。

他从房里走出来，和头一次一样慢慢地来到水池边。他一没做动作，二没搓揉衣服，只是打开水龙头，灌了满满一盆水，掂着衣领，在水里摆了摆，然后拧了一下，搭在绳子上，一手掂着脸盆，一手掂着洗衣粉袋，不声不响地回到房间去了。

我知道他有点生气了，一件衣服，洗了三次，洗衣服的时间没有跑路的时间多。可这儿有着严格的规定，他们相互之间是不能见面的。

第二天上午，我带着1号去解手。从厕所出来后，他在楼前停了下来。

楼的左侧，有一片小小的草地，他的眼睛盯着这片草地，歪着头，长长的眉毛一扬，说："这儿可以开园子，可以种包菜。包菜产量高，又好吃。"

望着他那严肃认真的神情，关注而又带着希望的目光，我的心头热乎乎的，然而，稍息之间又变凉了。心里边说：你还想种菜呢？在这所院子里，你，只剩下呼吸污浊空气的自由啦。有谁曾惦记过你呢？

他又瞄我一眼，嘴唇动了一下，像要说点什么，但却没有吱声，身子一转，又向前走去。

走到我们新开辟的小菜园，他又停下了。望着那一棵棵肥壮的蕃茄苗儿，他自言自语地说："多好的苗儿哇，可惜没有管理好哟。"说罢蹲下身去，拔起一棵小草，在手里捻转了一下，说："这么多小草，不和苗苗争食吃？"

我本来想让他回去。看看四周，一个人也没有。又想：你想拔草就拔吧。在外面多待一会，多晒会太阳，总比待在阴暗潮湿的小黑屋里强得多。

突然，排长从楼上跑下来，气喘吁吁地走到我跟前："六班长，怎么搞的？你怎么让他拔起草来了？"

听他的话音，看他的神情，我心里老大不乐意，"谁让他拔啦？他自己乐意拔的。"我没好气地说。

排长忙给我挤了挤眼儿，悄声说："快让他回去，楼上有人。"

我向楼上瞥了一眼，窗口处果然站着几个陌生人，急忙走到他身边说："回屋去吧。"

他站起来，拍了拍手，冲着我说："我能种田，会种园子，让我来管理这个园子吧。我可以成为自食其力的劳动者。"

望着他那企求的目光，我又偷眼看了看小楼上，见连长正偷偷向我摆手示意，我忙说："快走吧。"

把他送回房间，我站在他的门前，从过门里望着楼上，那儿的人影不见了。我觉着很奇怪。拔拔草有什么关系？一不会死，二不会跑，三不会和谁见面，四不会串供，大不了多晒会儿太阳。

下哨后，我回到住室，钻进那个原是浴池被我改为创作间的小房子里。我想在书海中寻找一点寄托，解除心头的苦闷。突然，外边响起一阵脚步声，不一会儿，又听到一阵嘀咕声：

“这算啥事？把人家关在小屋里，把咱关到小院里，连大门都不让出！”

“嘘——！”一个神秘的声音。

“我当着班长的面也敢说。咋？难道不是？咱不过是被人监视的监视人的人。”

“算啦！算啦！”

“哼！”接着是“咕咕嘟嘟”的喝水声。

我坐着没动，也不愿让他们知道我在这儿，他们说话太不注意了，假如我在跟前，少不得要批他们一顿。这样倒好，省得他们担心，也省得我要官腔。更何况，我对他们的话也有同感，刚才发生的事情，不就是个例证吗？

我轻轻叹了口气。

唉！这些事真叫人讲不清楚。

## “你不该把我的幸福夺去”

不仅这些讲不清楚，就他这个人来说，也讲不清楚。他古怪得很，有时简直令人不可思议。

有一天，他从厕所出来时，在我身边停下来。他的面孔阴得像要下雨，两道目光像把利剑直刺过来：

“你不该把我的幸福夺去。一个人应该是诚实的，说谎不好。”

他似乎很生气，猛转身，大步走去。

我怎么夺了他的幸福？这话从何说起呢？

啊，我想起来了。

那是昨天早饭后，我带着他解手。

当他来到厕所门口时，陡然收住了步子，目光落在墙角处用旧苇席遮挡着的临时厕所里。

里边脏得出奇，几乎不可涉足。

他站着不动，久久凝视着。突然回过头来，目光异常严肃，两道长长的眉毛几乎直立起来。

从厕所走出来时，步子很慢，像有什么心事。他走到我跟前，淡淡地瞟我一眼，并没留步。当我起步欲走时，他却转过身来，瞪着两眼，没有看我，而是望着那蔚蓝的天空，昂首挺胸，手指交错，反掌于下，但没有做动作。

最后，他的目光移到我身上，那目光中有爱抚、有期待。

“我闲着无事闷得慌。请你帮我找把锹，让我把厕所整理一下。”

我怎么回答呢？他的脸上已经布满了老年斑。

“我能成，干什么都成的。你看——”他伸伸胳膊，表示身体还很结实。

我心里有点酸楚，含含糊糊答应了他。

下哨后，我和战友把厕所整理了……

我站在院子中央，望着他那紧闭着的房门，心里头直打鼓：清理一个臭气熏天的厕所，算是一种什么幸福呢？

这时，一只手掌轻轻地落在我的肩上。我回头一看，原来是教导员。

“想家啦？”他侧着头，语调有些不可捉摸。

“不。”我摇摇头，一本正经地说，“我在思索一个问题。你说说，什么叫幸福？”

教导员眨了眨眼睛，语气一下子深沉起来：“这不是一句话就能说清楚的。不同阶级有不同的理解！”他向四周打量了一下，望着院中那个水池子，压低嗓门说：“这要看对象。对一个炼钢工人来说，多出优质钢是幸福的，对一个农民来说，多打粮食是幸福的，对一个科学家来说，有了新的发明创造是幸福的……”

我悄悄地把刚才发生的事儿告诉了他，并提出了我的疑问：“你说，这叫哪种幸福？”

他听了我的话，满脸的喜悦被阴郁所替代，无言地倒背着双手，向前走去。

我也跟了上去。

他走到一棵梧桐树下站住了。这棵梧桐树在哨所的西南角，背靠梧桐树，可以看到1号的房门，而哨兵却看不到这儿。

他一手扶着梧桐树，一手插在衣兜里，两眼直视着那高大的院墙，轻声说:“要真正地了解一个人是很不容易的。”

他讲起一件事:

彭总从朝鲜战场归来的一天,突然接到通知,要他到政协礼堂参加会议。因为时间紧,他泡在盆子里的衣服没顾上洗,就匆匆走了。教导员觉着首长的工作太忙了,这又是个特殊情况,就把衣服洗了。他开会归来,一下车就大步流星地进了房间,准备洗衣服。当他看到盆子时,呆呆地愣住了。恰在这时候,教导员拿着叠得板板正正的衣服走进来。他的脸上飘着一团浓重的云,两道慈善的目光变得异常严肃:

“你做了一件令人不能满意的事儿,夺去了别人的幸福。明白吗?小鬼,劳动本身就是对幸福的享受。”

我望着1号的房门,心里头直翻腾:幸福!本来是一个迷人的字眼。自古至今,人们为之倾倒,为之奋斗。人们各自寻找自己的目标,按照自己选择的道路前进!求财者得之以厚利,求官者满足以权欲,征战者求之以功名,登山者求之以险峰……正是他,他把劳动当幸福。

## “我是个党员,要服从组织”

理解吗?不理解吗?讲不清楚。要说理解他,那么关在这儿怎么解释呢?要说不理解他吧,他所作所为不是很清楚吗?

我想得越多,想得越远,心里边就觉得越糊涂。

不管理解也好,不理解也好,但作为一个人存在,在我的心里,他的分量越来越重了。良心告诉我,他是一个好人。

然而,接连不断发生的事儿,又使我感到,单用“好人”这个概念,是无法解释清楚的。

有一天,我正躲在一个小房间里,偷偷地读从废纸堆中找来的《十批判书》。

“乓乓乓”,急促的敲门声吓了我一跳。

“六班长,提审去。”排长在门外叫。

我拉开门,疑惑不解地望着排长:“下午?”按惯例,提审都是上午的事儿。

“正走哩蹦蹦，一时哩高兴，谁知做梦想起啥。”排长说。

“几号？”

“1 号。”

“好吧。”我把书锁到抽屉里。

我推开了他的房门。

他木然地站着，像在思索什么。他上上下下地打量了我一眼，那眼神似乎在问：“什么事？”

“到专案组。”

他“唔”了一声，耸了下肩头，抬起脚板头也没回地大步走出了房间。

在车上，我和排长分别坐在他的两侧，就像两名解差。他仰身靠着椅背，慢慢地闭上眼睛，神色极坦然。

汽车转眼就到了公主坟。

我不由得转过头来，望了望坐在我身边的他。他仍闭着眼，像睡着一样。

轿车驶进了营房，在一个门口停了下来。门前，有两个冷冰冰的哨兵。1 号从车上下来，不声不响地走进了那个房间。两个专案人员尾随着他走进去，就把门掩上了。

排长向我摆摆头，我们一块儿走到一棵梧桐树下，他满腹心事地仰起脸来，叹了口气：

“听说没有？贺龙死了。”

“什么时候？”我愣了一下。

“我刚听说。”排长的目光望着西边的天空，那儿有一团说白不白说灰不灰的流云。

“怎么死的？有病？”我问。

排长摇了摇头：“听说是气死的。你想想，南征北战几十年，打了江山坐软监，他那个脾气，像烈火，能不气？”

我闭上眼睛，只觉着一阵昏眩。

这时，“哐”的一声门开了。他大步从房间里走出来，边走边说：“要写的我全写了。既然是组织决定，我服从好啦。”

提审归来后的第二天晚上，一阵哨子声划破长空，“当当当”的敲门声打破了哨所的寂静。

“喂！睡觉啦。”哨兵通知他。

惨淡的灯光映照着他那蜡黄的面孔，他不时地微微皱下眉头，那只金笔在纸上“沙沙”地走着，似乎什么也没有听到。

“乓乓乓！”哨兵用力击打着门板：“睡觉啦！”把嗓门提到高高的。

他扭脸朝外看了一眼，站起来说：“报告！我想请个假。”

我刚好转到1号哨，哨兵说：“他要请假。”

我推开了他的房门。

他一手掂着笔，一手扶着椅背。“我想请个假。”他说，“我需要多坐一会儿。灯是不会熄的，我不睡觉也不会造成浪费。”

我迟疑了一下，说：“九点休息是规定的制度，您明天也可以写嘛。”

他摇了摇头，回身坐到椅子上，胳膊肘拄着桌面，手掌托着前额：“我的记忆力不行了。几年前的事情，公历、农历、民国、年号搞得我糊里糊涂，躺下也睡不着。”他把头抬起来望着我说：“我不会违反纪律，任何情况下也不想违反纪律。我只想请个假。”

望着他那痛苦的神情，企求的目光，我的心里十分沉重。我觉着这事儿小得可怜，批准他也犯不了啥错误，就答应了。只是说：“您抓紧时间休息好啦。”

第二天，我带他到室外活动。活动场地就在他的房子后面，有一丈多宽、六七丈长，东、北、西三面是墙，只有南面通一点儿风。他来到这个活动场地上，照例只能南北走动，连个圈儿也转不成。

他刚刚活动了一会儿，就停下：“近一段时间，我的活动可以减少一些的。”他望着我说。

“为什么？”我有点不解。

他长长舒了口气，平静地说：“从心里讲，这份材料我是不乐意写的，因为我已写了多次。但他们说是组织上要我写的。我是个党员，要服从组织，既要写，就要写好，尽量少出差错。”

我说：“他们又没规定时间，早晚写出都行，有什么关系？您多活动一些，对身体是会有好处的。”

他摇了摇头，仰脸吹了一口气，说：“我的身体是结实的，再活十年九年没问题。等问题弄清了,我还要为党工作,时间只有那么一点了。”说完,头也不回地走了。

没过多久,他的材料写完了。他向哨兵报告,要交材料,正好是我带班,哨兵把我叫了去。

我走进他的房间,他把材料交给我,说:“有一张纸写废了,我能否毁掉?”

我说:“送上去,让他们毁掉更合适。”

从哨所到连部去的路上,我胡乱翻着看了几眼,当我看到那张写废了的纸上,以洒脱的笔墨写下的几行字时,我的心“嗵嗵”跳起来。

那上面写着这么几行字:

“事久自然明。”

“真理之光照耀中华,前途是光明的。”

“真理之光照耀中华时,前途是光明的。”

## 我的心被他“俘虏”了

我发现,我的心被他“俘虏”了。

不管连队的路线斗争教育搞得如何红火,对于他,我从感情上无论如何也恨不起来了。

这是我感到害怕的,我常常扪心自问:我是不是有点“蜕化变质”了?是不是有点儿向“走资本主义道路的当权派”靠拢了?我不得不时时地提醒自己、警告自己,无论如何,一定要站稳“阶级立场”。

为此,我不得不抑制自己的感情,尽量避免和他接触。因为,我发现他身上有着一股不可抗拒的诱人的魅力,不管你起初对他的印象如何,只要你和他相处上一段日子,你就会不知不觉地爱上他。

在这之前,每到我带班的时间,只要他还没有在室外活动过,每一次都是我带着他到室外活动。现在,每当他要到室外活动时,我就让哨兵带着他去,而我却带着另外的人。尽管我站在活动场上,却像个木桩子,除了风声、呼吸声、对方散步的“沙沙”声,再也听不见什么声响了。但我觉得,这样也许会好些,我害怕我的心会和他越靠越近。万万没想到,一件令人寒心的事儿，就在我离开他后发生了。

他的一个大拇指的指甲有点毛病，比一般的指甲长得厚，疙疙瘩瘩的，一到阴雨天就发痒。平时，每当他刮脸时，总是用刀片把隆起的部分削去，这样就会好受一些。

这一天，老天又有些喜怒无常，一会儿板着面孔，阴云浮动，一会儿喜笑颜开，蓝天片片。阳光时有时无，风卷起一层层游土和杂草，向你扑来，当你背脸挡风时，它又悄悄地溜走了。

放风照常要进行的。当到了时间后，我把2号从活动场地带回住房，就招呼哨兵把1号带出来。

哨兵看见我招手，带着他走过来。他一边走一边用手指抠着那个拇指的指甲，看样子拇指又发痒了。

突然，他瞧见地上有片破碗碴，就伏下身去捡。

哨兵是个新战士，一见他捡破碗碴，立时慌了神，一边拿眼偷偷地看着我，一边叫着："你要干什么？"可是已经来不及了，他就要把碗碴捡到手里了。哨兵着了忙，赶紧用脚去踢。

他发现哨兵要踢时，忙用身子护住。哨兵踢了几次，都没踢着。1号挓挲着两手，左挡右拦，生怕哨兵把碗碴踢走。我心里一阵酸楚，想上前阻止哨兵。刚迈出两步，看到各个哨位上的哨兵都转过脸来，注视着这儿，我没了勇气，只好痴呆呆地站着，把脸转向一侧。

他终于把那破碗碴抢到了手里，一边刮着指甲，一边对哨兵说："我用它刮下指甲。这又不是什么政治问题。"

哨兵的脸都白了，又气又怕，嘟嘟囔囔不知说了句啥。当把1号送进住房后，哨兵低着头，吭吭哧哧地对我说："班长，我……我没看见，他……他就……"

望着他那惶惑的神情，我轻轻叹了口气，小声说："这没啥。"嘴上这么说，可我的心里另是一番滋味儿。

下哨后，我找到排长，把刚刚发生的事情告诉了他，并向他诉说了我这一阵子的矛盾心情。

排长听了，轻轻把门掩上说："你想，他能不害怕吗？你是他的顶头上司，如果给他拉到纲上，他就要吃不了兜着走了。不过，你也有点太神经过敏了。你没看看,稍微有点头脑的人,哪一个不是这样儿?政治上的事儿咱说不清,也管不了,咱只要不涉足政治,只要保证他们不死、不跑、不见面、不串供,别的事儿,扯淡!”

感谢排长给了我一颗定心丸。但对这件事,我一直追悔不已。不论什么时候,只要想起这一天。

## “我想起了他们,心里很不平静”

追悔有什么用呢?最好的办法是拿行动去补偿。可在这样的天地里,这样的气氛中,大家只有把爱藏在心底,从感情上给他一点怜悯。我万万没想到,身陷囹圄的他,却念念不忘他们。

那是1970年10月18日。

一大早,即有消息从哨所传来,说1号情绪有点反常,自凌晨3点醒来后,一直没有入眠。

接着,又有消息说,他自起床以后,一反往常的习惯。既没有扫地、做广播体操,也没有像平时那样坐下来研究他最喜欢看的政治经济学,而是肃穆而立,神情异常凄楚。

“他是怎么啦?”

“他从来也没有这样过呀?”

小楼上、大院里,三三两两,战士们在交头接耳,悄声议论。一下子,什坊院的空气变得紧张起来。

吃过早饭,我来到哨所,从11号哨位到1号哨位,依次处理了一些必须处理的事项,然后,回过头来,推开了他的房门。

他威严而肃穆地站在屋子中央。见我进来,他把目光移向我,似乎在问:“什么事!”

“你是不是身体不舒服?要不要找下卫生员?”我站在门外,故意大声说。

他摇了摇头,说:“我没什么。我是想起了他们,心里很不平静。”说着,习惯地耸了几下肩头。

他是想起了谁呢?谁对他竟有这么大的魅力呢?可又不好追问,于是,我改了话题："到室外活动活动吧。"

他迟疑了一下，没有吭声，手臂一摆，行军似的出了房门。

凉丝丝的风掠起浮士，忽地拧个旋儿，迎着他的脸扑上来，他陡然停下，转身面对墙壁。不一会儿，又慢悠悠地走过来。

"应当记住他们，不要忘了他们"。他站在我身边，自言自语地说了声，两眼直视着那阴沉沉的天。忽然，他转过身来，说："我要刮下胡子，可以吗？"说着抬起手摸摸他那不算太长的胡茬。

他刚刚活动了十几分钟。

"你再活动一会儿，不晚的。"我站着没动，望着他。

他转过脸去，抬起胳臂，打了个呵欠，自言自语地说："天已经凉了。"

我知道，节令过了寒露，阴天的风格外凉。见他已倦于活动，就说："好吧，我给你去取刀具。"

离开哨所，我一口气跑上了小楼。连长在桌前坐着，正在看报。"1 号要刮脸。"我对连长说。

连长眉头一皱，低下头沉思片刻，仰起脸望着我说："他今天的情绪不大好，不会出什么危险吧？"

我说："不会。依我看，他好像在缅怀什么人。"

连长拉开了抽屉，这里面被分成许多小格儿，每个格儿里放着手表、钢笔、刮脸刀等物品，格格上标着名儿，我伸手就把 1 号的刮脸刀拿了出来。

"千万小心点。"连长叮咛着。

"没事。"我撒腿跑去。

走进他的房间后，我把刀具安装好，递给他。他似乎有点高兴，嘴角处挂了一丝笑意。

他把毛巾叠成方块儿，放在洗脸盆里，掂起暖瓶，对着毛巾倒了一点点开水。他是十分注意节约开水的，因为每天只灌一次开水。他拿起毛巾，在嘴巴上擦了擦，打上点肥皂，然后坐下来。

他的胡须不算长，但清理得却极认真。没有镜子，他就凭着心劲儿，一边刮一边用手摸着。当胡茬塞满了刀具时，他转过脸来：

"我可以清理一下刀片吗？"

"哦——"我有点迟疑。

“我不会自杀的。”他淡淡地说了声，头也没抬，就拧动了螺丝。

我没有干涉他，但不由自主地向他身边凑了凑。因为我感到他的情绪说不清楚。刀片虽小，却也能造成意外。

“你知道黄继光、邱少云吗？”他问。

我不知道他是什么意思，含含糊糊说了声：“知道。”

他点了点头，没有言声，继续刮着他的脸。

一切都平平安安地过去了。转眼到了傍晚，风越刮越猛，把天空搅得昏濛濛的。

他今天是怎么啦？我百思不得其解。

当雨星儿开始飘洒时，我正站在楼门口，望着那阴沉沉的天，思索他一天的举动。突然，谁在后面拍了我一下，扭头一看，是连长。

“你到楼上来一下。”他说。

我来到楼上，连长把一个包袱从桌上推到我跟前，说：“这是从四川给1号寄来的。他们检查过了。你给他送去，让他按这个条子查一下件数。”说着，把一张小纸条递给我。

我掂着包袱来到1号的房间，他就在离门口不远的地方站着，像中了邪一样，瞪着眼，绷着嘴。

“这是从四川给你寄来的衣物，有条子，你清点一下。”我对他说。

他接过条子后，看也没看，放在桌子上。从包袱里拿起一件军大衣。

这是件六成新的军大衣。

他把大衣提得老高，翻过来覆过去，仔细地看着，不时地用手抚摸着。最后，他把大衣披在身上，抬头望着门外昏黄的天空：

“20年啦，整整20年啦。这件大衣就是我出国那天穿上的。那也是个傍晚，也是这样一个昏黄的天。”

1970年10月18日，抗美援朝20周年纪念日。

我的心头一亮，顿时明白了一切。仿佛有一股潮水冲决了我的心闸，几乎忘记自己在什么地方，那是什么声音？是汹涌澎湃的鸭绿江水吗？是“雄赳赳，气昂昂，跨过鸭绿江”的歌声吗……

很快我冷静了下来，眼前仍然是那惨淡的灯光，沾满灰尘的墙壁。当年的中国人民志愿军司令员，就在这里打发着他那有限的岁月。尽管这样，他仍记挂着为国捐躯的勇士们。人们还记着他吗？会的，一个为人民做了那么多贡献的人，人民不会忘记。

## 我支走了哨兵

我们的教导员就记挂着他。我和教导员相处两年多了，然而，不过相识而已。只是几个月前，我们才有了倾心交谈的机会，共通了脉搏。

那天，我有事去营部。他说："明天走吧。晚上，我想和你好好谈谈。"

对此，我是求之不得的。

他从外边买回来一些花生米、苹果、橘子和香蕉。

"以茶代酒。他的举动使我感到不安，我有什么资格让他破费呢？"

"看你……"

他看出了我的情绪，剥了个橘子递给我说："我一个月的津贴就顶你干一年的。"

熟不拘礼。我们吃着谈着，雨夜悄悄话，本无多少顾忌。

"在什坊院，你的感受怎么样？"他眨巴着眼，狡黠地望着我。

我笑笑，没吱声。心里说：你怎么不先说。

"随便扯扯，不必拘束。我这个人，还多少有那么一点良心。"他站起来，一边泡茶，一边淡淡地说。

我动了动身子，提了提精神说："怎么说呢？领导上把这么艰巨的任务交给我们，这对我们来说，自然是感到光荣的。可是……有些事情……好像在我的认识上……怎么说呢？其实，也就这些。"

他低头不语，连看也不看我一眼，目光盯着手中的苹果，翻过来覆过去地看，嘴角处有一丝苦笑：

"怕我抓你的辫子？"

"不。"我说，"不是这个意思。我觉得有些事情不好说。有些事情似乎过头一些。比如说吧，彭德怀写完了交代材料后，希望把他的钢笔留下来。因为，几十年的事情，一下子想不起来，手头有支笔，想起来可以随时记一下。这有什么不好呢？可人家不让他保留，说是制度，怕出问题。"

教导员边听边点头，面部表情却很平静。当我把话讲完后，他仰起脸来，说：“你知道，我在他身边工作。他不讲究吃，不讲究穿。院子里开了个小菜园，一有空儿，就领着我们挑水、拔草……”

他一气儿讲了许多，我才知道他对彭德怀有着很深的感情。

从这以后，一种无形的东西把我们的心拴在了一起，每次见面，总要唠叨一番。

教导员要离开北京了，永远地离开这里了。

他悄悄地告诉我，今天晚上要来最后看一眼彭总。

我期待着。

这是一个雨夜。风打着旋儿在这个小天地里嘶叫，雨拧着劲儿向这个小天地倾注。什坊院里漆黑一团。

他来了，披着雨衣，手里提着军用挎包。

正是换岗的时间，我把他领进由我独占的小屋里。

我匆匆忙忙来到值班室，整理好队伍后，领着大家学习一段毛主席语录，把上一班的哨兵换下来。

一切就绪，一气儿跑到那个小房间里。

他掂起挎包说：“我买了苹果，你能送给他吗？”

我说：“就怕他不收，一嚷嚷，就麻烦了。”

“你告诉他，是小李子送给您的，他就明白了。”

我点了点头，把挎包塞进雨衣里，因为我必须躲过哨兵的眼睛。

人心隔肚皮，这阵子，踏着别人的尸体朝上爬的人有的是。

我想出一个办法。

我把刚刚给《北京日报》写的一篇稿子拿出来，连同稿纸和笔，一块放存桌子上。转身来到哨所，对哨兵说：“你去把我的一篇稿子抄一下，明天要送报社。”

这个哨兵是我们班的战士，对这样的活，他很乐意。因为比站着矗秫秸个子强多了。

哨兵走后，我推开了1号房门。

他已经躺下了，见我进来，连忙坐起身，眼睛投出一丝疑惑的光：

“什么事？”

“你的苹果。”

“我没要买苹果。”

我悄声说：“是小李子送给你的，他要复员了。”说着，我把苹果倒在桌子上。

我掩门走出来时，教导员已经来到了哨所，他颇有经验从11号哨逐个转到这边来，神不知鬼不觉地。

“你要进去吗？”

他摇了摇头，通过观察窗，去看望他所敬重的人。他看到，彭总手里攥着一个苹果，眼里含着晶莹的泪花。

他忍不住抽泣起来，但连忙捂住了嘴。

我的心怦怦直跳。感情、友爱，多么神圣！可在这儿，竟像个贼。

## 离开什坊院

我们也要离开这儿了。

排长把几个班长叫到一块儿，商量撤离中应注意的事。我的心系在哨所上，不知怎的，我觉着哨所上的什么事儿都由我处理才好。会一完，我便走出了小楼。

楼前，那片小小的草地，依然肥硕繁茂，一丛一簇，蚱蜢仍然在欢快地跳跃着。“这儿可以开园子，可以种包菜。”而这儿仍然是草地。

我呆呆地站在这儿出神，草地的东边，是我们的菜地，本来就不肥壮的菜苗已全被野草盖住了。我又想起他的话：

“这么多草儿，不和苗争食吃？”现在，没有苗了，只有草。

我来到哨所，这个在我的眼里一直是阴冷的地方，一瞬间竟变得亲切起来，不过，仍然是那样沉寂。水龙头，在滴滴答答地漏水，他在这儿洗衣服的情景，就像刚发生一样。

哨所前边的左侧，是我们的厨房。从厨房到哨所的这条路上，留下了我多少足迹？在这儿，我掂过多少次热气腾腾的开水。多少次把大米饭、馒头、窝窝头……分送到他们的房间里。

厨房的左边，就是那个供汽车转弯用的小型车场。我的目光洒落在他曾抢过破碗碴的地方，那件令人寒心的事啊！

房后边，也是他经常活动的地方。记得一个雪后的上午，天晴得真好，一点云彩星儿也不见。俗话说：下雪不冷化雪冷，冰凉的风透衣透骨。

开始，他极兴奋，大幅度摆动着胳臂，步子比以往任何一次都显得快。可是，渐渐地，他的步子放慢了，热情似乎被冰冷吞噬。他走到墙根处，抓起一把雪，往嘴里塞。

他怎么啦？我吃惊地望着他。

他的嘴巴蠕动着，一把又一把……

我突然明白了，他是想用这冰凉的雪压下心中的痛苦啊！

如今，这里的雪早没了，只有空空荡荡的凄凉的场地。

接勤的哨兵正向这边走来，瞬间，我意识到这儿的生活马上要结束了，心里边只觉着空空荡荡。我再一次站到他的观察窗前，想最后看他一眼。

他站在桌子前，一手按在桌面上，一手叉在腰间，两道目光直视着墙壁，仿佛要把那堵墙壁望穿。

我依依不舍地离开了哨所。

“要多读点马列，要有自己的头脑，别光学舌哟。”这是他对我的教诲！

跨出大门，我又回过头去看了什坊院一眼。不知是我的眼睛朦胧了，还是雾岚使它朦胧了，朦胧得犹如一滴辛酸的泪。

（郭云梦）

# “把他调给我”

## ——彭德怀和张养吾

### “把他调给我”

1949年一开春，彭德怀抖落转战陕北的一身黄尘，率领一野健儿，南下秦川横渡渭河，于5月20日，一举解放了西北第一个大城市——西安。边区子弟兵终于实现了两年前主动撤离延安时发下的誓言：你能打到我们延安来，我们也一定能打到你西安去！

就在千万军民齐欢腾的日子里，一个又一个在陕北山沟里没有碰到的新问题，像排浪一般，涌上彭德怀心头：怎样巩固新解放区？怎样管理大城市？怎样团结众多的少数民族？桩桩件件，都是关系到尽快解放整个西北的大问题。在这筹划大军西进的日子里，彭德怀比任何时候都感到，他的一野司令部，除了已有的精通作战的参谋人员外，至少还要配备一位有地方工作经验、懂政策、作风严谨又擅文墨的秘书干部，做自己的助手。

于是，他便向中共西北局书记习仲勋同志提出，希望西北局从地方上给他调配一名秘书干部。习仲勋十分尊重彭德怀，可是要推荐如此得力的人才，也难，只好向彭德怀说："人是有，恐怕找不到合适的。"

彭德怀胸有成竹地说："我知道一个人，是陕甘宁边区教育厅的，叫张养吾，把他调给我！"

习仲勋一听彭德怀点着名要人，便满口答应，当即责成西北局组织部长马文瑞负责办理。

马文瑞知道，张养吾是从延安来的干部，现在任西安市人民政府教育局局长，便约他来谈话。

"因为工作需要，要调你给彭德怀同志去当秘书。"

马文瑞又补充说："是彭老总亲自点的。你看怎样？"

已过不惑之年的张养吾，因为事情来得突然，没有马上表示态度，只是一件往事倏地浮现脑际，心里说："哦，一年多了，彭老总还记着哩！"

## 初识在"风"中

那是1948年的春天，陕北自卫战已转入战略反攻的时候。身任边区教育厅国民教育科科长的张养吾，奉中共西北局的指示，随同一个工作团，前往延安以北的延川县开展土地改革运动。谁能料到，一股"群众要怎么办就怎么办"的过"左"的狂风，从外地吹到延川。运动一开展，斗地主、斗恶霸自不必说，还要割富农的封建尾巴，斗官僚主义，个别地方发生了打伤打死人的事情。

张养吾当时负责东阳和清延两个区的工作。他率领工作队进村后，首先从调查研究入手，了解到这两个区早在1935年就闹过红，土地革命搞得比较彻底，地主富农早被肃清。陕甘宁边区在1937年成立后，贫下中农在农村中一直占绝对优势。

张养吾等据实分析，迎着当时的风向提出自己的看法，认为眼下这块老红区的土改运动，不应该是重新分配土地，调整阶级关系，而应当大力倡导和发扬人民民主作风，正确处理少数干部和群众的矛盾，还要迅速组织广大群众实行团结互助，恢复和发展一年前被进犯边区的国民党胡宗南军队破坏了的农业生产。因此，这两个区没有发生乱批乱斗的现象，一位叫白雄和的村党支部书记引群众的话说："咱们这里的天空晴着哩！"

那时，第一野战军的几个纵队集中在延川、清涧一带，用"三查"、"诉苦"方法，进行新式整军运动，为从边区打出外线做准备。正巧，彭德怀率一野司令部就驻扎在延川城内。受党中央的委托，彭德怀代表中央负责了解和检查这一地区的土改工作。地委即责成延川县委向彭德怀做出认真的汇报。延川县委认为本县的八个区中，只有东阳和清延两个区的工作进行得既稳妥又有创造性，便决定让张养吾同志作典型汇报。

一场足可以永留延川史册的汇报，在县委的一间平房里开始了。

第一次在这种场合见到彭德怀的张养吾，用浓重的陕南口音，把由他负责的那两个区的历史发展、生产关系、现在的情况、群众的要求，还有他个人的想法和做法，清顺明白地作了汇报。

身着灰色军装，朴素得像陕北农家大叔一样的彭德怀，仔细地听着汇报，有时展开厚重的嘴唇，微微点头，有时又似有所思。最后说："汇报内容是真实可信的。"又说："依我看呐，这位张养吾同志，是一个严肃谨慎的干部，对党的事业认真负责，贯彻执行了毛主席教导的实事求是的精神。"

听到彭德怀的肯定，张养吾难抑内心的激动，但还是平稳沉静地坐着，不停地眨着早年害过沙眼病的双目。

幸运啊，延川的会见！

## 再谈更知心

汇报会次日，彭德怀派部队的一位同志，要张养吾把汇报的书面材料送交一份，又通知说：“彭老总还要当面和你谈谈。”

按预定的时间，张养吾准时来到彭德怀兼作卧室的办公室，送上书面材料。彭德怀招呼张养吾坐下，接着便开始了一位党和军队的高级领导人同一位普通知识分子的恳谈。

原以为彭老总还要细问一下土改的事，可是没有。彭老总像拉家常话那样，问他的家庭情况、上过什么学、什么时候参加革命等等。张养吾照着提问，把实际情况一一作了说明。

张养吾出生在陕西省西乡县一个农民家庭里。少年时在父母的指教下，用心读书，立志将来做一个为穷人办好事的人。1936 年，曾在北平民国大学教育系就读。1938 年经组织介绍，由西安去延安，上了抗日军政大学，并由共青团员转为中共正式党员。随后被分配到陕甘宁边区政府教育厅，做过秘书主任，为边区学校编写过课本，1944 年到边区最北面的米脂中学任教，被学生们尊称为“张先生”。

彭德怀听了他的介绍，忽然提出一个问题：“你对今后的工作有什么想法？”

张养吾随口答道：“我个人志愿，希望终身从事革命教育工作。”

话是那么说了，可是张养吾立刻想到，现在是战争时期，哪能光想个人，马上补充说：“作为一名共产党员，当然要随时准备服从党的决定。”

在将近两个小时的谈话中，彭德怀一直面带笑容，显得愉快而兴奋。

在革命队伍里，领导同志与一般干部谈话实属常事，张养吾只觉得心热，实在没有留意这次谈话对自己的今后意味着什么。

## 引领入军门

这次马文瑞同志与张养吾谈给彭德怀当秘书的事情，尽管张养吾当时没有马上表态，可他怎能忘记，一年前他在彭老总面前说过的话：作为一名共产党员，当然要随时准备服从党的决定。事到如今，还用得着讲什么推辞的话吗？于是，他向马文瑞表示：服从调动。

1949年7月6日，张养吾来到一野司令部报到。他走进司令员的办公室，只见彭德怀正在读书。彭德怀见他到了，一眼就把目光投在书上，便说："这是毛主席的新著《论人民民主专政》，是指导我们工作的思想武器，你也要好好学习这本书。"

接下来好像才是欢迎词："噢，我们有一年半不见了，现在你来帮助我，非常欢迎！"

下面是交代任务，说："形势发展得真快。我们进了大城市，任务重得很，你替我多留心方针政策方面的问题，还要注意社会调查。你先这样做着，有问题再找我谈。"

就这样，张养吾来了，来到彭德怀的身边。

（汪波清）

# 将军和士兵　信任建真情

## "粗枝大叶是要出事的"

1953年初夏的一天，我高高兴兴地到彭德怀办公室去报到。

过去我只在银幕、画报、照片上看到过彭德怀，还没有亲眼见到过他。一到办公室，心里只有一个愿望：快点见到彭总！可是，事情偏偏不凑巧，彭德怀那天整天都有会，晚上很晚才回来，没有见着他。第二天，他仍然外出开会，也没有见着。我心里不免犯起嘀咕来：临来时，有的同志说彭总很严厉，要我当心。难道真的是这样吗？真的很难接近吗？

记得前两天组织上通知我到彭德怀身边工作时，高兴之余，思想上也不是没有一点顾虑的：自己年纪轻，水平低，能做好工作、完成任务吗？经过领导和同志们的热情鼓励，这种顾虑又很快打消了。但两天来的“冷遇”，原先的顾虑又在我思想上冒出来。

这天晚饭后，我在办公室整理文件，突然，门轻轻地打开了，一个魁梧的身躯出现在我的面前，啊，是彭总来了！我马上站起来，心“突突”地跳个不停。只听彭德怀说：

“你是新来的小孟同志吧？”

“是！”我连忙应道。

他摆摆手，示意要我坐下，笑呵呵地问我老家是哪里的，家里有什么人……我一一做了回答。开初，我很紧张，他问一句，我硬邦邦地答一句，就像一个刚入学的小学生，小心翼翼地回答老师提出的每一个问题。后来见他问这问那，有说有笑，是那样和蔼可亲，没有一点大首长的架子，我的紧张情绪很快就轻松下来了。他说，在这里工作，接触的面较广，看的文件也多，是个很好的学习机会，今后一定要抓紧时间学习，千万不要把宝贵的光阴白白浪费过去。因为今后的工作要涉及许多党的机密，他还嘱咐我一定要注意保密。这次谈话，使我在思想上起了一个很大的变化，原来的顾虑不知什么时候跑得无影无踪了。

按照工作习惯，文电来后，要登记好再呈送彭德怀。但是，凡信封上写有彭德怀“亲启”的信，要先送给彭德怀自己拆封，阅后退给我再登记。一次，由于我粗心，打开了一封亲启件，一看内容，是揭发“高饶问题”的。当时把我吓了一跳，思想上非常紧张，怨恨自己为什么这样粗心。我马上向办公室领导作了检查，但思想上的压力还是很大。心想，这个错误可不小，不狠狠地挨顿批评才怪哩！

快下班时，彭德怀把他批阅过的文件退给我，其中也有那封亲启件。我不由得紧张起来，笔直地站着，主动检查说，是我不小心把它拆开了，准备挨批。谁知彭德怀却和颜悦色地说：“工作一定要细心、准确，粗枝大叶是要出事的。”说完，他用手指指那封亲启件：“这件事你知道就行了，一定不能传播。”他的话语既严肃，又亲切，目光里充满了对同志的信任。我忙不迭地答应：“请彭总放心，我一定做到！”彭德怀笑笑，接着说：“今后来了亲启件，要区别一下情况，凡信封上有首长签名和密封的亲启件，还是要先送我拆阅。一般的亲启件（当时群众来信很多，大都写亲启），你可以拆封，登记好再送我。"彭德怀交代完后,便转身走了。没走出两步,又突然停住,伸手从上衣口袋里掏出一把钥匙递给我,说:"这是我小保险柜的钥匙,今后由你负责掌管吧!"这一切来得是那么意外!望着他离去的背影,我木然地站在那里,泪水簌簌地流了下来!

1957年,彭德怀出国访问前,有关部门按规定给他发来了服装费。他除做了必需的便服外,把剩余的钱全部退还给公家。一次,我建议他多做两件,他狠狠地瞪了我一眼说:"不花自己的钱,你们就是不知道心疼!"浦安修同志见他身上穿的毛衣太破旧了,就悄悄地到王府井,自己掏钱买了一件回来。晚间,我们请彭德怀试衣服,浦安修同志也将她买的毛衣让彭德怀穿穿试试。毛衣太瘦了,惹得大家都笑起来。彭德怀诙谐地说:"花钱买来了一件'紧身咒',穿不得,穿不得!"说着脱下毛衣,顺手给了我,说道:"你穿合适,给你吧,你就不用再买了!"而他自己打定主意仍旧穿着那件破毛衣出国。别人劝他另买一件,他说:"出去是为了工作,又不是去搞服装展览,旧毛衣穿在里面怕什么!"

## "'乡巴佬',光荣"

1955年,我的大孩子从农村老家来北京上学。孩子乍从农村到城市,什么都感到新鲜,一到星期天就要我带他出去玩,我实在被他缠不过,一天早晨,便对他说:"小享,今天带你到中南海去,你可得老实点,别调皮,更不许乱跑!"他满心喜欢地一口答应了。

到了办公室,我忙着去处理文件,就让他一个人在办公室门前玩。不一会儿,彭德怀走过来,见墙根下站着个孩子,立刻眉开眼笑。彭德怀爱孩子是出了名的,见了孩子不是逗就是抱,稍大一点儿的,总要说笑上一阵,孩子们跟彭德怀一熟,没有一个不喜欢他的。

"小家伙,你在这儿等谁呀?"彭德怀朝小享挤了挤眼,半蹲在进门的台阶上,笑呵呵地问。

"是我爸爸让我在这儿玩的。"孩子怯生生地说。

"你爸爸是谁,你叫什么名字呀?"彭德怀凑近一点说。

"我爸爸叫孟云增,我叫孟小享,你是谁呀?"

彭德怀知道是我的孩子,便说:“我和你爸爸在一个办公室工作呢!走,我带你到我那里去耍耍。”孩子见他面容慈祥可亲,没多大一会儿,便和他亲近起来。彭德怀拉着他的小手,边走边探着身子问:“你怎么不去找小朋友玩?”小享有些胆怯地说:“我怕他们管我叫‘乡巴佬’,欺负我!”彭德怀听罢,笑个不止,说:“这里都是‘乡巴佬’,没人欺负你!”

他们边说边笑着走进了彭德怀的办公室,正巧我来送文件,只见小享偎依在彭德怀身旁,一边吃着彭德怀拿给他的糖果,一边好奇地问这问那:“这是谁住的房子呀?”彭德怀告诉他,这儿过去是皇亲贵族住的地方,皇帝是最大的地主头子、最大的老财,但是被我们的“乡巴佬”打倒了,所以现在这儿成了“乡巴佬”的房子。还说,他也是一个“乡巴佬”,今后不要怕别人叫“乡巴佬”,“乡巴佬”光荣!

说起“乡巴佬”来,孩子是有一番感受的。那时,他只有 8 岁,上学时穿的仍是用农村土布做的对襟小褂,脚上穿着一双“老头鞋”。不论是在街道还是在学校,一见到他这身打扮,小伙伴们常常讥笑地说:“看哪,小‘乡巴佬’!”孩子感到受了委屈,但又不好争辩,便渐渐地和小伙伴们疏远起来。

今天虽然还是过去那身打扮,但领着他手的这位慈祥的老人,非但没有瞧不起他,反而说自己也是一个“乡巴佬”,孩子顿时眉飞色舞起来,稚气地说:“那你是一个大‘乡巴佬’哟!”孩子的话引得彭德怀又是一阵哈哈大笑,连声说:“对!对!我们都是‘乡巴佬’!”

我见到这情景,有点埋怨孩子不懂事,便赶紧走过去,嗔怪地说:“你怎么跑到这儿来啦,不是告诉你不要乱跑吗?”彭德怀顿时面孔严肃起来,有些不高兴了:“怎么,我这儿他就不能来?”我连忙解释说:“这孩子不懂事,他在这里会影响首长办公的。”彭德怀笑笑说:“孩子刚从农村来,你要经常带他到外面走走看看,不要管得太严了!”

我爱人响应号召回农村参加生产后,大孩子因为上学,留在我身边,和我住在一起,和彭德怀见面的机会就更多了。彭德怀的一席话,小享一直铭记在心,上小学三年级时,还是穿着以前那身粗布衣衫,尽管短了许多,上衣还打了两块补丁,总是舍不得换下来。

一天,彭德怀见到小享问道:“穿这身衣服,不怕同学们喊你‘乡巴佬’吗?”

小享把头一扬，理直气壮地说："我不怕！我把您说的'乡巴佬光荣'告诉了同学们，他们便再也不喊了！"

彭德怀满意地笑了！

有一年，小享期中考试完后，高高兴兴地回到家里来，彭德怀在院子里见到他，便拉着他的手问，考得怎么样，得了多少分。小享告诉彭总："算术考了95分，语文90分。"彭德怀听后摇摇头说："语文90分，还可以，算术95分，不行。"小享听了，不理解地眨眨眼问："95分不是比90分多吗，怎么还不行？"在一旁的浦安修同志说："那就让伯伯给你讲讲吧！"彭德怀抚摸着小享的头说："算术是一门计算数字的学科，必须绝对准确，差一毫厘，有时就要出大差错，所以必须努力争取打100分，不能满足95分。"稍停片刻，又接着说："语文也叫国文，学习语文，就是要学会讲话，写文章就是用笔讲话。话讲得漂亮那是次要的，重要的是要学会讲真话，讲老实话。"后来，小享的算术得了100分，彭德怀高兴地说："一个学生要学习好，首先得做到认真、老实、讲真话，一是一，二是二……"

有一次打乒乓球，彭德怀问小享："你和孩子们打乒乓球打得好，和叔叔们打为什么就不行？"小享说："我打不赢，反正是要败的。"彭德怀听了认真地说："越是强手越要认真，越不要怕。打乒乓球也好，打仗也好，干什么别的也好，凡事都要有这个思想。我赢不了你，但我不怕你，不轻易让给你，今天我赢不了你，总有一天我会赢你。这样，才会一步步学到真本领！"

## "我宁可毁灭自己"

1958年11月，组织上决定我进入中国人民解放军政治学院学习。1959年8月的一天，我趁学校放暑假的工夫，兴冲冲地去看望彭德怀。一进门，碰上了警卫参谋景希珍同志，他悄悄地告诉我："首长犯错误了！"我听后大吃一惊，连忙问："犯什么错误？"景希珍同志没有直接回答我，却说："你到首长那里去看看吧！"

我踏着青色的砖路，径直到了北房。彭德怀正在看报纸，我轻轻地走到他办公桌旁，他抬头看到是我，没有吭声。我问他身体近来好吗，也没有回答，随手将报纸放在桌上，指指办公桌对面的椅子，示意我坐下。我马上意识到了问题的严重性。霎时，室内的空气像是凝结了似的，沉闷、窒息，令人感到紧张。我抬头望望窗外，院子里的杏树和海棠，也痴呆呆地一动不动，失去了往日的生机。

墙壁上的时钟滴答滴答地走着，时间一秒秒地过去。半晌，彭德怀终于痛苦地说："我犯错误了，你知道吗？"我说一点也不知道。"在庐山，我写了封信，向毛主席反映大炼钢铁和人民公社化中发生的问题，以及干部中说假话、搞浮夸、强迫命令等不正之风的情况。我认为现在有一种'左'的东西在破坏着国民经济建设，造成了比例失调。结果说我这封信是'反党纲领'，我想不通！"说到这里，彭德怀再也说不下去了，他那古铜色的两颊微微抖动了一下，嘴角抽搐着。他当时内心的痛苦，是难于用文字形容的。停顿了一会儿，彭德怀控制住自己的感情，接下去说："我这个人拿共产党员的标准衡量做得很不够，但有一条我是做到了，就是有意见当面说、会上说，实事求是，讲真话。"彭德怀继续说："有的同志给我做工作，要我从全局着想，不要单纯从这封信考虑。后来，我只好作了检查。作为彭德怀个人来说，这算不了什么，为了党的利益，革命的利益，我可以把自己搞臭，消除我在军队和人民群众中的影响！"彭德怀一贯把党的利益放在第一位，在这样重大的是非面前，他也丝毫没有考虑个人的得失。后来我知道，他还在一份材料上这样写道："我宁可毁灭自己，也决不能损害党所领导的人民军队！"

庐山的风云，犹如泰山压顶，使他透不过气来。他忧国忧民，愁肠百结，面对着冷酷的现实，他决心斗争到底。彭德怀对我说："我要再给毛主席、党中央写信，说明我在庐山写信的动机、目的和当时的情况。我不反党，不反对毛主席。要说意见嘛，我是有的。谁提意见，谁就是右倾机会主义，就是反党？这样，今后我们党是要多事的！"他还说，"我有错误可以检讨，但强加给我的罪名，我也绝不承认。损害党、损害军队、损害同志的话我也绝不去讲。我是一个共产党员，天塌下来，也要坚持原则，也要实事求是！"

彭德怀一贯直抒胸臆、耿直刚正、表里如一、光明磊落，没想到就因为一封信，反映了实际情况，竟惹出这么大一场祸，我怎么也想不通。从这次和彭德怀的谈话中，我察觉到，这位昔日令敌人望而生畏、闻风丧胆的彭大将军，面对着今日的不白之冤，深深地陷入了巨大的痛苦之中……

（孟云增　李太友整理）

# 十七年风雨同舟

## “对，看得出来，他们给我选来个老实的小伙子”

1950年深秋，我刚过了19岁的生日。一天，上级突然通知我，把我从大西北调到了遥远的首都北京。不久，又跨过了鸭绿江，去到更加遥远的朝鲜战场。从此，我就离开了侦察参谋的岗位，警卫在彭德怀身边。同欢乐、共忧患，一直跟随了他17年。

起初，我并不知道分配我干什么。

到达志愿军司令部的当天，机关的一个负责同志对我说：“你到彭司令员那里当警卫员。”

我一听，连问了几声：“是不是彭老总，彭德怀同志？”他点点头，我紧张了，好久不敢相信这是真的。我，啥也不懂，文化水平恁低，怎么给选到他那去工作？我从小就听说过这个彭老总，在西北听部队老同志讲他的英雄故事就多了。所以，听说要到彭老总身边工作，我心里很高兴，同时又十分担心。

“我能搞得好吗？”

我到彭德怀的办公室报到时，办公室主任说：“你休息两天吧，这两天暂且不要见他。”我心里纳闷：当警卫员怎能不见首长？见首长还要选日子？

彭德怀的指挥部设在一个大山沟里。靠山脚有一些当年挖矿时留下的洞。洞内经过修整，纵横相连，可以住人，只是太潮湿，因而在洞口搭了一些木板棚子。彭德怀就住在作战室旁边一个小棚里。

我很想见到彭总。他原来的警卫员郭友才同志看到我有些心急，问我：

“想见见他？”我连连点头。他就叫我跟在他后面进到小棚子里去。他嘱咐我：“他不问话，你也就别吭声。”

友才是进去倒开水的。他推门、走路都很轻。我站在门边，连大气也不敢出。彭德怀坐在一个木头箱子垒成的写字台前，抬头看了我一眼，接着又低头看文件去了。就这一眼，我着实吓了一跳：“这个人样子好厉害啊！”他粗眉毛、厚嘴唇、宽肩膀，表情又像生气又像发愁。屋子里很冷，板壁缝里冒出一股股白雾，凝结成了冰霜。地上有一条小水沟，流着从山洞里淌出来的一股水，可以闻到硫黄的气味。一张行军床，就放在水沟旁边。总之，这里没有一件叫人稀奇的东西。要不是彭德怀坐在眼前，我真不会相信这是中国人民志愿军司令员兼政委住宿、办公的地方。

出门来，我问友才：“怎么样，很厉害吧？”

友才说：“嗯，很厉害。不过你不用怕，他不会骂我们。有时批评干部，干部越大他越不客气。这些天，我们都得小心点，他正在气头上！”

“不是前方刚打了大胜仗吗？他气什么？”

友才坐下来，抱着脑袋摇了摇，说：“你没听说？咳！我们这些人，都该死！没有把毛岸英同志照顾好，他牺牲后，彭总好些天都这样，吃一点点，睡一会儿，话也很少说……”

我这才知道，为什么主任叫我等两天才见彭总。

过了两天，主任把我带去见彭德怀了。他跟彭德怀报告说：“司令员，这是从西北军区调来的警卫员景希珍同志。”

彭德怀取下老花眼镜，望着我：“哦，你是哪个军的？”

“报告首长！七军。”

“是彭绍辉那个军。他叫你来的？”

我说：“不，我不知道谁叫我来的。”

他笑了笑，叫我坐下，问了我的名字的写法和年龄，然后说：“我们以后就在一块干啦，——抗美援朝、保家卫国，好吗？”

我只顾点头，心里高兴得说不出话来。

彭德怀晚上有散步的习惯。他出去我都跟着他。第一天，他问我：“西北军区叫你来，怎么对你说的？”

我照实回答:“他们没有告诉我,只说调我到北京。”

“这么说,他们是把你哄出来的?”

我说:“不!不是哄,是保密。到你这儿,我很高兴,就怕干不好。”

他突然想起了什么,问我:“你怎么拖到这时候才来?”

我本来是从兰州坐军用飞机去北京的。行前,军区参谋长交给我一封密信,向我交代说,飞机落地就到北京了,要我拿着信直接到北京饭店找陈赓同志。还要我注意保密,旅途上不要把信掏给人家看。我一一记住了。谁知飞机中途加油,在西安降落——陈赓同志我没找着,飞机又起飞了。后来,请求一个军事机关协助,才搭上火车去北京。我叙述了上边的情况,有点不安地说:“在西安上了火车,火车再怎么停我也不下车了,一直到了终点站北京。可就晚了这些天。”

彭总听了哈哈大笑起来:“你这个小家伙,也太死板了!”

我说:“不是我死板,是上级交代了的,说飞机落地就到,还要我不要轻易对别人说是去哪里……”

彭总拍着我的肩,说道:“对!看得出来,他们给我选来了个老实的小伙子,一个好兵!”

## “大胆写,写不起的字空着,我帮你改”

还是晚上散步的时候,一个从安东留守处来战地的同志喊我:“小景,有你的信!”

“啊,是家里来的!”我接过信,心里很高兴。那时候,接到一封家信好不容易。我也不管彭总在面前,蹦了几蹦,拆开信就看。“怪了,这是谁的信?”信头称我哥,信尾上的名字,三个字我认不得,不知是谁写来的。

“看不懂?”彭德怀看出我在作难,走过来问我。

我说:“没什么,一会儿我再看。”

“我来帮你看看,行吗?”

我连说:“不用不用。”心想,家里不知请谁写的草草字,哪敢麻烦他?忙把信往兜里揣。

他又说："我也想知道祖国人民在干什么，他们对我们说些什么，偏偏你又信不过我。"

我忙把信掏给他，一边说："写信的这个人，我一时想不起是谁来。"

彭德怀接过信，跟着念出一个名字来。我一听心里咯噔一跳，脸刷地红了。忙说："行啦，行啦，快给我吧！"

他问："这是谁？未婚妻？"

我说："什么未婚妻，我们家乡的封建老规矩，从小给我说的一门亲。光听说过这个名字，从来没有照过面。我才不理这码事！"说着就要伸手夺信。

彭总说："先看看她写的什么，再决定理不理。好不好？"

我只好同意了。

彭德怀就站在灰蒙蒙的夜色里，借着地上白雪的反光，把这封信举在手里，忽远忽近地看了起来。看了一阵，他笑了："这姑娘不错，思想进步。她说她速成中学毕业了，说你是最可爱的人，很光荣，希望你杀敌立功，还有……"他边笑边说信上的内容，又问："怎么样？给她写封回信吧！"

我不好意思，说："我才不写哩。"

"我看应该回封信。先不说别的，人家对你表示慰问，希望你杀敌立功，总该表示个态度嘛。"

我终于说出了我的困难。我文化低，写不成，请别人写又不好意思。他像布置任务似的对我说："大胆写！写不起的字空着，我帮你改。"

过了两天，他真还记得这事，催我："写好了没有？"我只好把写得结结巴巴的信稿给了他，他给我又添又改，然后一字字念给我听，叫我自己抄正之后寄出。此后，他给我改了好几回这样的信。我的这门婚事，以及后来的家庭生活，一直得到他的关心。

## "做资料可以，不要拿去登报"

抗美援朝战争结束后，一段时间，彭德怀家里常有记者和作家来，都是要他谈情况，准备给他写书。开始我也待在一边，想捎带听听，他却老是一句话："我有什么好谈的？你们另出个题目吧。"不管人家怎么说，他就是不说他自己的事。后来我也就不去听了。慢慢地也很少有这方面的同志来了。

但是，跟彭德怀熟悉的一个摄影家，还是经常来。这个摄影家一来，就缠住他，要给他照相。“咳，你这个同志，成天咔嚓咔嚓！要照，你照群众，照那些流血流汗的英雄嘛。”他说，“照我干什么？我这个人长得丑。”

摄影家来找我帮忙。我和他约定，在彭德怀常散步的地方，他选一个好天气，先给别人照，我到时候把彭总领来看热闹，再动员他照几张。谁知，当我们按预定计划把场面摆好时，彭德怀老远看到了他，扭头就走。跟我说：“快走快走，不能往那边去，不然，那人又要拉我照相。”

过年的时候，摄影家动员了一群孩子把彭总从屋里拉了出来，打算给他照相。彭总历来爱孩子，当他跟着一群孩子来到院落里，一见那位摄影家背着照相机走来，立刻“警惕”起来，怎么也不面对照相机。后来他对我说：“差点上了当！”我说：“人家也是好意，照一张就照一张呗。”他说：“你小孩子不懂！干点工作要人家宣扬干什么？”

就因为他不愿照相，《解放军报》找到我，给我一部照相机，要我带着随彭德怀出差。他们还说，胶卷充分供应，要多少给多少。彭总见我背上这玩意儿，很生气：“哪来的这个？”我按报社教我的说：“这是报社给的任务，照回去作资料的。”他只好说：“作资料可以，不要拿出去登报，登报也不要登我。”既然不能登报，我照的也就只好自己保存作纪念了。十几年后，因为我有一个“保彭德怀的黑警卫”的罪名，这些照片一张也没能保存下来。

## “去把我那床壁毯拿来挂起吧！”

从朝鲜回国后，彭总又要我回一趟家。走前对我说：“你也20好几了，回去看看父母，也看看给你写信的那个姑娘。我看人家是真心实意，你要是中意，就把亲事办了。”等我走了几步，他又叫住我补充说：“不过，这种事可勉强不得，如果双方不太中意，就不要忙。”

那次，我回家结了婚。以后把爱人带到北京来见彭总时，彭德怀当她的面拍着我的肩头说：“你这小家伙，不错！还是选了个苦根子，没忘本。”彭总夫妻给我们补送了结婚礼物。

后来我的爱人迁到北京来了。她在工厂工作。当时中南海房子比较紧张,我就收拾了一间原来是堆放家具的房子来住。彭总来看了,说:“半截子屋破破烂烂,不整洁也不暖和,去把我那床壁毯拿来挂起吧。”我们再三推辞。我爱人说:“这都很不错了,我们多少辈人见都没有见过这样好的地方哩。”后来彭德怀还是叫人把壁毯送来,我们将它挂起,刚好把靠壁的杂物遮住了。这壁毯还是解放战争时期一个毛纺厂送的,上面织着几个大字:送给中国人民解放军彭德怀副总司令。

大跃进年代,我们有了第一个孩子。有一个星期天,孩子从幼儿园接回来后,我的爱人还留在厂里加班。这时正赶上彭德怀有事外出,我只得把孩子交给别的同志代管一下。小东西大声哭闹起来。彭德怀走过来抱起正撒泼的孩子,抖着哄着,对我说:“把他带上车,你又执行任务又带孩子多好。”我连说不行不行。他说:“谁都有个特殊情况嘛。”孩子紧紧搂着他,和他一起坐进了汽车。彭德怀爱孩子爱得奇特,谁家打孩子他也去干涉。有次,我打了孩子几下,孩子号哭着跑到他那告状,他见孩子屁股上有印痕,气得大骂:“你打他,我看该把你打一顿!”每到星期六,他就催我:“快去接孩子吧,不然小东西又要哭闹了。”

我们后来真的就像一家人一样。在他停止工作的那几年,每当学习、劳动之余,总要找到我的孩子,跟他们讲故事,揩鼻涕,分发糖果、饼干。时间长了,我的孩子也懂得了规矩:当彭总戴着老花眼镜的时候,谁也不去打扰吵闹;当他一取下眼镜,便喊着“爷爷,爷爷”,跑了上去,要分好东西吃。

## “不能叫一个同志受委屈”

彭德怀很严肃,批评人的时候很尖锐,但他是讲道理的,也允许别人反驳。有时当场向被批评者认错,有时把别人反驳意见中的合理部分当场记下来,表示查实后解决。

我自己就遇到过这种情况,军衔评下来的时候,我不满意,在党小组会上和一个干部顶起来了,几天情绪不高。

彭德怀知道了，把我狠狠批评了一顿："计较这些干什么？那一个花叫你光彩到哪里？这些事情怎么好意思去争啊！"他还跟我讲了许多道理。我一直记得他常讲的一句话："多少革命战士在进军的道路上负伤倒下来后，连脚上一双好点的鞋子也主动拔下来给战友，好让同志们往前赶路"

这次我因为正在火头上，也就同彭德怀争辩起来了："你完全把情况搞岔了！我是争军衔吗？我是对组织没搞清我的情况不服！主任说我到这里来之前是班长，我说不是，是啥请他了解了解。我要那个花干啥？又不是吃得的！"

彭德怀一听不是那么回事，就叫我坐下来慢慢说。我说，我来这之前当过一年排长，半年见习侦察参谋。彭德怀马上喊主任来，要他搞清楚，原来我的档案里对这段情况记载得不够明确。

过了一段时间，彭德怀对我说，你的情况弄清楚了，和你自己说的一样。我说："清楚了就行，我再不说别的。"他又说："当然得参照你来时的级别评定军衔啰！这不是多一个少一个花的问题，是如实地承认一个同志的历史。争那些东西，闹那些东西是要批评的，但合理的意见要听，该解决的要解决，不能叫一个同志受委屈。"

## "他儿子能在这儿工作，他就不能来这儿？"

1954 年，我们住在中南海。我父亲来北京看我，我把他安顿在招待所住。

彭德怀知道了这件事，问我："你父亲来了？"

我"嗯"了一声。

"怎么不接他进来？"

我说："接他进来干啥？"

他接连问道："干啥？他不是来看他儿子吗？他儿子不是在这儿工作吗？他儿子能在这儿工作，他就不能来这儿？谁规定的？"

我说："没谁规定。我想，他农村来的……"

这句话可把彭总惹火了。他厉声问我："你是哪里来的？你知道我是哪里来的？我们不都是农村来的？过去不都是种田人？我们是农民养大的，是农民把我们送进城里，送到这从前皇帝老倌住的地方来的！难道我们就不能在这儿见见农民？何况他是你老子！"

彭总不由分说，要我坐上他的车马上把我父亲接来。当天晚上，彭总，他的夫人浦安修和他的侄女，一道陪我的父亲吃饭。彭总还连连给我父亲敬酒。

这顿饭吃了一两个小时。彭德怀把农村的情况问得可仔细了。我父亲几杯酒下肚以后，话也就多了。讲起旧社会我们一家遭的难，土改分了些啥东西，扳起指头给他算起收成来，两个人乐得哈哈大笑。我在一旁拉扯我的父亲，意思是叫他少说几句。我的父亲却朝我摆手："不怕的！我看得出，这位同志过去也是庄户人，摸得透我们的心思。"他把身子凑近彭德怀，继续讲起家中栏里的猪、屋后的柿子树，……彭德怀确实是听得津津有味的，还不时地纠正我父亲不精确的计算。

我送父亲回招待所的时候，他问我："你的首长叫什么？"

那时候，上级有规定，我们对外不说自己跟哪个首长，所以我在家信中从没提过自己干什么。这次我还是不回答父亲，只说："知道是首长就得了，你管他叫什么？"

父亲住了几天，终于从同志们口中打听出了我的首长是谁。一天晚上，他兴奋地对我说："嗨！我只看出他是个大官，没想到他就是我们的彭老总！小子，你放心，我不到处乱说的！"父亲临走的时候，还去告别过彭德怀，说："我可不敢再打扰你啦！"彭德怀一直把我父亲送出门。到了车站，父亲附在我耳边说："小子，尽心尽意保护着他，千万出不得差错啊！"

## "过来，咱们娱乐娱乐，下盘棋"

彭德怀虽然不大出去看球赛，平时他还是注意劳逸结合的。在工作之余，有时出去散步，有时看看《参考消息》，有时用毛笔写几个大字，有时跟我杀盘棋。

有一次，彭德怀在一边办公，我在一边学文化。我学着学着，不知不觉就趴在桌子上打起瞌睡来了。他见我学累了，就大声喊我："小景，怎么睡着啦？来，过来，咱们娱乐娱乐，下盘棋。"

就这样，为了换换脑子，休息休息，有时就跟他杀一盘。杀完了，他办他的公，我继续学习。

以前，彭德怀有时跟朱德、黄克诚同志下棋。他们一下棋，我就站在一边看。尽管他们几回叫我上场，可我一回也没有敢下过。

这回彭德怀叫我跟他下棋，我仍然是两句话："我下不来，不敢上场。"彭德怀笑着说："我让你两个子，一车一炮。"见彭德怀一定要我下棋，我只好壮着胆子，拿来棋盘，摆好棋子，跟他下起棋来。

开始下了好几回，我都输给了他。我说："首长，以后我不下了，杀不过你。"彭德怀听了哈哈大笑，他说："哎呀，你可不能这么讲，比方两军交战，你打了几次败仗，难道你就对敌军讲以后我不打了，因为我打不过你。胜败乃兵家常事嘛。"

在彭德怀的动员下，后来每逢休息的时候，就跟他杀两盘。随着我棋艺的提高，彭德怀也就不让我两个子了。他说："咱们两个的水平接近了，我让你一个子，让你一个马。"我说："我不要你的马，要让，就让炮。"因为我知道，他喜欢用当头炮。开始他还有点舍不得，见我非要他的炮不可，就让了炮。

有一回我们两个互相吃车时，彭德怀要悔棋，我坚决不干。我大声嚷嚷着："你刚才吃了我的炮，我吃了你的马，不是都没悔棋吗？这次互相吃车也一样嘛，不能悔！"彭德怀说："下棋可以悔棋嘛，你开始也没有定下来规矩呀。开始如果讲的不准悔棋，当然我不能悔。"就这样，我一句他一句地争论起来了，声音越来越大。

当时，浦安修正在卧室里看书。听我们一吵，她就走过来和彭德怀说："你们吵什么。输了再来一盘不就行啦。"彭德怀笑着看了看浦安修同志，然后说："好，好，不吵了。我也不悔棋了，咱们也别争了。"呆了一会，彭德怀又说："咱们从现在开始，立个规矩，动子就要走，吃子不悔棋。怎么样？"我说："好。"就这样，我们又继续下了起来。彭德怀见浦安修还不走，他抬头对浦安修说："矛盾解决了，你看你的书去吧。往后下棋谁再悔棋，你就过来批评谁。"浦安修先是笑了笑，接着摇了摇头，然后转身回卧室了。

这盘棋结束时，彭德怀笑着说：“小景，看来干什么事情都应该事先有个明确的规定，不然的话，谁想怎么干就怎么干，那事情就不好办了。”

## “这比北京饭店理得还好”

彭德怀任国防部长期间，因为经常接见外宾，头发长了就主动去理，很少要我来催。可是到了吴家花园，就不那样了，头发长长的，也不去理。我说：“你看，头发这么长，要不要理理发。打电话叫理发员来，还是我们去北京饭店一趟?”我每次这么动员的时候，他总是摇摇头说：“我没有工作了，现在是个闲人，在这里又不跟别人来往，头发长一点没关系，何必那么讲究。”

后来，见他的头发长得实在不像样子了，我又动员他去理发。经我再三劝说，他终于答应了，但提出了理发的几个条件：不许叫理发员来，不到北京饭店去，要理，只能到西苑理发店去。一提到西苑理发店，我愣了一下子，那是老百姓理发的地方，彭德怀去那里理发，不大方便。但我又想，他说只能到西苑理发店去理，你不答应他这个条件，也不行呀。

出于对他安全方面的考虑，我偷偷地给颐和园派出所挂了电话，告诉他们彭德怀什么时间要到西苑理发店去理发，请优先给他理，在安全上不要出问题。等派出所把一切都安排好了，我就对他说：“走嘛，你不愿意到外边去理发，咱们就到西苑理发店去理。”

进了理发店，见不少人排队等着理发，他也去排队。他刚站在队尾，就见一个理发员，指着椅子对他说；“请您这里坐”。彭德怀正在犹疑的时候，理发员就把他领了过去，叫他坐在椅子上。我看得很清楚，他一边理发，一边不时地看看排队的人，心里显然有些不安。

理完了发，一出理发店，彭德怀就带着责备的语气对我说：“小景，你这个人工作还像以前一样，这是好的。可我如今的处境是这个样子，你还干这个做什么。人家那里好多人排队，为什么我一去就有座位，就马上给我理发？你给我搞这种特殊，人家背后要骂娘的。”我说：“我没有给你搞特殊。这件事，我对谁也没有讲过嘛。不信你可以问问去。理发员不叫你排队，可能是因为见你的岁数大了，人家照顾老年人嘛。”不管我怎么说，他还在生我的气。路上,他低着头撅着嘴再也没有理我。

转眼又过了一个多月,在这段时间里,我又几次催他去理发,可他总是不答应。他说:“不管你怎么说,我也不去理发了。我不愿意被人家骂娘。要理,你给我买推子去,自己理。”

一天黄昏时,彭德怀叫我跟他一块出去散步。出了大门我就问他:“到哪里去?”他说:“这你就不要管了,走到哪里算哪里。”他走在前面,我跟在后边,不大会儿到了西苑商场。进了商场,他就左顾右看,我问他想买点什么,他不告诉我。走到一个柜台前边,他叫售货员把推子、剪子和刀子拿了出来。他仔细地看了看说:“我要这三件东西。”随后就付了钱。等我们回到吴家花园时,天黑得已经是伸手不见五指了。

第二天吃过早饭,我在屋子里正收拾东西,忽然听见彭德怀大声喊我:“小景,小景,你来。”我不知道有什么事情,把手中的东西一放,边答应边往他屋里跑去。我的腿刚迈进屋门口,一下子怔住了。只见彭德怀端端正正地坐在一个凳子上,脖子上围着一条毛巾,他身旁的桌子上摆着推子、剪子和刮脸刀,拉开了要理发的架势。

“小景,你不是动员我理发吗? 来,现在就理。”

“谁给你理?”

“你给我理。”

“哎呀,我理不来。你不要开玩笑啦,我从来没给人理过发。”

“你学嘛,不要怕,反正是推光头。”

“推光头也不会,推子还不夹你的头发?”

“哎呀,叫你理你就理嘛,我都不怕,你还怕什么呢?”

我推辞了好久,他非叫我理不可。我怕惹他生气,只好硬着头皮给他理。

推子的重量本来是不重的,可拿在我手里,却觉得重得不得了。手一个劲地颤抖着,推几下就夹住他的头发。一见夹住了头发,我就不敢理了。我忙问:“痛不痛?”彭总说:“不痛,不痛。我没有讲痛就是不痛嘛。”

足足用了一个多钟头,总算理完了。我紧张地出了一身汗,手酸腰痛,呼哧呼哧直喘粗气。一见我这个样子,彭德怀便笑着说:“又不是干壮工,怎么累成这个样子。理发是一门技术。你掌握了这一门技术,不是可以为人民多做一些有益的事嘛。”我苦笑着点了点头,表示赞成他的意见。可我心里在想,学理发,像我这样学的人恐怕不多,哪能一拿起推子就来真的呀。

发是理完了,尽管我尽了最大的努力,理得还是白一块黑一块的。再往好里理,也没有那个本事了。我只好对彭德怀说:“你用镜子照一照,看哪里不行,我再加加工。”

彭德怀站起身来,用手摸了摸头说:“可以,可以。已经推成光头了。”我说:“有些地方理得不好,高的高,低的低。”他说:“没关系,我又不接见外国人。”他走到镜子前边照了照,风趣地说:“小景,理得不错嘛。这比北京饭店理得还好。”

从此以后,我就成了彭德怀的理发员。

## “小景,告诉你一个好消息”

到吴家花园的第二年,彭德怀动员我们喂鸭子。我们想,鸭子吃东西少,喂几只就喂几只吧,当时就表示同意了。彭德怀又给了我们钱,把鸭子买回来了。

刚买了不久,有一回我们到城里去开会,夜里没回吴家花园,第二天回去一看,几只鸭子横七竖八地躺在地上,都被黄鼠狼给咬死了。彭德怀还叫我们喂,我们说什么也不喂了。他只好摇摇头说:“看,干什么你们也没有信心。”

过了两天,彭德怀对我说:“小景,如今鸡蛋不好买,你喂几只鸡,可以给孩子们吃鸡蛋嘛。”我说:“不行,星期天我要回家去,我走了没人管,还不照样叫黄鼠狼给咬死呀。”彭德怀说:“没关系,你走了我管,我给你喂。你先买几只试试嘛,也花不了多少钱。”

这样我就买了几只鸡。每到星期六,我就对彭德怀说:“我回家去了,这鸡,请你给管一下。”他说:“你放心好了。”我星期六下午走,星期一中午才回吴家花园,这样,每个星期有两天的时间,都是彭德怀给我喂鸡。

警卫战士对我讲,彭德怀喂鸡很认真。每回吃饭时,他都守着那几只鸡,天快黑了,见鸡都进了窝,他就把鸡窝门关好。第二天早晨,再把鸡放出来,叫它们自由活动。因为彭德怀夜里睡得比较晚,有时临睡以前,还到鸡窝前边去转转,怕黄鼠狼来咬鸡。

听警卫战士一讲,我很感谢彭德怀。我走到他屋里正想说几句感谢的话,彭德怀就开口对我说:“开始的时候,你担心星期天鸡没人管,这几个星期鸡没丢吧。我说管,我就管。要把那几只鸡喂得下了蛋,叫孩子们吃上鸡蛋该多好。他们一定很高兴。”我说:“那当然了。不过要等着鸡下蛋,还得好多日子。”彭德怀讲:“你要有信心,不要嫌麻烦,这鸡总会要下蛋的。”

过了一段时间,有一天,我刚回到吴家花园,彭德怀就把我喊到了他的屋子里。他高兴地讲:“小景,告诉你一个好消息。”

“什么好消息?”

“你猜猜看。”

“我猜不到。现在哪里还会有什么好消息呀。”

彭德怀一转身,指点刚拉开的抽屉说:“你看,这是什么?”我往抽屉里一看,原来是几个鸡蛋。

“昨天给你收了几个鸡蛋。这算不算好消息呀?”

“这算什么好消息。”

“这是喂鸡的收获嘛。给你。”

说完,他就把鸡蛋往我手里递。

我说:“我不要,你留着吃吧。”

彭德怀摇着头说:“不,不,拿回去给孩子们吃吧。”

“就这么几个鸡蛋,你留下吃吧。”

“不,这鸡是你喂的嘛。”

“你也帮助喂来呀。”

“我那是义务劳动。有义务帮助你喂,没权利吃鸡蛋。该吃鸡蛋的是孩子们,他们正需要营养。我这个老头子锻炼出来了,不吃鸡蛋身体照样结实。”

# “为了真理，我无所畏惧”

1962年以后，彭德怀曾经对我讲：“小景，现在我背着‘里通外国’的罪名，连我去农村参加劳动的机会都不给了。我心里有好多话要说，我要写信给党中央，阐述我的观点。你不要在我这里工作了，你要求一下，到连队去锻炼锻炼，或者去学校学习吧。不然，在我这里会妨碍你以后的前程，我的名声不好，你在这里也会受牵连。”

听彭德怀这么一讲，我不由得放声哭了起来。我对他说：“我到你这里工作，是党组织派来的。十几年来，你对我深刻的教育，我是永远不会忘掉的。只要组织上叫我在你这里，我愿意跟你一辈子，你哪一天去见马克思，我就回家去劳动。”

彭德怀说：“我是了解你的。小景，你来这里工作，对党是忠诚的。可是如今我的处境是这个样子，你不要求离开我，难道你就不害怕吗？”

我说：“我不怕，我什么也不怕，不管发生什么情况，我跟着你的决心永不动摇。”

彭德怀听了我的话，眼含热泪说：“小景，我有了你这样的好同志，我感到高兴。”

不久，彭德怀就给我讲起了庐山会议的有关情况。

他说：“1958年，我去过东北、西北、湖南、江西很多地方。大量的事实说明，当时必须反‘左’。否则，我们国家的前途就不堪设想。这个问题怎么提出来，我是经过再三考虑的。如果我们能够承认当时犯了‘左’倾错误，这个错误是完全可以纠正过来的，浮夸风、瞎指挥风就可以煞住，全民大炼钢铁就可以停下来。这样，对全党、全国人民来说是一件大好事。如果不承认当时犯了‘左’倾错误，就会说我的意见是错误的。如果是这样，‘左’的错误不但得不到纠正，还会越来越严重，那将是我们党和人民的一大不幸。

“我在西北小组会上发了不少言。记得我说过，要找经验教训，不要埋怨，不要追究责任。要说责任，应该是人人有一份。我还说，不建立集体威信，只建立个人威信，是很不正常的、是危险的。”

“庐山会议的前一阶段，和我发表类似意见的同志也不少。毛主席对于反‘左’的意见也赞同。我想，为了再引起毛主席的重视，能够郑重其事地解决出现的一些问题，我也用郑重其事的态度给毛主席写封信，主要是把我在西北小组会议上不便讲的，以及没讲完的一些话，写信告诉毛主席。我那封信涉及总路线、大跃进、人民公社的一些问题，涉及党的政策以及某些工作方法问题。”

“我认为当时主要应该解决的是‘左’的问题，当然右倾保守的问题也有，但那只是极个别的和极少数的。我想，这些问题如果由我在会议上提出来，会引起某些人的思想混乱。我写信给毛主席，是想让他在会议上强调一下。如果毛主席能提一提，问题就可以轻而易举地得到纠正。我写信给毛主席的目的，就是为了尽早地纠正那些‘左’的问题。我并没有阳奉阴违，也没有想阴谋篡党，也没有反对毛泽东同志。”

“那封信只是概括地提出了几个突出的问题，并没有说那些问题产生的原因。我讲不出许多原因。我想，横竖是写给毛主席的，请他参考。可是，万万没有想到，毛主席把信印发了。并把我指为‘右倾机会主义’，说我是混到无产阶级队伍里来的资产阶级、小资产阶级民主派。”

“毛主席在会上的三次讲话都是反右。毛主席说，‘我们多数派同志腰杆子要硬起来。为什么不硬？无非是一个时期蔬菜太少，头发卡子太少，没有肥皂，比例失调，市场紧张，以致搞得人心紧张。我看没什么紧张的。’由于毛主席持这样的态度，我当时的抵触情绪很大。‘那天，我一夜也没有睡着，在床上翻来覆去，想了很多问题。我跟毛主席认识的虽然比较晚，可算起来也有30多年了。过去，我也常常给他写信，送东西，为什么现在就不行了呢？当时，很多人劝我，不能采取满不在乎的态度，不能单从信的方面看，要为全局的利益着想，希望把信的问题抛开。我说，是非曲直由人断，事久自然会明白。后来，我就是不讲话，事实还会讲话嘛，历史是最好的见证。”

讲到这里，彭德怀问我：“你还记得吗，那天夜里，我从床上爬起来，叫你给我冲一杯浓茶？”我说：“记得。我当时看出你心里很乱，连饭也不怎么吃，外出散步也很少说话。我叫你洗澡，你对我讲，‘小景，我要回家乡劳动去了。你是山西人，你也回山西老家吧’。”

彭德怀又说："我本来是管军队里的事，不写信当然可以，因为那是地方上的事嘛。可我是一个共产党员，怎么能看到国家有问题不管不问呢？现在，又有人说我里通外国，我当然要申辩，还要写信。因为写信而罢了我的官，罢了官我还写。要实事求是，讲老实话。否则，那算什么共产党员。只要是对党对人民有利的事，我就办，我就讲。为了真理，我无所畏惧。"

## "我就是要讲真话，不管怎么样我也讲"

彭德怀搬进吴家花园住以后，"五一"、"十一"，天安门有活动都通知他。可他一回也没去。他说："我现在怎么能到天安门去，我的问题还没有搞清楚。我一出面，对党对人民都不太好。"

1962 年开七千人大会时，也通知了他，叫他去参加大会。他让我们告诉大会秘书处，他不参加大会，请假，有文件他可以看。

就在开七千人大会的时候，彭德怀很生气地对我说："真怪，庐山会议上那样批判我，也没有提到我里通外国。现在又说我里通外国，我想不通。我要写信，要给党中央和毛主席写信，我要说明接触外国人的情况……"他当时很激动，一会儿坐下，一会儿站起来，在屋里转了一圈，打开保险柜，从里头拿出一个小包包来，又把一些资料翻了一遍。

第二天早晨，我还没起床，他就在门口喊："小景，起来吧，你到我办公室里来一下，我有点事情。"

我赶忙穿好衣服走出屋，他对我说："昨天晚上吃了好几次安眠药，也没睡着。"

我问他："你有什么事情睡不着"？

他说："昨天我不是跟你讲了吗，说我里通外国，我一直在想这件事。"

"你找我有什么事？"

"我给你钱，你费点心，等一会儿给我买点纸来，还有铅笔。"说完，他就把钱给了我。

"你屋里不是有铅笔，也有纸吗？"

"我这是为私人的事，不能用公家的东西写。"

这样,我给他买了纸和铅笔,彭德怀就开始写了起来。在写的过程中,我一共给他买过三次纸,他基本上都用完了。

彭德怀动笔以后,搞得很紧张。每天吃完早饭就开始写,一写就是一上午。下午写,晚上也写,经常写到深夜。前前后后一共写了两个月的时间。

在写的过程中,他还对我讲:“小景,我们党是伟大的、光荣的,就是不够民主了。这样下去,我们党是要脱离群众的。我想这日子也不会长的,总有一天党的民主作风会好起来的。我写的都是实话,都是心里话,若是为了我彭德怀自己,写不写,申不申冤都没有多大意思。我在想,我是一个共产党员,我是一个老兵,心里有什么,应该向党说。敢说真话这是我们党兴旺的一种标志,也是党对党员的要求。我就是讲真话,不管怎么样我也讲。”说到这里,他流出了眼泪。他从口袋里掏出手绢来擦了擦眼睛,然后又说:“我不怕杀头,年纪也大了,离见马克思的时间也不长了。我是实事求是地写的,特别是对我里通外国的说法应讲清楚,中央也可以派人调查嘛,如果我出卖祖国,到天安门前把我的头杀了,我没意见。”

彭德怀写完他的历史以后,还特意把我、老綦、老赵叫了去,把他所写的内容,大致向我们说了一遍。他还让老綦、老赵帮他誊写清楚。

我们当时有个党支部。党支部研究以后,决定向上级反映一下这个情况。向上级反映了以后,中直党委告诉我们:“彭德怀写的东西,帮他誊写是可以的。他怎么写,你们就怎么誊,字、标点都不要改动。”

老綦、老赵帮彭德怀誊写完后,彭德彭怀又看了看,然后送给了党中央、毛主席。

因为彭德怀这次写的很多,估计有八万字左右,所以后来人们称他这次写的东西叫“八万言书”,也有叫“万言书”的。这跟庐山会议上彭德怀写的信是两回事,那封信还不到四千字。

## 护送忠魂归

1978 年 12 月,我还在四川资阳县武装部工作。当我刚下到一个公社的时候,听说北京来了长途电话找我。第二天,我就赶回县武装部。

第三天，接到军委办公厅来的电话，问我这几年在哪里工作，家里的情况如何，爱人怎么样，有什么困难没有。并告诉我最近几天不要外出，还有事找我。我先把情况简单讲了一下，然后说："有什么事情，请你们跟组织上联系吧。"

过了两天，内江军分区通知资阳县武装部，叫我第二天一定赶到省军区报到。当时，县里的领导对我说："咱们的车子在，下午用汽车送你去成都。"

下午四点多钟到了成都。一进家，就看见省军区干部处的胡干事给我留下的一张纸条，上面写着："景希珍同志，你回来以后，赶快到省军区来一趟，飞机票已经给你买好了。"

我拿着纸条，立即又赶到省军区干部处。郝处长对我说："中央军委办公厅来电话，叫你乘飞机去北京。到了北京，找军委办公厅一个姓傅的同志。"并且说，"明天下午一点四十五分的飞机票。明天上午十二点以前，我们派车送你去飞机场。"

第二天，快十二点了，汽车还没有来。我和綦魁英都等急了。正在这时候，省军区的胡干事乘车赶来说："北京军委办公厅来电话，叫你们给北京打一个长途电话。"我说："这里没有电话，地方上也不好打电话，怎么办？"

我们只好让胡干事坐汽车回军区挂电话。他刚走一小时又返回来说："军委一个姓傅的同志说，叫你们把彭德怀的骨灰带到北京去。"一听彭德怀的骨灰，我们都大吃一惊。彭德怀死在北京，骨灰怎么又在成都了呢？胡干事见我们都不知道这件事，他说："你们先等着，我马上向领导去汇报。"

下午快两点钟了，汽车又急促地开了回来。胡干事说："首长叫你们到成都军区政治部干部处去。"赶到干部处，我们在值班室等了半个多小时，才知道已派人到四川省委联系去了。又过了半小时，省委打来电话，叫我和綦魁英马上去省委。

到了省委办公厅，省委一位负责同志向我们介绍了彭德怀骨灰的情况。他说：彭德怀的骨灰是从北京运来的，什么时候运来的我们也不清楚。听说，当时四川省委只有李大章和段君毅两位同志知道。北京来的人叫他们保密，不准向任何人泄露。后来，他们委托民政局的一位同志送殡仪馆保存。骨灰盒上写的是王川，37岁，成都人，编号327号。11月份，中央派了两个人来四川了解彭德怀骨灰的事时，省委办公厅才知道彭德怀的骨灰在四川。他又对我们说："在你们来成都一周之前，我们就把彭德怀的骨灰，从殡仪馆迁到了省委办公厅的一间房子里。我们做了保密工作，别人不知道。我们也没有接到中央组织部的通知。彭德怀是老一辈无产阶级革命家，对党对人民忠心耿耿。你们要把彭德怀的骨灰带走，希望你们通知成都军区政治部派人来。"

省委办公厅的同志打电话给成都军区政治部，不大工夫，成都军区的董副秘书长和政治部的一位副主任就赶来了。省委那位同志把有关情况向他们说了一下，又说："我们党委没有接到中央组织部的电话，我们是否举行仪式呢？"等了一会，省委那位负责同志接着说："彭德怀的骨灰你们可以拿走，但你们要给我们写个条子，签字，盖上公章。"

那天正好是星期天，尽管军区的同志回去写好了信，但管印章的人不在，他们就把没盖公章的信拿到了省委办公厅。经过商量，成都军区的负责同志在信上签了字，等第二天再盖公章。然后，省委的同志说："彭德怀的骨灰，已经拿到办公厅的会议室里来了。"他领我们先去看了看。他把骨灰盒上的红缎子一拿开，我看见骨灰盒上满是尘土。骨灰盒粗糙得很，是用六块破旧的木板钉起来的，连一般邮寄东西时钉的盒子都不如。

时间已经是下午三点多钟了，在家的省委常委都来到了办公厅。省委的负责同志讲明情况以后，把大家领到会议室里，指着桌上的骨灰盒说："同志们，这就是彭德怀的骨灰。因时间关系，我们就不举行什么仪式了，全体同志脱帽，默哀三分钟，向彭德怀的骨灰告别吧。"

默哀完毕，省委的负责同志又说："现在已经快3点半了，把彭德怀的骨灰交给景希珍同志和綦魁英同志。你们乘坐的是民航的班机，要注意保密。你们带着提包没有？"我们回答说："有提包。"綦魁英把他提包里的东西放在我的提包里，把彭德怀的骨灰盒放在了他的那个大提包里。然后，我们上了汽车，到了飞机场，我一看表，已经是四点多钟了。

我们乘坐的那班飞机，原定是下午一点四十五分起飞。因为要带彭德怀的骨灰，将起飞时间往后拖了几个小时。据我们所知，为飞机起飞的时间问题，省委曾事先通知了民航，说三叉戟不要起飞，有事情还没有办完。民航也给省委打电话:“飞机上有几百人,不能等。”为这件事,军委还通知了民航总局,民航总局又通知了成都民航局。这样,飞机就只好等着我们。

我和綦魁英一登上飞机,飞机上的乘客都睁大了眼睛看着我们,个个都流露了一种惊奇的神态。我们不管这个,按照座号坐在了最前面的一排座位上。老綦坐在里边,我坐在外边。我们俩盯着大提包,一动也不动。

飞机大约飞行了一个多小时,忽然听到有人在问我们身后的几个军人。

“你们是不是从成都军区来的?”

“我们不是。”

我悄悄一扭头,用眼角往后瞅了一下,见一个人朝我们走来。这下子我可紧张了,心扑腾扑腾猛跳。

“你们是不是从成都军区来的?”

我只是看了看那个人,没有回答他的问话。因为领导上告诉我们要注意保密。那个人见我们不吭声,他接着又问了一句。我想,只要不告诉他我们带的是彭德怀的骨灰,别的还是可以讲的嘛。

我说:“是从成都军区来的!”

那个人又问:“你们带的是彭德怀的骨灰吗?”

这下子可把我问住了。我低着头,心里直犯嘀咕。老綦怕我讲出来,还朝我使眼色。那个人又说:“你们带的是骨灰。我们接到了电报,说你们带的是彭德怀的骨灰。到了北京首都机场,你们先不要下去。”

一听这话,我和老綦都愣住了,以为这下子可坏了事。在飞机上偷运骨灰,肯定违犯了人家的规定,不知道要出什么事理。因此,我跟老綦一直在提心吊胆。

飞机在首都机场降落了。我们怕出事,心想干脆赶快下去算了。我们刚想下飞机,飞机上的工作人员就拦住我们说:“你们先不要下去,等乘客全下完了,飞机再飞到西郊机场降落。”他这么一说,我们心里才明白过来,原来人家不是找我们的麻烦,而是跟我们在执行同样的任务。这时,我和老綦都深深地喘了一口气,心里很快就平静了下来。

飞机在西郊机场徐徐降落了。机舱门刚一打开,就走进好多人来。他们哭,我们也哭,个个都哭得像泪人一样。上飞机的这些人,除了彭德怀的亲属，就是曾经在他身边工作过的同志。这些人，在那漫长的岁月里，都为彭德怀的不幸遭遇伤过心、流过泪，然而，情景却从来没有这么凄惨。在哭喊声中，彭德怀的侄儿、侄女接过了骨灰盒；在哭喊声中，我们昏昏沉沉地下了扶梯。

扶梯下，站立着许多党、政、军的领导和首长。他们怀着沉痛的心情，同我们一一握手。

我和彭钢乘坐着一辆汽车，车里放着彭德怀的骨灰盒。在夜晚宁静的公路上，汽车向北京城的方向驶去。半个小时左右，我们就到了八宝山。

在彭德怀的骨灰盒前，浦安修流着眼泪，默默地站着，一直站了很久很久。几次劝她离开，她也不说话。最后，在左太北和黄岁新的搀扶下，她才慢慢地走出了屋门。

12 月 24 日，党中央为彭德怀举行了追悼大会。会后，我们跟着灵车又到了八宝山。彭德怀的骨灰盒放在第一室内，和朱总司令的骨灰盒放在一块。两个骨灰盒，看上去是一样的精致，两张大照片，看上去是一样的亲切。两位征战终生的老战友终于又到了一起，这是历史所给予的公正的评价。

望着彭德怀的骨灰盒，我感到了一种莫大的安慰。多少年来，彭德怀蒙受着不白之冤，遭受着无情的摧残和折磨。我们在他身边工作和生活过的人员，也承受了难以忍受的痛苦。如今，党和人民给他平反昭雪了，彭德怀如有所知，定会含笑九泉。

（景希珍　安一整理）

## “你放心，我不会自杀，也不会当反革命”

1955 年 9 月的一天，中央保健委员会负责人傅连暲同志找我谈话，通知我给军委副主席、国防部长彭德怀同志当保健医生。我一听顿时心里就像敲小鼓似的咚咚跳起来。我一个刚出校门不久的毛娃娃，去给威震中外的前志愿军司令员彭德怀当保健医生，能行吗？但考虑到这是组织分配的工作，不能推辞。此去十年，直到彭德怀去大西南。

那日下午，我随傅连暲和彭德怀的老保健医生张福静一起乘车来到彭德怀住处。此前，我曾听人说过彭德怀很厉害，搞不好会骂人。因此心中不免紧张，很害怕，站在傅连暲身后，大气不敢出。

德德怀见我们进来，立即取下眼镜站了起来。那严肃的神态和标准的军人姿态，使我肃然起敬。他和我们一一握手。傅连暲把我介绍给他。这时，我的心好像提到嗓子眼，我生怕彭德怀嫌我年轻不满意。只见他略微打量了我一下，然后亲切地问我：是什么地方人？哪个学校毕业的？多大年龄？我一见他那亲切的面容和那和蔼的态度，顿时心里一块石头落了地。我知道不能多耽误首长时间，就用最简单的话，回答他的询问。最后，彭德怀对我说："我没有什么大病，有事我就叫你，没事你就不一定来。"

凡是熟悉彭德怀的人都知道，他严厉，主要是对一些领导干部，官越大，他越不客气；对我们这些下级，他一般是不发火的。那时中央保健局规定，保健医生每天都要看首长，了解首长的身体情况，但不是靠问，而是靠观察首长的饮食起居、精神状况等。每天，我到彭德怀身边，他不论多忙，总忘不了说一句："你来了。"然后又去忙他的工作。

彭德怀在战争年代，由于长期精神处于高度紧张状态，造成的失眠症很顽固，每天只能睡三四个小时，而且常靠安眠药入睡。我就注意观察他有没有眼睑"卧蚕"（即眼睑下水肿）。一有"卧蚕"，我就知道他又没有睡好觉。于是，我就告诉警卫参谋景希珍，要注意督促彭德怀休息。

彭德怀貌似粗人，但心很细。记得我到他身边不久，就随他乘飞机南下，视察鹰厦铁路工程。乘的是苏制伊尔—14 飞机，噪声比较大，起飞降落时，人的不适感很明显。我是第一次乘飞机，心中不免有些紧张。彭德怀看出来了，就对我说："你把嘴张开，用两手堵住耳朵，这样就好得多。"我按照他的话做，果然好多了。

彭德怀信服中医，有病总爱请中医看。当时，北京有个姓孙的老中医，用梅花针治疗神经衰弱。彭德怀就请孙老扎梅花针。几天以后，彭德怀对我说:“小张,你跟孙老学学,以后你就给我扎。不要老麻烦人家了。”我是学西医的,不大相信中医,就说:“这东西能行吗?”彭德怀立即很认真地说:“中医是我们老祖宗传下来的医学,我们老祖宗的医学不能丢啊!”打那以后,我也学着用梅花针给彭德怀治病了。

除了梅花针以外,彭德怀也喜欢用针灸治疗。有时工作晚了,他为了不麻烦我,就让他的夫人浦安修或护士给他用艾条炙烤。

50年代的保健工作很严,保健医生给中央政治局委员开的处方,都要经过傅连暲亲自过目签字,才能给首长用药。有一次,彭德怀晚上感冒了,我给他开了点治感冒的药,要去找傅连暲部长签字。彭德怀怕影响傅连暲休息,就对我说:“你不用让他批了,给我吃就是了。”“我不敢,明天傅部长知道了要批评我的。”“他批评,就让他批评我好了,你们傅部长就是框框多,不要听他的,听我的。”

我当时考虑到吃几片感冒药问题也不大,就给他服了。

第二天,傅连暲知道了,把我找去,批了一通,说我无组织、无纪律。

我怀着满腹委屈,找到彭德怀诉苦:“我说要挨批,你说听你的,我可倒了霉。”

“不要紧,不关你的事,我去跟他说。”

我知道这两个老战友,完全是出自互相关心才这样做的。

我为彭德怀做保健工作,业务上没有什么大事。彭德怀为了不使我的业务荒废,力主我去进修。他说:“你的知识学来不易,丢掉了可惜。我这里没有什么大事,你到医院去看病人吧。”后来有一段时间,我就半天去首都医院查房看病人,半天在彭德怀身边做保健工作。

1959年庐山会议,我没有随彭德怀去,所以那里发生的一切,我当时都不知道。一天,保健局领导人找我谈话,说:“我们党内出了一件大事,就是你的病人,彭老总犯错误了……”我当时听了心中一沉,跟了彭德怀这几年,我是深知他为人的,他忠于党、忠于人民,坦率、耿直、肝胆照人,能犯什么错误呢?当时自己对于复杂的政治斗争一下子也理解不了,纪律上也规定我们不能过问首长的事。因此,只能在内心里感到不安。那位领导人对我说,彭老总最近心情不好,要注意他的身体,药不能随便给了(指安眠药),每天给一次量。

我从保健局回到彭德怀的住处，看到他回来了，人瘦了，“卧蚕”非常明显，精神也不好。他坦率地对我说：“小张，我犯错误了。以后没有什么事了，你不用每天来了，谢谢你这几年对我的照顾。”

我说：“首长，我以后每天还来访视送药。”

“不用送了，把药留给有工作的同志吧。”

我心中一酸，赶紧走出了彭德怀的房间。以后，我依然每天去看望彭德怀，但药是按领导的规定给一次的量了。他似乎看出了什么，对我说：“小张！你放心，我不会自杀，也不会当反革命。”

彭德怀搬到吴家花园以后，领导上规定我每星期到那里巡诊一次。开始去的时候，我看他整天忙忙碌碌，在院子里开荒、种地，光着脚，淌着汗，不停地锄草、浇灌、施肥、捉虫。后来我才知道，他在种试验田，看看一亩地究竟能不能产万斤粮。开始，他很少和我们谈什么，以后时间长了，他的精神好一点，和我们谈话就多起来。“小张，你知道妇女病（子宫脱垂）是怎么引起的吗？”“大多数妇女下水田劳动，营养差，休息不好，过重体力劳动造成的。”“我到农村调查过，女人们很多有妇女病，男人们很多都浮肿，他们整天劳动还吃不饱啊。”

“到处都在放卫星，亩产一万斤的，二万斤的，我不信。那么高产，怎么还吃不饱啊？”

“我花那么多力气，种了一分田，丰收了，才打九十多斤。亩产一万斤，怎么可能？”

有一次他谈到有人逼他承认“军事俱乐部”时，非常生气地说：“什么军事俱乐部，我不懂，也根本没有。”

后来，我到彭德怀那里时看他常在读书。他说：“我没有学问，这几年不工作了，正好多读点书。”他还建议我读读《辩证法》、《平凡的真理》。他还对我说：“我不反对毛主席，他老人家学问大，中国革命胜利，多亏了毛主席……”以后，他又不停地写。据警卫参谋说，他是在给毛主席写信。

我到吴家花园，一般都是下午去。除了工作人员，一般人很少到那里。所以，我每次去，他都显得很高兴，还是那句老话：“你来了。”然后，拿出糖果来招待我,和我一谈就是一个下午。我常在他那里吃了晚饭才回去。我知道他在这里很寂寞,有个说话的人不容易,所以每次去都听他把话讲完才走。有时,他要送我到公共汽车站。我不让他送,他执意要送,警卫员就给他戴上大口罩,围上一条长围巾,去送我。每当这个时候,我发现他心情是比较愉快的,一路上给我介绍附近农村情况。

彭德怀去大西南时,我不在北京,没有给他送行。此后一直没有听到他的消息。直到1967年在海军大院的一次批斗会上,我才见到正在受批判的彭德怀。看到批斗台上比过去老多了、也憔悴多了的彭德怀,心里一阵阵发痛。我知道,等待他的将是一场比一场更残酷的劫难。我却只能在心里默默地呼唤:彭总,请您多多保重,有机会,我还愿意为您治病……

(张　愈)

# “翻译好比理发匠这个比喻很形象”

1957年12月3日,以彭德怀元帅为团长的中国军事友好访苏代表团结束了对苏联的访问,从伯力乘“图—104”专机回国。在飞机上,彭德怀对我说:“看来你平时俄文锻炼得不错,自己也刻苦学习吧?”我说:“因为有不少苏联专家在帮助我军建设,我们天天在一起,锻炼俄文的机会就比较多。再有我们的处长张伯恒同志不但在政治上严格要求我们,而且在外文专业上也要求严格。他常说:‘翻译好比理发匠,如果理发匠不会拿剃头刀,怎样能理好发呢?翻译如果不懂外文,怎么能为首长做好翻译呢?’”彭德怀很有兴趣地听完说:“翻译好比理发匠这个比喻很形象。”接着他又语重心长地说:“小孙,你要努力争取入党……回国后有空到我家来玩玩。”

1958年4月,一个春风和畅、花木抽青的春日里,我到中南海去看望彭德怀。彭德怀住在中南海的一个侧院里,庭院安静、清洁,洁白高雅的玉兰花怒放,香气溢满小院。正在庭院里散步的彭德怀,身着一套已经褪色半旧的蓝色中山装,足下是一双旧布鞋,如果不是早就认识他,我可能认不出他就是彭德怀。谁也不会相信面前这位慈祥而和蔼的老者,就是曾在风云变幻、战火连绵的日子里,为建立新中国而叱咤风云、南征北战的彭大将军!

彭德怀看到我先是愣了一下,马上笑着向我走来,我一立正向他行了一个军礼。他高兴地说:“小孙,你来啦,快进屋里坐。”

彭德怀把我引进他的房间里,房间布置得很整洁、朴素,外间是会客厅,书架上放着各种书报杂志,里间是卧室,陈设非常简单。我曾听别人讲过彭德怀平时生活很简朴,这次我是亲眼目睹了。他一面请我坐下,一面倒茶拿糖,忙个不停,倒叫我不好意思起来了。他非常关切地问我有对象没有,我的脸微微有些发烧。“我已结婚了,是今年春节结婚的。”彭德怀笑着责怪我说:“为什么不告诉我,我知道的话,一定要去参加你的婚礼。”接着又详细地问了我爱人的姓名,工作单位等等,就连她是什么地方的人也问得很仔细,并一再说让我下次去时把我爱人带去。

1959年6月21日,我又受命陪彭德怀探望病中的苏联军事总顾问杜鲁法诺夫上将。

彭德怀的汽车驶出新华门,向北京医院方向开去。在车上,彭德怀说,7月份他要去庐山开会,并十分关切地问我回国后休息了没有。我对彭德怀说,组织上决定要我去青海下连当兵锻炼,参加青海、西藏边境的平叛战斗,7月初就走。彭德怀听后,按着我的手,亲切地鼓励我:“小孙,下去好好当兵,好好锻炼,在战斗和艰苦的环境里最能考验人,当兵回来后到我家来玩,带你爱人一起来,在我家吃饭嘛!”我说:“请首长放心,我一定好好锻炼,绝不辜负首长的期望。回来后,我一定带我爱人到首长家来玩。”

探视结束,我又与彭德怀同车返回。汽车开到了彭德怀住处。下车后,我向彭德怀告别说:“如果首长没有事了,我就回去了。”彭德怀紧紧拉着我的手说:“小孙,你下连当兵,要好好锻炼,严格要求自己,遇事一定要认真思考!待人处事以诚相见,做人要刚正,不说假话!这是特别重要的……”彭德怀拉着我的手,一直把我送到门口,当我走了一段路回头时,还看到彭德怀站在那里依依不舍地举手致意。

谁曾想到,这竟是我最后一次见到彭德怀,也是最后一次为他老人家做翻译。

(孙立忠)

# “我就不喜欢软骨头”

## ——彭德怀和董细年

溪流中断了,干涸了,各种颜色的鹅卵石,细细的砂粒儿,都袒露着,太阳一照,灰蒙蒙的一片。

狭长的河滩上,站着一个红军战士,生得肩宽面阔,膀大腰圆,黑硬的连面胡子从右耳根垂下来,连鬓胡子硬硬的,好一个壮汉!此刻,他右手搭眉遮目,神志专注地朝河滩尽头眺望。

远远的河滩尽头出现了一个黑点,顷刻间,黑点变大了,一阵“得得”的声响传来,震动两岸的山峦空谷,一连串的回声。

眨眼工夫,一匹黑马呼啸着冲过来,马上骑着一个人,很随便地抓着缰绳,身子随着马的奔跑上下颠着,两目朝前,神态自若。

一阵疾风旋过,扬起一片灰尘。黑马在红军战士面前站定,鼻孔里喷着热气,抖着缎子一般的黑毛。

一个敏捷的翻身,马背上的人轻轻地跳下来,神不慌气不喘,把马缰绳往红军战士手里一塞:“上马,董细年!”

“我,彭总,我没骑过!”红军战士犹豫着,红着脸,腼腆地指指胸口,“这儿,跳得厉害!”

“咳!好一个董细年!”彭德怀笑着说,“枪林弹雨都冲过来了,还怕一匹马?来,我扶你!”

董细年鼓足勇气来到马前,刚接过缰绳,大黑马就欺生,它前蹄一扬,身子一纵，仰天长嘶，董细年没防着，一慌神竟跌坐在河滩上。

彭德怀走过去把他扶起，不高兴地说：“你呀你，还跟我喂马呢，快半年了，马都不敢上！”说着拾起缰绳，又交给了董细年，瞪了一眼说，“我就不喜欢软骨头。”

董细年终于跨上了马，只觉得山和水都在晃动，身子像悬了空，眼前一片模糊，心口咚咚直跳，他的两只大手紧紧地抓着马鬃，两腿牢牢地夹着马肚子。

大黑马发狂了，长长地嘶鸣着，然后胡乱地跳着、蹦着。董细年像坐着一条小船在大海里颠簸，身子突上突下，被颠得晕头转向，满头大汗。他咬着牙，紧闭着眼，伏在马背上，用平生的力气抓着马鬃。

彭德怀站在一旁，为董细年助威，看着这场有趣的较量。

突然，大黑马前蹄忽地腾起，身子直立起来，又猛地放下前蹄，扬起后蹄，拼命向前一窜。董细年抓着马鬃的手松了，身子被抛向空中，眨眼间又被重重地摔在河滩上。

大黑马向前跑了一截，忽地转过身，好一阵仰天长啸，似乎在得意地嘲笑它的对手。

彭德怀赶紧上前扶起董细年，只见他头碰破了，流着血，滴在河滩鹅卵石上。再仔细一看，他的脸也摔肿了，青一块紫一片的，沾满了细沙粒，胳膊肘也碰破了，一时竟伸不直。

大黑马在他们面前站住了，甩着尾巴，喷着粗气，打着响鼻，伸长了脖子在河滩上嗅着什么。

“我背你回去！”彭德怀用手轻轻地抹去董细年脸上的沙粒，“我这个人，性急得很，你跟着吃苦啦！”

“不！”董细年挡回彭德怀的手，挣扎着站起来，一瘸一瘸地向大黑马走去，咬着牙齿，恨恨地说，“我就不信！”

彭德怀望着他，想说什么，又想拦住他，但到底没有动。

董细年再次抓住缰绳，翻身上了马，目光坚定地望着前方。

大黑马又飞腾了，故伎重演，凶猛地蹦跳着，嘶叫着，一会儿前蹄跃起，一会儿后蹄飞扬，一会儿狂奔，一会儿又急促地打旋，大有把主人再次摔下马之势。董细年再不胆怯了。他双手抓纲，两目圆睁，双腿紧夹，身子紧贴着马背，又展开了一场新的较量。

大黑马闹腾了一阵子，身上滚出了汗水，终于屈服了，无可奈何地长啸一声，抖动着那黑漆一样的鬃毛，向着峡谷深处奔去。

彭德怀望着跑远了的大黑马，笑了，他自言自语地说："这董细年，到底是董细年哪！"

大黑马越奔越远，渐渐地黑点消失在绿水青山之间。

彭德怀在河滩上慢慢地走着，他突然看到了鹅卵石上的血迹，那是董细年刚才留下的，彭德怀又朝着大黑马奔去的方向望去，不见马的踪迹，也听不见那熟悉的"得得"声，眼前只有青山一片，蓝天一线，河滩弯弯曲曲。晨风吹过，枝叶摇摆，一阵沙沙声。彭总沉思在回忆中。

一阵马蹄声由远及近，越来越响，彭德怀从沉思中举目看去，大黑马已经奔到眼前，董细年翻身下马，瘸着腿走过来。

彭德怀赶紧上去扶住董细年，饶有风趣地说："我说你董细年不是熊包，怎么样，吃得消不？"

董细年握着彭德怀的手，半晌说不出话来。他又不好意思地缩回了手，忍着痛挪到一块石头上坐下来，点着烟独自吸起来。

彭德怀一手牵着马缰，一手扶着马背说："怎么，生我的气啦。那好，这马就给卫生队吧！"

一听这话，董细年霍地站起身，扔掉手里的"喇叭"烟，急得脱口便说："什么？彭总，那怎么使得！"

"让给他们吧！"彭德怀把马缰绳拴在一块石头上，又看董细年，情真意切地说，"伤病员走不得路，又那么多器械和药品，让我们的黑毛发挥发挥作用吧！"

"我不同意！"董细年气呼呼毫不退让地说："让给他们，你怎么办？天天跟着大家走，你吃得消，我咽不下这口气！"

董细年心里早就憋着气哩。大黑马自从跟了彭德怀以来，彭德怀很少骑过，名义上是配给他的坐骑，可行军走路，马背上驮的不是伤病员就是卫生队的医疗器械。为了这，董细年经常发牢骚，埋怨有的同志不自觉，说人家不爱护首长，怪人家不了解首长白天行军打仗，晚上大家睡觉他还要开会、看书、研究工作，担心再这样拖下去，非把彭德怀的身体搞垮不可。他转心一想，又觉得发牢骚起不了什么作用，而且这也不能怪大家，是彭德怀自己要这样做的嘛！他回想着红军转战湘赣那阵子，彭德怀拉肚子，眼窝都陷了下去，颧骨突起老高，可他仍然拄着棍子和大家一道行军，不肯骑马。那天大黑马并没有闲着，马背上就驮着两个年纪最小的司号兵。董细年毫不客气地把两个小家伙从马上拉下来，刚要发火，彭德怀赶了上来，很不高兴地看了董细年一眼，又把两个小家伙扶上马。

"这马到底是谁的？"在党的生活会上，董细年把窝着的一肚子火，都发泄了出来。"马是配给你的，你不骑，总是让给别人骑，我想不通。"董细年一口气说了个痛快，当面"质问"了彭德怀。

"马是配给我的。"彭德怀解释说，"小鬼们年龄小，身体有病吃不消，让他们骑才合适！"

"你再这样下去，我不干啦。"董细年激动的争辩着。

彭德怀微微地笑了，点着他的鼻子打趣地说："怎么，把我丢下不管啦？那行，你董细年能在前走，我保证不落下！"

第二天，情况依旧，马上骑着两个小鬼，董细年牵着马，彭德怀拄着棍子在后头跟着。

现在彭德怀居然要把马让给卫生队，董细年心里怎么想得通。他在河滩上像小孩一样跳着、嚷着："那，你为什么还叫我学骑马，为什么？"

彭德怀在一旁边笑边说他："董细年呀董细年，堂堂的红军，还不如小娃娃。你看你看，马都在笑你呢！"说着，拿起缰绳轻轻地触着董细年的脸。

董细年叫嚷够了，疲劳地坐在河滩上，用哀求的口气说："彭总，把马留下吧，要不我干什么呢！"

"你呀"，彭总指着大黑马说，"再去给我搞一匹马来。咱们今天来跟大黑马告别吧，我相不中它。"

"相不中？"董细年好像抓到了什么把柄似的争辩说，"不是你自己说的，大黑马赛过火龙驹，又快又稳当？"

"可它气力小噢！"彭德怀故作严肃地说，"大黑马只能驮动我彭德怀一人，伤病员怎么办？卫生队怎么办？炊事班怎么办？这么多，它能驮得动？

今天把马让出去,你有本事的话,就再给我搞一匹!”

董细年到底听懂了彭德怀的话,他心里装着的是全军指战员,唯独没有他自己。

董细年什么也没再说。他站起来,慢慢地走到大黑马跟前,轻轻地抚摸着那长长的、软软的黑漆一样的鬃毛,摸着那尖尖的耳朵,喷着气的鼻子。突然,大滴的热泪从他眼里涌了出来……

(张浩平　李金葆)

## “我吃得太好,不忍心啊”

——彭德怀和刘云

1965年初冬的一天,中共中央西南局管理局膳食科老科长吴玉祥,找食堂炊事员刘云谈话。吴玉祥说:“小刘,中央一位首长要来西南三线建委工作,你红案、白案都行,经研究,选派你帮首长烧饭。是哪位首长,我也不清楚,听说还是个元帅呢。你把工作交一交,首长不久就要来了,抓紧准备。”刘云感到组织上把这个重任交给他,是对他的信任,他暗自下决心为首长烧好饭。当时没有电冰箱,也没有煤气或液化气。他请泥水工砌了一个灶,买了一吨煤、米、面、油、盐、酱和醋,一切皆准备就绪。

11月30日下午,管理局一位副局长把刘云及服务员辛大兴叫来介绍给彭德怀。辛大兴说:“首长,我是刚从部队转业下来的。”彭德怀高兴地说:“很好,我们都是当兵的。”刘云一眼认出了这位身材魁梧的首长就是在庐山被罢官的彭德怀元帅。他自我介绍说:“我是四川泸县人,43岁。”

“好,好。家里几口人?爱人在哪里工作?”

“爱人曾万莲,没有工作,家中有四个小孩。”

彭德怀点燃烟,抽了一口,又问刘云:“哪年参加工作?多少工资?家中还有老人吗?”

“13 岁在泸州北方餐馆学徒,1952 年参加工作,现月工资 52 元,被定为五级厨师。老家还有哥哥,姐姐……”彭德怀笑着说:“唷!你还是个老师傅呢!我一个人吃饭动用了你这个大师傅,过意不去,过意不去。”

彭德怀告诉刘云,他没有子女,老伴、侄儿、侄女工作学习都很忙,他们在北京,不来成都了。做饭前,刘云主动征求彭德怀的意见,请他点菜,彭德怀表示听他安排,烧什么吃什么,力求简单,午饭一个菜一个汤就行了。可是刘云每天早晨给彭德怀煮豆浆,蒸馒头;中午、晚上搞两菜一汤,并经常下面条、包饺子。一天早上,彭德怀到饭厅进餐,桌上摆了一碗银耳汤,他坐下来喝了一口,撂下筷子,请刘云到他桌前坐下,和气地说:“小刘,你给我做的饭已经很好了。全国人民,尤其是五亿农民的生活还不富裕,不知哪一年农民才能过上我这种生活。毛主席领导我们建设社会主义,要艰苦奋斗。我吃得太好,不忍心啊!”刘云说:“首长,你年纪大,过去吃了很多苦,没有营养补充怎么行呢?公家没有补贴,每月一切开支才 40 多元。”彭德怀点点头,不再说什么了。饭后,彭德怀到厨房对刘云说:“小刘,银耳汤有营养,下次多做点,你爱人体弱多病,有什么好吃的都到娃娃嘴里去了,下次把她和孩子叫来吃点银耳汤。”刘云婉言谢绝,彭德怀说:“就这样定了,不然我就不再吃银耳汤了。”以后,刘云领他爱人、孩子和彭德怀在一起吃过好几次银耳汤。一次过节,彭德怀把刘云、景参谋、綦秘书、赵司机四家人请来聚餐。彭德怀见到孩子们非常高兴,叫孩子们多吃菜,不断给孩子们碗中夹鱼、夹肉、夹蛋,并叮嘱孩子:“慢慢吃,饭粒不要丢在地下,农民伯伯种粮食好辛苦唷。”孩子们规规矩矩将剩菜剩汤都吃光了。彭德怀点燃烟,坐在一边笑眯眯地看着。

平时,除了中共中央西南局、省委几位领导来看望彭德怀,很少有人去看他,院子里不免有些冷清。彭德怀经常在院内给花木锄草、浇水、剪枝。刘云和景参谋、綦秘书也跟着他一起劳动。彭德怀将特意从北京吴家花园驻地带来的良种葡萄种在院内精心培植。每逢星期六晚上、星期日,彭德怀就让刘云、景希珍、綦魁英、赵凤池回家把孩子请到他的会客室看电视。彭德怀给孩子们发糖、发饼干。对綦魁英的哑巴女儿芳芳特别关照,给她多发一些糖果。彭德怀有时还给孩子们讲故事,解答孩子们提出的问题。

彭德怀爱下棋,经常和刘云对阵。刘云留着平顶头,小个子,圆脸,眼睛不大却很有神,显得十分精干。他与彭德怀下棋,心里有些胆怯,心想,他是元帅,我是小兵,怎么对弈呢?彭德怀猜透了他的心思,便说:"我们都是同志。要斗智,不能让。"一个炊事员与一元个帅在对弈,彭德怀的棋艺确实技高一筹,刘云自然败多胜少。有时刘云也打败过他,但彭德怀不服输,激动时,喃喃道:"他娘的,我又输了,再来一盘。"有时一连下了好几盘,彭德怀一看手表说:"天晚了,不下了。你回去帮你爱人做点家务事,多多关心孩子们的学习。"彭德怀得知刘云四个孩子上学要交20元学费,一天晚饭后,他掏出30元钱交给刘云,要刘云给孩子们交学费。刘云见首长平时很节俭,却关心他一家人,顿时流下了热泪。当晚,刘云赶回家把钱交给他家人,他爱人激动得伏在桌子上哭了,泣不成声地说:"哪有这样好的领导,这几天我正为交学费发愁呢。"她叮嘱刘云要加倍照顾好首长的生活。

刘云与彭德怀相处得非常和谐自然,彭德怀经常找他谈心,刘云也经常提出一些问题请彭德怀解答。他问彭德怀:"首长,我看过一个新闻纪录片,解说词中说一个代表团到湖南视察,有你的名字,怎么没见到你呢?"彭德怀笑嘻嘻地答道:"很简单,我不愿走在队伍前面,跟在后边,最后溜到农民家中访问去了,所以摄影机就摄不到我了。"刘云又提出另一个问题:"1958年大跃进,我到一个公社参观,那里的人说他们的水稻亩产五万斤,后来了解这是好多亩稻子移植在一块地里的产量。他们在说假话,吹牛皮。"彭德怀说:"其他地方也有类似情况。骗人,乱弹琴,说假话,害国害民,一定要实事求是。"

1966年秋天,"文化大革命"已全面铺开。彭德怀外出少了,整天在家学习。他戴上老花镜认真阅读一本叫《欧阳海之歌》的小说,看得入神了,有时连吃饭也不准时了。一天,他把刘云叫到办公室,高兴地对他说:"你早写了入党报告,这很好。欧阳海小时候很苦,我与他一样苦。他热爱毛主席,毛泽东思想学得好,是个好党员,为公牺牲了,要向他学习。这本书好得很,我看了3遍,上面还有我一些批注,送给你看吧。"刘云双手接过书,如获至宝,自己看了又让孩子看,封面都磨破了。

不久,在一个寒冷的夜里,彭德怀被"揪彭兵团"绑架走了。刘云早上烧的饭没有人来吃,他悲痛地放声大哭:"首长,你到哪里去了?"他抱着头蹲在厨房里呼喊着。他到处打听彭德怀的去向,要送饭给他。一个造反派来找他了解彭德怀新的"三反"言行,刘云愤怒地说:"彭德怀是好领导,好党员,他热爱党,尊敬毛主席,大公无私为人民。他与我不分上下,没有骂过我一句。他就是好、好得很。他是首长,我是炊事员,我希望他吃得好,健康长寿。你们说他这样那样,我怎么不晓得?"听了刘云这席话,那个造反派只好走了。刘云一直期待着彭德怀回来,再给他烧饭。可是眼望穿了还见不到他的影子。20年来,刘云经常抚摸彭德怀赠送给他的《欧阳海之歌》这本小说,他戴上老花镜,看彭德怀在书中的批注。这些批注刘云不知看过多少遍了,每每翻看,都使他激动不已。刘云还经常翻阅一份载有中共中央为彭德怀举行隆重追悼会的报道和邓小平同志致悼词的《四川日报》。刘云一家对彭德怀怀着无限的深情。

(王春才)

# 老总大谈"走麦城"　战士端坐首长席

——彭德怀和王近仁

1957年年底,王近仁调到中南海特灶工作,所谓特灶,就是专供党中央主要首长打饭或招待客人的地方。此外,还要负责几位主要中央首长家中炊事人员休班时替班做饭的工作。彭德怀的家是王近仁替班比较多的一个家庭。

## "这点小山林还能把我丢了吗?"

彭德怀特别爱吃野菜,为吃野菜,1958年夏天在北戴河还发生了"17号楼首长被丢事件”。那一年,大陆与台湾关系比较紧张,台湾军队时常朝大陆方向打炮,大陆军队被迫进行还击。福建前线指挥部的领导接连不断地将前线双方炮击情况报告彭德怀。彭德怀说是避暑,实际白天黑夜一直被福建前线的电话拴在了办公室里。一天下午,黄克诚等领导同志劝他到室外走走,散散步。几天未出门的彭德怀出了疗养院,一走进林子,马上被野苋菜给吸引住了。他一边走一边采,一直走进了森林深处。警卫参谋景希珍稍没注意,便看不见首长了,找了一阵也没找见,吓得赶紧报告了警卫连领导。警卫连、警卫局的领导一听说17号楼的国防部长不见了,立即派出一个排的警卫战士到森林中去寻找。战士们刚出去不久,谁知彭德怀却高高兴兴地拿着一大把野苋菜进了厨房,听说战士们到处找他,他哈哈大笑说:“我钻山林钻了一辈子,这点小山林还能把我丢了吗?”王近仁说:“这里有这么多菜,你还摘野菜干什么?”他笑笑说:“这你就不懂了,各有各的用处。你的菜只能下饭,我的野菜除此之外,还有别的妙用。我的肠胃有点不大管事了,吃点苋菜对肠胃有好处。”王近仁说:“下次您老人家要吃,尽管说话,我们上山去采就是了,可别再把您丢了。”

“‘您老人家’,又是长沙话,你从长沙到北京,又到了北戴河,走了这么远都丢不了,难道我散散步还丢了吗?”

面对首长风趣的答话,王近仁低着头怪不好意思地笑了。

## 老总大谈“走麦城”

一天晚上,在室外乘凉时王近仁和彭德怀开玩笑说:“您老人家打了一辈子仗,有没有吃过败仗呢?”

他笑笑说:“败仗还是吃过的,世界上的常胜将军实在太少了。”

王近仁说:“小时候在长沙听大人传说,有个彭老先生打了败仗,不知是不是您?”

彭德怀笑呵呵地说:“不假,不假,正是我,不过那已是第二次了。那是民国19年,也就是1930年打何键的事。当进,何键任国民党湖南省主席、长沙剿匪总司令。为了拔掉这颗钉子,毛主席率领部队从南边攻打长沙城,我领着几百人马从浏阳出发，从北边进攻。谁知何键这家伙狡猾，长沙城周围全部安装了电网，工事构筑比较坚固，武器装备也好。我们靠少量几支步枪、鸟枪，外加大刀、长矛、梭镖，攻了好长时间也攻不进，只好撤退。一退他就追。何键的部队有车有马，装备好，速度也比较快，我们靠步行，一步一步地量。快到浏阳河时，水深流急，河上无桥。眼看敌人就要追上了，为了拖住敌人，我忙下命令，让部队干部、战士把身上值钱的东西往地上扔。有的扔银元，有的扔铜钱，扔得满地都是。何键队伍中的官兵见钱眼开，都纷纷跑去抢钱，部队乱作一团。趁此机会，我们设法找来渡船，抓紧时间渡过湘江，保住了部队。”彭德怀津津有味地大谈“走麦城”。王近仁听后，很想让彭德怀也讲讲自己“过五关斩六将”的事情，可却一直也没听到。

## 战士端坐首长席

彭德怀虽然身为国防部长，可不管什么时候也看不出他有什么架子。空闲时间里，只要碰见身边的工作人员，就主动问这问那，显得十分亲切随和。一次去怀仁堂看戏，彭德怀在前边走，王近仁和另一位炊事员在后边边走边说笑话，一听见他们俩的声音，彭德怀立即放慢了脚步。快到跟前时，还没等他们开口，彭德怀就笑呵呵地问：“是看戏去吧？”“是！”“那好，咱们把队伍合在一起好了！”

有一次，河北青年剧团在北戴河剧场演出京剧《蝴蝶碑》，票少，王近仁没有得到票，彭德怀知道后，说什么也要把自己的票给王近仁。王近仁再三推辞，他便找了茬说：“去嘛，就算是帮我完成任务，我在家还有文件要看呢！”没得法子，王近仁只好和警卫员一同去了。一对号，第九排，前排有杨尚昆同志，再前排是毛主席，左边是董老。一些工作人员看见王近仁的座位都悄声细语地议论说：“嘿！你看王师傅怎么坐到董老旁边的首长席去了呢？”

是啊，这个谜底只有王近仁最清楚了。

（王　昕）

# “我们不在一起的时候，我才真正认识他，理解他”

——彭德怀和浦安修

疯狂的岁月，彭德怀被各单位轮番批斗着。有一天他被揪到了北京师范大学。他的夫人浦安修同志“文化大革命”前在这里担任副校长，现在不用说早关进了“牛棚”。和所有关进“牛棚”的人一样，每天的“课程”除了“请示汇报”之外，便是挨斗或陪斗。所谓陪斗，便是和挨斗的人一起坐“喷气式”、罚跪、挨鞭打，有时还要揭发或证实挨斗者的“罪行”。只是，陪斗者不属于本次批斗会的主要目标。

这天，浦安修又照例被揪来陪斗了。她习惯于在这时候闭着眼，什么也不敢看，免得自己有病的心脏受折磨。可是这次，扭着她胳膊的人，总是用另一只手抓住她的头发，让她的头朝上。她还是闭着眼。那人喝道：“睁开你的狗眼看看吧！”

她睁开眼，首先看到的是一片黑压压的人头，随着一阵口号，翻起一片拳头。接着这些拳头对着她挥舞：“打倒……彭德怀！”“打倒……彭德怀！”这才使得这个几次寻死未成的老太婆恢复了神志。横贯会场的巨幅标语渐渐在她的眼里变得清晰起来，她看到了歪写着的打了红叉的“彭德怀”三个字。她骤然明白了今天批斗会的主要对象是谁，她衰竭的心顿时不均匀地跳动起来，她感到自己快要窒息了。

黑压压的人头翻起了波浪，人们朝外探着头，同时向两旁闪退着。她被闪退的人挤到墙角。等她被人再推到前面的时候，她看到，几个彪形大汉架着一个人飞速地冲进会场。而被架着的那人两腿拖地，从地上扫起一溜卷扬的尘土。等大汉们把他拖上舞台，一撒手之间，他“扑通”倒下了，一动不动，仿佛躺在地上的一棵大树。一阵吼叫踢打之后，他终于在大汉们手中昂起了头。

她看清了，这就是她的丈夫。自从30年前他们在太行山结识以来，他对她像一位慈爱的大哥，又像一位严峻的老师。她对他的一举一动，哪怕是眉宇之间的丝毫变化所反映的各类情绪也熟悉极了。现在她认出了他，并不是他的面容和身架，这些分明已经没有多少她所熟悉的特征了。他比一年半以前去三线前夕和她话别时，显得苍老瘦弱多了，何况他的周身都被污秽和血迹染黑。她认出他，仅仅是他在一昂头时那威武不屈的眼光，那蔑视一切的神情。

会议开始"控诉"发言时，她全然没有听。只要可能，她的眼光便盯着她30年来的老伴看，对着他大声地哭泣。无论落在她头上的是拳头，还是皮鞭，她全然没有感觉到。她只希望，她的老伴能听得见她的哭声，明白她的心意。可是会场上到处是轰然的人声，他的头在大汉们手中几乎贴近了地面，他能听得到吗？

但是，当一个发言者向他发问时，他又得以昂起了头。她看清了，他的目光扫视着全场，他的双眼淌着长长的两行泪，他的前襟分明是被他的涕泪浸透了。他是在找她啊！

30年来，这对夫妻相处是十分和美的，但他们的冲突也十分激烈。还在太行山的时候，彭德怀要求他的不久前才离开北平一所大学的新婚妻子，自己背着背包回到她工作的地点去。她说她怕在几里长的山沟里遇上狼，希望他派人送她一程。他却取笑她，并且断然拒绝了派人送她："等你自己有警卫员的时候，自然会有人送你的！"她哭了，并且赌气说以后不再来。后来，他亲自接她来了。还是在太行山，大灾荒年，他要求她每天和她领导的妇救会员们一起上山找野菜，甚至每天检查她是否交够了规定的数字。有一天，她觉得腰酸腿痛得不行，不想去了。他发了火："如果明天妇救会员都不去了，我就要追查你！"敌人来扫荡的时候，他们夫妻被敌骑冲散了。后来她回来了，听人说，彭德怀这几天常念叨："我的天，她死了不要紧，可不要落到敌人手里啊！"她气哭了，骂他没良心。他笑着解释："要说你特殊，就特殊在一个地方，八路军副总司令的老婆，不能当俘虏，否则丢的是八路军的脸！"他在朝鲜，她冒着敌人轰炸去看望他，在车上颠簸，头碰在车扶手上，破了皮,流了血,而他见面后第一句话竟是:“谁叫你来的?我们刚宣布过规定,家属不能来,你就来破坏!”他当天便叫她随车回去。还是志愿军首长们说情,她才留下住了几天。1961年,他要写他的“万言书”,她劝他,求他“什么都别说了”。他说:“我宁可毁灭自己,也不能放弃一个共产党员的责任!”……

“浦安修!”一声呵斥把她震得一跳。接着她被推到人前,一个人大声宣告:“现在由彭德怀的臭老婆浦安修交代,揭发彭德怀反党反社会主义反毛主席的滔天罪行!”

她站立定了,并且似乎很乐意似的:“我说,我要说,这些年,我气他,恼他,怨他……”她又一次泣不成声,在咽下了几口苦水后,接着说,“那是因为我不理解他,我们合不来,但我从没有发现过他有一点反党的言行,没有,没有!……”

她终于号啕大哭起来。一个人把她推到一旁,她只记得,许多人朝她挥拳、吼叫,以后便什么也不知道了。

她后来才听说,当别人向她进击的时候,她的老伴还说过一句话:“你们不要这样对她,她没有责任!……”

直到今天,浦安修同志在谈起这次批斗会时,依然止不住心痛肠断般的悲戚。她说:“我终身遗憾呀!我没有把我的话全说出来,没有让他能了解我。事实真是这样,过去我们闹过,闹得不可开交;只有到了‘文化大革命’的时候,我们不在一起的时候,我才真正认识他,理解他,也更爱他,敬他!……”

（丁隆炎）

# “对革命对人民尽了我的责任”

## ——彭德怀和彭梅魁

彭德怀没有子女，八个侄儿侄女中，对他尽义务最多的，要算大侄女彭梅魁了。梅魁中等个子，圆脸微胖，留着齐耳的短发，健康壮实而又厚道。尤其是她衣着朴素，心地善良，始终保持了农家女儿的本色。

梅魁是彭德怀二弟彭金华的女儿。彭金华1937年赴延安学习，以后回到湖南家乡湘潭县彭家围子，建立了秘密党支部，从事抗日救国活动。每次家中开党支部秘密会议，幼小的梅魁都帮着在屋外站岗放哨。1940年9月4日，国民党部队包围梅魁家，叔叔彭荣华当场牺牲，父亲被捕七天后也遭杀害。以后她一直跟着母亲种地务农。1948年，梅魁加入了中国共产党，当时她才19岁。湖南解放后，组织上接她出来读书学文化，经武汉辗转到北京，见到了伯伯、伯母。初中毕业后，她征求伯伯意见，说国家缺乏医务人员，打算进护士学校，彭德怀很赞成，要求她刻苦学习。以后她分配到北京汽车制造厂医务所，并长期担任医务所所长工作。同时利用业余时间在某大医院学习了六年。

彭德怀家住中南海永福堂期间，梅魁一个月要去看望伯伯、伯母两次，帮助干些家务事。1959年庐山会议后彭德怀被罢了官，梅魁心里很难过，又怕伯伯受不了这样的打击，多少个夜晚不能入睡。她向工厂党委书记冯克报告：“我伯伯犯了错误，他过去对我不错，现在不去看他不合适！”书记爽快地对她说：“去看吧，你伯伯还是中央委员嘛！”不久，彭德怀搬出中南海，住进西郊的吴家花园，梅魁看望伯伯也比以前更勤了，还经常同爱人张春一医生抱着孩子一起去，彭德怀只要没事，总爱站在门外，等着侄女前来。闲暇之时，彭德怀就在院子里开荒种菜。

1961年是“三年困难时期”。一次梅魁去看望伯伯时，彭德怀带她参观自己种的菜地、果树，边走边问道：“你吃得饱吗?”梅魁不假思索地回答：“吃得饱。”彭德怀看了她一眼说：“我不信，你是共产党员，还说假话。”又手指一棵榆树问她：“外地有的榆树叶子光了，是怎么回事?”梅魁回答不出。彭德怀难过地说：“人民生活现在很困难啊！树叶子都被人吃啦。你说我积肥把院子搞臭了，叫我买些化肥，买什么化肥呀！国家这么困难，我们要为国家分忧啊!”

又一次梅魁来看伯伯，正见他挑一担水往菜地里走，腰都压弯了，特别显眼的是衣服撕破，还沾上不少泥浆，心里难过地问：“伯伯，你怎么啦，干什么了?”彭德怀若无其事地笑着回答：“刚才我挑水滑到水塘，不是警卫员救起我，就淹死在水塘里了，你可就见不到我啦!”

彭德怀肠胃一直不好，身体消瘦，又患低血压症，但他始终坚持劳动，有什么好吃的东西也舍不得吃，一个月供几斤肉，都要等到梅魁与孩子来了一起吃。梅魁看在眼里，疼在心上。她担心长久下去会弄垮伯伯的身体，请浦安修伯母劝说多加保重。

彭德怀在吴家花园的六年间，常常与梅魁拉家常，伯伯讲得最多的还是他不忍心坐在家中吃闲饭，希望多为人民干点事情，并对党和政府能够克服经济困难充满信心。一次，他说：“梅魁，我要给党写个报告，回我们湖南老家去，回太行山也行，去种地，干我们祖祖辈辈干的农活，我相信自己能干的，交给我一个公社，或者一个生产队，我敢立下军令状，只要三年，自给有余，搞不好我把自己的右倾帽子戴起来。你说你那一套好，我觉得我的想法也不错，有什么关系呢？大家都试试嘛，让实践来评判嘛!”梅魁听伯伯讲这些话，已不止一次了。她又何尝不希望伯伯出来工作呢。但在伯伯面前说什么好呢？只有说些安慰宽心的话。

年复一年地过去了，在第六个年头的秋天即1965年9月，毛泽东终于让彭德怀重新出征挂帅，担任西南三线建委副总指挥。11月25日，中央办公厅正式通知彭德怀可以离京入川。梅魁与弟妹们及挂甲屯的乡亲们都来向彭德怀送行。28日，彭德怀与随行工作人员上了南下的列车，去建设西南大后方的战略基地，开始了他晚年的新生活。

彭德怀在成都安顿后,马不停蹄地到川东视察,有时一天在山沟里巡视几个工地,他被山川大自然的秀丽风光吸引了,与挂甲屯相比似乎跨进了另一个宽广的新世界。尽管忙碌疲劳,但他还是及时把这美好的感受写信告诉梅魁。梅魁相信伯伯讲的都是真实感情流露,没有什么不放心的。但她在北京听到的传说对伯伯越来越不利,不放心,与爱人张春一商量,决定利用春节假期去成都看看伯伯。她向厂党委书记冯克请了假,于 1966 年 1 月 18 日乘火车到了成都。说起来与伯伯分手不到两个月,今天又见到了伯伯,心里别提有多高兴。彭德怀见侄女来看她,精神上得到莫大的安慰,小小永兴巷七号平房里,一下子有了家庭生活的温暖气氛。

彭德怀早在门口相迎了,他为侄女提了一只旅行包向室内走去,东西放定后,伯伯替侄女沏了一杯茶,又端来一盆温水让侄女洗脸,得知她未买卧铺票,是坐硬座赶来的,心疼地说:"梅魁呀,你来看我,我高兴噢。但你工作忙,又有三个孩子,来干什么嘛!我在这里很好,总的来说,组织上同志们对我都很关照,我习惯这里生活了。你舍不得买卧铺票,把脚都坐肿了,伯伯不好受呀……"梅魁的眼睛在伯伯的身上、脸上打量着,高兴地说:"伯伯,看来您情绪很好,长胖了,气色又好。"彭德怀见侄女说他胖了,右手摸摸脸庞,风趣地说:"梅魁毕竟是个医生,有眼力,我自己也觉得胖了些,心宽才体胖嘛。已经个把月晚上不服安眠药了。可这几天又服了。"

"伯伯又有心事啦?"梅魁关心地问。

彭德怀站起来踱着步子说:"梅魁呀,去年 11 月 10 日《文汇报》登的姚文元批海瑞罢官的文章,因为忙,我一直没看到,12 月 4 日,我才看到堂堂的党报《人民日报》转载了,是冲着我彭德怀的呀!自此,我已觉察到有些人对我敬而远之,很少有独自来住处看我的了,要来就是两个人,细细一想人家有道理,有啥事,好证明嘛!看来姚文元这个人能量不小。他是干什么的呀?梅魁,你认识姚文元吗?"梅魁回答:"我不认识,不了解。伯伯,海瑞究竟是怎么一回事?"

彭德怀坐下来对侄女说:"海瑞是真人,明朝一个当官的,他敢讲真话,为民讲话,又会骂人,真人真事。"

"吴晗这个人你认识吗?"

“见过,是明史专家、学者,又是北京市副市长,但我们从未讲过话,可以说不认识他。说他为我翻案,没有这个意思。1956 年他就曾写过论海瑞。现在看来,我真的又遇到问题了,又在为难我了。梅魁,这件事已超出学术范围了……我彭德怀不做亏心事,心地自然宽,管他娘的怎么批。三线建设刚开头,许多事要干,春节一过,要开工作会议,够我忙的了。梅魁,伯伯心里存不住话,压在心头发闷,对你说了,也就顺心了,你放心,伯伯没有什么了不起的事!”

梅魁对伯伯又说了些宽心的话,也讲了她自己在北京听到一些传说,说伯伯这样那样的。厂里好心人还拿来《文汇报》给她看。姚文元那篇文章,她看了好几遍,很不理解姚文元的那些说法。有人帮她分析,文章实质是讲吴晗为彭德怀翻案。梅魁与爱人曾研究来,讨论去:文章好像说的伯伯,但毛主席刚“点”伯伯的“将”出来工作,怎么会有人批他呢?看来又不像。梅魁不放心,正是带着这个疑问、信息往成都见伯伯的。谁知伯伯也得到这个信息,而且十分恼火。彭梅魁见状不安,极力劝说伯伯。她讲的道理恐怕连她自己也不能完全信服,但为了伯伯的健康,她还是硬着头皮劝道:“伯伯,毛主席动员您出来工作,谁还敢反对呀?毛主席一贯教导,学术上、艺术上要百家争鸣、百花齐放,要争要放意见就不会一致,这是正常的事。姚文元对吴晗文章有意见,我们也不必去过问,伯伯何必操心呢?养养神!”

“对,不理姚文元那些屁话。明天,我陪你出去看看、走走,成都名胜古迹不少啊!”彭德怀接受了梅魁劝说,心情顿时开朗了许多。

彭德怀陪彭梅魁上街,在小吃店里品尝川味小吃,参观大邑县地主庄园和“阶级斗争教育馆”;又游览了成都市人民公园;在成都剧场看了杂技表演;转了一下自由市场。他对市场农副产品充足,人民生活改善打心底里高兴,对梅魁说:“四川这几年经济恢复得快,市里商业部门组织的年货丰富,香肠、腊肉、广柑、橘子真多啊。梅魁,回去带点广柑给孩子吃,你来看看我就行了,早点回去吧,不要误了工作。也告诉你伯母、弟妹都不要来看我,否则既影响工作、学习,又花路费。我下半年有空说不定回去探望你们,交通方便,来去容易嘛。”梅魁听了点点头。闲下来,帮助伯伯洗衣服、洗被子,缝缝补补,有时还替伯伯测量血压。

除夕，梅魁和伯伯吃了团圆饭。

晚餐后，彭德怀与梅魁坐在客厅里休息，梅魁因次日下午要回北京了，问伯伯还有什么事情要嘱咐，伯伯说没什么事情了。但过了一会，他又说想起一件事不大放心：他来西南前曾将一包材料交给梅魁保管，现在材料还在吧？今后会用得上的。梅魁答道："请伯伯放心，材料锁在家中柜子里，准备送到湖南老家由母亲保存。"彭德怀听了点点头，表示放心了。

那是一包什么材料呢？1962年春，梅魁去看伯伯，彭德怀将1959年在庐山会议上写给毛主席的信，也就是"彭德怀同志意见书"底稿和在挂甲屯期间写给毛泽东主席的两封信的底稿交给了梅魁保存。以后，他又将"八万言书"的底稿包扎好再次交给彭梅魁，对她说："梅魁，这些材料非常重要，关系着伯伯的政治生命，我的问题迟早要搞清楚的，到时候没有材料就说不清楚了。你是最了解伯伯的，务必保管好，千万别丢了。"

彭梅魁知道保管这些材料是有风险的，但她不怕。她没有对爱人张春一讲，也没让孩子知道。用塑料纸包了好几层，小心地收藏着。

有一天梅魁来看伯伯，彭德怀又改变了主意，他对梅魁说："梅魁，你把材料拿回来吧，不能因我的事，把你也扯进去。那样，伯伯会对不起你的。"

梅魁含着泪，回家取出了材料又交给了伯伯。彭德怀在身边放了三年，离京进川的前几天，梅魁对伯伯说："伯伯，那包材料还是交给我保存，我会保存好的。"

"那也好，只有如此了。"伯伯深情地回答。

除夕之夜，伯侄拉家常，谈得很远、很宽、很晚……

第二天，正月初一，上午彭德怀向工作人员，西南建委机关干部拜年，下午亲自送侄女到成都火车站赶火车。彭德怀让景希珍替梅魁买张硬卧车票，被梅魁知道了，她谢绝了。梅魁找了伯伯说："我年轻，身体好，可别多花钱，有个位置坐就不错了。"彭德怀也不再坚持了，叫来景参谋交代道："小景，梅魁要替我省钱，不肯坐卧铺，听她的，改买坐票吧。也好，老百姓有多少人花钱买卧铺票的呀！"

梅魁在火车站站台上与伯伯告别。她依依不舍，在伯伯面前流了泪。伯伯轻轻地拍拍梅魁的肩膀，安慰说："梅魁，我的好侄女，你都是几个孩子的妈妈了，还像个孩子，哭什么？你说我胖了，很好嘛，不久伯伯还会回去看你的。”梅魁望着伯伯的坚毅、自信而又慈祥的面容，心里松快多了，急步跨上火车。火车起动了，徐徐离开车站，伯伯还在向侄女挥手……

梅魁正月初三到家，正赶上工厂正月初四上班，又在厂医务所忙开了。晚上，她在灯下为伯伯赶做了一件新的毛巾浴衣，通过邮局寄给伯伯。2 月 6 日彭德怀给彭梅魁的信中写道：“收到了你给我的毛巾浴衣，穿着合适，但很难过。你由成都回京时要给你买张卧铺票，你硬是不肯。你家七口人生活，收入 130 元，人均 18 元，我的生活比你们好，可是你在克己奉我。今寄浴衣钱 30 元，一定收下。”

梅魁希望伯伯经常给他写信，伯伯很守信用，在四川与梅魁书信往来很勤。彭德怀在成都期间还给毛泽东写过两封信，并把信的底稿寄给了梅魁，嘱咐梅魁保存，他在信中说：“我很热爱三线，总想多干点事，但预想到我工作时间不长了，底稿请保存好，免得以后说我给毛主席写信是假的。”梅魁确实将这些信保存了一段时间，后来厂里“文化大革命”闹得太厉害，群众组织之间越斗越凶，她的处境也愈来愈艰难，实在无法，才将伯伯给她的这些信全部烧毁。至今，她还记得彭德怀致毛泽东两封信的大意：一封是说他对“文化大革命”的看法，认为“红卫兵”有的不懂事，对他们的过激行动要进行教育，同时对中共中央西南局主要领导同志组织会议批判他，让他交代庐山会议问题一事很不满意，说他一气之下拍了桌子，掉头离开，说自己的问题早说清楚了，现在还在搞他，批到这种地步，怎么工作？回太行山、回老家种地都行。另一封信是 1966 年 8 月写的，说有人让他离开成都到乡下躲起来，被他拒绝了。信中充满了忧国忧民之情。

不久，“文化大革命”升级了。梅魁在北京惦念着伯伯，希望伯伯回北京看看，等了一年也未等到。第二年，也就是 1967 年 7 月份，她在北京确实见到了伯伯，但却是令人心碎的惨景。

1966 年 12 月 27 日，“揪彭联络站”将彭德怀从成都秘密揪到了北京。不久彭梅魁收到伯伯写的字条，她按照字条里的要求给伯伯准备了 30 斤粮票，买了衬衣、鞋袜。后来她又帮伯伯买了《列宁选集》四卷、《马克思恩格斯选集》两卷集、《反杜林论》、《自然辩证法》、《毛主席语录》以及中国共产党八届十一中全会文献小册子和一个小晶体管收音机。这些东西都是由看守人员转送的。院墙高筑,不让她与伯伯见面。梅魁非常明白伯伯处在极度困难之中,多么想看看他老人家,但又有什么法子呢?泪水只能往肚里咽。

## 周总理的关怀

自从彭梅魁向指定的接待室送去了马列书籍等物以后,不久收到了伯伯的一个字条,说:东西收到了。烟,我已戒了,以后不要再送。我身体很好,请勿挂念。梅魁欢欣之极,又送去了一些用具和食品,很快收到了第二个字条,只有一句话:"东西收到,谢谢你。我心不安。"梅魁正准备送去一些夏天的衣服时,前次送书单的人又来到她家,放下一个纸包便走。梅魁打开纸包一看,是她前次送给伯伯的收音机,还有一张字条:"梅魁,粮票退给你,收音机也退给你。从此以后不要给我送东西了。"梅魁追上这人,连问几声:"同志,这是为什么呢?"回答只是摇摇头,连哼一声都没有。

梅魁还是照常往那个接待室送东西,每次都在东西里夹着字条:"伯伯,我给您送来了……收到后给我一个回条吧!您有要我洗补的什么没有?我还能帮您做点什么呢?"但一直没有回音,也没有人来。最后,她去送东西,人家把她前回送去的也退给了她,上面盖了"查无此人,退回原处"的印戳。

不久,彭梅魁便听说了,伯伯在一些地方被揪斗、游街的消息。她想去看伯伯,但又不忍心在那种场合看到他。几次,她都走到中途又折了回来。从此,尽管她想了各种办法,一直得不到伯伯的任何消息。

过了很长一段时间,梅魁才想起给周总理写一封信:

> 周总理:我叫彭梅魁,是彭德怀的侄女。麻烦你老人家为我打听一下,我伯伯现在是死是活。过去通知我送东西,每次都有回条,后来什么音讯也没有了。当他还活着,周伯伯,你能否让我见他一面呢?我想,做儿女的心情,你老人家能体谅的。

信的最后,梅魁详细写明了她的工作地址。

隔了大约两三个月，梅魁所在工厂的一个负责人把她找去，问她："你是不是给总理写了什么？"梅魁只好如实承认了。负责人说：总理派人来了。他们说，总理很关心你们，也很关心你伯伯。他打听了，你伯伯现在身体还好，不久前病了，已经完全恢复。因为有关方面反映你伯伯态度不好，所以你现在还不能去看他。负责人还说：总理派人来定要见你，因为上午你们单位正搬家，电话没法找到你，他们只好把总理的话一句句地告诉了我。梅魁悔恨自己没能见到总理派来的人，心里难受极了，在负责人办公室待坐了好久好久。但她到底得到了安慰：伯伯还活着！

此后，梅魁又送了几回东西，那个接待室收下了，但还是没有伯伯的回条。

## 梅魁终于见到了伯伯

1973年4月下旬的一天，一个姓李的同志找到梅魁家，告诉她："你伯伯病了，明天下午三时你在家等着，我带你去看他。"梅魁好久都不敢相信，但第二天老李真的坐车接她来了。她心情紧张，也没注意车子怎么走，开到哪儿，只觉得是进了一所医院。步入一间病房时，她骤然觉得两眼漆黑，好久才看清，原来向着阳台的仅有的两扇窗户和门上的玻璃全被蒙得严严实实的。屋角的一张床前，亮着一盏灯，照着床上那人手里举起的书本。她怯生生地走上前去，想看清他的面容，那人也抬头把她看了看，突然他丢掉书本，惊奇地问："你？……"梅魁叫了一声伯伯，把刚才老李的吩咐全忘了，伏在床前号啕大哭。

彭德怀抚着侄女的头："呵，呵，是你呀，你怎么来了？"

梅魁没顾得回答他，搂着他仔细地看着，一边看一边哭："你哪里不舒服？"

伯伯告诉她，十几天前开始拉血，起初他不在意，后来，蹲在厕所里再起不来了。"是痔疮犯了，没什么要紧，我很不愿意住院，他们说不住不行。好啦好啦，别哭，我们说点别的吧！"他一连串地问着这个那个。

梅魁忙不迭地回答一阵后,又急切地说:“哎呀,你就等会再问吧。先说说你自己,这些年,你怎么过来的?”

“我怎么过来的,和你们一样,也是一年365天。我把你买来的书都读了,还在上面写了一些我自己的话。看来我只有这些书、这些话留给你们啦,你们拿去研究批评吧!也许你们没有兴趣,研究不出名堂,那就送给我的老朋友黄克诚吧!”接着他又问起她最近见过哪些过去的熟人,问起工厂的生产,问起市场上的东西好不好买,价钱是不是和以前一样,等等。梅魁打断他好几次讲话,向他问长问短,他都似乎有意不谈自己。直到专案组的人来催她走,她才发觉到底还是他问得多,而她却没有了解到她急于想知道的,她懊丧地哭了。

他和她握手告别时说:“以后不要来了,也不要送东西了,以免妨碍工作。这些年,谢谢你们的关照,我心里很不安。”末了,他还是不忘要她向家里的人问好。

梅魁站在床前久久不走,心想:不说只犯痔疮了吗,大概会起床送送我吧?她很想看他站起来走几步,看看他这几年是不是落下什么残疾。而伯伯却没有起来的意思,只是频频挥着手说:“你走吧!”

“伯伯,我看看你的腿还在不在?”

他笑了:“我的腿能到哪儿去?我的骨头结实着哩!”他掀开被,拍拍自己的腿,双臂还做了几下张合的动作。他大概看出了梅魁的疑惑,又说:“我起不来,我没有裤带!他们,”他看了看专案人员,“不给我裤带,手表也收走了,连一支铅笔放在我身上都不放心。你看这屋子,糊得好死,他们怕我。……我真不知道,他们为什么这样怕我!”他在床沿上擂着拳头,“我是不会寻死的,我相信我们这个党,不会总这个样的!你走吧,以后再不要来了!”

梅魁一步一回头走出了病房。

她当然不知道,这次叫她来,是因为伯伯病情十分严重。她更不会想到,几天前,这个医院的诊断书上写道:“……确诊为直肠癌,已属晚期,鉴于彭德怀病情严重,建议准其亲属彭梅魁探亲。”这样,专案组才同意她来到这里。

过了几天,梅魁又得到通知,叫她再次去医院,动员她的伯父接受手术。

梅魁进了病房，向躺在床上的伯伯轻轻地喊了一声，他没有应声。她以为他睡着了，便静静地坐在床前，不一会，他转过头来了，脸比前番更为苍白憔悴，声音是嘶哑的："梅魁，我得了这么一种病，唯一的治疗办法就是手术。"

"你怕吗？医生说，开了刀你的病就会好的。"

他惨淡地一笑："我还怕什么啊。对我来说，再没有什么好怕的了；对于痛，对于死，我都无所谓！"他从床上挺身坐了起来，"我只怕，我的话再也找不到地方说了。我知道，上了手术台，我可能就下不来了！我给他们提了，今天让我见毛主席，明天我上手术台。上哪儿都行，就是一死，也心甘情愿！"

"这，可能吗？"

"不可能，那就让我见见周总理，见见朱老总，可是他们不听这些，只说你要手术，要手术！"他突然跳到地下来了，激动地走来走去（这次他穿的病号服，有裤带了）。"我的问题不能解决，要手术干什么，要这条命干什么！梅魁呀，我就是这个'机会主义'呀，我就是这个'机会主义'到死呀！"他大声喊叫，引来了两个医院工作人员和领梅魁来的老李，可是他却旁若无人，依然仰头呼号着："我们这个党呀，叫国民党特务搞烂了。我有话要和毛主席说。不把我的话说出来，我是不做什么手术的。我留着这条命，就是要尽我这个共产党员的责任！"他激动得气喘吁吁。

老李轻轻推着梅魁，意思是说："你怎么不说话呀！"可是梅魁只有哭，什么也说不出来。

当医院工作人员告诉他，手术决定是根据周总理指示而做，手术方案也是经总理亲自批准的。这时，他同意了。

等旁人走后，他又对梅魁说："你说，刚才这人说的是真话吗？"

"我看是真的！"梅魁说了上次周总理派人到她工厂来看她的事。

彭德怀感慨地说："周总理，我们共事三十多年了，他是了解我的。明天，你就给他写封信吧，告诉他，我快死了，是的，我明白，我快死了。死有什么，我现在死，75岁已经是高寿了。他，朱老总，要知道我彭德怀快死了，一定会来看我一眼的。"

梅魁点头应允了。但他又摆摆头,否定了自己的想法:“算了算了,你不要写,不要写,不要叫他们为难。他们都有难处啊,不然,他们早来看我了!”

这次分手时,彭德怀又一次叮咛:“千万不要写!”

## 手术之后

手术成功了,病情好转了,彭德怀的心情也渐渐好了些。梅魁发现:伯伯依然是爱开玩笑的、幽默的;讽刺人的时候,依然是很尖酸辛辣的。

有一次,专案人员在接梅魁来医院的路上,对她说:“你伯伯又发脾气了,骂人了。我们对他讲林彪爆炸的事,他一直不信。前几天还说我们有意骗他,要引他犯错误。还说:“‘林副主席永远是健康的!’他这样不好啊。你这回去,要做做这方面的工作,可以给他讲讲形势。”

梅魁等专案人员不在场时,悄悄地对彭德怀说:“再不要喊‘永远健康’了,林彪爆炸了,死了,这是真的!”

“他们给你讲了我不信?”等梅魁点头之后,他笑了,笑得咯咯的。“我什么时候喊过‘永远健康’?砍我脑壳我也不会喊。现在我偏要喊,气死他们!”说着,他把手掌贴在胸口,比划着喊了起来:“永远健康,永远健康……”然后纵情大笑。

夏天到了。梅魁穿了一身换了季的衣裳进来,他说:“呵,外头都暖和了,穿单衣了?树芽都长满了吧?城里又是一片绿了吧?我,还在冬天里过哩!”

梅魁对他说,毛主席最近批了好些文件,说要解放犯错误的干部,工厂里好些过去被打倒的老同志又站出来工作了。

他听了很高兴,说:“梅魁,你说,有一天真要让我出来工作,我干点什么好?”

梅魁说:“你什么也别干了,跟我们住在一起,我们养活你。闲不住,你就领着孙子们逛逛公园去吧!”

他说:“对对,我出院以后,他们总该给我说点什么了。那一天,我一定领着你、玉兰、康白、正祥，还有你们的孩子，先到公园里玩个够。你们小的时候，我工作忙，把你们交给学校就很少过问了，今后要补上这一课。不过，靠你们养老可不行，我还要工作几年。我想过啦，回我们家乡去，回太行山去也行，去种地。我要给党写个报告，要求交给我一个公社，或者一个生产队。我敢立下一个军令状，只要三年，搞不好我自己再把右倾的帽子戴起来。我早就想说这句话了：与其把我关起来，不如让我去劳动嘛。这样搞呀，真叫你有劲没法使啊！"

梅魁用眼色提醒他：外头站着人哩！他却更大声说："这话，我到哪里都敢说！你说你那一套好，我觉得我的想法也不错，有什么呢？大家都试试嘛！给我一个公社，让我做三年主，先给我这点权力，先把我的右倾帽子放在一边。三年一到，我不行，把我这点权力收了，把我的帽子戴上，那该叫人多么心服啊！"

## 弥留时刻

1974年初夏，彭德怀的病情突然起了变化。医生告诉梅魁：1973年11月开始发现了癌转移。

有一次，专案人员又来通知梅魁去医院，动员她伯伯接受输血。和前几次一样，她发现伯伯的身体在急剧地消瘦、虚弱下去，她的心就像被乱箭穿透着。但她忍住哭，一进门便说："你怎么啦，又不听医生的……"

他说："他们又向你告我的状啦。你来也是空的，人血，我不输，我的身上不能流着别人的血！"

梅魁急了，说："这有什么，必要时我们的血也可以输给别人嘛！"

"那就让准备给我输的血也输给别人吧！我不需要了，免得浪费。"

梅魁说不过他，觉得他的话的确无可非议。他的生命已无法挽救，梅魁是明白的。听了他的话，她倒是想起了他的一生：什么时候都是把自己的一切给予别人，却生怕别人为他浪费了一点什么。她说不出自己对他多么了解，多么崇敬；她只能抱住他，把头贴在他的胸口，放声大哭。

“梅魁呀,不要这样!对于这条命,我曾有几十次都准备不要了。我能活到今天,已经很可以了。我能做的都做了,只是做得不好。我不欠别人什么,别人对我的误解我也不计较了。我仔细地想过了,我这一生是值得的,对革命对人民尽了我的责任。虽然我个人的下场不怎么好,可是我不埋怨,更不后悔……”

1974年10月以后,他开始处于经常性的昏迷状态,靠输液维系生命。梅魁姐妹再也听不到他说什么了。可是有一天,梅魁又听到了他在痛苦中微弱地呻吟,便握着他的手连声呼喊:“伯伯,伯伯……”他睁开了眼。医生问他:“你听见了吗?谁在叫你?”

正当梅魁发出无望的号哭声时,伯伯竟然发出了嘶哑的,然而清晰的声音:“我听见了,是我的大侄女梅魁,我的亲人,我的女儿,我的同志在叫我。”

“伯伯,你觉得怎么样?”她见他咂着焦枯的嘴唇,又问:“伯伯,你渴吗?饿吗?你想吃点什么?”

他断续地说:“我要吃……要吃,梅魁,我想吃白南瓜,……我们家乡的白南瓜,过去,我饿的时候,就想吃,想吃,白南瓜,可好吃呀!……”

梅魁欣喜地对医生喊起来:“医生,医生,他说,他想吃白南瓜!……”

医生摇摇头,告诉梅魁,他的时间不多了。

这以后,他又醒过来一次。一字一顿对梅魁吩咐:“我死以后,把我的骨灰送到家乡,不要和人家说,不要打扰人家。你们把它埋了,上头种一棵苹果,让我最后报答家乡的土地,报答父老乡亲。”

此后,又是一连多少天,他人事不知。梅魁和弟妹们不能成天守在他床前,他们要上班。梅魁曾提出由专案人员陪她一同向本单位领导请假。专案人员说需要报告请示。梅魁单位的党委书记同情她,但说有关部门不来证明,我怎么准你假,这个政治责任太重。梅魁趁休息日再去时,一位护士告诉她,他又曾醒来一次,问起:“有谁来过吗?”护士向他摇摇头,他侧过头,在枕上留下一摊泪……

1974年11月29日,伯伯跳动了76年的心脏,停止了跳动。他把怨恨、痛苦、困惑与遗憾留给了这个世界。当梅魁闻讯赶来时,也只获得了在伯伯遗体前恸哭片刻的一点点权利。伯伯的遗体被紧急运走后,怎样火化的?

骨灰存放在哪里了？梅魁却无法获得丝毫信息。

四年过去了，当两鬓微霜的梅魁在北京西苑机场迎来伯伯的骨灰时，才得以以泪洗面放声号啕。

（王春才　丁隆炎）

# “有志气，就应该这样子”

伯伯，好伯伯！您可曾听到侄女的呼唤？

此刻，我就默默地站在您的遗像前，滚热的泪水挂满了双颊……这不是哀伤的哭泣，而是悲喜交迸的泪水呀！

伯伯，1978 年 12 月 24 日下午，党中央为您和陶铸伯伯举行了追悼会，邓小平副主席为您致了悼词，啊，青天有眼，山河有情，党和人民没有忘记您！伯伯呀，在这沉冤昭雪的日子里，您就快慰地笑一笑吧！

伯伯，自您从朝鲜战场回来后，我多年生活在您身边；在您折磨致病期间，我也经常陪伴在您的床边，我忘不了您对我的爱抚，忘不了您对我的教诲，更忘不了您古稀之年在病榻上饮恨含辱熬过的那段漫长日月——悲恨、苦涩、屈辱、愤怒交加令人窒息的日月，我忘不了！一生一世也忘不了啊！

## 一

1973 年 4 月的一天，我突然接到通知，说打一个报告，就可以到医院去探望您，我立即写了个“申请”，获准后即被带到了戒备森严的病房。伯伯，自从您去“三线”工作，侄女我同您一别就是八年！这期间，我四处探询，但听不到您的一丝消息；我几番送去生活用品，却得不到您的一字回音。八年，在岁月的长河中仅是短短的一瞬，我却觉得像百八十年那样漫长；通往囚禁您的病室的走廊并不算长，我却感到像走在无边的夜路上。我急于想见到您，可又怕见到您。我推开您的病室，好阴暗的房间呀！窗户全用报纸糊死了，仅从迎门的屏风后露出昏黄的灯光。我急步绕过屏风，您正靠在椅子上专心致志地看书，面色苍老，举止迟缓，腥风苦雨的岁月已夺走了您旺胜的精力，摧损了您刚健的筋骨。我强忍着心头的悲酸，叫了声："伯伯……"嗓子眼里就像塞了团棉花，一句话也说不出来了。您抬头一看是我，就放下书本，握住了我的手，朝我微微笑着说："八年不见，你可胖多了，你的胃病好了吗？"我不住地点着头，用一双含泪的眼睛盯视着您苍老的脸。伯伯！您可受苦了，瘦多了，老多了。看到您这令人心碎的境况，您的侄女心里难受哟，又怎能不想起那些人妖颠倒的愤懑岁月？

在"文化大革命"最初的两年，也就是您刚去"三线"工作不久，林彪、"四人帮"狼狈为奸，背着毛主席极力把一批又一批老干部打倒在地，谭震林同志被打成了"叛徒"；贺龙同志被打成了"大土匪"；陈毅同志也被揪斗……而您也被江青诬陷为一贯反对毛主席的"伪君子"。为置您于死地，江青一伙四处发表讲话，说什么"彭德怀原来叫彭得华，他要全中国。他现在在成都可自由了，还上街看大字报，锻炼身体，贼心不死，想要东山再起。"在林彪、"四人帮"的煽动怂恿下，一部分不明真相的人把您揪到了北京。伯伯呀，您那时已经是 70 高龄，"人生七十古来稀"，您哪能经得起那暴力的折磨呀！

1967 年 7 月的一天，您被揪到北京航空学院公开批斗。我放心不下，想去看您，又不忍心去，就让我爱人去了。他回来告诉我，在批斗大会上，他们让您坐"喷气式"，搞变相武斗，吼叫着将您的头一次又一次地按下，但您在会上昂然挺立，不为所屈。批斗大会结束后，您被抬上卡车到北京市内去游街；不久，又拉到了师大批斗，部队里批斗……一次游街就是一顿拳打脚踢，一次批斗就是一番酷刑折磨！您的脸上被打出了血斑，您的身上留下了暴力者们的鞋印……

伯伯呀，您有什么罪？在这古稀之年还要遭受如此污辱和摧残！从平江起义到井冈山斗争，从两万五千里长征到延安保卫战，从解放大西北到抗美援朝，您为中国革命建立过多少不可磨灭的功勋啊！记得您说过，早在井冈山时期，蒋介石派了黄公略的叔叔做说客，想用高官厚禄来收买您和黄公路，您不为名利所动，杀死了来人；黄公略也大义灭亲，坚决支持您。记得您还说过，赴朝作战之前，您想到战时可能出现的艰险和不测，把自己的文件资料都交给了毛主席保存，作了为抗美援朝捐躯的准备。您的汽车司机告诉过我：在朝鲜，有一天遇上敌机空袭，一梭子机枪子弹射进室内，打穿了您放在身边的帽子，您毫不在乎，戴上帽子又去指挥战斗。……难道这些都成了罪行？

伯伯呀，您没有罪！我遗憾自己出生太晚，不能历数在那烽火硝烟的年月里，您同敬爱的周总理、朱老总以及并肩征战的伯伯们，跟随毛主席戎马倥偬、共创大业的斗争经历，但，仅新中国成立以来我在您身边生活的十余年间，也已看到了您那颗对党和人民的耿耿赤心！记得，从朝鲜战场回国后，您受毛主席的委托，主持军委日常工作。当时，您身体极度衰弱，连散步也时感头晕，但您不顾保健人员的劝阻，仍然兢兢业业地为党和人民工作着。有多少个深夜，当我梦中醒来时，您办公室的灯还亮着！一次，我听说毛主席让您到青岛休养，高兴得什么似的，心想，这回您可以松弛一下那颗为国防建设紧绷着的心弦了吧！待三个月“休养”回来，看到您办公桌上那厚厚一叠山东半岛设防方案，方知您又熬过了近百个不眠之夜！我常听您对一些来家中做客的伯伯说，我们这么个大国，百多年来都是有边无防的，在我们这一代，必须结束这种状态！为了学习现代军事技术，您买了从高小到高中的数学、物理、化学课本，和一套《十万个为什么》，制定了自学计划，每天坚持，从不间断，有时因会议耽误了，晚上不论回家多晚，也要戴上老花镜，在灯下把当天的学习计划完成。为了研究现代战争的作战特点和作战指挥问题，您还专门在办公室挂了一块黑板，把研究人员请来上课。您这如饥似渴的求知精神，正是您那强烈的革命事业心和保卫祖国安全的高度责任感的生动体现啊！我记得，即使1960年至1965年您脱离工作期间，您这工作成癖、学习不懈的精神仍丝毫不减，只是知识面涉及得更宽、更远。您遍览古今中外政治、历史、文艺名著，贪婪地钻研自然科学、军事学术，一切为了积蓄知识，重新为党和人民工作。您曾对我说过：“我从小只读过两年私塾，参加革命后，被肩上的担子压着，又断断续续学了那么一星半点，比起毛主席，还有你周伯伯他们，我是个大老粗。趁这几年在家，系统地多学一点，好重新出去工作。”当时，正是我国连续三年自然灾害时期，您对于不能出去为党和人民工作，不安、心急。个人生活上的大小事情，您从来都是自己动手，我有时想插手帮助您一下，您总是说：“快去干你的工作吧！我不能工作，还受你们照顾，心里过不去。”您自己动手养猪、积肥、种菜，收获的成果都送给了警卫战士；您每天仅吃六两粮，而不知姓名的群众送的肉、鱼、油、蛋、点心一类营养品，不是送到大伙房，就是送给临时来京的警卫人员的家属。当后来看到“农业六十条”下发，国民经济逐渐好转时，您曾兴奋得几夜不眠，逢人就说：“这下可好了！这下可好了！”伯伯哟，您身在难中，毫不伤感，节衣缩食，忧国忧民，想的是学习，念的是工作，盼的是祖国的富强，这不正是您那壮志不息、丹心向党的形象表露啊！伯伯，我至今还清晰地记得1965年10月的一个晴朗日子，您乐呵呵地回到家中，不等进门就大声喊着我的名字——这是几年中少有的嗓音呀！您拉着我的手，眉里眼里都是笑：“毛主席接见我了！我又能工作了！”您告诉我说，刚才在毛主席那里谈了五个多小时的话，派您出任“三线”副总指挥，又可为党工作了。走前，您到医院检查了身体，医生说身体很好，什么病也没有，至少能活八九十岁。一连几天，您的话是那样多，兴致是那样高，浑身焕发着不尽的活力。就这样，您带着毛主席的关怀走了，怀着为党和人民作贡献的雄心高高兴兴地到成都工作去了……可是，谁能想到，就在这时，姚文元在《评新编历史剧〈海瑞罢官〉》中就已经影射攻击了您，一年后，林彪、“四人帮”就支使他的爪牙将您揪回北京，随即而来的是揪斗、游街、囚禁……伯伯呀，我百思不解！实在想不通啊！

整整八年啊！伯伯，我见不到您，但我想象得出这漫长的岁月您是如何度过的，想象得出您所经受的非人的精神折磨和肉体摧残！伯伯，我知道您是刚强的人，一生从不轻弹泪水，也一向反对别人在您面前流泪。今天，请您原谅侄女吧！她的泪水不是悲伤、不是忧愁，而是为您心痛、为您不平啊！

## 二

您掏出手帕，替我揩净脸颊的泪水，又逗着我说些愉快的话儿，我的情绪渐渐平静下来，向你叙说起分离八年间的生活。这时，我看见您穿的毛衣已经陈旧破碎了，四周的边缘和袖口都露着零乱的线头，两个胳膊肘缀着层层补丁，针脚粗疏，布的色泽与毛线衣也不协调，显然是您自己缝上去的；脚上穿的毛袜，后露了脚跟，前露了脚趾。看着您的这一身穿戴，伯伯呀，您的侄女又怎不心酸！

我记得，您身上穿的这件毛衣还是1962年我去买的。当时，我因病休学在家，见您的毛衣补了又补，破得实在难以挂身了，就开玩笑说："伯伯，您这件毛衣像是一幅世界地图，有湖泊，有河流，还有森林，花花搭搭的，该换一件了。"您回答说："补一补还可以穿，你就不用管了。"我看不下去，有一天对您说："伯伯，我要买几件衣服，你给我点钱。"您知道我从不乱花钱，也就没有多问。我拿了您给的50元钱，连跑带跳地出了门，到西单商场给您买了这件驼色的毛衣，还买了些布和其他几样东西。当您见我抱着衣物回家时的高兴样子，还说："嘿！真是满载而归啊！"直到我拿起毛衣要您试穿时，您才恍然大悟地说："啊呀，这小鬼，我可上了你的当了。"我动手帮您脱下那件破毛衣，扔在一边，您还一个劲地说："不要扔了，还可以穿呢！"现在，伯伯呀，这件驼色的毛衣，也在您身上穿了整整11年，又破得像第一件一样了。江青骂您是"伪君子"，其实，伪君子正是她们自己！她们嘴上高喊着革命口号，背地里又挥霍了人民多少财富！

我还记得，您脚上穿的这双毛线袜，是1965年11月去"三线"工作前，我赶织出来的。当时正是初冬天气。您离开北京的那天早上，天气似乎格外寒冷，可您还穿着单布鞋。我取出一双织好的毛袜送给您，您穿上以后，站起来走了几步，说："这真暖和，以后可别花时间给我织了。"伯伯呀，这是侄女为您织的第一双毛袜子，也是您生平第一次穿上毛线袜子，可是今天也护不住脚了！

伯伯，就在这天探视回来，我去买了最上等的绒线，准备再给您织一件新毛衣、两双新毛袜，而且要比以往织得更精巧更细致，让每一个线扣都织进我对您的深情，对您的爱，以此能暖暖您那颗老年的囹圄着的心。我午休时间织，深夜灯下织，手里拿着的是针和线，心里想的是耳闻目睹的您对待生活的严谨情操。您一生节俭，不谋私利。听一些伯伯说，在艰苦的战争年月，您常教育干部战士，莫忘我们是人民的儿子，吃的用的都是劳苦大众的血汗，不要忘本，不要追求生活享受。从朝鲜战场回国后，您仍然保持着这种战争年代的精神。在中南海时，除了办公室工作的必备人员，您一个人也不多占用，没有私人炊事员，没有小伙房，总是到食堂打饭吃。您去“三线”工作之前，为了我以后的工作学习，思虑再三，才向组织提出给我另找一间房子，事后几次对我说：“我向组织开口解决个人问题，这一生还是第一次。”想到这些，又想到您古稀晚年的困窘境遇，我的泪水止不住扑簌簌滴在了毛线上。伯伯呀，就这样，我花了一个星期的时间，织好了一件毛衣、两双毛袜，在第二次探视时给您送去了。

## 三

伯伯，您自己躺在病床上，却关心着我的进步，问我入党了没有。啊，伯伯，您叫我怎么回答，怎么回答呀?!

我是多么的清楚，您对我政治上的关心，胜过对我生活上的照料。还在我读书时，您就常给我讲党的性质，讲党的历史，教育我要为共产主义奋斗终生。伯伯，您还记得吧，您去“三线”工作前，我所在单位的基层党组织已经准备发展我入党了，并让我重新写了一份入党申请书。那天我下班回来，您听到这个消息后，是那样高兴，催促我快写。我写出草稿后，您又拿起笔来逐字逐句地修改，一边改，一边对我说：做一个共产党员，要吃苦在前，享受在后，要大公无私，要决心把自己的一切献给党。过去战争年代里，在最困苦最危急的场合，总是共产党员挺身而出，去冲锋陷阵，肩挑重担。做一个共产党员就不能怕死，而只要不怕死，就什么也不怕了。记得您为我改完入党申请书的那天，正是 10 月 2 日。您催我快去送交党组织，我说：“今天正放假休息，赶明天上班时交上也不晚。”您听了很不满意，说：“现在党组织伸出手迎接你，你还不紧不慢地等明天。你知道吗，我从 17 岁出家门，想为工农大众寻条活路，经过多少磨难，走了多少弯路，直到 30 岁才加入了共产党。整整经过 13 年呀！”接着，您又说起了您的号“石穿”的来历。您在寻求革命真理年间，有一次出门遇雨，避于岩洞中，洞顶滴水不止，因岁月长久，脚下平滑的石板被溅出一个个深深的凹坑。于是，您取号“石穿”，用以激励自己革命到底的毅力和决心。伯伯，当时您的话给了侄女我几多启示啊，当晚我就赶到了总支书记家中，递交了入党申请书，并汇报了自己的思想情况。您去“三线”后，又来信问我组织问题解决了没有，我总是避开不作回答。我怎么回答您呢？自从那次递交了您帮我修改过的申请书，我的入党问题一直杳无音信。开始，我总以为是自己的主观努力不够。“文化大革命”开始以后才清楚，我所在单位的基层党组织已经内部讨论通过，但党委个别人坚决不同意，说：彭钢是彭德怀的亲侄女，表现再好也不能入党！后来我调到技校工作，又向学校党支部汇报我渴望加入党组织的想法。党支部做不了主，请示了上一级党委，结果仍无下文。伯伯，现在您又问我，叫我怎么回答呢？我能说是您的原因吗？但是，伯伯，请您放心，我即便永远是个非党群众，我也一定不气馁，努力工作，因为，我是您的亲侄女，一个对党永远忠诚的老布尔什维克的后代；我虽然站在党的大门之外，也要严格要求自己，很好地向您这位老共产党员学习。难道不是这样吗？您在生命垂危的时候，还再三嘱咐我：“小鬼，我快不行了。你记住，我现在仅还有这个病身子……我死后，让医务人员解剖，要是能对研究制服绝症有些帮助，也算我对党的一份贡献……”您对党是这样信赖、忠诚、无私，您磊落坦荡、刚直不屈的一生就是我的一面镜子。使我惭愧的是，我从您身上还学得太少、太少，距离一个共产党员的标准还太远、太远。

## 四

伯伯，当我又一次来医院看望您时，你详细地询问了我的生活情况，还问起了我的孩子的情况。伯伯，我真想把自己的孩子抱到医院里来，让您好好看一看，亲一亲，可在层层监视下哪有这个可能呢？就在下一次来探视您的时候，我带来了孩子的一张照片。伯伯，我记得您拿着照片，高兴地左右端详着，一边看一边问：多大了？哪一天生日？淘气不淘气？现在谁带他？我告诉您说："孩子四岁了，个子蛮高，每天跟着他爸爸从东郊到西郊去上幼儿园，坐汽车都要买票了。"您不断地点着头，又有几分感慨地说："我现在不能照顾你们，反而要你们来照顾我……"伯伯，您还照顾得我们少吗？您还关心得我们少吗？不，就是亲生父亲，也不及您给我的关怀多，给我的抚爱多呀！

我从小就很羡慕解放军，经常向您磨蹭，要您送我去参军。您总是很严肃地回答我："不行。不能开这个头，搞这个特殊。"有一次您从外地视察回来，告诉我现在有些军队院校要招收女生，叮嘱我好好学习，中学毕业以后可以去投考。我听了以后也发奋苦读，决心用自己的努力来争取。不久，有人告诉我说用不着考试，直接去西安军事电讯工程学院，他们也肯收留我。伯伯，我向您说这事后，您不表示态度，故意用眼睛盯着我，要我作回答。我想到伯伯的一贯教导，就说："我考得上就上，考不上就不上，我不愿意这样去。"伯伯，我记得您当时大声夸奖说："好，有志气！就应该这样子。"

我在上学读书时，您尽管工作很忙，但还关心着我的学习，经常给我推荐一些文学作品，作为我的课外读物。记得，你读完《马克思的青少年时代》一书后，给予了热情的褒赞，后又上街买了十几本，送给我和周围的青年朋友。您对我说："好好读读吧，看看马克思是怎样安排学习和生活、对待爱情的，从中长些见识，对你们会有帮助的。"在您的关怀下，我的语文学习有了明显提高，作文水平也是同年级中较好的，但您并不说过奖的话，而是更加严格要求我的每一次作文作业。一次，您看到老师在作业的批语中写道："语言表达能力强，有写作才能。"您不高兴了，说："小小年纪，哪来的才能？小鬼，可别翘尾巴！"

我结婚的时候，您热烈地向我们祝贺，同时又劝诫我不要铺张浪费。您送给我一块存放了十几年的绸子，做了一床被面；后又给我买了一床被里和一张床单。我们也就这样简简单单地结了婚。结婚以后，您曾对我说过："你要是有了孩子，就放在我这里，你尽管安心去工作。"您还多次对我说："我现在不能工作，给你们当当后勤，让你们节省下时间去为党多做工作，也算是我作了点贡献。”后来我参加了工作，您看到我们工作得很好，也同我们一样高兴。

1958年到1959年，左权同志的女儿左太北住在我们家里，您对我们两人不分亲疏，什么事都一样对待，有次您带回来两件雨衣，先让太北挑，剩下的一件就给了我。当时，我不高兴地说：“真是，把人家挑剩下的给我。”伯伯，您听了当场就批评我：“你怎么这样不懂事？她爸爸去世早，妈妈又在外地，应该很好地照顾她。方便让给别人，困难留给自己，这些话，不能只是说说，要拿出实际行动来。你说对不对？”一席话说得我口服心服，从那以后，在这些小事上我就注意起来了。

我大哥是1945年参加革命的，1955年部队定级时，您正好到他所在部队去视察。您对哥哥所在部队领导说：“我的侄子不能特殊。”结果把哥哥的级别定得比跟他同样情况的人低一级。后来，当您了解到我哥哥不注意节约，花钱有些大手大脚，就对我哥哥说：“你应该每个月拿出20元钱供你妹妹上学。”等哥哥走后，您对我说：“小鬼，你就帮他一个忙，他寄给你的钱不要用，存起来，将来还给他。还是由我来供你上学。”

伯伯，从这些零碎的生活细事上，足见您在我们兄妹成长的道路上花费了多少心血呀！只是我们对您的抚爱回报得太少了，而今回想起来，仍感到是一个难以弥补的遗憾。

## 五

伯伯，自1974年初春，您的病情日趋恶化了。对此，您似乎并不在意，您愤慨不已的是那诸多莫须有的罪名，它们沉重压抑，如同一条条毒蛇死死缠身，将您一步步推向生命的边缘！八年啊，人的一生中能有几个八年！而这八年间，您却在一间背阴的小黑屋子里，默默煎熬着余生的最后的时光！室外是大自然恩赐的明媚春光，而您，难得一分春色，不见一丝阳光。迈步出门就是养育过您的祖国大地，而您，隔床有人监视，行动不得自由——这就是秃驴猖獗、白骨兴妖的年月里，一个曾为中国革命的胜利征战一生的老战士的晚年，哪一个有良心的中国人能为之心平?！刚强一世的伯伯呀，面对淫威，您不屈服，堂堂正正地站着！我每一次去看望您，您都是那样毫无顾忌地直抒胸臆，愤怒鞭挞林彪、“四人帮”一伙龌龊孽种：“什么最最最，什么一句顶一万句，完全扯淡！一句就是一句！”“江青，不识羞耻的东西！”“他们长不了、长不了！人民总有一天会起来收拾他们！……”这掷地有声的话语，直到今天回想起来，还仿佛有一种力量在我心底冲撞、升腾。

1974 年 8 月下旬，我再次来到医院时，您已经是半身瘫痪了。听人说，您将一床被里撕成了一条条布丝丝，我问起这事时，您悲愤地说：“用牙齿、用这只还能活动的右手！你们要记住，我撕的是国民党特务的被子，我是被国民党特务害死的！”有人说，心底的愤恨是一团火，一个人越是临近生命的终点，这愤恨的火焰就燃烧得更炽烈。伯伯，此刻的您，就正处在这样的境地呀！我知道，您的心里深埋着一个对“四人帮”愤恨的火山；我敢说，如果能早一天将“四人帮”缚于您病榻之前，您会用您这只尚能活动的右手，将他们都撕成齑粉的！

1974 年 11 月上旬，您说话已经非常吃力了。我坐在您身边，您让我握住您的手。您眼里含着泪，断断续续地说——不，是在喊：“我没有反对毛主席！我没有里通外国！孩子，你们要永远坚持马列主义、毛泽东思想！”……伯伯呀，您这生命垂危之际心声的呼喊，我记下了！记下了！是的，您一生一世跟随毛主席，尊敬拥护毛主席，党和人民相信您！您耿直刚正，无私无畏，从不隐瞒自己的政治观点，同您并肩战斗过的党政军界人士深明不贬，伟大领袖毛主席也不无赞赏。是的，您热爱祖国，终生奋斗，中华民族记得您！就是在您遭受磨难的八年间，在我的身边，也随处可以听到人民对您的赞誉，战士给您的褒奖。至今，我还能背诵下一个警卫战士来信中的一段话：“……请你告诉我，你伯伯现在在哪里？他的情况怎么样？我已复员回乡，他如果有困难，就到我们家里来，我们欢迎他。……”伯伯，这就是在您身边工作过的战士的话，透过这朴实的话语，又使人看到了人民大众对您的几多信赖！

1974 年 11 月 17 日，我来到医院时您已是双眼紧闭，呼吸微弱了。我趴在您的耳朵边大声喊：“伯伯，伯伯，我来看您了！伯伯，您睁开眼猜看一看我呀！”您吃力地抬了抬眼皮，用无神的目光看了我一眼，瞬即又闭上了……

当24日下午我最后一次看您时，您已经无力睁开眼睛。我只觉得一股凉意袭透周身，耳边除了您带痰的微弱呼吸声、门外看守人员单调的脚步声，四下里死一般沉寂！我带着哭声向您呼喊着，用力紧握着您那曾经是刚强有力的大手……啊，伯伯，就是这双大手，当您去朝鲜前的那天晚上，我来到家中，您把我从地铺上抱到自己的床上，而您深夜从毛主席那里开会回来，自己却睡在了地铺上；啊，伯伯，就是这双大手，曾多少次抚摸过我的头，又有多少次领着我散步谈心，给了我多少慈父般的温暖和关怀，又在我成长的道路上增添了几多力量和信心！然而，现在这双手再也抬不起来了……我欲哭，却没有泪，泪水早已被一腔的怒火烧干了！我欲喊，却喊不出声，只感到凉丝丝的血水从唇边深深的牙印里流下来……伯伯呀，难道您真的就要这样饮恨谢世?！我不敢想、您的侄女不敢想啊！

可是，最不敢想的事终于变成了最揪心的现实——1974年11月29日下午3时35分，您的心脏停止了跳动。当专案人员通知我的时候，我正在下班回家的路上，难以言状的悲痛几乎使我晕厥，但他们不肯多等我一会就离去了，这使我失去了向您寄托哀思的唯一机会。后来我听说，在您饮恨含冤病逝后，除了梅魁姐姐在您身边停留过短短20分钟时间外，他们竟没有让一个亲朋好友向您的遗体告别，您——这位曾金戈铁马东征西战、足迹踏遍大半个中国的老战士，就这样悄悄离世了……

啊，伯伯，我永远失去了您！在最初的日子里，炽烈的思念之情和极度的哀伤差点使我精神失常，不，我要坚强起来，因为我是您的侄女，因为我铭记着您生前的遗嘱："历史是最无情的，也是最公正的。历史将会审判他们，也会对我作出正确的评价。"

伯伯呀，今天，您的预言已经实现了！党和人民没有忘记您！我想，在这悲喜交织的时刻，您在九天之上如若能睁眼看看今天的神州大地，看看新长征路上的中华民族，您一定会露出欣慰的笑容！

（彭　钢）

# “把你在家讨米、放牛的情景想一想，你就感到不应该了”

抗日战争时期，我才 13 岁那年，便从湖南老家历尽千辛万苦辗转到了延安，来到了我伯伯彭德怀身边。从那时起，我开始受到伯伯的亲切教诲。

## 上 前 线 去

一天，伯伯突然问我：“今后你打算怎么办？”伯伯这一问，把我给问住了。他见我那尴尬样子，便以试探的口气问：“你是想继续在延安待下去，还是跟三五九旅的王胡子（王震）上前线？”我思索开了：伯伯经常教育我，要革命、要报仇，就要经风雨、勤磨炼，拿起枪杆子打反动派。于是，我毫不犹豫地说：“我要上前线！”伯伯拍着我的肩膀，满意地笑了。望着伯伯那慈祥的目光，我不由得问了一句：“我上前线去，您放心吗？”他哈哈大笑起来：“跟王胡子上前线，我哪能不放心呀！”

临走的那天上午，天气格外晴朗，太阳暖烘烘的。我一清早就打好背包，整理好行装，高高兴兴地去向伯伯告辞。伯伯眯着眼睛，上下打量着我：绑腿背包、崭新的军装，一身小八路打扮。他高兴极了，笑着说：“你这才像个当兵上前线的样子！”

伯伯送了一程又一程，嘱咐我到前线去要听指挥，不要搞特殊；要遵守纪律，爱护老百姓的庄稼；要请示汇报，不能单独行动。我默默地听着，眼里闪动着泪花。分手了，我向伯伯敬了个礼，他紧紧地握着我的手。我走出好远回头看时，伯伯还在向我招手。

## 一 双 皮 鞋

1946 年春，我当警卫战士，跟随周副主席、王震同志等坐飞机回到延安。

一下飞机，王震同志便带我到前来欢迎的伯伯身边，风趣地说："彭总，我的任务完成了，把他交给你了！"

汽车在陕北高原上行驶，一路尘土飞扬。我坐在伯伯坐的大卡车上，紧靠在他身旁。伯伯高兴地询问我到前线后的战斗、学习和敌占区人民生活情况，我一一做了回答。突然，伯伯的眼光一下扫到我的腿上，见我穿着一双擦得发亮的皮鞋，不由得皱了皱眉头："你怎么穿这么好的皮鞋？"我向他说明这是在重庆因谈判工作的需要，组织上发给我的，平时我穿的是布草鞋。伯伯还是显得不那么高兴："要艰苦、勤俭呀！现在老百姓养活我们真不容易，国民党反动派还封锁我们，我们靠的是什么？就是自力更生、艰苦奋斗！"看得出来，伯伯当时的心情有些沉重，似乎觉得我有些变了。他还说："你把你在家讨米、放牛的情景想一想，你就感到不应该了。"

一回到枣园，我就把皮鞋交给了行管部门。

## 搬出中南海

1953 年，伯伯从朝鲜战场胜利归来，工作相当繁忙。这时候我病倒了，十二指肠溃疡出血。出院后，我在中南海伯伯那里休息了几天，伯伯根本无法照顾我。

有一次，伯伯抽空到我房间来看我，见我身体消瘦了，心里也有些难过。走时，他用商量的口吻对我说："你住在这里没有人照顾你，人家都是有工作的，而且住在这里影响不好，是不是另找个地方好好休养一段时间？"

伯伯本是一片好心，我却误解了：是不是伯伯要撵我了？于是我赌气离开了中南海，搬到一个亲戚家里去住了。

不几天，伯伯的警卫员不知怎么找到我这里来了，他说伯伯很关心我的病情，问我有什么困难。我当时还有气，便说："没有什么困难，我不需要你们的照顾。”“你不要误解了彭总，中南海是党中央要地，不能不考虑影响。他要你出来是想让你找个地方好好休息，绝不是撵你……”经过他耐心地说服，我心里渐渐平静下来了。

病好后我去看伯伯时，他十分高兴，似乎早已把我赌气的事忘得一干二净，还特地从食堂买了几个好菜，留我吃饭呢！

## 在荣誉和待遇面前

1955 年我在哈军工学习期间，正好部队进行评级授军衔。我是带职学习的，大家根据我参军的年限、职务和学习表现，进行了评定。对于评定的情况，我是十分满意的。

到了公布的时候，我却被压低了一级，与我同年参军、同职务和初评时评得一样的同志都上去了，叫我实在想不通。于是，我带着不满情绪问学院的院长：“为什么要压低我一级？”院长笑了笑说：“这件事你不要问我，你去找你伯伯好了。”原来，正当评级时候，我伯伯因公来到哈尔滨。当院长向他汇报到评级工作时，他知道了我评级的情况，建议把我压低一级，并且对院领导说：“你们不能因为彭起超是我的侄子，就对他这样，对他一定要严一点！”

我还有什么可说的呢？伯伯的脾气我是知道的，对我的要求一向十分严格，在荣誉和待遇面前，尤其是这样。当时我虽有些想不通，可今天想起来，这不正是他的可贵之处吗？

（彭起超）

# “不要因为我，给他们留下什么牵连”

## ——彭德怀和外孙女外孙们

初春的一场雨，给在寒冬里追求阳光雨露的万物带来一片生机。

雨过天晴，一个朋友到我家来，聊了一会儿，她提出要看我们全家的照片。我翻箱倒柜地找出来一些，看着看着，我们的目光都集中到一张生活小照上。

这张照片，已保存十多年了。它是我的三个孩子到吴家花园去看外公，坐在外公居室门前的台阶上合照的。左边的是大女儿，右边的是小女儿，中间的是儿子小三。那天，晴朗的天空，习习的秋风，天气格外清爽。可是，三个孩子都不高兴。大女儿紧皱着眉头，小女儿扭着身子，调皮的小儿子站起来要跑。赶快抢拍，不然都跑掉了。咔嚓一声，拍下了这张合影。

“这张照片，我当珍宝一样收藏着，因为它是我的三个孩子同他们外公唯一的合照。”我抚摸着照片对朋友说。

“怎么？这明明是三个孩子的合照，哪儿有外公啊？”

我用手指给她看：照片的正中，有一个通往屋里的纱门，在那纱门后伫立着一个人影，“这就是孩子的外公！”她细细地辨认着：宽宽的肩膀，魁伟的身影，背手而立的神态……她高兴地说：“是彭老总，是他！”接着，她又迷惑不解地问：“彭老总为什么不同孩子们坐在一起照呢？”

伯伯何尝不想让孩子簇拥在身边，拉着他们胖乎乎的小手，照一张合影呢！我一时难以用三言两语回答她。

自伯伯住进吴家花园，我常常带着孩子去看他，伯伯特别喜欢孩子，我们每次去，吴家花园就热闹起来。孩子一进院，边跑边嚷着喊外公。见到外公，就在外公的膝前、怀里、背后嬉戏，孩子们乐得手舞足蹈，逗得伯伯爽朗地大笑。天热的时候，伯伯知道我们哪天要去，就把水盆装满了水，放在日光下晒着，等孩子们到了，伯伯就把他们放到晒温了的水中洗澡。孩子们高兴得在水里直扑腾，溅得伯伯满身满脸都是水，他乐呵呵地笑着。有时公休日，我们偶尔不去，伯伯等啊，等啊，直等到最末一班车过去了，他只好盼着下一周的到来。

孩子们也爱外公，外公的音容笑貌，种的果树，养的鱼，甚至连外公住处的汽车站都留在孩子们的记忆里。

那天照相前，伯伯站在台阶前，摆弄好了这个，又去摆弄那个，好不容易把孩子们都安排坐好，他却悄悄地走开了。他离开孩子，又舍不得，就躲在纱门后，看着孩子们合照。孩子们发现外公走了，都生气了，小三站起来就喊："找外公去！"这就是留在照片上的那一瞬间。

事后，我问过伯伯为什么要躲开？伯伯语重心长地说："现在我的名誉不好，几次告诉你们不要来看我，而你们却偏偏要来。这些孩子还小，希望他们健康成长，不要因为我，给他们留下什么牵连，影响他们。"

我和朋友拿着这张照片，默默地凝视了好久。她在想什么，我不想去问，我只想告诉她：虽然伯伯留在照片上的是隐隐约约的身影，但是伯伯对孩子们的厚爱和希望，却深深地印在孩子们的心底。

（彭梅魁）

## "怎么人才都跑到共产党那里去了"
### ——彭德怀和蒋介石

多年来，国民党反动派重金悬赏想买彭德怀的头不成，过了几年，蒋介石又想买起彭德怀的"心"来了。

1937 年，中国共产党从民族大义出发和国民党结成抗日民族统一战线，共同抵御日本帝国主义的侵略。

抗日战争爆发，红军主力改编为国民革命军第八路军，朱德任总指挥，彭德怀任副总指挥，开赴华北前线对日作战。

八路军出师，首捷平型关，打破了日本“皇军不可战胜”的神话。接着，又深入敌人后方，把沦陷区的民众发动起来，大打游击战争，恢复了广大的国土，威名远扬。八路军神出鬼没，到处截断敌人的交通线，袭击敌人的飞机场、仓库、兵站等，使敌人在战场上得不到给养补充，把十几万日军拖住在华北，给正面战场作战的国民党军以有力的支持。

1938 年春，日寇大举南侵，蒋介石准备在徐州地区和日军会战，邀彭德怀赴武昌行辕，和他商谈八路军配合作战的问题。

会谈中，彭德怀慨然允诺八路军在华北广泛出击，以阻止日军对徐州的增援。蒋介石很为满意。又提出：“八路军可否于‘青纱帐’起时即行出动”？彭德怀思忖了一会儿，答：“不待‘青纱帐’起，即可出动。”蒋介石喜形于色。

蒋介石喜欢得过分，竟想把他对待各派军阀的手段使出来用在彭德怀身上，谈话中故作关怀地问：“彭将军府上安否？我即嘱何键主席多加照拂。”彭德怀笑答：“承委座垂念，彭德怀一家早经何键主席照拂过了，连祖宗三代的坟都已掘光了。”

“唔……唔……”蒋介石十分尴尬：“不像话，不像话！”

彭德怀正待告辞，蒋介石命人送过来十万元支票，说是“聊表慰勉”。彭德怀站起来正色说：“抗日是八路军的神圣职责，彭德怀和八路军全体指战员一样，每月有一元津贴费，此外不需要分文。”接着，又严肃声言，“八路军孤悬敌后，浴血奋战，十万人只领 45000 人的军饷，弹药全靠从敌人手中夺取。政府真要嘉勉抗日，请给八路军如数发饷。”说毕，告辞而去。

彭德怀登上长江轮渡，北望中原，新的作战行动在他胸中一步步展开，八路军健儿的杀敌声和着江上的风声、涛声在他耳际交响。

蒋介石呢，无可奈何，只得在武昌行辕跌足大骂他的左右：“猪猡！怎么人才都跑到共产党那里去了！”

（何　佳）

# “看来彭总是个严肃认真、一丝不苟的人”

——彭德怀和张治中

张治中将军在促成新疆和平起义之后，曾和毛泽东、周恩来讨论新疆问题，并提出了具体的书面意见。毛泽东希望张治中到西北去，与彭德怀合作。张治中说：“西北父老和部队袍泽熟悉我，我也常常怀念他们。您如果认为我有去西北一趟的必要，我愿意做彭老总的顾问。”毛泽东说：“你过去是西北四省的军政长官，现在去当彭德怀的副手，委屈了吧？”张将军说：“我服从命令听指挥。”事情决定后，周恩来又到张治中住处作长谈，还亲自送他到飞机场。

## 一见如故　畅谈新疆

1949年11月26日，张治中由北京飞到兰州。彭德怀、贺龙、习仲勋政委等到机场迎接。张、彭两人一见如故。他俩都坦率、健谈，所以很合得来。由兰州飞往乌鲁木齐途中，他俩谈新疆问题，谈西北山川形势、物产天候、人文风尚、民族关系、历史统治者等，其中评论左宗棠一段颇值得玩味。

“你们湖南老乡在新疆真不少。”张治中说。

“是的，左宗棠是湖南人，当时带去的三湘子弟不少，以后子孙繁衍，就越来越多了。”彭德怀说。

“左宗棠入疆是1880年，距今近70年了。”张治中说，“但是他的遗迹尚存，由陇东经河西到新疆，一路上还残存合抱的老柳，当地人称‘左公柳’。他驻防哈密的房舍虽已倾圮，但柳树还在。左宗棠进驻新疆时已年近古稀。

他‘舆榇出关’，决心很大。他曾表示以必死的决心收复伊犁，平定南疆。当时清廷代表崇厚无知无能，擅自签订丧地条约。沙俄占据伊犁地区，拒不交还。南疆又有阿古柏之乱，形势是很危急的。但由于左宗棠的决策正确，平定南疆后分兵北进，准备收复伊犁，同时配合以外交谈判，终于使沙俄知难而退，重订条约，退出伊犁。从这些看，左宗棠是爱国的。”

“左宗棠有功于国家，可是他也曾镇压过农民起义。”彭说。

“是的，左宗棠平回，是进行了民族镇压，不过……”张治中说，“一般人以至近代史学家都习惯于把曾（国藩）、左、彭（玉麟）、胡（林翼）并称，这是不公道的。曾、彭、胡都只有反动的一面，而无爱国的一面，但左宗棠为保全新疆这块160多万平方公里的领土立过功劳。”

“你说得有道理。”彭德怀点点头。

“可惜，”张治中继续说，“以后新疆的反动统治者，对各族人民采取了征服、高压、剥削、歧视的错误政策，欠下许多历史罪债。这些统治者如杨增新、金树人、盛世才都是汉人，以致造成了严重的民族对立。过去五年一小乱，十年一大乱，曾无已时。我在新疆几年，主观愿望是要纠正历史错误，也曾和‘三区’（阿合买提江等共产党人所领导的伊犁、塔城、阿勒泰等地区的革命）合作，实行和平、民主、团结、统一的政策，并且采取了许多具体措施，可是事与愿违，未能达到预期目的。”

“新疆问题是很复杂的，你为此付出了不少辛苦。但在我们看来，民族问题，只有在马克思主义理论指导下，在无产阶级当权的条件下，才有可能真正彻底解决。”

张治中点头：“我相信这一点。”

## 爱党爱国　语重心长

张治中与彭德怀于27日同机到达乌鲁木齐，跟着就展开了一系列紧张活动：成立新疆军区和区党委，改组新疆省政府，重订新的施政纲领。真是百端待理，头绪纷繁。

12月17日新疆省人民政府正式成立。乌鲁木齐市各界、各族人士举行了庆祝大会。会上，张治中有一个简明扼要、热情洋溢的讲话。他指出，新疆之所以获得和平解放，首先是由于中共领导下的人民解放军的全国性胜利和移兵西指所造成的形势；其次是新疆全省人民渴望和平，所谓人心所向；再次是在新疆的原国民党军政负责人陶峙岳将军等响应中共的号召所做的努力。

他在讲话中高度评价了新疆的和平解放，认为"从此以后，新疆进入了新民主主义阶段，成为伟大的中华人民共和国强有力的一环。并且由于政权本质的变更，过去的主要矛盾已经不存在了，今后的问题在于搞好团结和建设。"

当时起义部队连同保安人员、警察约有10万之众，全省14个民族，人口接近400万，解放伊始，仍有人心未稳、军心未定的现象。为此，彭德怀特别召集在乌鲁木齐的起义官兵和机关干部，请张治中作了题为《怎样改造》的报告。不久，又召集第一兵团和起义部队驻乌鲁木齐军官以及机关干部，再次请他作了题为《再谈怎样改造》的报告。张治中以亲身的经历现身说法，向大家介绍他在北平八个月的经过、见闻，特别是对中共和毛泽东的伟大指导思想、方针政策、民主作风等方面，谈得尤为细致、真诚、生动，使听者深为动容。同时，张治中还从军事、政治、经济、国际各方面分析了当前国内外大好形势。也谈了自己对和平解放的感想，特别提到新疆过去是五年一小乱、十年一大乱的地方，如不是和平解放，后果不堪设想。最后，张治中希望全体起义人员正视现实，勇于自我改造，改变领导方式，改进工作作风，改变生活习惯，和中共官兵打成一片，向他们虚心学习，才是唯一正确的道路。

会后，彭德怀说："张治中将军的报告很好，很得体，应该发表，让没有听到的人看到。"于是张治中让秘书把报告整理出来，送请彭德怀审阅。有些同志表示异议，认为有些内容公开发表不合适，特别是报告对蒋介石称蒋先生。彭德怀说："为什么不能发表？这主要是说给党外听的。"报告在《新疆日报》发表后，《甘肃日报》、《群众日报》、《光明日报》等也相继转载了。

## 推心置腹　情深谊重

张治中和彭德怀相处的时间长了，彼此也就无所不谈。张治中是个胸怀坦荡、直言敢言的人。有一次,他向彭德怀提了个意见。

那天,彭德怀正吃午饭,张治中去看望他,见彭总只一个人吃,觉得有些奇怪,便问:“您的夫人呢?她吃过了?”彭德怀一边让座一边笑着说:“这是我们的制度。我吃小灶,她吃中灶,所以分开吃。”张治中有点不以为然地说:“这又何必呢?两份饭菜合在一起吃,不也可以吗?”彭德怀解释说:“那不行,我们打了二十多年的仗,过的是低水平的生活,伙食上有些小差别,这是规定,任何人也不能违反的。”事后张治中说:“看来彭总是个严肃认真、一丝不苟的人,是值得佩服的。”

进城初期,每天吃两顿饭,上午9点、下午4点开饭,起义的干部感到很不习惯,受不了。张治中为此特别向彭德怀建议,还是适应城里的习惯,改成一天三顿饭。

彭德怀没有马上表态,只是说:“这牵扯到制度和后勤供应,我们研究研究。”不久,这里和全国一样,也改成一天吃三顿饭了。

当西北军政委员会将要成立的时候,彭德怀对张治中说:“人民的事业得靠大家干,西北军政委员会成立后需要许多专门人才,请你介绍一些人,怎样?”张治中同意了。经过一番考虑,他提了些军政委员会和一些部级干部的人选,还推荐了一位副秘书长和一位办公厅副主任的人选。其中有些人出身不好,有些人历史上有点问题,组织人事部门对此有些意见。彭德怀却说:“那有什么,只要他不是汉奸、特务,没有血债、民愤,是个人才我们都可以用!”这一来大家才不再说话了。

有一次,彭、张两将军讨论起新疆建设问题。张说:“政权是个根本。新中国成立前我也曾满腔热情,想方设法要为西北人民,首先为新疆人民搞些经济建设,曾组织过西北民生实业公司和新疆建设技术辅导团,聘请了一些专家学者。无奈国民党政权不让你去做,结果事与愿违。”说到这里,张治中喟然叹息,感慨良深。

“一个代表大地主、大资产阶级的政权,是不会让你去为广大人民谋福利的。”彭德怀说,“其实,在国统区何尝没有人才,但谁能发挥所长?物质基础也不是没有,但谁又能加以利用?”

张治中接着说:“现在有共产党和毛主席领导,这个党具有优良的作风,又有那样好的干部,看来一定可以把国家治理好,这是中国人民的幸福。但不知什么时候才能完成新民主主义革命,进入社会主义?”

“现在进行的土地改革、镇压反革命、肃清帝国主义残余力量,这些都是属于民主补课,补完了课就进入社会主义阶段了。”彭德怀解释说。

“那好,我们这些人还可有幸为建设社会主义出力!”张将军愉快爽朗地笑了。

不久,抗美援朝开始,彭德怀赶回北京,张治中也回到了北京。紧接着,彭德怀受命奔赴前线。张治中则写文章、作报告,大力支持抗美援朝。

(余湛邦)

# “今后我们就在一起共事了”

## ——彭德怀和陶峙岳

陶峙岳,湖南宁乡人,一生戎马。青年时代,他曾愤慨于清王朝的腐败无能和卖国行为,1911 年参加了推翻清王朝的辛亥革命,为救国兴国驰骋疆场,曾因战功卓著升任国民革命军第四十军三师少将师长;他也曾一度陷入内战反共的迷津,彷徨踌躇。最初与共产党人接触还是 1945 年奉张治中将军之命派人护送在新疆被关押的共产党员回延安;直到 80 年代,他光荣地加入了中国共产党。

96 岁高龄时,他曾深情地说:“对中国共产党的认识是与共产党人合作共事时开始逐步加深的。首先,是在酒泉会见彭德怀副总司令和王震司令员……”

1949 年春,陶峙岳任国民党西北长官公署副长官兼新疆警备总司令。

是年秋,中国人民解放军直逼兰州,和平解放新疆迫在眉睫。在张治中将军的启发下,陶峙岳着手起义工作。9 月 18 日,张治中专电指示起义,后来陶峙岳即向毛泽东连发两份准备起义的电报。9月22日张治中接到毛泽东的来信及转来的陶电，即发电嘉勉并嘱陶峙岳立即派员与中国人民解放军彭德怀副总司令员接洽宣布起义事宜。9月25日，陶峙岳发出起义通电，宣布脱离国民党政府的统治，在共产党领导下，归入人民行列。

9月28日，毛泽东、朱德复电。彭德怀也以副总司令员名义给起义将士复电：

陶峙岳将军勋鉴：

敬有两电均悉。

将军等率部队起义，脱离反动阵营，甚为欣慰。希望坚持进步，彻底改造部队，为共同建设各民族人民的新疆而奋斗。彭德怀申宥印。

毛泽东、朱德的复电，彭德怀的复电均在报刊上公布了。全军将士及全疆各民族人民欢欣鼓舞，庆贺新生活的开始。

为进一步稳定局面，陶峙岳将军于10月5日亲赴酒泉，历时三天，参观了中国人民解放军军容，了解了解放军艰苦朴素的工作作风，观察了解放军高级将领的工作和生活情况，使他深受感动，特别是与彭德怀等的会见与恳谈。

7月，陶峙岳会见了彭德怀副总司令。他们曾几何时还是疆场对手，如今却在为部队的整编和改造问题、派解放军入疆问题和组建军政委员会等问题，彻夜长谈。彭德怀非常诚恳地对陶峙岳说："陶将军，今后我们就在一起共事了，不要有什么顾虑，继续大胆工作，把部队带好。"特别令陶峙岳惊异而感激的是，在他通电起义之前，彭德怀不知从哪里得知陶的家属寄寓重庆，已指示入川部队找到他们，并妥善采取了保护措施。

几十年岁月流逝，陶老每每谈起与中共领导人相处和共事的经历时，眼睛总是闪出喜悦的光芒，情绪激动，话语滔滔，谈到彭德怀等，他总说："他们襟怀坦白、不谋私利、生活俭朴，体现了共产党人的崇高品德。他们统帅的人民解放军，纪律严明、训练有素，是真正的人民军队，令人无限敬佩。"

（梁　民）

# “你就回西安去，做这件工作”

## ——彭德怀和高福原

直罗镇战斗结束后，约12月下旬，毛泽东到瓦窑堡开中央会议，在那次会议后作了有名的《论反对日本帝国主义的策略》报告（1935年12月27日）。彭德怀留在甘泉地区指挥前方各部队围攻甘泉。在一个多月中，做东北军和西北军抗日民族统一战线工作，争取了俘虏军官高福原。

高福原是在红军到达陕北以前，劳山战斗时被红十五军团俘虏的。他原是北京大学的学生，东北讲武堂毕业，和张学良关系好，有相当强烈的抗日要求。被俘后，红军待之如宾，彭德怀同他多次谈抗日救国的道理，谈蒋介石不抵抗主义，利用“剿共”削弱东北军，以至消灭东北军。请他参观红军，观看红军演出话剧、抗日歌曲。高福原认为共产党和红军抗日是真的，但他对共产党抗日有许多疑问，最主要的是：国际主义与爱国主义怎样结合？彭德怀根据毛泽东在瓦窑堡会议讲话的精神，采取民主讨论方式，同高福原谈了两天一晚。高福原要求去被围的甘泉110师，彭德怀同意了。

几天后，高福原从甘泉城内回来了，他对彭德怀说，抗日救亡大事依靠共产党和红军。红军与人民的关系，表现了共产党是真正爱国爱民。一天晚上，高福原来到彭德怀住处，谈到张学良、王以哲等都要求抗日，东北军要求打回东北去是普遍的，关键在张学良。如果张学良能了解红军的真实情况，在抗日问题上是可以合作的。彭德怀说：“你就回西安去，做这件工作。”高福原高兴极了，问：“你们真敢于放我回去吗？我若回去，一定不辜负红军对我的优待。”彭德怀说：“你什么时候回去都可以。”他说：“明早？”彭德怀说：“好吧！欢送你。”随即送给高福原200元钱，并派骑兵送他到王以哲防线以外。

大约一个星期，高福原乘运送给养的飞机到甘泉，在红军司令部附近，掷下大批报纸刊物。从此，红军即同东北军搭起抗日民族统一战线的桥了。全国抗日形势发展很快，高福原以后表现很好，加入了共产党，在张学良送蒋介石回南京后被杀害。

（史　择）

# “只要听党的话，前途是光明的”

## ——彭德怀和曹国忠

在北京月坛某片居民区，倘若有人打听“曹国忠”其人，恐怕茫然者多，但一提“曹大夫”，无论老人还是孩子都会热情地为你做向导。这一带，曹大夫是个家喻户晓的人物。

多年来，作为妙手回春的名医，曹国忠虽已退休，却几乎天天在家接待患者，为他们免费治疗，而且坚持出诊，不论是白天黑夜，只要病人家里有求，他随叫随到。1986 年他还曾作为北京市民革为四化服务的先进个人代表，在京西宾馆的礼堂，走上主席台，在满场春潮般的掌声中，用洪亮而略带颤抖的声音说：“在彭德怀同志指出的道路上，我一直走到今天……”

彭德怀怎么会在一个老医生的一生中起到如此关键作用呢？这便要追溯到“打倒蒋介石，解放全中国”的 40 年代末。

当时，曹国忠任国民党十九军中将军长。1949 年 4 月，中国人民解放军四万大军将阎锡山残部十万余人困守的太原围得水泄不通。曹国忠军长率全军一万多人任太原城东北卧虎山要塞设防。

在解放军的强大攻势下，太原城防已是朝不保夕。突然，曹国忠接到解放军前线总指挥彭德怀的一封密函，敦促他放下武器，为人民立功。

读了彭德怀的信，曹国忠彻夜不眠，思绪万千：

他出生在晋南一个贫苦农民家庭，幼年跟随名医舅父学医，后投身行武。抗日战争中，他亲身经历了平型关战役、忻口会战等上百次战斗，多次与八路军协同作战，曾两次负伤。但内战爆发后，他却执行蒋介石、阎锡山命令，多次进攻解放区。如今深陷绝境的他却收到彭德怀的信，怎能不为共产党的宽宏而有感于衷。

曹国忠早年还曾与共产党员、作家赵树理是同学，他还在赵树理的推动下参加过进步学潮。抗战胜利后，他听说赵树理在解放区工作，即去信畅述离情，不料，此事为特务探知，使他遭阎锡山一顿训斥。此刻，彭德怀的密函使他如大梦方醒。

4 月 21 日，人民解放军向太原发起总攻前夕，曹国忠率所部万余人起义，解放军兵不血刃直抵太原城下。三天后，红旗插上了太原城。

在硝烟中，曹国忠来到解放军指挥部，面见彭德怀。彭德怀大步迎上来，握住曹国忠的手，亲切地说："曹将军，你的路走对了！放下屠刀，立地成佛嘛！"

在北方简朴的小窑洞里，彭德怀和曹国忠推心置腹地长谈了三个多小时。临别时彭德怀勉励曹国忠："我是 36 岁才走上为人民的正路，我今年 52 岁，人民就给我很大信任。你也不过 40 岁上下，只要听党的话，前途是光明的。"

战争风云过去了，曹国忠谢绝彭总为他安排的军职，主动重操中医旧业。为此，人民政府破例把他送入北京中医研究所学习。四年后，他成为北京铁路总医院的一名针灸大夫……从此开始了他后半生的"成佛"生活。

回忆自己的后半生，曹国忠有一件自认为最痛心的事，那就是在"文革"之初，有一天曹国忠正在大街上走着，突然见到彭德怀元帅被揪斗。一时间，他只觉得血在身上涌，真想扑到彭德怀面前，去保护他……回到家里，他不禁大哭一场。

当然，后半生中他也有两桩自认为是最愉快的事：一是太原他领兵起义，作为人民的一员，进入了新中国。他认为自己做对了，感到欣慰；二是结束"文革"，共产党为彭德怀平反昭雪，又执行了一条实事求是的政策，和民主党派的关系越来越融洽，作为民革成员，他很高兴。

晚年，曹国忠心情舒畅，六个子女都长大了，有四个是共产党员，有的还是党委书记、工程师。他说："我没有牵挂，只想着行医治病。古人云：'东隅已失，桑榆非晚'，现在我要抓紧分分秒秒多做些事情。"

（彭幼文）

# 一次鲜为人知的军事合作

## ——彭德怀和何柱国

1936年5月5日，中华苏维埃人民共和国中央政府和中国人民红军革命军事委员会发表了《停战议和一致抗日通电》，开始放弃"反蒋"口号，并向南京国民党政府提出："在全国范围，首先在陕甘晋停止内战、双方互派代表磋商抗日救亡具体办法。"但是，蒋介石却无视中共提出的这一倡议，不顾日寇侵略造成的严重民族危机，仍企图以武力消灭共产党及其军队，并着手成立晋陕宁绥省边区"剿共"总指挥部，以陈诚任总指挥，调集十六个师及三个旅，准备对陕甘苏区发动新的"进剿"。

中共中央根据当时的政治、军事形势，确定党在今后的政治任务是：保卫西北，扩大和巩固西北抗日根据地，扩大红军，努力争取西北抗日力量大联合，进而推动全国国防政府和抗日联军的建立，实现全国性的对日抗战。据此，赋予红一方面军和陕甘苏区的战略任务之一，即是：向西面进攻，以造成广大的陕甘宁根据地，并向北面打通与苏联、蒙古的联系，向南打通同红四方面军和红二、红六军团的联系。

为实现上述任务，中央军委于5月18日决定：以红一方面军第一、第十五军团和第八十一师、骑兵团等共13000余人组成西方野战军，由彭德怀任司令员兼政治委员，进行西征，打击坚持反共的马鸿逵、马鸿宾部，在陕甘宁省边境地区创造新根据地。

当时,东北军的骑兵军军长何柱国率骑兵军及东北军的几个步兵师,以总指挥官身份奉命挥师从陇东西锋镇自东向西移防,以阻红军前进。不久,在张学良去南京参加国民党五届二中全会时,按照蒋介石的命令,自固原至庆阳一线北犯。随后,何柱国直接指挥东北军步、骑兵四个师和第三十五师残部,集结于固原、七营之间,准备分两路夹清水河向北进攻。7 月中旬以后,鉴于红军已有充分准备,加之张学良从南京回到西安,遂暂时停止进攻。

这时,彭德怀所率的第一军团也插驻于海原和同心城之间,双方军队互相隔离,互相牵制,形成了对峙局面。

这一时期,为了全面开展对国民党军队的统战工作,中共中央和中央军委以及各军团、部队的领导人,分别向国民党各派军队的高级将领和当面国民党军队的长官发出许多规劝性、倡议性的函电,或派代表商谈。经我方进行工作,许多国民党军特别是东北军、西北军中的高级军官,逐步同情以至接受我党我军关于停止内战、联合抗日的主张。我军在战场上,尽量避免直接同与我们有统战关系的国民党军队作战,并根据当面敌军的政治态度,分别采取散发宣传品、阵前喊话、战场联欢和互相慰问等形式开展统一战线工作。

有一天,彭德怀派人给何柱国送去一封亲笔信,阐述当前抗日救国是每一个有爱国之心的中国人的严正使命,应该不分党派和政治见解,同舟共济抗击日寇,并建议东北军让出海原和同心城一线,全部撤至固原以南,以协助红二、红四方面军顺利北上抗日。信中还保证何部南撤过程中绝不进扰。

这封信虽言之以理,动之以情,但关系重大,一念之中拴系着国家前途和个人命运,怎可轻率从事?当时的何柱国既为之感动,又颇费踌躇,连日来眉宇不展、心事重重,饮食不安、长夜不寐。

不久,彭德怀又派遣朱瑞前去谈判。这时,何柱国坐不住了。他和参谋长孟绍周商议举措。面对彭总的再三表示,不禁引发他一个强烈的对比:"九·一八"后,日军不断进扰华北,1933 年何柱国率五十七军驻防山海关,面对日军铁蹄践踏,他怒不可遏,遂下令与日军奋战。全军将士同仇敌忾,其声威感人泪下。但是,南京政府获悉此举,急电制止。军令难违,眼看大好江山将失于一旦,何柱国不禁顿足长叹,全军将士心灰意冷。而今,红军不远万里北上抗日，是为义举，其艰苦卓绝精神可羡可敬。此时，东北军将士不正当以中华民族利益为重吗？如若拒绝彭德怀的建议，祖国江山的安危则不堪设想。何柱国颇有感慨地对孟绍周说："现在国难当头，只有国共两党通力合作，团结一致，方能抵御外侮。在此历史紧要关头，你我如若阻挡抗日，围击红军，当成为历史罪人，将永远被后人唾骂！"孟绍周表示完全赞同他的见解。

于是，他们不顾个人仕途安危，毅然决定为红军让路。为造成既定事实，他们严守机密，多次研究撤出海原和同心城的具体措施，缜密部署。终于在彭德怀和何柱国两位将军的共同努力下，完成了这次军事合作。

（俞　民）

# "彭副总指挥教我懂得了怎样做一个真正的军人"

## ——彭德怀和武士敏

"我当了几十年兵，真正懂得为国报效是在太行山，是彭副总指挥教我懂得了怎样做一个真正的军人。"这是国民党陕军爱国将领武士敏将军生命最后年代里常说的几句话。

一个国民党军人，怎么会如此信服彭德怀呢？他们之间到底有过何种交往呢？

这便要追溯到抗战初期。

1937 年全面抗战爆发后，国民党不得不接受我党的主张，建立抗日民族统一战线，遂将中国工农红军正式改编为国民革命军第八路军。并于 1938 年 2 月，在山西前线建立了以阎锡山、卫立煌为首的西路军和以朱德、彭德怀为首的东路军。东路军不但包括八路军一一五师、一二九师、决死一纵队和决死三纵队，还含有国民党军队若干。武士敏所率国民党陕军一六九师即在其中。

武士敏将军是杨虎城将军的部下，1936 年 12 月西安事变中，武士敏将军竭力襄助张学良、杨虎城两将军的救国义举。“七七事变”爆发后，武士敏将军坚决主张抗战，第二天就跃马前线，英勇杀敌。这次，武士敏因自己的部队划归朱总和彭总指挥的东路军，心里很高兴，准备和山西境内的西路军一道把日军打垮，收复山西失地。可是，不料前线却传来西路军不战而败，反攻不成，反而又被日军侵占了大片土地的消息。他目睹日本帝国主义的残暴罪行和国民党军队的腐败无能，心里充满了悲愤。他曾发誓要率领他的部队冲上前线，与日军决一死战，为中华民族的生存而献身。可是，他又觉得拥有几百万军队的蒋介石还害怕日军，自己只不过是一个小小的师长，又有多大的能耐呢？

这时，为了稳定国民党部队的情绪，争取他们坚决抗日，朱、彭决定召开一次东路将领会议。会前，彭德怀每天晚上总要和一些国民党将领耐心交谈，以争取他们和八路军共同抗战。

也正是此时，彭德怀与武士敏进行了一次倾心恳谈。

一日夜幕笼罩了四野，在沁县小东岭村的一座土窑里，一支闪动的烛光，映出两位将军的身影。

“武将军，难道你现在对‘抗日必胜，反共必败’的趋势还看不清吗？”彭德怀问道。

武士敏说：“看是看到了，日本军来势凶猛，武器又好，南京政府抗战意志不坚，除共产党部队，大多都有‘恐日症’，敌强我弱，抗战抗到几时才能胜利？我们是陕军，就是抗战胜利了，我们也不行啊……”

坐在桌子对面的彭德怀副总指挥，很认真地听武士敏将军把自己的悲愤、忧虑倾吐出来。之后，才将自己对抗日战争中存在的一些问题的看法很诚恳地讲出来。

彭德怀说：“抗日战争一定会胜利，是毫无疑问的。为什么呢？因为广大人民都不愿做亡国奴，这一条是很重要的。但是，抗战要取得胜利也是很不容易的事，需要全国人民团结一致，各种抗日力量紧密配合，互相支持，建立巩固的抗日民族统一战线。就拿国民党和共产党来说吧，本是两个性质完全不同的党，过去又打了多年的仗。但是对日本鬼子的侵略，国民党中有许多人是反对的，是积极支持共产党提出的‘停止内战，一致抗日’的主张的，这也是国共两党能够实现第二次合作的重要原因之一。国民党中有的人已为抗战出了不少力，受到了广大人民拥护。武将军的一腔爱国热情我们很敬佩。但是，在目前抗日运动受到挫折的时候，武将军对形势看法很不全面，产生了悲观情绪，叫人有点担心。”

这时，武士敏将军点燃的香烟，已经烧到手指，但他还是一动不动地听着。

彭德怀停顿了一下，又继续说道：“你我虽然信仰不同，但我们都是带兵的，都有为中华民族的存在贡献自己的力量的责任。难道我们能在中华民族生死存亡的关键时刻，不顾民族利益，去考虑一些个人的得失吗？在民族危机的时候，总该当以民族和人民利益为重，那样，我们这些带兵的人才配得上是一个有民族气节的将领。”

彭德怀的话，似温暖的春风，吹散了蒙在武士敏将军心头的忧愁和痛苦。他默默地倾听着彭副总指挥的精辟的分析和解答，心里暗暗表示赞成。

彭德怀又继续说：“日军的武器的确很先进，但这不决定他就能够打胜仗。八路军的武器你是知道的，不仅比不上日军，连国民党军队的武器也比不上。可是，八路军在平型关把日精锐部队板垣师团歼灭了。这说明只要真诚团结，努力作战，我们是能够把凶恶的日本鬼子打败的。”

“至于抗战胜利后，南京政府如何对待抗日有功部队的问题，这用不着担心。抗日救国是全国人民的共同事业，人人都很关心，谁在抗战中出了力、流了血，人民都在心里记着。如果南京政府有人胆敢干出不得人心的丑事，他们将会自讨苦吃。武将军是亲身经历过‘西安事变’的人，难道对人民群众主张正义，要求抗日的伟大力量还体会不深吗？我希望武将军能以民族利益为重，留在敌后，坚持抗战，为中华民族的生存杀敌立功。如能这样，抗战胜利后，人民不会忘记你，共产党也不会忘记老朋友。”

彭德怀的发自肺腑的谈吐，使武士敏将军很受感动。他紧紧握住彭德怀的手，激动地说：“副总指挥，听你一席话，胜读十年书，今晚对我的教益可真大啊！只要南京政府不调动我的部队，我们绝不脱离阵地，一定和八路军一起坚持抗战，收复失地。”

此次谈话不久，敌人集中三万兵力，对太行抗日根据地发动“九路”围攻。当时，除我八路军一一五师、一二九师和决死一、三纵队英勇抗击外，国民党王奇峰和武士敏的部队也积极参加战斗。武士敏将军亲自率领部队据守子洪口要隘，同敌人一〇九师团血战数昼夜，直到敌人受到重创，逃跑为止。

1941 年 9 月下旬，日寇出动两万多人，对长子东西峪一带进行“扫荡”。已升为军长的武士敏将军又亲临前线，指挥作战，不幸被敌机炸伤，光荣阵亡。

（暴贵银）

# “保卫世界和平是我们共同的任务”

## ——彭德怀和金日成

1957 年 10 月 26 日，中国政府正式宣布，应苏联共产党中央委员会和苏联部长会议的邀请，中华人民共和国全国人民代表大会常务委员会、中华人民共和国国务院和中国共产党中央委员会决定派出以毛泽东为首的中国代表团到莫斯科参加伟大的十月社会主义革命 40 周年的庆祝典礼。彭德怀为代表团成员之一。我被指定为中国代表团的工作人员，主要任务是给彭德怀元帅做翻译，并为庆典后召开的社会主义国家共产党和工人党代表会议、各国共产党和工人党代表会议做翻译工作。代表团 11 月 2 日飞抵莫斯科。

11 月 16 日下午，我紧张地翻译各国共产党、工人党代表大会的文件之后感到有点疲倦，回到房间里想休息片刻。刚刚坐下，彭德怀就把我叫到他的房间，对我说：“我请示了毛主席，今天晚上我要去看望金日成主席，想同他谈些问题。你跟我一同去,你提前通知陪同我的苏联保卫员。”我当即安排了拜访的准备工作。

我们乘车向朝鲜劳动党金日成下榻处驶去。金日成住在莫斯科郊外一幢别墅,离莫斯科城约30公里。夜幕徐徐降临,约一小时后,汽车到达金日成下榻的别墅门前。彭德怀下车,首先看到已经站在门前等候老朋友的朝鲜劳动党主席金日成,彭德怀马上加快脚步,奔向金日成主席。他们互相亲切地摇动着紧握的手,久久不肯松开,谁也没有感到莫斯科冬天的寒冷。彭德怀缓了一口气说:“真不应当,你是领袖,怎么来门口接我。”金日成讲着熟练的中国话,谦虚地说:“这是东方人的习惯嘛!元帅来了,我得到门口迎接,我们又是老战友。”话音刚落,领袖和元帅不约而同地大笑起来,随之肩并肩地走进客厅,而后又走进金日成的卧室。

两位元帅亲切地交谈了足足两个小时。由于时间晚了,第二天还要继续参加各国共产党工人党代表会议,彭德怀只好告辞。彭德怀一再地请金日成留步,但金日成却一定要送彭总到大门口,感激地说:“谢谢你,谢谢中国人民!”彭德怀说:“不必客气,保卫世界和平是我们共同的任务。”

雪花还在不停地飘,地上的雪越积越厚,这瑞雪令人想起了七年前硝烟弥漫的朝鲜战场。那是1950年冰封雪裹的寒冬,中国人民志愿军在“雄赳赳,气昂昂……”的战歌中,渡过了鸭绿江。金日成和彭德怀携手并肩指挥着朝鲜人民军和中国人民志愿军,以气吞山河之势一举击败美国侵略军,又以力扫千钧之力把残敌推向“三八线”,打破了“战争狂人”麦克阿瑟叫嚣的“仁川登陆,跨过鸭绿江,直捣中国大陆”的美梦,迫使美国政府接受板门店停战协定。

严寒的冬天考验着友谊,厚厚的积雪象征着友谊的纯洁。两位元帅依依不舍,拥抱惜别。在回克里姆林宫的途中,彭德怀不时地露出满意的微笑。是啊,彭德怀在为中朝两国人民的友谊而笑,也在为领袖和元帅的友谊而笑。友谊连接着中朝两国军队,中朝人民的友谊来自于两国人民滴滴鲜血和共同的和平愿望。中朝两国世代山水相连、唇齿相依。愿中朝友谊代代相传、这是领袖和元帅最美好的心愿。这次友好的会见已经过去三十多年,每当我想起这段往事,都由衷地祝愿中朝友谊、领袖和元帅的友谊之花盛开不败。但谁也没有想到彭德怀与金日成的这次会见竟成了他们两人的最后一次会面。

（孙立忠）

# 了却了一桩心事

## ——彭德怀和彼得罗谢夫斯基上将

1959年4月，应当时的波兰、德意志民主共和国、捷克斯洛伐克、匈牙利、罗马尼亚、保加利亚、阿尔巴尼亚等七个国家国防部和蒙古人民共和国军事和公安部的邀请，彭德怀元帅率中国军事友好代表团赴上述八个国家进行友好访问。

6月初，代表团结束在东欧几个兄弟国家访问，在从地拉那去蒙古人民共和国访问的途中，于6月2日至5日在莫斯科作短暂停留。

彭德怀对曾经帮助中国人民解放军现代化建设作出贡献的原苏联军事总顾问彼得罗谢夫斯基上将，一直怀有友好的感激之情。这次路过莫斯科，他决定趁此机会去看望他。在安东诺夫大将陪同下，彭德怀去彼得罗谢夫斯基上将家拜访。

6月5日，安东诺夫大将与彭德怀元帅一同乘车出发前往彼得罗谢夫斯基家。四十多分钟后，汽车在一幢不太显眼的楼房前停下，彼得罗谢夫斯基上将看到彭德怀元帅亲自登门拜访，高兴得不得了，他握着彭德怀的手说："3年不见了，看上去元帅您一点也不显老，同三年前一样。"彭德怀笑着说："老还是老了点，但身体还可以。上将同志，你近来身体好吗？"这位满头银发、身材高大而消瘦的上将说："头发全白了，身体马马虎虎。"上将把他的一家叫了过来向彭德怀元帅一一作了介绍。

彭德怀元帅、安东诺夫大将、彼得罗谢夫斯基上将围坐在客厅的一张长方形桌子旁，一面喝着咖啡，一面亲切地交谈着。彼得罗谢夫斯基的儿媳忙着在厨房做菜。

彼得罗谢夫斯基对彭德怀说："元帅今天亲自来看我，我们全家都感到十分高兴。我在中国工作了四五年，同中国同志，特别是同中国人民解放军的领导人，同彭德怀元帅，建立了极其友好的关系。我经常回忆起在中国工作的美好日子，中国同志对我所表示的友好情谊，使我永生难忘。"彭德怀说："上将同志在中国工作期间，对我军的建设做了许多有益的工作，提出许多好的建议，我们是很感激你的。我们经常想起你，不知上将现在从事些什么工作？"彼得罗谢夫斯基说："我现在已退休了，不担任任何工作了，在家里写些书。"

很快，彼德罗谢夫斯基的儿媳端上来了伏特加、啤酒、葡萄酒、各种苏式点心、烤牛排……宾主一面喝着酒，一面非常投机地交谈着。在第二次世界大战后期曾任前苏联武装力量总参谋长的安东诺夫大将说话不多，他聚精会神地在一旁听着。话题慢慢地转到了中国的"大跃进"。大将不免插话说："中国发展很快，将来中国可能要走在苏联的前面了。中国的强大，增加了社会主义阵营的力量。"

彭德怀元帅说："我看中国的发展速度可能会快些，但也不会太快。大跃进、大炼钢铁虽有成绩，但副作用不小，影响农业和轻工业的发展。现在我们国内人民的日用品和副食品供应很紧张，好多物品定量供应，肥皂每人每月只一块，什么事情都不能超过一定限度，超过了限度会产生副作用，所以我看，中国发展的速度可能快些，但不会太快，也不可能太快。"

两位前苏联将军听了彭德怀这番话都点点头，表示赞同。

彼得罗谢夫斯基的小孙女蹦蹦跳跳地走过来，坐在钢琴旁为客人演奏了一支小曲子。弹毕，在座的人们都热情地鼓掌。彭德怀元帅笑着走到她面前，轻轻地拍着小姑娘的肩膀说："弹得很好！弹得很好！"彼得罗谢夫斯基上将说："我这个小孙女从小爱好弹钢琴，六岁时就开始学弹了。"彭德怀向她赠送了小礼品，并向彼得罗谢夫斯基上将赠送了中国画和一些中国特产，留作纪念。彼得罗谢夫斯基上将也回赠了小纪念品。

拜访结束了。

告别彼得罗谢夫斯基上将后，在安东诺夫大将的带领下，彭德怀又兴致勃勃地参观了住宅区的俱乐部。走在住宅区的小径上，温馨的暖风送来花草树木的阵阵清香，了却了一桩心事后的彭德怀元帅神清气爽。

（孙立忠）

## “总顾问的身体好些没有”

### ——彭德怀和杜鲁法诺夫上将

1959 年，由彭德怀元帅率领的中国军事友好代表团访问东欧和亚洲八个兄弟国家之后，于6 月13 日回到北京。连续两个月的紧张访问，使代表团每个同志都感到很疲劳，回国后都想好好休息一下。可彭德怀还未来得及好好休息便开始工作了。

当时，苏联军事总顾问杜鲁法诺夫上将因心脏病复发，住在北京医院。彭德怀得知这一消息后，马上让他的秘书通知我们：6 月21 日（星期日）上午10 点，彭总要去北京医院探望总顾问，要小孙一同去，请小孙10 点前到达彭总家。

21 日早晨，我匆匆吃完早饭，九点就出发去中南海彭德怀家里。

彭德怀早已坐在那里等我了。我们一同乘车前往医院。汽车驶进北京医院，彭德怀下车，直奔住院楼。两位护士看到彭德怀上楼来了，其中一位快步上前要搀扶彭德怀，彭德怀摇摇手，笑着说：“谢谢，不用扶，自己会上的。”上楼后，他先到主任医生办公室，询问了总顾问的病情。主任医生说，总顾问原来就有心脏病，这次心脏病复发，经过几天的治疗，病情基本稳定了，但仍不能下床。尔后，主任医生和护士陪同彭德怀走进总顾问的病房。

这位年近花甲，列兵、骑兵出身的总顾问，性情坦率、直爽，他一见到彭德怀元帅来看望他，马上想从床上起来。彭德怀赶忙上前，双手按住总顾问的肩膀，请他不要起来，并同他握了握手。总顾问执意要起床，最后只好同意他坐在床上。

彭德怀关切地问："总顾问最近身体好些没有？"

"今天看到彭部长，我的病已好了 90% 。"总顾问笑着答道。

"总顾问在治疗和饮食方面有什么要求，可以向医生提出来。"

总顾问说："医院的条件很好，医生和护士照顾得也很好。经过几天的医治，我的病好多了。一切听从医嘱。谢谢彭部长对我的关心。"

话题自然地慢慢转到了彭德怀这次出访八国的情况。彭德怀说："这次访问八个兄弟国家，受到了热情款待。不但加强了友谊，会见了老朋友，而且结识了不少新朋友，参观了许多地方，学到了很多宝贵的经验。代表团路过莫斯科时，受到苏联军方领导人的盛情接待，参观了伏罗希洛夫高等军事学院和莫斯科大学，拜谒了列宁、斯大林陵墓，还去看望了我的老朋友原军事总顾问彼得罗谢夫斯基上将，这次出访收获很大……"总顾问热烈祝贺彭德怀这次出访获得圆满成功。

彭德怀怕待得时间长会影响总顾问的治疗和休息，便起身告辞，并一再叮嘱他要好好安心治疗，祝他早日恢复健康。

杜鲁法诺夫很感动地说："谢谢彭部长今天特意来医院看望我。"

告别总顾问，在乘车回中南海的途中，彭德怀还念叨："看上去总顾问面色苍白，病情比较严重，但精神尚好。看来一时出不了医院。"

（孙立忠）

# "崽卖爷田心不痛"

——彭德怀和李德

1934 年一、二月间，在泰宁地区之峨嵋峰，彭德怀给中央写了一封信，大意是，要做长期准备，否则可能遭到和四方面军不能坚持鄂豫皖苏区同样的失败，这封信未得到答复。

三、四月间，敌集中大量兵力进攻广昌，方面军前方司令部撤回瑞金，另组临时司令部，博古为政委，实际上是李德为总司令，亲上前线，指挥坚守广昌。彭德怀再三说广昌是不能固守的，必须估计敌军技术装备。他们不相信，而相信他们自己构筑的永久工事。彭德怀说，在自己没有飞机大炮轰击的情况下，就算是比较坚固的野战工事，在今天敌军的装备下，是不起作用的。如果固守广昌，少则二天，多则三天，三军团12000人，将全部毁灭，广昌也就失守了。广昌没有城墙，他们要派一个团做半永久工事，彭德怀说，采取机动防御，派一个加强连约200人进占工事，吸引敌军进攻；我主力控制于城西南十里之山地，隐蔽集结，待敌进攻我守备阵地时，则相机突击敌外侧一点，求得消灭敌之一部。绘了配备图，做了作战计划，总算得到这位外国顾问同意了。

进攻广昌之敌七个师，一个炮兵旅轰击，每天约三四十架次飞机配合，拖着乌龟壳（堡垒）步步为营前进。前进一次只1000米至2000米；在其火力完全控制之下，站稳了脚跟，先做好了野战工事，配备好火力，再进第二步；每次六七架飞机轮番轰炸。从上午八九时开始至下午四时许，所谓永久工事被轰平了。激战一天，我军突击几次均未成功，伤亡近千人。在李德所谓永久工事里担任守备的营，全部壮烈牺牲，一个也未出来。他们看到了实际，黄昏后允予撤出战斗，放弃了固守广昌的计划，三军团遭到相当大的损失，撤至头陂圩集结。他们对于红军的英勇顽强、战斗动作熟练和战术指挥没有批评。当时我军既无炮兵，步、机枪子弹也很少，恐怕平均没有现在一次打靶的多。过去作战，就是突然袭击，坚决勇敢、灵活机动。丢掉自己的长处，现在来死拼硬打，当然吃亏。

当日约八时以后，战斗停止时，博古给彭德怀来电话，说李德、博古约彭德怀和杨尚昆去谈谈，他们明天回瑞金去。见面时，李德还是谈他那一套，如何进行短促突击，如何组织火力。彭德怀说，怎样去组织火力点？根本没有子弹！在敌碉堡密布下，进行短促突击，十次就有十次失败，几乎没有一次是得到成功的。彭德怀尽情地、毫无保留地讲了自己的意见，大胆地做好了个人不幸的思想准备，说："你们的作战指挥从开始就是错误的。"讲了四次"围剿"被我军粉碎以后，就没有打过一次好仗，主要是方面军指挥上的错误，就是主力不集中。彭德怀举了几次战斗例子：团村的待伏战斗，如果一、三军团不分开作战，集中使用，就能消灭敌军三个师十五个团，我们就能缴获枪弹、俘虏敌兵，补充自己的战斗消耗。现在每战都同敌人拼消耗。敌有全国政权和帝国主义帮助，我则靠取之于敌，你完全不懂这条道理。洵口遭遇战消灭敌人一个师，想停止半天消灭被围之最后一个营都不准，前方指挥者都没有这样的机动权，硬要叫军队钻到硝石，几乎把三军团让敌人消灭掉。彭德怀还说，你们坐在瑞金指挥的第二次进攻南丰的战斗，几乎造成一军团全军覆灭，连迫击炮放在地图上某一曲线上都规定了。实际中国这一带的十万分之一图，就根本没有实测过，只是问测的，有时方向都不对。彭德怀说："如果不是红军高度自觉，一、三军团早就被你送掉了。"彭德怀还说："这次广昌战斗你们看到了吧！这种主观主义，是图上作业的战术家。中央苏区从1927年开创到现在快八年了，一、三军团活动到现在，也是六年了，可见创造根据地之不易。'崽卖爷田心不痛'，再不改正就会白白被送掉！"

这段话是伍修权同志翻译的，李德没有发火。彭德怀知道没有全翻，如果全翻了，哪有不发火的道理呢？彭德怀请杨尚昆同志重翻了。这时李德咆哮起来："封建！封建！"说是因为撤掉彭德怀的革命军事委员会副主席不满意（撤职是事实，但不知为什么）。彭德怀说："根本没想那些事，现在是究竟怎样才能战胜敌人，这是主要的。"彭德怀骂了他下流无耻，鄙视了他。那次，彭德怀把那套旧军衣背在包里，准备随李德到瑞金去，受公审，开除党籍、杀头，都准备了，无所顾虑了。但这次没有谈政治路线和军事路线的错误，而只谈指挥上的错误。这次也出乎意料，没有撤职，也没有给处罚，只是李德到瑞金以后，造谣说彭德怀右倾。实际对他的错误，只是举例说的。军事路线是服从政治路线的，政治上提出两条道路决战，不放弃苏维埃一寸土地，这就必然要产生短促突击、分兵把口的单纯军事防御路线。

从广昌战斗后，彭德怀同敌人一直顶到石城，顶了四个多月，其中在高虎垴打了一个小胜仗。这是利用特殊地形，采取反斜面山脚边，完全出敌不意的情况下打的。李德他们抓了这点大做宣传，来说明他们所谓短促突击战术如何如何，借机会指定彭德怀写一篇证明他们的“短促突击”战术正确的文章。当彭德怀写了之后，他们就把适合他们口味的部分保留了，而不适合他们口味的部分却被删去。特别删去了“这是特殊情况下取得的胜利，而不能证明‘短促突击’是适合的”一句，修改为相反的意思，即证明“短促突击”是正确的，同时经过修改后，没有取得彭德怀的同意就发表了。

上述等等，使彭德怀慢慢理解到，除了军事指挥的错误，加上他们推行的那种过火斗争，打击别人，抬高自己，打着国际路线旗号，冒称布尔什维克化，都是贯彻了六届四中全会这条完全错误的“左”倾冒险主义路线。

（李　屏）

# 编 后 记

20世纪的中国是一个风云际会、英雄辈出的伟大变革时代。伟大的时代造就出灿若群星的历史伟人。人民军队中功勋卓著的彭德怀元帅就是这些伟人中的一个。

作为人民军队中的一代伟人、著名战将，他一生中同党内外、国内外、军内外各种人士有着十分广泛的交往，有的是在硝烟弥漫的战争年代，有的是在轰轰烈烈的社会主义革命和社会主义建设时期，有的是在变幻莫测的外交场合，有的是在蒙冤受屈的荒唐岁月，有的是在工作中，有的是在生活中。几十年来，曾经同他有过交往的同志和人士，撰写了大量的回忆书籍和文章，叙述昔日交往中的轶闻、趣事。本系列丛书就是从这些大量的书籍或文章中精选精编成册的。此外，还有相当一部分文章是新约写或由编者撰写的。

在编选过程中，我们在尽可能地保留文章原有风格的前提下，根据本书的整体需要，对所有的文章作了必要和程度不同的节录、删改、改编，对有明显文字、观点和史实性错误之处作了修订。文章的标题绝大部分是编者拟定的。